화엄경청량소
華嚴經淸凉疏

화엄경청량소

제27권

제8 삼회보광명전법회 ①

[제38 이세간품 ① - ④]

청량징관 저

석반산 역주

일러두기

1. 본 화엄경소초의 번역에 사용된 원본은 봉은사에 소장된 목판 80권 『화엄경소초회본』이다.

2. 교정본은 민국(民國) 31년(1942) 대만의 화엄소초편인회(華嚴疏鈔編印會)에서 합본으로 교간(校刊)한 『화엄경소초 10권』을 사용하였다. 그리고 원본현토는 화엄학 연구소의 원조각성 강백의 현토본을 참고하였다.

3. 대장경 속에 경전과 합본으로 수록된 것은 없고, 다만 大正大藏經 권35에 『화엄경소 60권』이 있으며 권36에 『화엄경수소연의초(華嚴經隨疏演義鈔) 90권』이 있지만 경의 본문과의 손쉬운 대조를 위해 회본(會本)을 기본으로 하였으며, 일일이 찾아서 대장경과 대조하지는 못하였다.

4. 교재본이라 한 것은 민족사에서 1997년에 발간한 『현토과목 화엄경』(전 4권)을 지칭하며, 원문 인용은 이 본을 기본으로 하였다.

5. 본 『청량소』 전권에서는 소(疏)의 전문을 해석하였고, 초문(鈔文)은 너무 번다하고 중복되는 부분을 필자가 임의로 생략하였다.

6. 본문의 이해를 돕기 위하여 도표로 작성한 것은 전강 스승이신 봉선사 능엄학림의 월운강백께 허락을 얻어 『화엄경과도(華嚴經科圖)』를 준용(準用)한 것이다.

7. 목차(目次)는 『화엄경소초』의 과목을 사용하였고 『화엄경과도』를 준용하였다. 과목에 이어지는 ( ) 안에는 간편한 대조를 위하여 목판본의 페이지를 표시하였다. 예) 一. 一) (一) 1 1) (1) 가. 가) (가) ㄱ. ㄱ) (ㄱ) a. a) (a) ㊀ ① ㉠ ㉠ ⓐ ⓛ ㉮ Ⓐ ⊟ ① 가 ㄱ ⓐ Ⓐ ⊦ ⦁ ❶ ㉠ ❶ ⓐ Ⓐ ⊟ ① 가 ㄱ ⓐ Ⓐ

8. 목차는 되도록 현대적 번역어로 제목을 삼으려 하였고, 제목에 이어 표기된 아라비아 숫자는 문단의 개수이다.

9. 경과 소문(疏文)은 조금 띄워서 차별화하였고 소문(疏文) 앞에는 ■ 표시를, 초문(鈔文) 앞에는 ● 로 표시하여 번역문을 수록하였다. ❖ 표시는 역자의 견해를 밝힌 부분이다.

10. 경구(經句)의 번역문은 한글대장경과 민족사 간(刊) 『화엄경 전10권』을 참고하였고, 소(疏) 문장의 번역은 직역을 원칙으로 하였고, 인용문은 주로 한글대장경의 번역을 따르고자 노력하였다.

11. 본 청량소 번역에 참고한 주요 도서는 다음과 같다.
    (1) 한글대장경 『화엄경1, 2, 3』『보살본업경』『대승입능가경』『대반열반경』『보살영락경』; 동국역경원 刊
    (2) 한글대장경 『성유식론』『십지경론』『아비달마잡집론』『유가사지론』『대지도론』『섭대승론』『섭대승론석』『대승기신론소별기』『현양성교론』『신화엄경론』; 동국역경원 刊
    (3) 『대정신수대장경』; 大正一切經刊行會 刊

(4) 현토과목『화엄경』; 민족사 刊

(5) 『망월대사전』; 세계성전간행협회 刊,『불교학대사전』; 홍법원 刊,『중국불교인명사전』; 明復 編,『인도불교고유명사사전』; 法藏館 刊

(6) 『신완역 주역』; 명문당 刊,『장자』; 신원문화사 刊,『노자도덕경』; 교림 刊,『논어』; 전통문화연구회 編

12. 주)의 교정본 양식

(1) 소초회본; 대만교정본[華嚴疏鈔編印會]

(2) 宋元明淸南續金纂本 등; 소초회본의 출전 소개 양식

『화엄경청량소』 총목차

제1과 종합하여 명칭과 의미를 밝히다[總敍名意]

제2과 공경히 귀의하고 가피를 청하다[歸敬請加]

제3과 가름을 열고 경문을 해석하다[開章釋文]

    제1분 가르침이 시작된 인연[敎起因緣]

    제2분 가르침에 포섭된 뜻[藏敎所攝]

    제3분 법의와 뜻을 나누다[義理分齊]

    제4분 가르침에 가피받을 중생[敎所被機]

    제5분 가르침의 본체와 깊이[敎體淺深]

    제6분 통과 별로 종지와 취향을 밝히다[宗趣通別]

    제7분 부류와 품회[部類品會]

    제8분 전역자와 신통 감응[傳譯感通]

    제9분 통틀어 명칭과 제목을 해석하다[總釋名題]

    제10분 경문의 뜻을 개별로 해석하다[別解文義]

제4과 공경히 찬탄하고 회향하다[謙讚廻向]

  제10분 경문의 뜻을 개별로 해석하다(別解文義)

    제1문 경문의 차례를 총합하여 해석하다[總釋經序]

    제2문 경문의 뜻을 개별로 해석하다[別解文義]

      제1. 총합적인 과목[總科判]

      제2. 경문을 바로 해석하다[正釋經文]

  제1분 佛果를 거론하며 즐거움을 권하여 신심을 일으키는 부분
       [擧果勸樂生信分]

  제2분 인행을 닦아 불과에 계합하는 견해를 내는 부분
       [修因契果生解分]

  제3분 법문에 의지해 수행으로 행법을 완성하는 부분
       [托法進修成行分] (제38. 이세간품)

  제4분 사람에 의지해 증입하여 불과를 이루는 부분
       [依人證入成德分] (제39. 입법계품)

『화엄경청량소』 제27권 차례

大方廣佛華嚴經疏鈔 제53권 鹹字卷上
제38. 세간을 여의는 품[離世間品] ①

第一. 오게 된 뜻 3. ····································24
一. 제3. 탁법진수성행분이 오게 된 뜻 ·················24
二. 제8회 세 번째 보광명전법회가 온 뜻 ··············24
三. 이세간품이 온 뜻 ·····································25
第二. 명칭 해석 3. ···25
一. 제3. 탁법진수성행분의 명칭 해석 ···················25
二. 제8회 세 번째 보광명전법회의 명칭 해석 2. ·······26
三. 이세간품의 명칭 해석 2. ····························31
一) 명칭을 얻다 2. ··31
(1) 세간의 뜻 33   (2) 여읨의 뜻 34
二) 명칭 해석 ··39
第三. 근본 가르침 ···40
第四. 경문 해석 10. ·······································40
一) 서분 3. ··40
(一) 기세간이 원만하다 ···································41
(二) 지정각세간이 원만하다 ·····························41
(三) 중생세간이 원만하다 2. ·····························48
제1. 숫자를 거론하며 공덕을 찬탄하다 2. ············48
1. 숫자를 거론하며 삼매를 구분하다 ··················48

2. 뛰어난 덕을 갖춤을 찬탄하다 3. ································48
1) 총합하여 표방하다 ···49
2) 개별로 밝히다 2. ··50
(1) 자분행의 공덕을 밝히다 ···50
(2) 승진행의 공덕을 밝히다 ···50
3) 총합하여 결론하다 ···52
제2. 명칭을 나열하고 공덕을 찬탄하다 ··································53
二) 삼매의 부분 ···56
三) 시작하는 부분 ··58
四) 삼매에서 일어나는 부분 ···59
五) 보혜보살이 2백 가지 질문으로 청법하는 부분 3. ················60
(一) 질문한 의미를 총합하여 표방하다 ································60
(二) 질문의 단서를 밝히다 6. ··60
제1. 십신의 행법에 의지한 질문 ···60
제2. 십주의 행법에 의지한 질문 ···62
제3. 십행의 행법에 의지한 질문 ···63
제4. 십회향의 행법에 의지한 질문 ······································65
제5. 십지의 행법에 의지한 질문 ···66
제6. 인행이 원만하고 과덕이 원만한 행법에 대한 질문 2. ·········68
1. 경문의 구절을 모으다 68   2. 여섯 지위를 밝히다 71
(三) 청법을 결론하고 설해 주기를 원하다 ····························77
六) 2천 가지 대답을 항아리 물처럼 쏟아서 설법하는 부분 2. ······78
(一) 2백 가지 질문을 구름처럼 일으키다 ······························78
(二) (보현보살이) 바로 대답하다 5. ·····································79
제1. 인행과 과덕을 잡아 해석하다 ······································79
제2. 행법의 지위를 구분하다 ···80

제3. 보편적 이치와 개별적 이치를 밝히다 ························81
제4. 거느려 거둠의 뜻을 밝히다 ································83
제5. 행상을 밝힘은 곧 경문을 따른 해석이다 6. ··················84
　1. 20문은 십신의 질문에 대해 대답하다 3. ····················84
　　1) 자분행이 원만함을 밝히다 9. ···························84
　　　(1) 열 가지 의지를 밝히다···································84
　　　(2) 열 가지 기특한 생각에 대해 밝히다····················89
　　　(3) 열 가지 행을 닦음에 대해 밝히다·······················92
　　　(4) 열 가지 선지식 ··94
　　　(5) 열 가지 부지런한 정진····································95
　　　(6) 열 가지 마음 편안하여짐································96
　　　(7) 열 가지 중생을 성취함···································99
　　　(8) 열 가지 지계행 ··101
　　　(9) 열 가지 수기 받는 법···································102
　　2) 여덟 문은 승진행이 원만함을 밝히다 8. ·················105
　　　(1) 보살이 열 가지 들어감··································105
　　　(2) 보살이 열 가지 여래에 들어감··························107
　　　(3) 열 가지로 중생의 행에 들어감··························108
　　　(4) 열 가지로 세계에 들어가는 행·························110
　　　(5) 열 가지로 겁에 들어가는 행 ···························111
　　　(6) 열 가지로 삼세를 말하다································112
　　　(7) 열 가지로 삼세를 아는 일·······························121
　　　(8) 열 가지 고달프지 않은 마음·····························123
　　3) 두 가지 행이 궁극임을 밝히다 3. ·······················125
　　　(1) 열 가지 차별한 지혜·····································125
　　　(2) 열 가지 다라니··126

(3) 열 가지 부처를 말하다 ··127
2. 20문은 십주위의 질문에 대답하다 2. ··································130
1) 의미를 말하다 ··130
2) 경문을 해석하다 10. ···132
(1) 발심주로 해석하다 4. ···132
가. 한 문은 보살이 열 가지 보현의 마음을 내다 ·················132
나. 열 가지 대원의 마음으로 보현의 행법을 밝히다 ·············136
다. 열 가지 대비심으로 중생을 관찰하고 큰 자비를 일으키다 ····138
라. 열 가지 큰 지혜의 마음으로 보리심을 내는 인연을 따로 밝히다 ··140
(2) 치지주로 대답하다 2. ···144
가. 선지식을 친근할 때 내는 열 가지 마음 ························144
나. 선지식을 가까이한 열 가지 결과 ··································146
(3) 수행주로 대답하다 2. ···148
가. 열 가지 자분행의 바라밀 ··148
나. 열 가지 승진행의 지혜를 따라 깨달음 ·························150
(4) 생귀주의 열 가지 증득하여 아는 것으로 대답하다 ············152
(5) 구족방편주로 열 가지 힘을 말하다 ································154
(6) 정심주로 대답하다 2. ···157
가. 열 가지로 자분행이 평등함 ···157
나. 승진행의 열 가지 불법의 참된 이치의 글귀 ··················160
(7) 불퇴주로 대답하다 2. ···161
가. 자분행의 열 가지로 법을 말함 ····································161
나. 승진행의 열 가지 지님 ··164
(8) 동진주로 대답하다 2. ···165
가. 자분행의 열 가지 변재 ··165
나. 승진행의 열 가지 자재 ··167

차례 13

(9) 법왕자주로 대답하다 2. ·· 168
가. 자분행의 열 가지 집착 없음 ·· 168
나. 승진행의 열 가지 평등심 ·· 170
(10) 관정주로 대답하다 2. ·· 171
가. 열 가지 출생하는 지혜로 모든 법에 통달하다 ················ 172
나. 열 가지 변화로 최고의 변화하는 법을 구족하다 ············ 173

大方廣佛華嚴經疏鈔 제54권 醎字卷下
제38. 세간을 여의는 품[離世間品] ②

3. 30문은 십행의 질문에 대답하다 10. ································ 178
(1) 세 문은 환희행으로 대답하다 3. ··································· 179
가. 열 가지 힘으로 유지함 ·· 179
나. 열 가지 크게 기쁘게 위로함 5. ···································· 182
다. 열 가지로 불법에 깊이 들어감 ···································· 189
(2) 요익행의 열 가지 의지함 ··· 193
(3) 무위역행으로 열 가지 두려움 없는 마음을 내다 ············· 195
(4) 무굴요행으로 대답하다 2. ·· 197
가. 피갑정진의 행으로 열 가지 의심 없는 마음 10. ············· 197
가) 열 가지 바라밀로 중생을 섭수하다 ···························· 197
나) 부처님을 모시고 부처님을 공양하다 ························· 197
다) 광명으로 국토를 장엄하다 ······································ 198
라) 오래도록 조복하여 성숙하게 하다 ···························· 198
마) 온갖 지혜를 갖추다 ··· 200

바) 세간의 등불이 되다 200
사) 법을 연설하여 깨닫게 하다 201
아) 장애를 없애고 성불하다 201
자) 망념을 여의고 스스로 깨닫다 202
차) 결정코 보리를 이루다 202
나. 섭선법행이 불가사의하다 5. 203
가) 단순히 세 가지 일을 잡아 해석하다 203
나) 나머지 일곱은 방편과 실법을 함께 움직이다 2. 204
(가) 네 가지는 행법을 잡아 밝히다 204
(나) 세 가지는 지혜를 잡아 밝히다 3 206
ㄱ. 두 가지 진리가 서로 합치함을 잡아 해석하다 206
ㄴ. 세 가지 현상이 융섭하기도 하고 융섭하지 않기도 하다 208
ㄷ. 방편과 실법이 합치하지도 합치하지 않기도 하다 210
(5) 이치란행으로 대답하다 3. 212
가) 중생을 요익하는 선정 2. 213
(가) 교묘하고 비밀한 말에 어리석지 않다 213
(나) 뛰어난 지혜에 어리석지 않다 221
나) 바른 법에 즐거이 머무는 선정 2. 222
(가) 장소 따위가 같지 않아서 삼매에 들어감을 밝히다 222
(나) 접촉하는 부류가 모두 두루 들어감을 밝히다 224
다) 공덕을 이끌어 내는 선정 2. 226
(가) 작용이 무애한 해탈문 226
(나) 경계에 막히지 않는 신통문 228
(6) 선현행으로 대답하다 2. 229
가. 행법의 체성을 바로 밝히다 4. 230
가) 한 지혜를 잡아 해석하다 230

나) 세 구절은 함께 행함을 밝히다 3. ·····························232
(가) 설함 없이 설함과 이룸 없이 이루는 뛰어난 지혜가 밝음을 밝히다
  ···232
(나) 생사 없이 생을 일으키는 지혜가 밝음을 밝히다··············233
(다) 평등하게 교화하는 지혜의 밝음 ·······························239
나. 열 가지 장애를 여읜 해탈······································241
(7) 무착행으로 대답하다 2. ·······································242
가. 열 가지 보살의 숲 동산··242
나. 사마타에 깃들이는 열 가지 궁전·······························244
(8) 난득행으로 대답하다 2. ·······································246
가. 열 가지 내심으로 원하고 즐거워함 ···························246
나. 열 가지 외부의 덕으로 장엄하다·······························248
(9) 선법행으로 대답하다 2. ·······································249
가. 바깥 인연에 동요되지 않는다 ·································249
나. 내심으로 버리지 않는 깊고 큰 마음 ··························251
(10) 진실행으로 대답하다 9. ······································253
가. 열 가지 지혜의 관찰···253
나. 열 가지 법을 말하는 지혜·····································254
다. 열 가지 장애를 여읜 지혜·····································256
라. 열 가지 결정하여 살피는 지혜 10. ····························257
(가) 괴로움을 편안히 받는 법인···································257
(나) 다른 이가 요익하지 못하게 하는 법인 ························258
(다) 법을 자세히 관찰하는 법인···································258
(라) 부처를 이루고서 중생을 제도하다·····························259
(마) 부처님 지혜가 그지없음을 알다·······························259
(바) 결정코 부처님 과덕에서 물러나지 않으려고 욕구하다········261

(사) 사람과 법을 결정코 친하다 ··· 261
(아) 결정코 제도하고 나서 대승에 들어가기를 욕구하다 ············ 262
(자) 결정코 평등하게 제도하기를 욕구하다 ································· 262
(차) 결정코 부처님 체성과 같은 인행이 원만하고 과덕이 원만하기를
    욕구하다 ·· 262
마. 열 가지 철저히 비추는 지혜 ·· 263
바. 열 가지 같을 이 없는 지혜 ·· 265

大方廣佛華嚴經疏鈔 제55권 河字卷上
제38. 세간을 여의는 품[離世間品] ③

사. 하열함 없는 지혜 5. ·· 270
(가) 마군을 항복받음과 외도를 제압함이 상대하다 ······················ 271
(나) 다른 이를 기쁘게 함과 스스로 만족함이 상대하다 ·············· 271
(다) 복을 쌓음과 지혜를 이룸이 상대하다 ····································· 272
(라) 아래로 교화함과 위로 성불함이 상대하다 ···························· 272
(마) 자비와 지혜를 완성함이 상대하다 ··· 273
아. 열 가지 높고 특출한 지혜 10. ··· 277
가) 부지런히 닦는 증득하는 주체의 지혜 ······································ 277
나) 항상 관찰하는 증득할 대상인 이치 ·· 277
다) 안으로 무루법을 수행하다 ·· 278
라) 밖으로 선한 사람을 가까이하다 ·· 278
마) 중생을 제도함을 크게 인내하다 ·· 280
바) 마군의 경계를 초월하다 ·· 280

사) 부지런하고 용맹한 수행 … 282
아) 악한 사람을 버리지 못하다 … 282
자) 부처님과 동등함을 외로이 표방하다 … 283
차) 방편과 실법을 함께 행하다 … 284
자. 열 가지 깊고 광대한 지혜 4. … 287
(가) 네 구절은 무량한 경계를 밝히다 … 288
(나) 여섯 구절은 부처님 경계가 무량하다 6. … 289
ㄱ. 삼세 부처님의 선근에 들어가다 … 289
ㄴ. 과거 부처님의 경계에 들어가다 … 289
ㄷ. 미래 부처님의 경계에 들어가다 … 289
ㄹ. 현재 부처님의 경계에 들어가다 … 289
ㅁ. 들어가서 많은 부처님을 공양하다 … 289
ㅂ. 들어가서 많은 법을 구하다 … 289
4. 29문은 십회향위의 질문에 대답하다 10. … 296
1) 중생을 구호하되 중생상을 여읜 회향으로 대답하다 4. … 296
(1) 열 가지 보배같이 머무름 10. … 296
가) 많은 부처님을 공양하고 섬기다 … 297
나) 법문 듣고 받아 가지다 … 297
다) 자재하게 태어나다 … 298
라) 근본과 지말의 법을 설하다 … 298
마) 끊을 줄 아는 데 자재하다 … 299
바) 자비와 지혜를 함께 행하다 … 299
사) 체성과 양상이 무애하다 … 300
아) 얻은 것 없이 얻다 … 300
자) 공을 관찰하고 서원을 만족하다 … 302
차) 받아 행함에 싫어함이 없다 … 302

(2) 열 가지 금강 같은 대승의 구호하기를 서원하는 마음 10. ···· 304
가) 법을 알다 304　　　　　　나) 중생을 제도하다 304
다) 국토를 장엄하다 306　　　라) 선근을 회향하다 306
마) 부처님께 공양 올리다 307　바) 집착함이 없다 307
사) 편안히 고통을 참아서 산란하지 않은 행법 308
아) 2리행을 두루 행하다 308　자) 요긴한 마음 310
차) 열 가지 고요함과 합치하여 업을 일으키다 311
(3) 열 가지 크게 발기함은 회향의 역할 2. ························· 316
가. 여섯 구절은 자분행 316　　나. 네 구절은 승진행 318
(4) 열 가지 할 일을 끝까지 성만하는 큰 일 ····················· 321
2) 불괴회향으로 대답하다 2. ··· 322
(1) 열 가지 무너지지 않는 믿음 ·································· 322
(2) 열 가지 수기 받음 ··· 323
3) 등일체불회향으로 대답하다 2. ································ 325
(1) 열 가지 부처님과 같은 선근 ································· 325
(2) 열 가지 지혜 얻음 ··· 327
4) 지일체처회향으로 대답하다 ······································ 329
5) 무진공덕장회향으로 대답하다 ·································· 331
6) 수순견고일체선근회향으로 대답하다 ······················ 332
7) 등수순일체중생회향으로 대답하다 ·························· 334

大方廣佛華嚴經疏鈔 제56권 河字卷下
제38. 세간을 여의는 품[離世間品] ④

8) 열 가지 걸림 없는 작용을 진여상회향으로 대답하다 4. ········338
(1) 열 가지 가름으로 총합하여 표방하다·················338
(2) 열 가지 가름으로 총합하여 질문하다·················340
(3) 가름에 의지하여 개별로 해석하다 10.··············340
  가. 열 가지 중생에 걸림 없는 작용··················340
  나. 열 가지 국토에 걸림 없는 작용··················342
  다. 열 가지 법에 걸림 없는 작용····················344
  라. 열 가지 몸에 걸림 없는 작용····················346
  마. 열 가지 원하는 데 걸림 없는 작용···············347
  바. 열 가지 경계에 걸림 없는 작용··················349
  사. 열 가지 지혜에 걸림 없는 작용··················351
  아. 열 가지 신통에 걸림 없는 작용··················353
  자. 열 가지 신력에 걸림 없는 작용··················356
  차. 열 가지 힘에 걸림 없는 작용····················358
(4) 성취한 이익을 총합 결론하다······················359
9) 속박 없고 집착 없는 해탈회향으로 대답하다 3. ···········360
(1) 열 가지 의지대로 맡겨서 유희하다·················360
(2) 열 가지 헤아릴 수 없는 경계·······················363
(3) 열 가지 깊은 마음의 지혜로운 능력················365
10) 입법계무량회향으로 대답하다 3. ························367
(1) 열 가지 두려움 없는 선근에 회향하다 10. ···········367
  가) 듣고 지님에 두려움 없다························368
  나) 변재에 두려움 없다······························369
  다) 두 가지 공에 두려움 없다······················370
  라) 위의에 두려움 없다······························371
  마) 삼업에 두려움 없다······························372

바) 외호함에 두려움 없다 ······································ 372
사) 바르게 생각함에 두려움 없다 ······························ 373
아) 방편에 두려움 없다 ·· 374
자) 온갖 지혜에 두려움 없다 ··································· 376
차) 행법을 갖춤에 두려움 없다 ································ 376
(2) 열 가지 함께하지 않는 법 10. ······························ 378
가) 자리의 행법 ··· 379
나) 다른 이를 교화하는 행법 ··································· 379
다) 위로 구하는 행법 ·· 379
라) 아주 교묘한 행법 ·· 380
마) 함께 행하는 행법 ·· 383
바) 지혜를 따르는 행법 ··· 384
사) 대비심으로 괴로움을 대신 받는 행법 ···················· 385
아) 대비심으로 중생을 섭수하는 행법 ························ 386
자) 견고하게 나와 남을 맑게 하는 행법 ······················ 386
차) 항상 수행하는 행법 ··· 395
(3) 열 가지 업은 성취할 공덕 ·································· 396
5. 50문은 앞의 십지에 대한 질문에 대답하다 10. ··········· 400
(1) 환희지의 행법으로 대답하다 2. ···························· 402
가. 십지에 안주하는 행법 4. ··································· 403
가) 어떤 몸에 머무르는가를 밝히다 ··························· 403
나) 어떤 원인인가를 밝히다 ···································· 411
다) 무슨 뜻인가를 밝히다 ······································· 412
라) 어떤 모양이 있나를 밝히다 ································· 414
나. 십지에 안주하는 행법으로 대답하다 ····················· 416
(2) 이구지의 행법으로 대답하다 2. ···························· 418

가. 시작이 청정하다 2. ··418
    가) 자분행의 깊은 마음 ··418
    나) 승진행의 더 올라가는 마음···420
    나. 자체가 청정하다 2. ··422
    가) 섭선법계와 섭율의계···422
    나) 중생을 요익하는 계 ··424

大方廣佛華嚴經 제53권
大方廣佛華嚴經疏鈔 제53권 醎字卷上
제38 離世間品 ①

제38. 세간을 여의는 품[離世間品] ①

이제 제8회 삼회보광명전법회가 다시 열리고 있습니다. 여기서는 이세간품(離世間品) 한 품만 설해지는데, 여기서 '이세간(離世間)'이란 곧 '처염상정(處染常淨)'을 뜻하는 말이니 세상에 중생들과 함께 살면서 중생에게 깨달음과 여러 가지 이익을 주지만 중생들의 번뇌에 다시 미혹하지는 않으시는 부처님, 부처님께 보혜(普慧)보살의 200가지 질문을 구름처럼 일으키니까, 부처님을 대신하는 보현보살이 한 물음에 열 가지씩 대답하니 모두 2,000가지 법문이 항아리에 담긴 물을 쏟아붓듯이 설합니다[雲興二百問 甁瀉二千酬].

"불자여, 보살마하살이 열 가지 보리심을 내는 인연이 있으니, 무엇이 열인가? 이른바 일체중생을 교화하고 조복하기 위하여 보리심을 내며, 일체중생의 고통 무더기를 제멸하기 위하여 보리심을 내며, 일체중생에게 구족한 안락을 주기 위하여 보리심을 내며, 일체중생의 어리석음을 끊기 위하여 보리심을 내며, 일체중생에게 부처 지혜를 주기 위하여 보리심을 내며, 모든 부처님을 공경하고 공양하기 위하여 보리심을 내며, 여래의 가르침을 따라서 부처님이 환희케 하기 위하여 보리심을 내며…."

大方廣佛華嚴經 제53권
大方廣佛華嚴經疏鈔 제53권 醎字卷上

第三分. 교법에 의탁하여 나아가 수행하여 행법을 이루는 부분
　　　[託法進修成行分] 4.
행법을 성취하는 원인과 결과의 주[成行因果周]
제8회 세 번째 보광명전법회[三會普光明殿] 1품 - 二千行門

제38. 세간을 여의는 품[離世間品] ①

第一. 오게 된 뜻[來意] 3.

一. 제3. 탁법진수성행분이 오게 된 뜻[分來] (初明 1上5)

[疏] 初, 明來意라 來意가 有三하니 一, 分來니 前明修因契果生解分은 則於法에 起解요 今明託法進修成行分은 則依解起行이니 義次第故니라
- 第一. 오게 된 뜻을 밝힘이다. 오게 된 뜻이 셋이 있으니 一. 제3분이 오게 된 뜻이니 앞의 第二分. 인행을 닦고 과덕에 계합하는 이해를 생겨나게 하는 부분은 법에 대해 이해를 일으킴이요, 지금은 第三分. 법에 의탁하여 나아가 수행하여 행법을 완성하는 부분은 이해에 의지하여 행법을 시작함이니 이치의 순서인 까닭이다.

二. 제8회 세 번째 보광명전법회가 온 뜻[會來] (二會 1上7)

[疏] 二, 會來者는 前會는 因圓果滿하야는 生解之終이요 此會는 正行이니 處世無染이 通於始終일새 故次來也니라

- 二. 제8회 세 번째 보광명전법회가 온 뜻은 앞의 제7회 두 번째 보광명전법회는 인행이 원만하고 과덕이 만족함에 가서는 이해가 생겨나는 끝이요, 이번 제8회는 바로 수행함이니 세상에 살면서도 물들지 않음이 처음부터 끝까지 통하는 연고로 다음에 온 것이다.

三. 이세간품이 온 뜻[品來] (三品 1上8)

[疏] 三, 品來者는 前品은 出現之果殊勝이요 今에는 明依彼起行圓融일새 故로 次來也니라 雖一分과 一會와 一品이 是同이나 所對旣殊일새 來意도 亦別이니라

- 三. 이세간품이 온 뜻은 앞의 제37. 여래출현품은 출현의 과덕이 뛰어남이요, 지금 제38. 이세간품에는 저 여래출현에 의지해서 행법을 시작함이 원융함을 밝히려는 것이므로 다음에 온 것이다. 비록 하나의 제3. 탁법진수성행분과 하나의 제8회 세 번째 보광명전법회와 하나의 이세간품이 같지만 상대할 대상이 이미 다른 연고로 오게 된 뜻도 또한 다른 것이다.

第二. 명칭 해석[釋名] 3.

一. 제3. 탁법진수성행분의 명칭 해석[分名] (第二 1下2)

[疏] 第二, 釋名이라 亦有三別하니 一, 分名者는 沒彼位名하고 但彰行法

은 欲顯行位無礙하며 前後가 圓融이니 故以名也니라
- 第二. 명칭 해석이다. 또한 세 가지 차별이 있으니 一. 제3분의 명칭은 저것의 지위와 명칭을 없애고 단지 행법만 밝힌 것은 행법과 지위가 장애 없음을 밝히려는 것이며, 앞의 제2. 수인계과생해분과 뒤의 제3. 탁법진수성행분이 원용한 것이니 그래서 명칭이 된 것이다.

二. 제8회 세 번째 보광명전법회의 명칭 해석[會名] 2.

一) 바로 해석하다[正釋] (二會 1下4)
二) 비방을 해명하다[解妨] 2.
(一) 숨은 비방을 해명하다[伏] (而前)

[疏] 二, 會名者는 約法에는 不異分名이나 約處에는 名三會普光明殿之會라 第七, 重會는 會終歸始故로 雖越四天이나 同爲生解之會요 今復重會는 通對彼分始終하여 依解成行일새 故會普光이니라 而前分은 生解差別일새 故寄歷處하사 以顯淺深이요 今分은 起行圓融故로 一會에 並收因果하니 亦表成行이 不離普光明智故니라
- 二. 제8회 세 번째 보광명전법회의 명칭은 법을 잡을 적에는 탁법진수분의 명칭과 다르지 않지만, 도량을 잡을 적에는 세 번째 보광명전법회라 이름한다. 제7회 두 번째 보광명전법회는 법회가 끝나고 처음으로 되돌아간 연고로 비록 네 하늘을 지났지만 함께 제2. 수인계과생해분의 법회가 되었고, 지금은 다시 거듭하여 세 번째 보광명전법회에 모인 이유는 통틀어 저 수인계과분의 시작과 끝을 상대하고 이해를 의지하여 행법을 완성하려는 연고로 보광명전에 (다시) 모인

것이다. 그러나 앞의 제2. 수인계과분은 이해가 생김이 차별한 연고로 지난 도량을 의탁하여 얕고 깊음을 밝힌 것이요, 지금의 제3. 탁법진수분은 행법을 일으킴이 원융한 연고로 한 법회에서 아울러 원인과 결과를 거두었으니 또한 행법을 성취함이 넓은 광명의 지혜를 여의지 않음을 표하려는 까닭이다.

(二) 비방을 밝히다[顯] 2.
제1. 힐난을 밝히다[難] (此中 1下9)
제2. 힐난에 대답하다[答] 2.
1. 항포문으로 대답하다[行布] (若約)

[疏] 此中에는 不隔餘處어니 何有重會之義리요 若約次第인대 前時와 後時가 卽是重義요
- 이런 가운데 다른 도량과 떨어져 있지 않았는데 어째서 거듭하여 모인 뜻이 있겠는가? 1. 만일 항포문의 순서를 잡는다면 앞의 시간과 뒤의 시간이 곧 겹친다는 뜻이요,

2. 원융문으로 대답하다[圓融] (若約 1下10)

[疏] 若約圓融인대 就義名重이니 故로 不動前二코 而升四天이라 二七相望이어늘 亦何所隔이리요 明知하라 約義에는 亦猶燈光이 涉入無礙며 亦似燈炷가 重發重明이니라 約人에는 名普慧와 普賢의 問答之會니라
- 2. 만일 원융문(圓融門)을 잡는다면 이치에 입각하여 중회(重會)라 이름하였으니 그러므로 앞의 두 장소에서 움직이지 않고 네 하늘로 오

른 것이다. 제2회 보광명전회와 제7회 두 번째 보광명전회가 서로 조망하는데 또한 어느 곳을 격리하겠는가? 분명히 알라, 이치를 잡으면 또한 등불 광명이 건너 들어감에 무애함과 같으며, 또한 등불과 심지가 거듭 붙이니 거듭 밝아졌구나! 사람을 잡으면 '보혜(普慧)보살과 보현(普賢)보살이 묻고 대답하는 법회'라 이름할 수 있다.

[鈔] 第七重會下는 釋이니 意明第七이 已曾重會일새 故今名三會나 而便明七八이 俱會普光코 而有差別이니라 而前分下는 解妨이라 文有二妨하니 初有伏難은 卽重會不同妨이니 謂有問言호대 一種重會어늘 何以前歷多會온 此唯一會요 答有二意하니 一, 前은 約解니 故須多요 今은 約行일새 故須一이니 以頓起故라 二, 前은 約行布일새 故歷位不同이요 今約圓融일새 故一會頓起라 在文可思니라

● 一) 第七重會 아래는 바로 해석함이니 의미로는 제7회 보광명전법회가 이미 일찍이 거듭한 법회인 연고로 지금은 세 번째 법회라 이름하지만 그러나 문득 제7회와 제8회가 모두 보광명전이라 하더라도 차별이 있다. 二) 而前分 아래는 비방을 해명함이다. 경문에 두 가지 비방함이 있으니 (一) 숨은 비방을 해명함이 있음은 두 번째 보광명전법회와 비방함이 같지 않다. 이른바 어떤 이가 질문하여 말하되, "한 종류의 거듭한 법회인데 어떻게 앞에서 여러 번 법회를 거쳤는가?"라고 말한 것은 여기에서 오직 한 번 법회뿐이요, 제2. 힐난에 대답함에는 두 가지 의미가 있으니 (1) 앞의 제2. 보광명전법회는 이해를 잡았으니 그래서 여럿을 구함이요, 지금 제3. 보광명전법회는 행법을 잡은 연고로 하나를 구함이니 단박에 시작한 까닭이다. (2) 앞은 항포문을 잡은 연고로 지난 지위가

같지 않으며, 지금은 원융문을 잡은 연고로 한 번의 법회가 단박에 일어났다. 경문에 있으니 알 수 있으리라.

此中에 不隔餘處어니 何有重會之義는 即第二顯難이니 重會不成妨이라 若約下는 答이라 答有二意하니 一, 約行布不壞相邊에는 約時明重이니 如人이 前於此講코 續前再講하면 豈非重耶아 二, 若約圓融下는 就圓融門하여 約義明重이라 於中에 有三하니 初, 標는 可知요 次, 故不動二下는 反難以成이요 謂汝向問意云에 第二로 至第七은 中隔四會일새 故得名重이어니와 第七과 第八은 中無有隔이어늘 何得名重고할새 今謂第二로 望七에도 亦不隔越이라 何者오 既不起覺樹코 而昇四天하시니 四天과 覺樹가 定是一時요 第六, 他化天後에 即說第七이니 曾何隔越이리요 則二七不隔도 亦得名重인대 今七八은 不隔인들 何不名重이리요 明知約義者는 結成七八重會가 皆是約義而言이라 不動前二者는 文中에 雖云不起覺樹나 以普光이 近覺樹故로 不別言之나 實則不起前二코 頓昇四天也니라 亦猶燈光下는 第三, 以喩明也니 光雖涉入이나 隨燈有異요 時處雖一이나 約義不同하니 以約圓融인대 一時頓演일새 故爲此通이니라 亦似燈炷下는 復以喩顯이라 前喩는 燈異光重이요 此則燈一光異니 燈一은 喩於一處요 光重은 喩三會不同이니라

● 이 가운데 다른 도량은 떨어지지 않았는데 어찌 거듭한 이치가 있는가? 한 것은 곧 제1. 힐난을 밝힘이니 거듭한 법회에 비방을 완성하지 못했다는 뜻이다. 제2. 若約 아래는 힐난에 대답함이다. 대답함에 두 가지 의미가 있으니 1. 항포문을 잡으면 양상을 여의지 않는 쪽으로는 시간을 잡아 거듭함을 밝혔으니 마치 사람이 앞에서 이것

을 강의하고 앞의 다시 강의한 것을 연속하면 어찌 거듭함이 아니겠는가? 2. 若約圓融 아래는 원융문에 입각해서 이치를 잡아 거듭함을 밝혔다. 그중에 셋이 있으니 1) 표방함은 알 수 있으리라. 2) 故不動二 아래는 힐난과 반대로 성립함이다. 이른바 네가 접때에 질문한 의미를 말하면 "제2회 보광명전법회부터 제7회 두 번째 보광명전법회까지는 중간에 네 번의 법회와 떨어졌으므로 거듭함이라 이름하였지만 제7회와 제8회는 중간에 떨어짐이 없는데 어찌하여 거듭함이라 이름하였는가?"라 할 것이므로 지금 말하되 "제2회에서 제7회를 바라보더라도 또한 떨어지고 먼 것이 아니다. 왜냐하면 이미 보리수에서 일어나지 않고 네 하늘로 오르셨으니 네 하늘과 보리수가 한 시기로 정해짐이요, 제6회 타화자재천궁 이후에 곧바로 제7회를 설하였는데 일찍이 무엇이 떨어짐이 있겠는가? 제2회와 제7회가 떨어지지 않음도 또한 거듭함이 될 텐데 지금의 제7회와 제8회는 떨어져 있지 않아도 어찌 거듭한 법회라 이름하지 않겠는가? 분명히 알라. 이치를 잡은 것은 결론하여 제7회, 제8회의 거듭하는 법회가 모두 이치를 잡아서 말한 것이다. '앞의 두 번을 움직이지 않고'는 경문 중에 비록 보리수에서 일어나지 않았지만 보광명전이 보리수와 가깝지 않은 연고로 다르다고 말하지 않지만 실로는 앞의 두 번을 움직이지 않고 네 하늘로 단박에 오른 것이다. 3) 亦猶燈光 아래는 비유로 밝힘이니 광명이 비록 건너서 들어갔지만 등불을 따라 다름이 있고, 때와 장소가 비록 하나이지만 이치를 잡으면 같지 않다. 원융문을 잡는다면 일시에 단박연설하는 연고로 여기서 해명한 것이다. 亦似燈炷 아래는 다시 비유로 밝힘이다. 앞의 비유는 등불 광명이 중첩함과 다르고 여기는 등불이 하나의 광명인 것이 다르니, 등불이 하나인 것은 한 도량인 것을 비유함이요, 광명이 거듭함은 세 번 법회가 같지 않음을 비유한 것이다.

三. 이세간품의 명칭 해석[品名] 2.

一) 명칭을 얻다[得名] 2.
(一) 다른 명칭[異名] (三品 3上6)

[疏] 三, 品名이라 有二하니 一, 得名이요 二, 釋名이라 今初에 又二니 一, 異名이니 下文十義는 至彼當辨하리라 有別行本에는 名度世經이니 度는 卽離義니라 又有別行에는 名普賢菩薩答難二千經하니 此就能離人法하여 受稱이니라

■ 三. 이세간품의 명칭이다. 둘이 있으니 一) 명칭을 얻음이요, 二) 명칭 해석이다. 지금은 一)에 또한 둘이니 (一) 다른 명칭이니 아래 경문의 열 가지 뜻은 저기에 가서 당연히 밝히리라. 어떤 별행본에는 『도세경(度世經)』이라 이름하나니 도(度)는 곧 '여읜다'는 뜻이다. 또한 어떤 별행본에는 『보현보살이 2천 가지 힐난에 대답한 경[普賢菩薩答難二千經]』이라 이름하나니 여기는 여의는 주체인 사람과 법에 입각하여 받은 명칭이다.

[鈔] 答難二千經者는 準度世品인대 普智菩薩이 白佛言하시되 世尊하 諸來菩薩이 達者는 無礙어니와 中下之士는 各懷猶豫하여 各心念言호대 事物이 繁鬧하니 不知何事를 可捨可奉이닛고 願佛分解하소서 佛歎하시되 善哉라 當爲汝說하리라 佛言하시되 普智여 用有二故로 故問二百이요 答以二千이니라 問二百者는 有神貪身하여 計有吾我하며 有內有

外하며 在有在無하니 所可諮問이 皆除吾我의 內外有無라 則有權慧 開化無際오 答二千者는 十方一切가 皆來集會하니 其心各異하고 意行不同이라 達者는 聞要하고 則以至道어니와 不能達者에는 爲演多辭하여 曉諭文說하며 牽攀義旨하여 自所觀形으로 以喩其意하야사 乃得解慧라하니라 此經은 乃在邇字函中하니 文只六卷이요 長行文畢코 後에 有二百三十二頌하여 義甚富瞻이니라

- 『2천 가지 힐난에 대답한 경[答難二千經]』이란 도세품에 준해 본다면 보지(普智)보살이 부처님께 사뢰어 말씀하되, "세존이시여, 모든 오는 보살이 통달한 이는 걸림이 없지만 중하근기의 보살은 각기 유예(猶豫)함을 품어서 각기 마음으로 생각하여 말하되, '사물이 번거롭고 시끄러우니 무슨 일을 버리고 받들어야 할 줄 알지 못하겠습니다. 원컨대 부처님께서 분별하여 해설하소서!'" 부처님이 찬탄하시되 "착하다, 마땅히 너희를 위하여 설명하리라." 부처님이 말씀하시되 "보지보살이여, 작용함에 둘이 있는 연고로 그래서 2백 가지로 질문하였고, 2천 가지로 대답하였다." '2백 가지로 질문함'이란 어떤 이는 신선이 몸을 탐내어 내가 있다고 계탁하여 안도 있고 밖도 있으며, 유에 있고 무에도 있으니 자문할 수 있는 것에서 모두 나의 안과 밖, 유와 무는 제하였다. 방편의 지혜를 열어서 교화함이 끝이 없음이 있고, '2천 가지로 대답한 것'은 시방의 온갖 것이 모두 와서 모임을 모았으니, 그 마음이 각기 다르고 생각과 행동도 같지 않다. 통달한 이는 중요한 것을 물으면 도에 이르지만, 능히 통달하지 못한 이에게는 많은 언사를 연설하여 밝게 이끌어 주는 문장을 말하며 이치와 종지를 굳건하게 반연하여 스스로 형상을 본 것으로 그 의미를 밝혀야만 비로소 이해하는 지혜

를 얻게 된다"라고 하였다. 이 경문은 비로소 가까운 글자가 상자 속에 있으니 경문은 단지 여섯 권뿐이요, 장항의 경문이 끝나고 뒤에 2백32개의 게송이 있어서 이치는 매우 넉넉하고 풍성하였다.

(二) 본래 명칭[本稱] 2.
1. 총상으로 밝히다[總] (二正 3下10)

[疏] 二, 正辨本稱이니 總由超絕世染일새 故受其名이니라
- (二) 본래 명칭을 바로 밝힘이니 총합하여 세간에 물듦을 초월하여 끊어짐을 말미암은 연고로 그 명칭을 받은 것이다.

2. 별상으로 밝히다[別] 3.
1) 법을 잡아 밝히다[約法] 2.

(1) 세간의 뜻[世] 3.
가. 현상의 모양을 잡아 밝히다[約事相] (別有 3下10)
나. 거칠고 미세한 모양을 잡아 밝히다[約麤細] (二約)
다. 염오와 청정을 잡아 밝히다[約染淨] (三約)

[疏] 別有三義하니 一, 約法이요 二, 約行이요 三, 約位라 約法之中에 先, 世요 後, 離라 世有三類하니 一, 約事相인대 有二世間하니 謂器와 及有情이라 此約依正分之니라 二, 約麤細인대 亦二니 一, 有爲世間이요 二, 無爲世間이니 此約分段과 變易分之니 以變易은 非三有攝일새 名之無爲라 故로 勝鬘에 云, 有爲生死와 無爲生死라하니라 然麤細가

雖殊나 體不出二니라 三, 約染淨컨대 有三하니 於初二中에 加智正覺이라 示同世間이나 不同世故니 如地論辨이니라

- 2. 별상으로 밝힘에 세 가지 뜻이 있으니 1) 법을 잡아 밝힘이요, 2) 행법을 잡아 밝힘이요, 3) 지위를 잡아 밝힘이다. 1) 법을 잡아 밝힘 중에 (1) 세간의 뜻이요, (2) 여읨의 뜻이다. 세간에 세 종류가 있으니 가. 현상의 모양을 잡는다면 두 세간이 있으니 이른바 ㉮ 기세간과 ㉯ 중생세간이다. 여기서는 의보와 정보를 잡아서 구분한 것이다. 나. 거칠고 미세함을 잡는다면 또한 둘이니 ㉮ 유위세간이요, ㉯ 무위세간이다. 여기서 분단생사와 변역생사를 잡아 구분하였으니 변역생사는 세 가지 유[三有]에 포섭되지 않으므로 무위(無爲)라 이름한다. 그러므로 『승만경』에 이르되, "유위의 생사와 무위의 생사이다"라고 하였다. 그러나 거칠고 미세함이 비록 다르지만 체성은 둘에서 벗어나지 않는다. 다. 염오와 청정한 모양을 잡는다면 셋이 있으니 가.의 두 가지 중[기세간과 중생세간]에 ㉰ 지정각세간을 더하였다. 세간과 같음을 보였지만 세간과 다르지 않은 까닭이니 『십지경론』에서 밝힌 내용과 같다.

(2) 여읨의 뜻[離] 2.
가. 성품으로 여읨의 뜻[性離] (二明 4上7)
나. 현상으로 여읨의 뜻[事離] (二明)

[疏] 二, 明離者는 離有二義하니 一, 性離니 世間性空이 卽是出世間故라 二, 明事離니 行成無染故라 力林頌에 云, 三世五蘊法은 說名爲世間이요 彼滅은 非世間이라 如是但假名이라하니라 滅通二義니라 於事離中에 有似離와 眞離와 分離와 全離니 次下에 當辨하리라

■ (2) 여읨의 뜻을 밝힘이란 여읨에 두 가지 뜻이 있으니 가. 성품으로 여읨의 뜻이니 세간의 성품이 공함이 곧 출세간인 까닭이다. 나. 현상으로 여읨의 뜻을 밝힘이니, 행법을 완성하면 더러움이 없는 까닭이다. (야마궁중게찬품의) 역림(力林)보살의 게송에 이르되, "삼세와 오온법을 말하여 세간이라 하고 저가 멸한 것을 세간 아니라 하니 이와 같이 이름만 빌렸을 뿐"이라 하였다.

2) 행법을 잡아 밝히다[約行] 4.
(1) 행법을 따름의 뜻[隨] (二 約 4下1)
(2) 행법을 여읨의 뜻[離] (二離)

[疏] 二, 約行者는 略爲四句하니 一, 隨요 二, 離요 三, 俱요 四, 泯이라 言隨者는 凡夫는 沈溺世蘊하니 非離非隨요 二乘은 無悲하여 不能隨世하니 雖離나 非眞이요 菩薩은 能隨하니 方爲眞離라 故以隨로 釋離니라 二, 離者는 有大智故로 了世性離하여 處而不染하니 亦異凡小니라

■ 2) 행법을 잡아 밝힘은 간략히 네 구절이 되나니 (1) 행법을 따름의 뜻이요, (2) 행법을 여읨의 뜻이요, (3) 행법과 함께함의 뜻이요, (4) 행법을 없앰의 뜻이다. '따른다'고 말한 것은 범부는 세간의 쌓음에 빠진 것은 여읨도 따름도 아니요, 이승은 자비가 없어서 능히 세간을 따르지도 못하나니 비록 여의더라도 진여가 아니요, 보살은 따르는 주체이므로 비로소 진정한 여읨이 된다. 그러므로 따름으로 여읨의 뜻을 해석하였다. (2) 행법을 여읨은 큰 지혜가 있는 연고로 세간을 알고 성품을 여의어서 세간에 살면서 물들지 않나니 또한 범부나 소승과 다르다.

(3) 행법과 함께함의 뜻[俱] (三俱 4下5)

(4) 행법을 없앰의 뜻[泯] (四俱)

[疏] 三, 俱者는 悲故로 常行世間하고 智故로 不染世法이라 旣以世와 與性離가 無二로 爲其境故며 以悲智無二로 爲其行이니라 境行이 融通이 有其三句하니 一, 悲無不智니 則世無不離일새 是以로 常在世間이나 未曾不出이니라 二, 智無不悲故로 離無不世니 是以로 恒越世表나 無不遊世니라 三, 雙融故로 動靜無二하여 唯是一念이니 所謂無念이라 無念等故로 世與出世가 無有障礙니라 四, 俱泯者는 謂境은 旣世與性離하여 形奪兩亡일새 故令[1]悲智로 俱融하여 二念雙絶이니라 又由境行相由하여 形奪齊離에는 則絶待離言이라 融前四句하여 皆無障礙하야사 方爲眞離世間也니라

- (3) 행법과 함께함의 뜻은 대비한 연고로 항상 세간에 행하고 지혜로운 연고로 세간법에 물들지 않는다. 이미 세간과 성품을 여읨이 둘이 없으므로 그 경계를 삼은 연고며, 대비와 지혜가 둘이 없음으로 그 행법을 삼은 것이다. 경계와 수행이 융섭하여 통함이 세 구절이 있으니 (1) 대비에 지혜 아님이 없으니 세간을 여의지 않음이 없다. 이런 연고로 항상 세간에 있지만 일찍이 벗어나지 못함이 없다. (2) 지혜는 대비가 아님이 없는 연고로 여읨에 세간 아님이 없나니 이런 연고로 항상 세상의 겉을 뛰어넘었지만 세간을 유희하지 못함이 없다. (3) 함께 융섭한 연고로 동요와 적정에 둘이 없어서 오직 한 생각뿐이니 이른바 생각 없음이다. 생각 없음이 평등한 연고로 세간과 출세간이 장애가 없다. (4) '모두 없앤다'는 것은 이른바 경계는 이미 세간과 성

---

1) 令은 甲續本作今이라 하다.

품을 여의어서 형상을 뺏으면 둘 다 없는 연고로 대비와 지혜로 하여금 모두 융섭하게 하여 두 생각이 함께 끊어졌다. 또한 경계와 행법이 서로 연유하여 형상을 뺏고 똑같이 여읠 적에는 상대가 끊어지고 말을 여의게 된다. 앞의 네 구절과 융섭하여 모두 장애가 없어야만 비로소 '참으로 세간을 여읜 것[離世間]'이 된다.

3) 지위를 잡아 밝히다[約位] 2.
(1) 지위를 잡아 구분하다[約位料揀] (三約 5上4)
(2) 지위의 마땅함을 잡아 밝히다[約位所宜] (然今)

[疏] 三, 約位者인대 凡夫는 染而非離요 二乘은 分離非眞이니 謂果離分段이요 因唯事離니 非今所明이요 菩薩은 具上眞行하니 可得名離나 而非究竟이요 唯佛은 爲離니 故로 經에 云, 佛常在世間하시되 而不染世法이라하니라 然이나 今文中에 備六位之行하니 即是行離며 行所依位는 即是位離故며 若事와 若理와 若因과 若果를 皆名離也니라

■ 3) 지위를 잡는다면 범부는 물들면서도 여의지 않음이요, 이승은 부분으로 여읨은 참된 것이 아니다. 이른바 과덕은 분단으로 여읨이요, 인행은 오직 현상만 여의나니 지금 밝힐 대상이 아니요, 보살은 위의 진여행을 갖추나니 명칭으로 여읨은 얻을 수 있지만 그러나 구경이 아니요, 오직 부처님만이 여읨이 된다. 그러므로 경문에 이르되, "부처님은 항상 세간에 계시지만 세간법에 물들지 않는다"라 하였다. 그러나 지금 경문 중에 여섯 지위의 행법을 갖추나니 바로 행법으로 여읨이며, 행법이 의지할 대상의 지위는 곧 지위로 여의는 연고며, 현상과 이치, 원인과 결과를 모두 여읜다고 이름한다.

[鈔] 世間性空者는 卽是淨名不二法門이니 前來已引하니 卽那羅延菩薩[2]이니라 二, 明事下는 引十行偈니 義則可知니라 度世品에 云, 品名度者는 一切衆生이 閉在世間하여 五陰六衰之所覆蓋로 纏綿生死하여 不能自拔일새 以權方便으로 智度無極하여 消去五陰하고 捐棄六衰하여 不計吾我하며 不在生死하며 不住滅度라 譬如日月이 晝夜演光하여 權慧도 如是하여 忽然無跡하고 德如虛空이라하니라 經에 云, 佛常在世者는 卽法身經이니 下半에는 云, 不分別世間하시니 敬禮無所觀이라하니라

然今文中等者는 就別得名이라 中에 二니 一, 上에는 別顯三義요 二, 此下에 會釋經文하여 明具三義라 若事若理下는 卽是總結이라 然이나 若事는 卽前事離요 若理는 卽前性離니 此正約法이요 因果는 卽兼結前行位也니라

● '세간의 성품이 공함'이란 곧 『유마경』불이법문품이니 앞에서부터 이미 인용하였으니 곧 나라연보살장이다. 나. 明事 아래는 야마궁중게찬품 게송을 인용함이니 이치는 알 수 있으리라. 도세품(度世品)에 이르되, "품의 명칭이 도(度)인 것은 모든 중생이 세간에 닫혀 있어서 오음과 여섯으로 쇠하고 뒤집어 덮을 대상과 얽혀서 생사로 이어져서 능히 스스로 뺄 수가 없으므로 권세의 방편으로 지혜로 끝없음을 건너서 오음을 없애 버리고, 여섯 가지 쇠함을 덜어 버려서 나를 계탁하지 않으므로 생사에 있지 않으며 열반에도 머물지 않는다. 비유컨대 해와 달이 밤낮으로 광명을 뻗는 것처럼 방편지혜도 이와 같아서 홀연히 자취가 없고 덕스러움은 허공과 같다"고 하였다. 경문에서 '부처님은 항상 세간에 있다'고 함은 곧 『법신경(法身經)』[3]이요, 아래 반의 게

---

2) 上十字는 甲南續金本作 '分別世間故 敬禮無所觀'이라 하다.

송에는 "세간을 분별하지 않나니 경례함에 볼 대상이 없다"고 하였다. '그러나 지금 경문 중에' 등이란 별상에 입각하여 얻은 이름이다. 그중에 둘이니 (1) 위에는 개별로 세 가지 뜻을 밝힘이요, (2) 이 아래에 경문을 모아 해석하여 세 가지 뜻을 갖추었음을 밝혔다. 若事若理 아래는 바로 총합하여 결론함이다. 그러나 저 현상은 곧 앞의 현상으로 여읨이요, 저 이치는 곧 앞의 성품으로 여읨이니 이것은 바로 법을 잡은 것이요, 원인과 결과는 곧 겸하여 앞의 행법 지위를 결론함이다.

二) 명칭 해석[釋名] (二釋 5下9)

[疏] 二, 釋名者는 約法事離인대 無他受稱이어니와 離非世間이라 卽相違釋이니라 若約性離인대 通持業釋이요 約行四句인대 前三句는 俱通持業과 相違二니 事理離故라 泯句는 並非六釋이나 亦可持業이니 泯은 卽離故니라

- 二) 명칭 해석은 (一) 법의 현상으로 여읨을 잡는다면 다른 이가 받은 명칭이 없지만 여읨은 세간이 아니다. 곧 서로 위배하는 해석이다. (二) 만일 성품이 여읨을 잡는다면 지업석과 통하고, (三) 행법의 네 구절을 잡으면 앞의 세 구절은 지업석과 상위석의 두 가지에 모두 통하나니 현상과 이치가 여의는 까닭이다. 없앤다는 구절은 아울러 육합석(六合釋)이 아니지만 또한 지업석일 수도 있나니, 없앰[泯]이 곧 여읨의 뜻인 까닭이다.

[鈔] 然此釋名은 疏文4)妙矣며 易則易焉일새 故不委釋하니라

---

3) 『법신경(法身經)』: 1권. K-1249, T-766. 북송(北宋)시대에 법현(法賢)이 998년에 번역하였다. 부처님의 몸은 법신과 화신의 두 가지가 있으며, 그 공덕이 무한하다는 것을 설한다. (譯註者 註)

- 그러나 여기의 명칭 해석은 소문이 미묘하고, 쉬운 것은 쉬운 연고로 자세하게 해석하지 않았다.

第三. 근본 가르침[宗趣] (第三 6上4)

[疏] 第三, 宗趣니 頓彰六位理事二離로 爲宗이요 令體性離하여 頓成眞離究竟으로 爲趣니라
- 第三. 근본 가르침이니 여섯 지위의 이치와 현상의 두 가지 여읨을 단박에 밝힘으로 근본을 삼고, 체성과 성품을 여읨으로 하여금 참으로 여읨의 구경까지 단박에 성취함으로 가르침을 삼는다.

第四. 경문 해석[釋文] 2.

一. 총합하여 과목 나누다[總科] (第四 6上8)
二. 개별로 해석하다[別釋] 10.

一) 서분[序分] 3.

爾時에 世尊이 在摩竭提國阿蘭若法菩提場中普光明殿하사 坐蓮華藏師子之座하사
그때 세존이 마갈제국 아란야 법 보리도량의 보광명전에서 연화장 사자좌에 앉으셨다.

---

4) 疏文은 甲本無, 南續金本作妙則이라 하다.

[疏] 第四, 釋文이라 長科十分이니 一, 序分이요 二, 三昧分이요 三, 發起分이요 四, 起分이요 五, 請分이요 六, 說分이요 七, 結勸分이요 八, 現瑞分이요 九, 證成分이요 十, 重頌分이라

■ 第四. 경문 해석이다. 길게 열 부분으로 과목을 나누리니 一) 서분이요, 二) 삼매의 부분이요, 三) 시작하는 부분이요, 四) 삼매에서 일어나는 부분이요, 五) 청법하는 부분이요, 六) 설법하는 부분이요, 七) 권함으로 결론하는 부분이요, 八) 서상으로 나타내는 부분이요, 九) 증명하여 완성하는 부분이요, 十) 거듭 노래하는 부분이다.

(一) 기세간이 원만하다[器世間圓滿] (今初 6上10)
(二) 지정각세간이 원만하다[智正覺世間圓滿] 2.
제1. 총상으로 밝히다[總] (二中)

妙悟皆滿하시니 二行永絶하시며 達無相法하시며 住於佛住하시며 得佛平等하시며 到無障處하시며 不可轉法이시며 所行無礙하시며 立不思議하시며 普見三世하시며 身恒充徧一切國土하시며 智恒明達一切諸法하시며 了一切行하시며 盡一切疑하시며 無能測身이시며 一切菩薩等所求智시며 到佛無二究竟彼岸하시며 具足如來平等解脫하시며 證無中邊佛平等地하시며 盡於法界하시며 等虛空界하시니라

묘하게 깨달음이 다 원만하시니 (1) 두 가지 행을 영원히 끊었으며, (2) 모양 없는 법을 통달하여 (3) 부처의 머무는 데

머무르고, (4) 부처의 평등함을 얻어 (5) 막힘이 없는 곳에 이르며, (6) 움직일 수 없는 법에 (7) 행함이 걸림 없으며, (8) 헤아릴 수 없는 데 서서 (9) 세 세상을 두루 보며, (10) 몸은 모든 국토에 항상 가득하고 (11) 지혜는 온갖 법을 밝게 통달하였으며, (12) 모든 행을 분명히 알고 (13) 모든 의심을 끊었으며, (14) 측량할 수 없는 몸과 (15) 모든 보살의 구하는 지혜로 (16) 부처의 둘이 없이 구경의 저 언덕에 이르며, (17) 여래의 평등한 해탈을 갖추고 (18) 복판과 언저리가 없는 부처의 평등한 곳을 증득하였으므로 (19) 법계를 다하며 (20) 허공계와 같았다.

[疏] 今初에 有三하니 一, 器世間圓滿이니 義如前釋이니라 二, 妙悟下는 智正覺世間圓滿이요 三, 與不可說下는 衆生世間圓滿이라 二中에 明佛二十一種殊勝功德하나니 廣引諸論은 已見昇兜率品이라 今但 略明컨대 初句爲總이니 具下二十一種功德일새 故云妙悟皆滿이니라

■ 지금은 一) 서분에 셋이 있으니 (一) 기세간이 원만함이니 뜻은 앞의 해석과 같으며, (二) 妙悟 아래는 지정각세간이 원만함이요, (三) 與不可說 아래는 중생세간이 원만함이다. (二) 중에 부처님의 21가지 뛰어난 공덕을 밝힘이니 자세히 여러 논서를 인용함은 이미 승도솔천궁품에서 보았다. 지금은 단지 간략히 밝힌다면 첫 구절[妙悟皆滿]은 총상이 되니, 아래 21가지 공덕을 갖추므로 '묘하게 깨달음이 원만하다'고 말하였다.

[鈔] 二中明佛下는 旣指前釋하니 有疑면 當尋彼疏鈔어다 不繁重擧하노라

● 二中明佛 아래는 이미 앞의 해석을 가리켰으니, 의심이 있으면 당연히 저 소와 초문에서 찾을 것이니 번거로울까 봐 거듭 거론하지 않는다.

제2. 별상으로 밝히다[別] (後二 7上3)

[疏] 後, 二行下는 別이라 於中에 前四는 自利요 餘皆利他라 前中에 一, 智德이요 二, 斷德이요 三, 恩德이요 四, 作用平等德이라 今初에 二行永絶은 卽於所知에 一向無障轉功德이니 佛地經에는 名不二現行이라 不字는 此宜言無니 卽永絶義라 謂佛智德이 離所知障하사 非如聲聞의 極遠時處等을 有不知故라 有知와 不知하면 卽是二行이어니와 今無不知일새 故云永絶이니라 二, 達無相法은 則於有無無二相인 眞如最勝淸淨에 能入功德이니 彼經에 名趣無相法이라 趣는 謂趣入이니 卽此達義라 然이나 無相法이 體卽眞如니 無彼有無二相일새 故名無相이요 諸法中最며 淨無客塵하여 令自他入이 勝於二乘일새 名最勝淸淨이니라 三, 住於佛住者는 卽無功用佛事의 不休息功德이니 世親이 釋云, 謂住佛所住의 無所住處라하니 此卽釋經이요 於此住中에 常作佛事하여 無有休息이라하니 此卽解論이니라 四, 得佛平等은 卽於法身中에 所依意樂作事가 無差別功德이니 謂諸佛이 有三事無差라 一, 所依智同이요 二, 益生意樂同이요 三, 報化作業同이니 故云平等이니라 五, 到無障處는 則修一切障의 對治功德이니 世親이 釋云, 謂一切時에 常修覺慧하여 對治一切障故라하니 此明覺慧하여 爲能治요 一切障은 卽二障이니 爲所治니라 六, 不可轉法은 卽降伏一切外道功德이니 謂敎證二道를 他不能動故니라 七, 所行無礙는 卽生在世間하여 不爲世法所礙功德이니 謂利衰等八法이 不能拘故니라

八, 立不思議는 卽安立正法功德이니 謂安立十二分敎를 餘不能思故니라 九, 普見三世는 卽授記功德이니 謂記別過未가 皆如現在故니라 十, 身恒充滿一切國土는 卽一切世界의 示現受用變化身功德이니 謂二種身이 徧二種國故니라

■ 제2. 별상으로 밝힘이다. 그중에 1. 앞의 네 구절[(1)二行永絶 — (4)得佛平等]은 자리행이요, 2. 나머지 구절[(5)到無障處 — (20)等虛空界]은 모두 이타행이다. 1. 중에 (1) 이행영절은 지덕이요, (2) 달무상법은 단덕이요, (3) 주어불주는 은덕이요, (4) 득불평등은 작용이 평등한 덕이다. 지금은 (1) '두 가지 행을 영원히 끊음'이란 곧 아는 바에 한결같이 걸리고 바뀜이 없는 공덕이니『불지경』에는 '둘이 없이 현행함'이라 이름하였다. 불(不) 자는 여기는 없다고 선언하여 말하였으니 곧 '영원히 끊는다'는 뜻이다. 이른바 부처님 지혜의 덕이 소지장을 여의어서 마치 성문의 지극히 먼 시간과 도량 등을 알지 못함이 있는 까닭이다. 아는 것과 알지 못함이 있으면 곧 두 가지 행일 텐데 지금은 알지 못하는 것이 없는 연고로 '영원히 끊는다'고 말하였다. (2) '모양 없는 법을 통달함'은 유와 무가 둘이 없는 모양인 진여가 가장 청정할 적에 들어가는 주체의 공덕이니, 저 경문에서 '모양 없는 법에 나아감'이라 이름한다. 취(趣)는 '나아가 들어감'을 말하니 곧 본경의 통달한다는 뜻이다. 그러나 모양 없는 법은 체성이 곧 진여이니, 저가 유와 무의 두 가지 모양이 없으므로 '모양 없음'이라 이름하였고, 모든 법 가운데 최고며 청정하여 객진번뇌가 없어서 자신과 남이 들어가게 함이 이승보다 뛰어나므로 '가장 뛰어나고 청정함'이라 이름한다. (3) '부처의 머무는 데 머무름'은 곧 공용 없는 불사에 휴식하지 않는 공덕이니 세친보살이 해석하여 말하되, "이른바 부처님이 머

물 대상인 머무는 바 없는 곳에 머무신다"라 하였다. 이것은 경문을 해석함이니, "여기서 머무름 중에 항상 불사를 지어서 휴식함이 없다"라 하였으니 이것은 논문을 해석함이다. (4) '부처의 평등함을 얻음'은 곧 법신 중에서 의지할 대상인 의요(意樂)로 일을 지음이 차별 없는 공덕이니, 이른바 모든 부처님이 세 가지 일이 차별이 없음이다. ① 의지할 대상인 지혜가 같으며 ② 중생을 이익하는 의요가 같으며, ③ 보신과 화신이 업을 지음이 같음이니 그래서 '평등하다'고 말하였다. (5) '막힘이 없는 곳에 이름'은 온갖 장애가 상대하여 다스리는 공덕을 닦음이다. 세친보살이 해석하여 이르되, "이른바 온갖 시간에 항상 깨닫는 지혜를 닦아서 온갖 장애를 상대하여 다스리는 까닭이다"라 하였으니 여기서 깨닫는 지혜를 밝혀서 다스리는 주체로 삼고, 온갖 장애는 곧 두 가지 장애이니 다스릴 대상으로 삼는다. (6) '움직일 수 없는 법'은 곧 온갖 외도를 항복받는 공덕이니 이른바 교도와 중도의 두 가지를 다른 이가 능히 동요할 수 없는 까닭이다. (7) '행함이 걸림 없음'은 중생이 세간에 있어서 세간법에 장애되지 않는 공덕이니, 이른바 이롭고 쇠퇴하는 등의 법에 능히 구애받지 않는 까닭이다. (8) '헤아릴 수 없는 데 서는 것'은 바른 법을 안립하는 공덕이니 이른바 십이분교를 안립한 것을 남은 이가 능히 사유하지 못하는 까닭이다. (9) (세 세상을 두루 보는 것은) 곧 수기를 받는 공덕이니 이른바 과거와 미래를 기별함이 모두 현재와 같은 까닭이다. (10) '몸은 모든 국토에 항상 가득함'은 곧 온갖 세계의 수용신과 변화신을 나타내 보이는 공덕이니, 이른바 두 가지 몸이 두 종류의 국토에 두루한 까닭이다.

十一, 智恒明達一切諸法은 卽斷疑功德이니 謂自於一切境에 善決定故로 能決他疑니라 十二, 了一切行은 卽令入種種行功德이니 二釋攝論에 易故로 不解하니 意云, 徧了一切有情性行하여 隨根令入故니라 十三, 盡一切疑는 卽當來法에 生妙智功德이니 謂聲聞은 言其全無善根이라할새 如來는 知其久遠微善이 後當生故니라 十四, 無能測身은 卽如其勝解示現功德이니 謂隨諸有情의 種種勝解하여 現金色等身이라 雖現此身이나 而無分別이 如末[5]尼等일새 故無能測이니라 十五, 一切菩薩等의 所求智는 卽無量所依로 調伏有情加行功德이니 謂由無量菩薩所依하여 爲欲調伏諸有情故로 發起加行佛增上力하여 聞法으로 爲先하고 獲得妙智하여 異類菩薩을 攝受付囑하여 展轉傳來하여 相續無間而轉이라 由此하여 證得一切菩薩等의 所求智니 意云佛智가 爲一切菩薩等의 所求故니라 十六, 到佛無二究竟彼岸은 卽平等法身波羅蜜多成滿功德이니 平等은 卽無二義니 無二法身이 爲波羅蜜多所依니라 十七, 具足如來平等解脫은 卽隨其勝解하여 示現差別佛土功德이니 此中解脫이 卽是勝解라 隨物勝解所宜하여 如來勝解로 能現金銀等土라 佛佛皆然일새 故云平等이니라 十八, 證無中邊佛平等地는 卽三種佛身方處의 無分限功德이니 世親이 云, 謂佛法身은 不可分限爾所方處요 受用과 變化도 亦不可說爾所世界라하니라 十九, 盡於法界는 卽窮生死際토록 常現利樂一切有情功德이니라 二十, 等虛空界는 卽無盡功德이니 謂佛實智가 如空無盡故라 今經에는 闕最後窮未來際라 總別이 合有二十一句는 義如前說이니라 然이나 佛地와 攝論에는 約受用身하고 此約十身이라 所以知者는 處摩竭提國은 是變化土로되 而歎受用功德하시니 明知二

---

[5] 末은 源本作摩라 하다.

身二國이 本相融故요 不要地前과 地上코 則五位에 通見故니라

■ (11) '지혜는 온갖 법을 밝게 통달함'은 곧 의심을 끊는 공덕이니 이른바 자신이 온갖 경계에서 잘 결정하는 연고로 다른 이의 의심을 잘 결정함을 말하다. (12) '모든 행을 분명히 아는 것'은 갖가지 행에 들어가게 하는 공덕이니 섭론(攝論)을 두 가지로 해석하면 쉬운 연고로 해석하지 않는다. 의미를 말하면 온갖 유정의 성품과 행을 두루 요달하여 근기를 따라 들어가게 하는 까닭이다. (13) '모든 의심을 끊었으며'는 미래의 법에 묘한 지혜가 생기는 공덕이니 "성문은 그 전혀 선근이 없다"고 말하므로 여래는 그 오래 전의 작은 선근이 뒤에 미래에 생기는 걸 아는 까닭이다. (14) '측량할 수 없는 몸'은 곧 그 뛰어난 이해와 같이 나타내 보이는 공덕이니, 이른바 모든 유정의 갖가지 뛰어난 이해를 따라 금색과 같은 부처님 몸을 나타낸다. 비록 이런 몸을 나타내지만 분별이 없음이 저 마니와 같은 연고로 능히 측량할 수가 없다. (15) '모든 보살의 구하는 지혜'는 곧 한량없는 의지할 바로 유정을 조복하여 가행하는 공덕이니, 이른바 무량한 보살의 의지할 대상으로 말미암아 여러 유정을 조복하려 하는 연고로 부처님의 뛰어난 힘을 발기하고 가행하여 법문 듣는 것으로 먼저를 삼고 묘한 지혜를 획득하여 종류가 다른 보살을 섭수하고 부촉하여 전전이 전래해서 서로 연속하여 사이함 없이 바뀐다. 이로 말미암아 온갖 보살 등이 구하는 지혜를 증득함이니 의미로 말하되, "부처님 지혜가 온갖 보살 등이 구하는 대상이 되는 까닭이다." (16) '부처의 둘이 없이 구경의 저 언덕에 이름'은 곧 평등한 법신의 바라밀다로 성만한 공덕이니, 평등함은 곧 둘이 없는 뜻이요, 둘이 없는 법신은 바라밀다가 의지할 대상이 된다. (17) '여래의 평등한 해탈을 갖춤'은 곧 그 뛰

어난 이해를 따라서 차별한 불국토를 나타내 보인 공덕이니, 이 가운데서 해탈함이 곧 뛰어난 이해이다. 중생을 뛰어나게 이해할 마땅한 바를 따라 여래의 뛰어난 이해로 능히 금과 은 등의 국토를 나타낸다. 부처와 부처가 모두 그러한 연고로 '평등하다'고 말하였다. (18) '복판과 언저리가 없는 부처의 평등한 곳을 증득함'은 곧 세 가지 부처 몸과 도량인 곳의 부분과 한량없는 공덕이다. 세친보살이 이르되, "이른바 부처님의 법신은 부분과 그러한 도량의 처소를 나누거나 한계를 나눌 수 없고, 수용신과 변화신도 또한 말할 수 없는 그만 한 세계이다"라 하였다. (19) '법계를 다함'은 곧 생사하는 경계가 다하도록 항상 온갖 유정을 이롭게 함을 늘 나타내는 공덕이다. (20) '허공계와 같음'은 곧 다함없는 공덕이니 이른바 부처님의 실법 지혜가 허공처럼 그지없는 까닭이다. 본경에는 마지막으로 '(21) 미래제가 다함'을 빠뜨렸다. 총상과 별상이 합하면 21구절인 것은 이치가 앞에서 설명한 바와 같다. 그러나『불지경』과『섭대승론』에는 수용신을 잡았고, 여기 본경에는 열 가지 몸을 잡았다. 아는 이유는 마갈제국에 사는 것은 변화토이고, 수용신을 찬탄한 공덕이니 분명히 알라. 두 몸과 두 국토가 본래 서로 융섭한 연고요, 십지 이전과 십지 이상을 요구하지 않고 다섯 지위에서 통틀어 보는 까닭이다.

(三) 중생세간이 원만하다[衆生世間圓滿] 2.

제1. 숫자를 거론하며 공덕을 찬탄하다[擧數歎德] 2.
1. 숫자를 거론하며 삼매를 구분하다[擧數揀定] (第三 9下7)
2. 뛰어난 덕을 갖춤을 찬탄하다[歎具勝德] 3.

1) 총합하여 표방하다[總標] (二悉)

與不可說百千億那由他佛刹微塵數菩薩摩訶薩로 俱하시니 皆一生에 當得阿耨多羅三藐三菩提라 各從他方種種國土하여 而共來集하되 悉具菩薩方便智慧하니
말할 수 없는 백천억 나유타 세계의 티끌 수 보살마하살과 함께 계셨으니 모두 한 생에 아뇩다라삼먁삼보리를 이룰 이들이라, 각각 다른 지방의 가지가지 국토로부터 와서 모이었다. 그들이 모두 보살의 방편과 지혜를 갖추었으니,

[疏] 第三, 衆生世間圓滿이라 中에 二니 先, 擧數歎德이요 後, 其名下는 列名歎德이라 前則多人具德이요 後則勝人具德이라 前中에 二니 先, 擧數揀定이요 二, 悉具菩薩下는 歎具勝德이라 分三이니 初, 總標요 二, 所謂下는 別顯이요 後, 成就下는 總結이라

■ (三) 중생세간이 원만함이다. 그중에 둘이니 제1. 숫자를 거론하며 공덕을 찬탄함이요, 제2. 其名 아래는 명칭을 나열하고 공덕 갖춤을 찬탄함이다. 앞은 많은 사람이 공덕을 구족함이요, 뒤는 뛰어난 사람이 공덕을 갖춤이다. 제1. 중에 둘이니 1. 숫자를 거론하며 삼매를 구분함이요, 2. 悉具菩薩 아래는 뛰어난 덕을 갖춤을 찬탄함이다. 셋으로 나누리니 1) 총합하여 표방함이요, 2) 所謂 아래는 개별로 밝힘이요, 3) 成就 아래는 총합하여 결론함이다.

[鈔] 前則多人者는 以擧多數요 次卽歎故요 後는 列普賢諸上善[6]人하여

---
6) 上善은 甲南續金本作勝上이라 하다.

而歎德故니라
- '앞은 많은 사람'이란 많은 숫자를 거론함이요, 다음은 찬탄한 연고요, 뒤는 보현보살의 모든 위의 착한 사람을 나열하여 공덕을 찬탄하는 까닭이다.

2) 개별로 밝히다[別顯] 2.
(1) 자분행의 공덕을 밝히다[自分德] (別中 10下2)
(2) 승진행의 공덕을 밝히다[勝進德] (後勝)

所謂善能觀察一切衆生하여 以方便力으로 令其調伏하여 住菩薩法하며 善能觀察一切世界하여 以方便力으로 普皆往詣하며 善能觀察涅槃境界하여 思惟籌量하여 永離一切戲論分別하고 而修妙行하여 無有間斷하며 善能攝受一切衆生하며 善入無量諸方便法하며 知諸衆生이 空無所有하되 而不壞業果하며 善知衆生의 心使諸根과 境界方便의 種種差別하며 悉能受持三世佛法하여 自得解了하고 復爲他說하며 於世出世無量諸法에 皆善安住하여 知其眞實하며 於有爲無爲一切諸法에 悉善觀察하여 知無有二하니라

於一念中에 悉能獲得三世諸佛所有智慧하며 於念念中에 悉能示現成等正覺하여 令一切衆生으로 發心成道하며 於一衆生心之所緣에 悉知一切衆生境界하며 雖入如來一切智地나 而不捨菩薩行하며 諸所作業이 智慧方便으로 而無所作하며 爲一一衆生하여 住無量劫하며 而於阿僧祇劫에 難可

値遇며 轉正法輪하여 調伏衆生하여 皆不唐捐하며 三世諸佛 淸淨行願을 悉已具足하니라

이른바 (1) 일체중생을 잘 관찰하고 방편의 힘으로 그를 조복하여 보살의 법에 머물게 하며, (2) 일체 세계를 잘 관찰하고 방편의 힘으로 두루 나아가며, (3) 열반의 경계를 잘 관찰하여 생각하고 요량하며, (4) 모든 희롱거리와 분별을 아주 떠나서 묘한 행을 닦아 간단함이 없으며, (5) 일체중생을 잘 거두어 주고 한량없는 방편에 잘 들어가며, (6) 중생들이 공하여 아무 것도 없는 줄을 알면서도 업과 과보를 깨뜨리지 아니하며, (7) 중생들의 마음과 여러 근과 경계와 방편이 갖가지로 차별함을 잘 알며, (8) 세 세상의 불법을 잘 받들어 스스로 이해하고 다른 이에게 말하며, (9) 세간·출세간의 한량없는 법에 잘 머물러서 그 참됨을 알며, (10) 함이 있고 함이 없는 모든 법을 잘 관찰하여 둘이 아님을 알았다.

(11) 잠깐 동안에 세 세상 부처님들의 가진 지혜를 모두 얻고, (12) 잠깐잠깐마다 다 옳게 깨달음을 성취하는 것을 보이어서, (13) 모든 중생으로 하여금 마음을 내어 도를 이루게 하며, (14) 한 중생이 마음으로 반연하는 데서 모든 중생의 경계를 알며, (15) 여래의 온갖 지혜에 들어갔지마는 보살의 행을 버리지 아니하고 (16) 여러 가지 짓는 업은 지혜와 방편이므로 짓는 일이 없으며, (17) 낱낱 중생을 위하여 한량없는 겁에 머물지마는 아승지겁에도 만날 수 없으며, (18) 바른 법륜을 굴리어 중생을 조복함이 헛되지 아니하

고 (19) 세 세상 부처님들의 청정한 행과 원을 모두 구족하였다.

[疏] 別中에 十九句가 皆不出方便智慧라 分二니 前十은 歎自分德이요 後, 於一念下의 九句는 勝進德이라 今初에 前八은 皆有慧方便하니 依體起用故라 前五는 以善能으로 爲句首요 六은 知空不壞業果요 七은 知根器別하여 明識病이요 八은 持法化之요 後二는 明有方便慧니 皆卽事歸實이니라 後, 勝進中에 初句는 總明速成果智요 餘皆果智之用이라 及後總結은 文並可知니라

■ 2) 개별로 밝힘 중에 19구절이 모두 방편지혜에서 벗어나지 않는다. 둘로 나누리니 (1) 앞의 열 구절은 자분행의 공덕을 찬탄함이요, (2) 於一念 아래 아홉 구절은 승진행의 공덕이다. 지금은 가. 앞의 여덟 구절은 지혜가 있는 방편이니 체성을 의지하여 작용을 일으키는 까닭이다. 그중에 앞의 다섯 구절은 잘함으로 구절 우두머리가 되었고, 여섯째는 공함을 알고도 업과 보를 무너뜨리지 않음이요, 일곱째는 법을 가져서 그들을 교화함이요, 뒤의 두 구절은 방편이 있는 지혜를 밝혔으니 모두 현상에 합치하여 실법으로 돌아감을 뜻한다. (2) 승진행의 공덕 중에 첫 구절[어일념중 실능획득-]은 빠르게 과덕의 지혜를 성취함을 총합하여 밝힘이요, 나머지는 모두 과덕 지혜의 작용이다. 그리고 뒤의 3) 총합 결론함은 경문과 함께하면 알 수 있으리라.

3) 총합하여 결론하다[總結](經/成就,11上3)

成就如是無量功德하니 一切如來가 於無邊劫에 說不可

盡이러라
이렇게 한량없는 공덕을 성취한 것은 모든 여래가 그지없는 겁 동안 말하여도 다할 수 없었다.

제2. 명칭을 나열하고 공덕을 찬탄하다[列名歎德] 2.
1. 명칭과 숫자[名數] (第二 11下6)
2. 공덕을 찬탄하다[歎德] (二皆)

其名曰普賢菩薩과 普眼菩薩과 普化菩薩과 普慧菩薩과 普見菩薩과 普光菩薩과 普觀菩薩과 普照菩薩과 普幢菩薩과 普覺菩薩과 如是等十不可說百千億那由他佛刹微塵數가 皆悉成就普賢行願하여 深心大願이 皆已圓滿하며 一切諸佛出興世處에 悉能往詣하여 請轉法輪하며 善能受持諸佛法眼하며 不斷一切諸佛種性하며 善知一切諸佛興世授記次第와 名號國土하며 成等正覺하여 轉於法輪하며 無佛世界에 現身成佛하며 能令一切雜染衆生으로 皆悉淸淨하며 能滅一切菩薩業障하며 入於無礙淸淨法界하나라

그들의 이름은 보현보살・보안보살・보화보살・보혜보살・보견보살・보광보살・보관보살・보조보살・보당보살・보각보살이니, 이러한 열 갑절 말할 수 없는 백천억 나유타 세계의 티끌 수 보살이 (1) 모두 보현의 행과 원을 성취하였으니, (2) 깊은 마음과 큰 서원을 다 원만하였고, (3) 모든 부처님이 세상에 출현하는 곳에는 다 나아가서 법륜 굴리

기를 청하며, (4) 부처님들의 법눈을 잘 받자와 지니고 (5) 모든 부처님의 종자 성품을 끊지 않으며, (6) 모든 부처님이 세상에 나심과 수기하는 차례와 (7) 이름과 국토와 옳게 깨달음을 이루심과 법륜 굴리심을 잘 알며, (8) 부처가 없는 세계에서 몸을 나투어 부처를 이루며, (9) 모든 물든 중생들을 다 청정케 하며, (10) 모든 보살의 업과 장애를 능히 없애고 걸림 없이 청정한 법계에 들어갔다.

[疏] 第二, 列名歎德이라 中에 二니 初, 列名結數요 二, 皆悉下는 歎德이라 文有十句하니 初는 總이요 餘는 別이라 別中에 一, 契理願圓이니 普眼滿故요 二, 攝法上首니 爲普化故요 三, 受持正法이니 有普慧故요 四, 不斷佛種이니 普見有性故요 五, 知佛化儀니 光普徹故요 六, 示現成佛이니 觀見無故요 七, 淨染機니 照其源故요 八, 摧他障이니 有智幢故요 九, 證法界니 覺法性故라 上之九句를 別明하면 則初句는 爲願이요 餘八은 爲行이어니와 通說則皆普賢願이니 宿誓이 今滿故라 如十大願이 並普賢行의 現緣所作故니 故로 總句에 云, 成就行願이라하니라 又此十句를 十人通具니 文에 云, 皆悉成故라 亦句顯一人之德이니 當釋名故라 故로 總句는 爲普賢이요 餘九는 如次라 前已配釋하니라

■ 제2. 명칭을 나열하고 공덕을 찬탄함이다. 그중에 둘이니 1. 명칭을 나열하고 숫자를 결론함이요, 2. 皆悉 아래는 공덕을 찬탄함이다. 경문에 열 구절이 있으니 1) 총상으로 찬탄함이요, 2) 나머지는 별상으로 찬탄함이다. 2) 별상으로 찬탄함 중에 (1) 이치와 계합하여 원만하기를 서원함이니 보안보살이 만족하는 연고요, (2) 법을 섭수한

상수이니 널리 교화하기 위한 연고요, (3) 정법을 수지함이니 보혜보살이 있는 연고요, (4) 부처 종자를 끊지 않음이니 보견보살이 체성이 있는 연고요, (5) 부처님이 교화하는 위의를 아는 것이니 광명이 널리 사무치는 연고요, (6) 성불함을 보이고 나타냄이니 위빠사나로 없음을 보는 연고요, (7) 염오와 청정한 근기이니 그 근원을 비추는 연고요, (8) 다른 이의 장애를 꺾음이니 보지보살과 보당보살에게 있는 연고요, (9) 법계를 증득함이니 법의 성품을 깨닫는 까닭이다. 위의 아홉 구절을 개별로 밝히면 첫 구절[(2)深心大願 皆已圓滿]은 서원하기 위함이요, 나머지 여덟 구절[(3)一切諸佛-悉能往詣 ~ (10)能滅一切菩薩業障-入於無礙淸淨法界]은 행법이 되지만 전체로 말하면 모두 보현보살의 서원이니 숙세의 서원이 지금 만족한 까닭이다. 마치 열 가지 대원이 아울러 보현행의 현재의 인연으로 지은 바와 같은 까닭이다. 그러므로 총상 구절에 이르되, '행원을 성취한다'고 하였다. 또한 이런 열 구절을 열 사람이 통틀어 갖추었으니 경문에서 '모두 다 성취한다'고 말한 까닭이다. 또 한 구절에는 한 사람의 덕을 밝혔으니 명칭 해석에 해당하기 때문이다. 그러므로 총상 구절은 보현보살이 되고, 나머지 아홉 구절은 순서대로이니, 앞에서 이미 배대하여 해석하였다.

[鈔] 餘九如次者는 如前에 云호대 一, 契理願圓은 即是釋德이요 普眼滿故는 即是屬人이니라 二, 攝法上首는 即是顯德이요 言爲普化故者는 即普化菩薩이니라 三, 受持正法은 即是顯德이요 有普慧故는 即是菩薩等이니라

- '나머지 아홉 구절은 순서대로'란 것은 마치 앞에서 이르되, '(1) 이치와 계합하여 원만하기를 서원함'과 같음은 곧 공덕을 해석함이요, '보

안보살이 만족하는 연고'란 곧 사람에 속함의 뜻이다. '(2) 법을 섭수한 상수'란 곧 공덕을 밝힘이요, '널리 교화하기 위한 연고'라 말한 것은 곧 보화보살이다. '(3) 정법을 수지함'은 곧 공덕을 밝힘이요, '보혜보살이 있는 까닭'은 곧 보살과 똑같이라는 뜻이다.

二) 삼매의 부분[三昧分] (大文 12下1)

爾時에 普賢菩薩摩訶薩이 入廣大三昧하시니 名佛華莊嚴이라
그때 보현보살마하살이 넓고 큰 삼매에 들었으니 이름이 불화장엄이요,

[疏] 大文第二, 爾時普賢下는 三昧分이라 普賢入者는 是會主故며 說普行故라 佛華嚴者는 萬行披敷하여 嚴法身故니 卽以法界行門心海로 爲體하여 持無限故며 說法成行發起로 爲用이니 依此能故니라
■ 큰 문단으로 爾時普賢 아래는 二) 삼매의 부분이다. '보현보살이 들어감'이란 법회의 주인인 연고며, 널리 행함을 설하는 까닭이다. '불화장엄(佛華莊嚴)'이란 만 가지 행법으로 나누고 펼쳐서 법신을 장엄하는 까닭이니 곧 법계 행법의 문과 마음 바다로 체성을 삼아 한계 없이 지니는 연고며, 법을 설하여 행법을 이루기 시작함으로 작용을 삼았으니 이것에 의지하여 가능한 까닭이다.

[鈔] 佛華嚴下는 釋佛華嚴이라 三昧華者는 菩薩萬行也니 以因으로 能感果일새 故言如華라 嚴者는 行成果滿에 契合相應하여 垢障이 外消하

고 證理圓潔이니 隨用讚德일새 故稱嚴也라 三昧者는 理智無二하여 交徹鎔融에 彼此俱亡하고 能所斯絶故라 亦可華가 卽是嚴이니 理智無礙故요 華嚴이 卽三昧니 以行融離見故라 華卽是嚴은 一行이 頓修一切行故요 華嚴三昧는 一行이 卽多而不礙一故요 華嚴이 卽三昧는 以定亂이 雙融故요 三昧가 卽華嚴은 理智如如[7]故라 晉經에 云,[8] 一切自在를 難思議니 華嚴三昧勢力故라하니 此卽據行爲言하여 名華嚴三昧라 如賢首品[9]이니라

● 佛華嚴 아래는 불화장엄에 대한 해석이다. '삼매의 꽃'이란 보살의 만 가지 행이니 인행으로 능히 과덕을 감득하므로 '꽃과 같다'고 말하였다. '장엄'이란 행법을 완성하고 과덕이 만족하면 계합하고 서로 응하여 번뇌장이 밖으로 녹았고, 이치를 증명함이 원만하고 깨끗함이니 작용을 따라 공덕을 칭찬하므로 장엄이라 칭하였다. '삼매'란 이치와 지혜가 둘이 없이 서로 철저하고 녹아서 융섭하면 이것과 저것이 모두 없고 주체와 대상이 여기서 끊어진 까닭이다. 또한 꽃이 곧 장엄일 수 있으니 이치와 지혜가 걸림 없는 까닭이요, '화엄이 삼매와 합치함'이니 행법이 융섭하여 소견을 여읜 까닭이다. '꽃이 곧 장엄인 것'은 한 가지 행법이 온갖 행법을 단박에 닦는 연고요, '꽃으로 장엄

---

7) 如如는 甲南續金本作如라 하다.
8) 『60권 화엄경』 현수보살품 게송에 운, "一切自在難思議 華嚴三昧勢力故 入微塵數諸三昧 一三昧生塵等定."
9) 賢首品 鈔云, "萬行等者 遺忘集說 略有十觀 一, 攝相歸眞觀 二, 相盡證實觀 三, 相攝無礙觀 四, 隨相攝生觀 五, 緣起相收觀 六, 微細容攝觀 七, 一多相卽觀 八, 帝網重重觀 九, 主伴圓融觀 十, 果海平等觀 然此十觀 融四法界 初二, 理法界 始終不異 三, 卽事理無礙法界 四, 卽事法界 大五 卽事事無礙法界 五, 卽一多相容不同門 六, 卽微細相容安立門 七, 諸法相卽自在門 八, 卽 因陀羅網境界門 九, 卽主伴圓融具德門 其第十觀果海絶言 通爲前四之極 則四法界 十種玄門 皆約因分 然此十觀 略收萬類 不異本 故指在餘 又釋題中 廣顯華嚴義竟. 又還源觀 釋云 廣修萬行 稱實成德 普周法界 而證菩提 如華有結實之用 行有感果之能 今則託事表彰 所以擧華爲喩 嚴者行成剋果 契理稱眞 性相兩亡 能所情絶 顯煥炳著 故名嚴也 良以非眞流之行 無以契眞 何有飾眞之行 不從眞起 斯則眞該妄末 行無不修 妄徹眞源 相無不寂 故曰法界自在圓明無礙用 爲華嚴三昧也 若更總釋 總以萬行嚴於法界 成於法身 爲華嚴也 行有行布圓融 成佛亦有十身總別 別如普眼長者 以十波羅密 嚴成十身 融如八地 一念之中 十度圓修 成佛之時 十身圓融 故曰華嚴 餘如題中 第二, 華嚴三昧竟."

한 삼매'는 한 가지 행법이 여럿과 합치하면서도 하나를 장애하지 않는 연고요, '화엄이 삼매와 합치함'은 삼매와 산란함이 함께 융섭한 연고요, '삼매가 화엄과 합치함'은 이치와 지혜가 진여와 같은 까닭이다. 진경에 이르되, "온갖 것에 자재함을 사의하기 어렵나니 화엄삼매의 세력 때문이다"라고 하였으니 이것은 곧 행법에 의거해서 이름하여 '화엄삼매(華嚴三昧)'라고 하였으니 현수품의 내용과 같다.

三) 시작하는 부분[發起分] (大文 13上6)

> 入此三昧時에 十方所有一切世界가 六種十八相動하여 出大音聲하니 靡不皆聞이라
> 이 삼매에 들었을 때에 시방에 있는 모든 세계가 여섯 가지 열여덟 모양으로 진동하며 큰 소리를 내는 것을 듣지 못하는 이가 없었으며,

[疏] 大文第三, 入此三昧時下는 明發起分이니 先明地動은 警群機故요 後顯出聲은 令聞法故라 前皆有加호대 而無發起하고 此有發起호대 而無加分者는 前은 表解可從他일새 故有他加요 此表行由己立일새 故自力發起니라 又表行依解起라 無別法故로 不加요 攝解成行일새 亦須入定이라 聖旨多端이요 不可一準이니라

■ 큰 문단으로 三) 入此三昧時 아래는 시작하는 부분을 밝힘이니 먼저 대지가 진동함을 밝힘은 많은 근기가 놀라는 연고요, 뒤에 소리가 난 것을 밝힘은 하여금 법을 듣게 하는 까닭이다. 앞에서는 모두 가피함이 있지만 시작함이 없고, 여기는 시작함이 있지만 가피하는 부

분이 없는 까닭은 앞은 이해가 저것으로부터 가능함을 표한 연고로 저가 가피함이 있고, 여기는 행법이 자기로 말미암아 건립한 것을 표한 연고로 자력으로 시작한 것이다. 또한 행법은 이해를 의지해서 일어남을 표한 것은 차별 없는 법인 연고로 가피하지 않았고, 이해를 섭수해서 행법을 완성하므로 또한 모름지기 선정에 들어간 것이다. 성스러운 종지가 여러 갈래이므로 하나의 준거로 가능하지 않다.

[鈔] 前皆有加下는 上에는 略釋文이요 此下는 對前料揀이라 然有二意하니 前意는 自他對說이요 後意는 亦通伏難이라 難云호대 前釋入定云호대 爲受佛加故라하니 今無佛加어늘 何須入定고할새 故爲此通하여 結云 多端하니 不可例難이니라

● 前皆有加 아래는 위에는 간략히 경문을 해석함이요, 이 아래는 앞과 상대하여 구분함이다. 그런데 두 가지 의미가 있으니 앞의 의미는 자신과 남을 상대하여 말한 것이요, 뒤의 의미는 또한 숨은 힐난을 해명한 내용이다. 힐난하여 말하되, "앞에서 선정에 들어감을 해석하여 말하되, '부처님의 가피를 받기 위한 때문'이라 하였으니 지금은 부처님의 가피가 없는데 어찌 선정에 듦을 구하였는가?"라 하므로 여기서 해명하여 결론하여 '여러 갈래'라 하였으니 힐난과 유례할 수가 없다.

四) 삼매에서 일어나는 부분[起分] (大文 13下6)

然後에 從其三昧而起하시니라
그런 뒤에 그 삼매에서 일어났다.

[疏] 大文第四, 然後從下는 起分이라 三義는 如前이니라

- 큰 문단으로 四) 然後從 아래는 삼매에서 일어나는 부분이니 세 가지 뜻은 앞의 내용과 같다.

五) 보혜보살이 2백 가지 질문으로 청법하는 부분[請分] 3.

(一) 질문한 의미를 총합하여 표방하다[總標問意] (大文 13下8)
(二) 질문의 단서를 밝히다[正顯問端] 6.

제1. 십신의 행법에 의지한 질문[問十信行] (第二)

爾時에 普慧菩薩이 知衆已集하고 問普賢菩薩言하시되 佛子여 願爲演說하소서 何等이 爲菩薩摩訶薩依며 何等이 爲奇特想이며 何等이 爲行이며 何等이 爲善知識이며 何等이 爲勤精進이며 何等이 爲心得安隱이며 何等이 爲成就衆生이며 何等이 爲戒며 何等이 爲自知受記며 何等이 爲入菩薩이며 何等이 爲入如來며 何等이 爲入衆生心行이며 何等이 爲入世界며 何等이 爲入劫이며 何等이 爲說三世며 何等이 爲知三世며 何等이 爲發無疲厭心이며 何等이 爲差別智며 何等이 爲陀羅尼며 何等이 爲演說佛이며

그때 보혜보살은 대중이 모두 모인 줄을 알고 보현보살에게 물었다. "불자여, 바라건대 말씀하소서. (1) 무엇이 보살마하살의 의지며 (2) 무엇이 신기한 생각이며 (3) 무엇이 행

이며 (4) 무엇이 선지식이며 (5) 무엇이 부지런히 정진함이며 (6) 무엇이 마음에 편안함이며 (7) 무엇이 중생을 성취함이며 (8) 무엇이 계행이며 (9) 무엇이 스스로 수기 받을 줄을 아는 것이며 (10) 무엇이 보살에 들어감이며 (11) 무엇이 여래에 들어감이며 (12) 무엇이 중생의 마음에 들어감이며 (13) 무엇이 세계에 들어감이며 (14) 무엇이 겁에 들어감이며 (15) 무엇이 세 세상을 말함이며 (16) 무엇이 세 세상을 앎이며 (17) 무엇이 고달프지 않은 마음을 냄이며 (18) 무엇이 차별한 지혜이며 (19) 무엇이 다라니이며 (20) 무엇이 부처를 연설함이옵니까?

[疏] 大文第五, 爾時普慧下는 請分이라 分三이니 初, 總標問意요 二, 佛子下는 正顯問端이요 三, 善哉佛子下는 結請願說이라 今初니 當機衆集하여 說法時至가 此爲問意라 何以로 前來諸會는 先問後定이어늘 今乃翻此오 此有二意하니 一, 說儀無定이니 前表重法하여 感而後應이요 此明悲深하사 觀機欲說이니 衆旣已集일새 故先入定하사 令知說主니라 二, 約所表니 則前明從相入實하여 以成正解요 此中에는 依體起用하여 以成正行일새 故不同也니라 普慧問者는 稱法界慧로 能發行故요 一人問者는 行獨已成이 非如解故니라 第二, 正顯問端中에 有二百句니라 其別行度世經에는 別作六番問答호대 番番之中에 皆先은 問이요 次는 答이라 後動地現瑞는 顯益證成이니 古來諸德이 皆依彼文하여 用科此經하여 以爲六段하니 初, 二十句는 問十信行이요

■ 큰 문단으로 五) 爾時普慧 아래는 (보혜보살이 200가지 질문으로) 청법하는 부분이다. 셋으로 나누리니 (一) 질문한 의미를 총합하여 표방함

이요, (二) 佛子 아래는 질문의 단서를 밝힘이요, (三) 善哉佛子 아래는 청법을 결론하고 설해 주기를 원함이다. 지금은 (一)이니 '근기 맞는 대중[當機衆]'이 운집하여 설법할 때가 이른 것이 여기서 질문한 의미가 된다. 무슨 이유로 앞에까지 모든 법회는 먼저 질문하고 뒤에 삼매였는데 지금은 비로소 이것을 뒤바꾸었는가? 여기에 두 가지 의미가 있으니 (1) 설하는 광경에 선정이 없나니 앞은 법을 존중함을 표하여 감득한 후에 응함이요, 여기서는 대비가 깊음을 밝혀서 근기를 관하고 설하려 함이니, 대중이 이미 다 모였으므로 먼저 삼매에 들어서 설법하는 주인으로 하여금 알게 함이요, (2) 표할 대상을 잡았으니 앞은 모양으로부터 실법에 들어감을 밝혀서 바른 이해를 완성하였고, 이 가운데는 체성에 의지해서 작용을 일으켜서 바른 행법을 완성한 연고로 같지 않다. 보혜(普慧)보살이 질문한 이유는 법계와 칭합한 지혜로 능히 행법을 시작하는 연고요, 한 사람이 질문한 이유는 행법은 자기 홀로 완성하는 것이 이해와 같지 않은 까닭이다. (二) 질문의 단서를 밝힘 중에 200구절이 있다. 그 별행경인 『도세경(度世經)』에는 여섯 번 질문과 대답을 개별로 지으면서 그 번번 중에 모두 앞은 질문이요, 다음은 대답이다. 뒤에 '대지를 진동하고 상서를 나타냄'은 이익을 밝히고 증명함이니 예로부터 모든 대덕이 모두 저 경문에 의지하여 이 경문을 과목을 써서 여섯 문단으로 삼았으니 제1. 20구절은 십신(十信)의 행법에 의지한 질문이요,

제2. 십주의 행법에 의지한 질문[問十住行] (二從 17下1)

何等이 爲發普賢心이며 何等이 爲普賢行法이며 以何等

故로 而起大悲며 何等이 爲發菩提心因緣이며 何等이 爲
於善知識에 起尊重心이며 何等이 爲淸淨이며 何等이 爲
諸波羅蜜이며 何等이 爲智隨覺이며 何等이 爲證知며 何
等이 爲力이며 何等이 爲平等이며 何等이 爲佛法實義句
며 何等이 爲說法이며 何等이 爲持며 何等이 爲辯才며
何等이 爲自在며 何等이 爲無着性이며 何等이 爲平等心
이며 何等이 爲出生智慧며 何等이 爲變化며10)

(21) 무엇이 보현의 마음을 냄이며 (22) 무엇이 보현의 행하는 법이며 (23) 무슨 연고로 큰 자비를 일으키며 (24) 무엇이 보리심을 내는 인연이며 (25) 무엇이 선지식에게 존중한 마음을 일으킴이며 (26) 무엇이 청정함이며 (27) 무엇이 모든 바라밀다며 (28) 무엇이 지혜가 따라 깨달음이며 (29) 무엇이 증하여 아는 것이며 (30) 무엇이 힘이며 (31) 무엇이 평등이며 (32) 무엇이 불법의 진실한 뜻이며 (33) 무엇이 법을 말함이며 (34) 무엇이 지님이며 (35) 무엇이 변재며 (36) 무엇이 자유자재며 (37) 무엇이 집착 없는 성품이며 (38) 무엇이 평등한 마음이며 (39) 무엇이 지혜를 냄이며 (40) 무엇이 변화이옵니까?

[疏] 二, 從發普賢心下의 二十句는 問十住行이요
■ 제2. 發普賢心부터 아래의 20구절은 십주의 행법에 의지한 질문이요.

제3. 십행의 행법에 의지한 질문[問十行行] (三從 17下2)

---

10) 知三世는 普續大昭本作入三世, 北藏宋論作入三世, 唯流通本作入三世라 하나 南北藏知三世.

何等이 爲力持며 何等이 爲得大欣慰며 何等이 爲深入
佛法이며 何等이 爲依止며 何等이 爲發無畏心이며 何等
이 爲發無疑惑心이며 何等이 爲不思議며 何等이 爲巧密
語며 何等이 爲巧分別智며 何等이 爲入三昧며 何等이
爲徧入이며 何等이 爲解脫門이며 何等이 爲神通이며 何
等이 爲明이며 何等이 爲解脫이며 何等이 爲園林이며 何
等이 爲宮殿이며 何等이 爲所樂이며 何等이 爲莊嚴이며
何等이 爲發不動心이며 何等이 爲不捨深大心이며 何等
이 爲觀察이며 何等이 爲說法이며 何等이 爲淸淨이며 何
等이 爲印이며 何等이 爲智光照며 何等이 爲無等住며
何等이 爲無下劣心이며 何等이 爲如山增上心이며 何等
이 爲入無上菩提如海智며

(41) 무엇이 힘으로 지님이며 (42) 무엇이 큰 위안을 얻음
이며 (43) 무엇이 불법에 깊이 들어감이며 (44) 무엇이 의
지함이며 (45) 무엇이 두려움 없는 마음을 냄이며 (46) 무
엇이 의혹 없는 마음을 냄이며 (47) 무엇이 부사의며 (48)
무엇이 교묘하고 비밀한 말이며 (49) 무엇이 교묘하게 분별
하는 지혜며 (50) 무엇이 삼매에 들어감이며 (51) 무엇이
두루 들어감이며 (52) 무엇이 해탈하는 문이며 (53) 무엇이
신통이며 (54) 무엇이 밝음이며 (55) 무엇이 해탈이며 (56)
무엇이 동산과 숲이며 (57) 무엇이 궁전이며 (58) 무엇이
즐기는 것이며 (59) 무엇이 장엄이며 (60) 무엇이 동하지
않는 마음을 냄이며 (61) 무엇이 깊고 큰 마음을 버리지 않
음이며 (62) 무엇이 관찰함이며 (63) 무엇이 법을 말함이며

(64) 무엇이 청정이며 (65) 무엇이 인(印)이며 (66) 무엇이 지혜 광명이 비침이며 (67) 무엇이 갈을 이 없이 머무름이며 (68) 무엇이 못났다는 생각이 없는 마음이며 (69) 무엇이 산처럼 더하는 마음이며 (70) 무엇이 위없는 보리에 들어가는 바다 같은 지혜이옵니까?

[疏] 三, 從力持下의 三十句는 問十行之行이요
■ 제3. 力持부터 아래 30구절은 십행의 행법에 의지한 질문이요.

제4. 십회향의 행법에 의지한 질문[問十廻向行] (四從 17下2)

何等이 爲如實住며 何等이 爲發如金剛大乘誓願心이며 何等이 爲大發起며 何等이 爲究竟大事며 何等이 爲不壞信이며 何等이 爲授記며 何等이 爲善根廻向이며 何等이 爲得智慧며 何等이 爲發無邊廣大心이며 何等이 爲伏藏이며 何等이 爲律儀며 何等이 爲自在며 何等이 爲無礙用이며 何等이 爲衆生無礙用이며 何等이 爲刹無礙用이며 何等이 爲法無礙用이며 何等이 爲身無礙用이며 何等이 爲願無礙用이며 何等이 爲境界無礙用이며 何等이 爲智無礙用이며 何等이 爲神通無礙用이며 何等이 爲神力無礙用이며 何等이 爲力無礙用이며 何等이 爲遊戱며 何等이 爲境界며 何等이 爲力이며 何等이 爲無畏며 何等이 爲不共法이며 何等이 爲業이며 何等이 爲身이며 (71) 무엇이 보배처럼 머무름이며 (72) 무엇이 금강 같은

대승의 서원하는 마음을 냄이며 (73) 무엇이 크게 발기함이며 (74) 무엇이 끝까지 큰 일이며 (75) 무엇이 무너지지 않는 믿음이며 (76) 무엇이 수기며 (77) 무엇이 착한 뿌리를 회향함이며 (78) 무엇이 지혜를 얻음이며 (79) 무엇이 그지없이 광대한 마음을 냄이며 (80) 무엇이 묻힌 갈무리며 (81) 무엇이 계율과 위의며 (82) 무엇이 자재함이며 (83) 무엇이 걸림 없는 작용이며 (84) 무엇이 중생의 걸림 없는 작용이며 (85) 무엇이 세계의 걸림 없는 작용이며 (86) 무엇이 법의 걸림 없는 작용이며 (87) 무엇이 몸의 걸림 없는 작용이며 (88) 무엇이 소원의 걸림 없는 작용이며 (89) 무엇이 경계의 걸림 없는 작용이며 (90) 무엇이 지혜의 걸림 없는 작용이며 (91) 무엇이 신통의 걸림 없는 작용이며 (92) 무엇이 신력의 걸림 없는 작용이며 (93) 무엇이 힘의 걸림 없는 작용이며 (94) 무엇이 유희며 (95) 무엇이 경계며 (96) 무엇이 힘이며 (97) 무엇이 두려움 없음이며 (98) 무엇이 함께하지 않는 법이며 (99) 무엇이 업이며 (100) 무엇이 몸이옵니까?

[疏] 四, 從如寶住下의 二十九句는 問十廻向行이요
- 제4. 如寶住부터 아래 29구절[실제로 30구절]은 십회향의 행법에 의지한 질문이요,

제5. 십지의 행법에 의지한 질문[問十地行] (五從 17下3)

何等이 爲身業이며 何等이 爲身이며 何等이 爲語이며 何
等이 爲淨修語業이며 何等이 爲得守護며 何等이 爲成辦
大事며 何等이 爲心이며 何等이 爲發心이며 何等이 爲周
徧心이며 何等이 爲諸根이며 何等이 爲深心이며 何等이
爲增上深心이며 何等이 爲勤修며 何等이 爲決定解며 何
等이 爲決定解入世界며 何等이 爲決定解入衆生界며 何
等이 爲習氣며 何等이 爲取며 何等이 爲修며 何等이 爲
成就佛法이며 何等이 爲退失佛法道며 何等이 爲離生道
며 何等이 爲決定法이며 何等이 爲出生佛法道며 何等이
爲大丈夫名號며 何等이 爲道며 何等이 爲無量道며 何
等이 爲助道며 何等이 爲修道며 何等이 爲莊嚴道며 何
等이 爲足이며 何等이 爲手며 何等이 爲腹이며 何等이 爲
藏이며 何等이 爲心이며 何等이 爲被甲이며 何等이 爲器
仗이며 何等이 爲首며 何等이 爲眼이며 何等이 爲耳이며
何等이 爲鼻며 何等이 爲舌이며 何等이 爲身이며 何等이
爲意며 何等이 爲行이며 何等이 爲住며 何等이 爲坐며
何等이 爲臥며 何等이 爲所住處며 何等이 爲所行處며

(101) 무엇이 몸의 업이며 (102) 무엇이 몸이며 (103) 무엇이 말이며 (104) 무엇이 말의 업을 깨끗이 닦음이며 (105) 무엇이 수호함을 얻음이며 (106) 무엇이 큰 일을 마련함이며 (107) 무엇이 마음이며 (108) 무엇이 마음을 냄이며 (109) 무엇이 두루한 마음이며 (110) 무엇이 여러 근이며 (111) 무엇이 깊은 마음이며 (112) 무엇이 더 느는 깊은 마음이며 (113) 무엇이 부지런히 닦음이며 (114) 무엇이 결정

한 지혜며 (115) 무엇이 결정한 지혜로 세계에 들어감이며 (116) 무엇이 결정한 지혜로 중생계에 들어감이며 (117) 무엇이 익힌 버릇이며 (118) 무엇이 가짐이며 (119) 무엇이 닦음이며 (120) 무엇이 불법을 성취함이며 (121) 무엇이 불법에서 물러남이며 (122) 무엇이 생사를 여의는 길이며 (123) 무엇이 결정한 법이며 (124) 무엇이 불법을 내는 길이며 (125) 무엇이 대장부의 이름이며 (126) 무엇이 도이며 (127) 무엇이 한량없는 도이며 (128) 무엇이 도를 도움이며 (129) 무엇이 도를 닦음이며 (130) 무엇이 도를 장엄함이며 (131) 무엇이 발이며 (132) 무엇이 손이며 (133) 무엇이 배며 (134) 무엇이 오장이며 (135) 무엇이 마음이며 (136) 무엇이 갑옷을 입음이며 (137) 무엇이 싸우는 도구며 (138) 무엇이 머리며 (139) 무엇이 눈이며 (140) 무엇이 귀며 (141) 무엇이 코며 (142) 무엇이 혀며 (143) 무엇이 몸이며 (144) 무엇이 뜻이며 (145) 무엇이 다님이며 (146) 무엇이 머무름이며 (147) 무엇이 앉음이며 (148) 무엇이 누움이며 (149) 무엇이 머무를 곳이며 (150) 무엇이 다닐 곳이옵니까?

[疏] 五, 從身業下의 五十句는 問十地行이요
■ 제5. 身業부터 아래의 50구절은 십지의 행법에 의지한 질문이요,

제6. 인행이 원만하고 과덕이 원만한 행법에 대한 질문[問因圓果滿行] 2.

1. 경문의 구절을 모으다[會文句] (六從 17下4)

何等이 爲觀察이며 何等이 爲普觀察이며 何等이 爲奮迅이며 何等이 爲師子吼며 何等이 爲淸淨施며 何等이 爲淸淨戒며 何等이 爲淸淨忍이며 何等이 爲淸淨精進이며 何等이 爲淸淨定이며 何等이 爲淸淨慧며 何等이 爲淸淨慈며 何等이 爲淸淨悲며 何等이 爲淸淨喜며 何等이 爲淸淨捨며 何等이 爲義며 何等이 爲法이며 何等이 爲福德助道具며 何等이 爲智慧助道具며 何等이 爲明足이며 何等이 爲求法이며 何等이 爲明了法이며 何等이 爲修行法이며 何等이 爲魔며 何等이 爲魔業이며 何等이 爲捨離魔業이며 何等이 爲見佛이며 何等이 爲佛業이며 何等이 爲慢業이며 何等이 爲智業이며 何等이 爲魔所攝持며 何等이 爲佛所攝持며 何等이 爲法所攝持며 何等이 爲住兜率天所作業이며 何故로 於兜率天宮歿이며 何故로 現處胎며 何等이 爲現微細趣며 何故로 現初生이며 何故로 現微笑며 何故로 示行七步며 何故로 現童子地며 何故로 現處內宮이며 何故로 現出家며 何故로 示苦行이며 云何往詣道場이며 云何坐道場이며 何等이 爲坐道場時奇特相이며 何故로 示降魔며 何等이 爲成如來力이며 云何轉法輪이며 何故로 因轉法輪하여 得白淨法이며 何故로 如來應正等覺이 示般涅槃이니잇고

(151) 무엇이 관찰함이며 (152) 무엇이 두루 관찰함이며 (153) 무엇이 기운을 가다듬음이며 (154) 무엇이 사자후며 (155) 무엇이 청정한 보시며 (156) 무엇이 청정한 계율이며 (157) 무엇이 청정한 참음이며 (158) 무엇이 청정한 정진이

며 (159) 무엇이 청정한 선정이며 (160) 무엇이 청정한 지혜며 (161) 무엇이 청정한 인자함이며 (162) 무엇이 청정한 어여삐 여김이며 (163) 무엇이 청정한 기쁨이며 (164) 무엇이 청정한 버림이며 (165) 무엇이 이치며 (166) 무엇이 법이며 (167) 무엇이 복덕으로 도를 돕는 거리며 (168) 무엇이 지혜로 도를 돕는 거리며 (169) 무엇이 밝음이 만족함이며 (170) 무엇이 법을 구함이며 (171) 무엇이 법을 밝게 앎이며 (172) 무엇이 법을 수행함이며 (173) 무엇이 마이며 (174) 무엇이 마의 업이며 (175) 무엇이 마를 여의는 업이며 (176) 무엇이 부처를 봄이며 (177) 무엇이 부처의 업이며 (178) 무엇이 교만한 업이며 (179) 무엇이 지혜의 업이며 (180) 무엇이 마에게 거두어 잡힘이며 (181) 무엇이 부처에게 거두어 잡힘이며 (182) 무엇이 법에 거두어 잡힘이며 (183) 무엇이 도솔천에 머물러서 짓는 업이며 (184) 어째서 도솔천궁에서 없어지며 (185) 어째서 태에 듦을 나투며 (186) 무엇이 미세한 길을 나타냄이며 (187) 어째서 처음 태어남을 나투며 (188) 어째서 미소를 나타내며 (189) 어째서 7보를 걸으며 (190) 어째서 동자의 처지를 나투며 (191) 어째서 내전에 있음을 나투며 (192) 어째서 출가함을 나투며 (193) 어째서 고행함을 보이며 (194) 어떻게 도량에 나아가며 (195) 어떻게 도량에 앉으며 (196) 무엇이 도량에 앉았을 때의 특수한 모습이며 (197) 어째서 마군을 항복받으며 (198) 무엇이 여래의 힘을 이룸이며 (199) 어떻게 법륜을 굴리며 (200) 어째서 법륜 굴림을 인하여 깨끗한 법을 얻었으며 (201) 어째서 여래·응공·정등각께서 반열반하심을 보이었나이까?

[疏] 六, 從觀察下의 五十一句는 問因圓果滿行이라 其第四段中에 句雖三十이나 以無礙用一句는 是總標인 虛句니 故此有五十一句니라
- 제6. 觀察부터 아래의 51구절은 인행이 원만하고 과덕이 원만한 행법에 의지한 질문이다. 그 넷째 문단 중에서 구절이 비록 30구절이지만 (83) 걸림 없는 작용[앞의 제4. 십회향에 의지한 질문]이란 한 구절은 총합하여 표방한 헛된 구절이니 그래서 여기에 51구절이 있게 된 것이다.

[鈔] 以無礙用者는 次下에 別問衆生의 無礙用等十問일새 下文에 各以十句로 答之라 其無礙用句를 卽用衆生無礙用等十句하사 釋之하나니 明是虛句니라
- '(83) 걸림 없는 작용'이란 다음 아래에 중생의 걸림 없는 작용 등의 열 가지 질문에 대해 개별로 질문하였고, 아래 경문에 각기 열 구절로 대답하였다. 그 걸림 없는 작용이란 구절을 곧 중생의 걸림 없는 작용 따위의 열 구절을 사용하여 해석하였으니 헛된 구절인 것이 분명하다.

2. 여섯 지위를 밝히다[彰六位] 5.
1) 바로 설명하다[正明] (此經 17下10)
2) 인용하여 증명하다[引證] (故度)

[疏] 此經에 總三徧說六位니 此當第二, 約行說也니 以普賢行이 該六位故니라 故로 度世經初에 請云호대 唯願解說諸菩薩行하야 從始至終하사 令無疑故라하니라
- 본경에서 총합하여 세 가지로 여섯 지위를 두루 말하였으니 이것은 (二) 행법을 잡아 설함에 해당하나니 보현행이 여섯 지위를 포괄하는 까닭이다. 그러므로 『도세경』 첫 부분에 청법하여 말하되, "오직 원하건대 모든 보살행을 해설하여 처음부터 마지막까지 하여금 의심이 없게 하였기 때문이다"라고 하였다.

3) 숨은 힐난을 차단하다[遮伏難] (彼經 18上2)
4) 비방을 해명하다[通妨] (此經)

[疏] 彼經에 雖不配於信等이나 旣云從始至終이라하고 末後에 復明成佛하나니 則知決은 是六位之行이니라 此經에 所以不問答相間者는 意取位中之行이요 不取位故라 如下圓融이니라 若剋定約位인댄 何殊差別因果리요
- 저 경문에 비록 십신(十信) 등은 배대하지 않았지만 이미 '처음부터 마지막까지'라 말하였고, 마지막에 다시 성불에 대해 밝혔으니 결정적으로 안 것은 여섯 지위의 행법이다. 이런 경문에 서로의 사이에 질문함과 대답하지 않은 이유는 의미로는 지위 중의 행법을 취하였지만 지위는 취하지 않은 까닭이니 아래 원융문과 같다. 만일 삼매를 극복하고 지위를 잡는다면 차별한 인과와 무엇이 다르겠는가?

5) 다른 해석과 회통하다[會異釋] 2.

(1) 질문을 펼치다[敍問] (此經 18上5)

(2) 모아서 해석하다[會釋] 5.

가. 이유를 총합하여 설명하다[總明所以] (此有)

나. 등각으로 전개하지 못하는 이치를 해석하다[釋不開等覺義] (等覺)

[疏] 此經上下와 及本業經等에 判於六位호대 皆以信은 未入位요 十住로 爲首하니 謂三賢十聖과 等妙覺故라 今에 何以不開等覺하고 而取信耶아 此有深意하니 彼와 及此前은 意在於位니 取位成說이요 今此는 意明於行이니 故로 十信之行이 正居行始니라 等覺之位는 有其三義하니 或攝屬前하면 十地의 勝進이요 或攝屬後하면 即名佛故요 或別開位하면 無垢地故라 今爲說行일새 攝屬因圓之中하나니 故로 五十一句에 唯後四句가 屬妙覺位요 餘皆等覺이니라

■ 본경의 위와 아래와 및 『본업경』 등에서 여섯 지위를 과목 나누되 모두 믿음[信]은 지위에 들어가지 않고 십주(十住)로 머리를 삼았으니 이른바 삼현(三賢)과 십성(十聖)과 등각(等覺)과 묘각(妙覺)인 까닭이다. 지금에 어째서 등각을 전개하지 않고 믿음을 취하겠는가? 여기에 깊은 의미가 있으니 저것과 여기의 앞은 의미가 지위에 있나니, 지위를 잡아 설법을 성취함이요, 지금 여기는 의미가 행법을 밝힘에 있다. 그러므로 십신의 행법은 바로 행법의 시작에 머문다. 등각의 지위는 그 세 가지 뜻이 있나니 (1) 혹은 앞에 섭수하여 속한다면 십지의 승진법이요, (2) 혹은 뒤에 섭수하여 속한다면 곧 부처라 이름한 까닭이요, (3) 혹은 개별로 지위를 전개한다면 무구지(無垢地)인 까닭이다. 지금은 행법을 설하기 위하여 인행이 원만함 중에 섭수하여 속하였으니 그러므로 51구절에서 오직 뒤의 네 구절[198. 何等爲成如來力, 199. 云

何轉法輪 200.何故因轉法輪得白淨法 201.何故如來應正等覺示般涅槃]만 묘각
(妙覺)의 지위에 속함이요, 나머지는 모두 등각(等覺)의 지위이다.

다. 간정공의 구제한다는 뜻을 내보이다[出刊定救義] (若爾 18下2)
라. 그 구제한다는 뜻을 타파하다[破其救義] (此難)
마. 다른 해석을 결론적으로 비판하다[結彈異釋] (不究)

[疏] 若爾인대 此中依言이 依菩提心等이니 豈非發心住耶아하니 此難은
尤非라 第二段初에 發普賢心이 豈非發心住耶며 十信之初에 豈無
發心耶아 故로 賢首가 云, 菩薩이 發意求菩提는 非是無因無有緣等
이라하시니 正是發心所依니라 不究斯旨하고 空張援據로다

■ 만일 그렇다면 이 가운데 '의지한다'는 말은 '보리심에 의지한다'는 등
이니 어찌 발심주(發心住)가 아니겠는가 할 것이니, 여기의 힐난은 더
욱 잘못이다. 둘째 문단의 처음에 보현보살의 마음을 발함이 어찌 발
심주가 아닐 것이며 십신(十信)의 처음에 어찌 발심한 것이 없겠는가.
그러므로 현수(賢首)보살이 말하되, "보살이 생각을 일으켜 보리를 구
함은 원인이 없고 인연도 없음이 아닌가 등이다"라 하였으니 바로 발
심의 의지처이다. 이런 종지를 궁구하지 않고 공연히 원조할 근거를
늘여 놓았겠는가?

[鈔] 此經下는 上에 直科釋하고 今出爲六所以라 於中에 五니 一, 正明이
라 言三徧說者는 一, 差別因果가 是第一徧이요 下의 法界品에 寄位
修行이 爲第三徧이니 故此가 爲第二니라 旣云此約行說하니 則知前
約解說이요 後約證說也니라 二, 故度世下는 引證이니 證其二義라

一, 證約行이니 云, 諸菩薩行이요 二, 證六位니 云, 從始至終이니라 三, 彼經雖不下는 遮伏難이니 恐有難云호대 旣云始終이라하니 何必 卽配信等일새 故爲此通이니라 四, 此經所以下는 會今經이니 亦是通 妨이라 妨云호대 彼中에는 別別問答일새 縱許配位나 此中에는 通問이 어니 何得例彼오할새 故爲此通이니라 五, 此經上下와 及本業下는 會 異釋이니 卽破刊定이라 於中에 有二니 先, 敍彼問이요 後, 爲會釋이라 今初니 卽刊定問이라 然其問意가 不問十信하고 從十住問이라도 亦 爲六段이니 謂前四는 三賢十聖이요 後二는 卽等妙二覺이라 則令六 段으로 盡皆不同이니 謂以信爲住하고 以住爲行하고 以行爲向하고 以向爲地하고 以地爲等覺하고 以因圓果滿으로 爲妙覺하니 此判이 旣乖라 卽知苑公이 於此一品經에 不解一句하여 以判六段이 盡皆錯 故니라

- 此經 아래는 위에 바로 과목에 따라 해석하였고, 지금은 여섯 가지가 된 이유를 내보였다. 그중에 다섯이니 1) (이유를 총합하여) 바로 설명함이다. '세 가지로 두루 말한다'고 말한 것은 차별한 인과가 첫째 두루함이요, 아래의 입법계품에서 지위에 의탁해 수행함이 셋째 두루함이니 그러므로 여기가 둘째 두루함이 된다. 이미 '행법을 잡아 설명한다'고 말하였으니 앞은 이해를 잡아 말함이요, 뒤는 중도를 잡아 말함이다. 2) 故度世 아래는 인용하여 증명함이니 두 가지 뜻을 증명함이다. 첫째, 행법을 잡아 증명함이니 '모든 보살의 행법'이라 말함이요, 둘째, 여섯 지위를 증명함이니 '처음부터 마지막까지'라 말하였다. 3) 彼經雖不 아래는 숨은 힐난을 차단함이니 어떤 이가 힐난할까 두려워 말하되, '이미 처음과 끝이라 말한다'고 하였으니 어찌 반드시 곧 믿음 등에 배대하였겠나 하는 연고로 여기서 회통하였다.

4) 此經所以 아래는 본경과 회통함이니 또한 비방을 해명함이 된다. 어떤 이가 힐난할까 두려워서 말하되, "저 가운데는 개별로 별상으로 질문하고 대답하므로 비록 지위에 배대함을 허락하였지만 이 가운데는 질문을 해명함인데 어찌 저것과 유례함을 얻었는가?"라 하므로 그래서 여기서 해명한 것이다. 5) 此經上下及本業 아래는 다른 해석과 회통함이니 곧 간정(刊定)공을 타파함이다. 그 가운데 둘이 있으니 (1) 저 질문을 펼침이요, (2) 회통하여 해석함이다. 지금은 (1)이니 곧 간정공의 질문이다. 그러나 그 질문한 의미는 십신만 질문하지 않고 십주로부터 질문하더라도 또한 여섯 문단이 되었으니 이른바 앞의 넷은 삼현(三賢)위와 십성(十聖)위요, 뒤의 둘은 등각(等覺)위와 묘각(妙覺)위이다. 여섯 문단으로 하여금 모두 다 같지 않게 하였다. 이른바 십신이 십주가 되고, 십주가 십행이 되고, 십행이 십회향이 되고, 십회향이 십지가 되고, 십지가 등각이 되고, 인행이 원만하고 과덕이 만족함이 묘각이 되지만, 여기서 과목 나눔이 이미 어그러진 것이다. 바로 혜원(惠苑)법사[곧 간정공]가 이 한 품의 경문에 한 구절을 알지 못하여 여섯 문단으로 과목 나눔이 모두 다 잘못인 까닭이다.

此有深意下[11]는 疏爲會釋이니 卽答其問也라 於中에 有五하니 一, 總明爲行이라 故로 初有十信이니라 二, 等覺之位下는 釋不開等覺所以니 雖擧三義나 而取第三別開요 但攝在第六因圓之中이니라 三, 若爾此中下는 卽出刊定救義니 欲令初是問十住故라 四, 此難尤非下는 今疏에 破其[12]所引之文이 不得文意니라 五, 不究斯旨下는 結彈이라 援者[13]는 引也니 引文이 不當하여 義旨全乖라 故로 上에 判其

---

11) 下는 甲南續金本作下二라 하다.
12) 今疏破其는 南續金本作破, 甲本作破其, 弘本作今破其라 하다.

不解一句라 以信으로 爲住하니 明不解信이며 亦不解住요 以住로 爲行하니 明不解行이며 亦不解住等이라 故로 一品經에 不解一句니라

- (2) 此有深意 아래는 소가가 모아서 해석함이니 곧 그 질문에 대답함이다. 그중에 다섯이 있으니, 가. 행법을 삼은 이유를 총합 설명함이니 그러므로 처음에 십신(十信)이 있는 것이다. 나. 等覺之位 아래는 등각으로 전개하지 않는 이유를 해석함이니 비록 세 가지 이치를 거론하지만 셋째, 개별로 전개함을 취함이요, 단지 여섯째, 인행이 원만함 중에 포섭되어 있다. 다. 若爾此中 아래는 간정공의 구제한다는 이치를 내보임이니, 하여금 처음은 십주에 대한 질문이 되게 하려는 까닭이다. 라. 此難尤非 아래는 지금 소에서 그 인용할 경문이 경문의 의미를 얻지 못함을 타파하였다. 마. 不究斯旨 아래는 결론적으로 비판함이다. '당긴다'는 것은 이끈다는 뜻이니 인용한 경문이 해당하지 않아서 이치와 종지가 완전히 어그러졌다. 그러므로 위에서 그 한 구절을 알지 못한다고 판단하였다. 십신이 십주가 되었으니 십신을 이해하지 못하며, 또한 십주도 이해하지 못함이 분명하다. 십주가 십행이 되었으니 십행을 알지 못하며, 또한 십주 등도 이해하지 못함이 분명하다. 그러므로 한 품의 경문에서 한 구절도 이해하지 못한 것이다.

(三) 청법을 결론하고 설해 주기를 원하다[結請願說] (經/善哉 19下10)

善哉라 佛子여 如是等法을 願爲演說하소서
거룩하신 불자시여, 이런 법들을 연설하시옵소서."

---

13) 著下에 甲南續金本有註字라 하다.

六) 2천 가지 대답을 항아리 물처럼 쏟아서 설법하는 부분[說分] 2.

(一) 2백 가지 질문을 구름처럼 일으키다[總告](大文 20上2)

爾時에 普賢菩薩이 告普慧等諸菩薩言하시되
이때 보현보살이 보혜 등 보살들에게 말하였다.

[疏] 大文第六, 爾時普賢菩薩告下는 說分이라 中에 二니 先, 總告요 二, 佛子下는 正答이니 答前門은 二百問이라 問一答十하여 以顯無盡하사 成其二千인 普賢勝行이라 故로 英公이 云, 雲興二百問에 瓶瀉二千酬라하니라

■ 큰 문단으로 六) 爾時普賢菩薩告 아래는 2천 가지 대답을 항아리 물처럼 쏟아서 설법하는 부분이다. 그중에 둘이니 (一) 2백 가지 질문을 구름처럼 일으킴이요, (二) 佛子 아래는 20문으로 십신의 질문에 바로 대답함이니, 앞의 문은 2백 가지 질문에 대답함이다. 하나를 물으면 열 가지로 대답하여 그지없음을 밝혀서 2천 가지인 보현보살의 뛰어난 행법을 이루었다. 그러므로 영(英)법사가 이르되, "2백 가지 질문을 구름처럼 일으키니 2천 가지 대답을 항아리의 물처럼 쏟아 부었다"라고 하였다.

[鈔] 英公云者는 彼有九會禮讚하니 第八會에 云, 法門이 當再席하고 法雨가 更滂流라 懸河二百問에 瓶瀉二千酬라 一心窮性海요 萬行炳齊修로다 五位因成滿하나니 八相果圓周라하니라 今에 略擧二句하고 復改其懸河字[14]하여 作雲興字耳[15]니라

- '영(英)법사가 이르되'란 저기에 아홉 번 모임에서 예배하고 칭찬함이 있으니 제8회 삼회보광명전법회에서 이르되, "법문이 응당히 다시 자리하니 법 비가 다시 퍼붓듯이 흘렀다. 2백 가지 질문을 강물에 매달듯이 펼치니 2천 가지 대답을 항아리의 물처럼 쏟아부었다. 한 마음으로 성품의 바다를 궁구하고 만 가지 행법을 빛나게 가지런히 닦는다. 다섯 지위를 가득함으로 인하여 여덟 가지 성도한 모습으로 과덕이 원만하고 두루하였네"라고 하였다. 지금에 간략히 두 구절을 거론하였으니 다시 그 '강물에 매달듯이[懸河]'란 글자를 고쳐서 '구름처럼 일으킨다[雲興]'는 글자로 만들었을 뿐이다.

(二) (보현보살이) 바로 대답하다[正答] 5.

제1. 인행과 과덕을 잡아 해석하다[約因果] (釋此 20上9)

[疏] 釋此二千에 略爲五門이니 一, 約因果요 二, 分行位요 三, 顯普別이요 四, 明統收요 五, 辨行相이라 前問도 例此니라 今初에 有四하니 一, 約大位니 前五는 爲因이요 後一은 爲果며 或後四門은 爲果요 餘는 皆是因이니라 二, 約細辨이니 一一이 皆徹佛果라 故로 諸文末에 皆結得佛하니 是則二千이 並通因果니라 三, 或總屬因이니 普賢位行이 示成佛故[16]니라 四, 或皆屬果니 下文에 多云, 雖得成佛이나 不斷菩薩行故라하니라
- 이런 2천 가지 질문에 해석할 적에 간략히 다섯 문이 되었으니 제1. 인행과 과덕을 잡아 해석함이요, 제2. 행법의 지위를 구분함이요, 제

---

14) 上四字는 南續金本作懸河라 하다.
15) 耳는 甲南續金本無라 하다.
16) 故는 金本作果라 하다.

3. 보편적이고 개별적 이치를 밝힘이요, 제4. 거느리고 거둠의 뜻을 밝힘이요, 제5. 행법의 모양을 밝힘이니, 앞의 질문도 이것과 유례한다. 지금은 제1.에 넷이 있으니 1. 큰 지위를 잡아 밝힘이니 앞의 다섯은 인행이 되고, 뒤의 하나는 과덕이 되며, 혹은 뒤의 네 문은 과덕이 되고 나머지는 모두 인행이 된다. 2. 미세함을 잡아 밝힘이니 낱낱이 모두 철저히 부처님의 과덕이다. 그러므로 모든 경문의 마지막에 모두 부처가 됨으로 결론하였으니 이것은 2천 가지 법문이 아울러 인행과 과덕에 통한다는 뜻이다. 3. 혹은 총합하여 인행에 속함이니 보현 지위의 행법으로 성불함을 보이는 까닭이다. 4. 혹은 모두 과덕에 속함이니 아래 경문에 대부분 이르되, "비록 성불을 얻었지만 보살행을 끊지 않는 까닭이다"라고 하였다.

[鈔] 普賢位行이 示成佛故[17]는 通向四門이 是果之義니라
- 보현 지위의 행법이 성불함을 보인 까닭은 앞의 '네 문[十住, 十行, 十廻向, 十地]'이 과덕의 이치라 해명한 것이다.

제2. 행법의 지위를 구분하다[分行位] (二分 20下6)

[疏] 二, 分行位者도 亦有四義하니 一, 束行成位니 分成六分故요 二, 總屬位收니 以行이 並是位中行故요 三, 總屬行이니 普賢行體가 不依位故요 四, 一行이 徧六位니 位位通修故라 如此無礙하야사 方爲普賢行이라 然이나 文正顯後二하사 以攬行成位하니 位虛行實故라 故로 問答併擧하시고 不分六番이 意在此也니라

---
17) 上六字는 南續金本作行位下라 하다.

- 제2. 행법의 지위를 구분함도 또한 네 가지 뜻이 있으니 (1) 행법을 묶어 지위를 이룸이니 여섯 부분으로 나누어 이룬 연고요, (2) 총합하여 지위를 거두어 속함이요, 십행도 아울러 지위 중의 행법인 연고요, (3) 총합하여 행법에 소속됨이니 보현행의 체성은 지위에 의지하지 않는 연고요, (4) 한 가지 행법이 여섯 지위에 두루함이니 지위와 지위마다 통틀어 닦은 까닭이다. 이와 같이 걸림이 없어야만 비로소 보현행이 된다. 그러나 경문은 뒤의 둘을 바로 밝혀서 행법을 잡아 지위를 이루었으니 지위는 헛되고 행법은 실다운 까닭이다. 그러므로 질문과 대답을 아울러 거론하였고, 여섯 번으로 나누지 않은 의미가 여기에 있다.

제3. 보편적 이치와 개별적 이치를 밝히다[顯普別] (三普 21上1)

[疏] 三, 普別者는 謂一行相이 必徧一切나 然恒不雜하니 不雜故로 別義殊分이요 必徧故로 普義該攝이라 猶如錦文이 衆色成文일새 常普常別하여 縷縷交徹이요 非如繡成이라 行法도 亦爾하여 即普是別이요 即別成普하여 皆無障礙니라 若爾인대 此則普別具足커니 何以獨名普賢行耶아 非謂守普而不能別이며 亦非作別而失於普라 實謂[18] 能別而不壞普일새 故名普賢行也니라 又普必有別이나 但語一別에는 未必有普가 如一縷가 非錦이니 非是錦中縷故니라
- 제3. 보편적 이치와 개별적 이치를 밝힘은 이른바 한 가지 행법 모양이 반드시 모두에 두루하지만 그러나 항상 섞이지 않으며, 섞이지 않은 연고로 개별적인 이치가 더욱 분명하고 반드시 두루한 연고로 보

---

18) 謂는 甲南續金本作爲, 源原南本作謂라 하다.

편적인 이치를 모두 포섭하는 것이다. 마치 비단의 무늬가 여러 색깔이 무늬를 이루므로 항상 보편적이면서 항상 개별적이어서 명주실의 가닥마다 서로 사무치나니 자수(刺繡)로 이룬 것과는 같지 않다. 행법도 또한 그래서 보편과 합치함은 개별적인 것이 되고, 개별과 합치함은 보편적인 것이 되어서 모두 막고 걸림이 없다. 만일 그렇다면 이것은 보편과 개별을 갖춘 것인데 어째서 유독 보현의 행법이라 이름하는가? 보편을 고집하면서도 능히 개별이 되지 않는다 말하지 않으며, 또한 개별을 만들면서 보편을 잃는 것도 아니다. 진실로 개별의 주체이면서 보편을 무너뜨리지 않는다고 말하는 연고로 보현행(普賢行)이라 이름한 것이다. 또한 보편은 반드시 개별이 있지만 단지 한 가지 개별만 말하면 아직 반드시 보편이 있는 것은 아닌 것이 마치 한 가닥 명주실이 비단이 아닌 것과 같나니 비단 속의 명주 가닥이 아닌 까닭이다.

[鈔] 若爾此則下는 上은 正釋普別이요 此下는 通妨이요 後, 非謂守普下는 解釋이라 釋有二意하니 一, 別不失普일새 故名普賢이요 不名別賢이니라 二, 又普必有別下는 明別不必普나 普能攝別일새 故名普賢이니라 如一縷下는 出別無普니 以錦外之縷故19)로 不必普라 則有縷에 未必有錦이나 有錦에 必有其縷일새 兼成前義에 別不失普니 是普中別故니라

- 若爾此則 아래에서 위는 1. 보편과 개별을 바로 해석함이요, 이 아래는 2. 비방을 해명함이요, 3. 非謂守普 아래는 해석함이다. 해석함에 두 가지 의미가 있으니 (1) 개별은 보편을 잃지 않는 연고로 '보편적

---

19) 故는 南續金本作故別이라 하다.

으로 현명함[普賢]'이라 이름하고, '개별로 현명함[別賢]'이라 이름하지 않는다. (2) 又普必有別 아래는 개별은 반드시 보편이 아니지만 보편은 능히 개별을 포섭하는 연고로 '보편적으로 현명함[普賢]'이라 이름하였다. 如一縷 아래는 개별에는 보편이 없음을 내보임이니 비단 밖의 명주실인 연고로 반드시 보편은 아니다. 명주실이 있다고 반드시 비단이 있는 것이 아니지만 비단이 있으면 반드시 명주실이 있는 것이므로 겸하여 앞의 뜻을 이룰 적에 개별은 보편을 잃지 않나니 보편 속의 개별인 까닭이다.

제4. 거느려 거둠의 뜻을 밝히다[明統收] (四統 21下4)

[疏] 四, 統收攝者는 復有四重하니 一, 以位收位니 六位가 各各收一切位故로 一位에 卽具二千하여 爲萬二千行也라 上에 云, 一地之中에 具足一切諸地功德이라하니라 二, 以門收門이니 卽二百門이 一一各收一切門하여 卽成二百[20]二百하여 爲四萬行이니라 三, 以行收行이니 一行이 具一切行하여 則有二千箇二千行하여 成四兆行이니라 四, 以略攝廣이니 此二千行을 下頌에 結云, 如大地一塵이라하나니 以此一塵之略說이 不離十方之廣地일새 是故로 攝廣이라도 亦無不盡이니 此乃等無極之法界며 越無際之虛空이라 下頌에 云, 虛空은 可度量이나 菩薩德無盡이 斯之謂矣니라

■ 제4. 거느려 거둠의 뜻이란 다시 네 거듭이 있으니 1. 지위로 지위를 거두었으니 여섯 지위가 각기 온갖 지위를 거두는 연고로 하나의 지위에 곧 2천 가지를 갖추어 1만2천 가지 행법이 되었다. 위에 이르되,

---

20) 百下에 源本有箇字라 하다.

"한 지위 중에 온갖 모든 지의 공덕을 갖추었다"라고 말하였다. 2. 문으로 문을 거둠이니 곧 2백 가지 문이 낱낱이 각기 온갖 문을 거두어 곧 2백 개의 200을 이루어 4만 가지 행법이 되었다. 3. 행법으로 행법을 거둠이니 한 가지 행법이 온갖 행법을 갖추어 2천 개의 2천 가지 행법이 있어서 4조(兆)의 행법이 되었다. 4. 간략함으로 자세함을 포섭함이니 이런 2천 가지 행법을 아래 게송에 결론하여 이르되, "마치 대지가 하나의 티끌과 같다"고 하였으니, 이런 하나의 티끌로 간략히 설명함이 시방의 넓은 땅을 여의지 않는다. 이런 연고로 넓음을 포섭하면서도 또한 다하지 않음이 없나니, 이것이 비로소 끝이 없는 법계와 평등하며 그지없는 허공을 뛰어넘는다. 아래 게송에 이르되, "허공은 재어 헤아릴 수 있지만 보살의 공덕이 그지없다"고 말함이 이것을 말한 것이다.

[鈔] 此乃等 下는 結歎이니라
● 此乃等 아래는 결론적으로 찬탄함이다.

제5. 행상을 밝힘은 곧 경문을 따른 해석이다[辨行相卽隨文釋] 6.
1. 20문은 십신의 질문에 대해 대답하다[有二十門答前十信問] 3.

1) 자분행이 원만함을 밝히다[明自分行滿] 9.
(1) 열 가지 의지를 밝히다[明依] 5.

가. 총합하여 표방하다[總標] (五辨 22上5)
나. 숫자로 질문하다[徵數] (經/何等)

佛子여 菩薩摩訶薩이 有十種依하니 何等爲十고
"불자여, 보살마하살이 열 가지 의지가 있나니, 무엇이 열인가?

[疏] 五, 辨行相은 卽隨文釋이니 釋寄相別하면 卽分六段이라 今初의 二百句는 答前信行二十句問이라 文分三別이니 初九門은 明自分行滿이요 二, 入諸菩薩下의 八門은 勝進行圓이요 三, 差別智下의 三門은 明二行究竟이라 今初에 一門一類니 卽爲九段이라

首明依者는 起行所依故니 謂依託菩提心等하여 成萬行故라 賢首品에 云, 菩薩이 發意求菩提가 非是無因無有緣等이라하니라 然이나 二百門을 多分五別이니 一, 總標요 二, 徵數요 三, 列釋이요 四, 結數요 五, 顯修勝益이라 或闕後二하며 或闕第五하니 至文當知니라 今此依中에 文具有五하니 初二는 可知니라

■ 제5. 행법의 모양을 밝힘은 곧 경문을 따라 해석함이니 양상이 다름에 의탁하여 해석하면 곧 여섯 문단으로 나눈다. 지금 1. 2백 구절은 앞의 20문으로 십신(十信)의 질문에 대답한 내용이다. 경문을 세 가지 별상으로 나누리니 1) 아홉 문은 자분행이 원만함이요, 2) 入諸菩薩 아래의 여덟 문은 승진행이 원만함이요, 3) 差別智 아래의 세 문은 두 가지 행법이 완성됨을 밝힘이다. 지금은 1)에 한 문이 한 부류이니 곧 아홉 문단이 된다. 우두머리에 의지라 밝힌 것은 행법의 의지처를 시작한 까닭이니, 이른바 보리심 등에 의탁하여 만 가지 행법을 이룬 까닭이다. 현수품에 이르되, "보살이 뜻을 내어 보리를 구함은 인이 없고 연이 없음이 아니다"라고 하였다. 그러나 2백 문을 대부분 다섯 가지 차별로 나누리니 가. 총합하여 표방함이요, 나. 숫자로 질문함

이요, 다. 나열하여 해석함이요, 라. 숫자를 결론함이요, 마. 수행으로 얻은 뛰어난 이익을 밝힘이다. 혹은 뒤의 두 가지를 빠뜨리며, 혹은 다섯째를 빠뜨리기도 하였으니 경문에 가면 알게 되리라. 지금은 이런 의지함 중에 경문이 다섯 가지가 갖추어 있나니 처음의 둘[(1) 총합하여 표방함 (2) 숫자로 질문함]은 알 수 있으리라.

[鈔] 今初一門下는 文中有四하니 初, 總標요 二, 首明依下는 辨初門來意요 三, 然二百門下는 總科諸段이요 四, 今此下는 正釋經文이라

● 今初一門 아래는 경문 중에 넷이 있으니 가. 총합하여 표방함이요, 나. 首明依 아래는 처음 문의 오게 된 뜻을 밝힘이요, 다. 然二百門 아래는 총합하여 여러 문단으로 과목 나눔이요, 라. 今此 아래는 경문을 바로 해석함이다.

다. 나열하여 해석하다[列釋] (就列 23上2)
라. 숫자를 결론하다[結數] (經/是爲)

所謂以菩提心爲依니 恒不忘失故며 以善知識爲依니 和合如一故며 以善根爲依니 修習增長故며 以波羅蜜爲依니 具足修行故며 以一切法爲依니 究竟出離故며 以大願爲依니 增長菩提故며 以諸行爲依니 普皆成就故며 以一切菩薩爲依니 同一智慧故며 以供養諸佛爲依니 信心淸淨故며 以一切如來爲依니 如慈父敎誨不斷故라 是爲十이니

이른바 (1) 보리심으로 의지를 삼나니 항상 잊지 않는 연고

며, (2) 선지식으로 의지를 삼나니 화합하여 한결 같은 연고며, (3) 착한 뿌리로 의지를 삼나니 닦아 모아 증장하는 연고며, (4) 바라밀다로 의지를 삼나니 구족하게 수행하는 연고며, (5) 온갖 법으로 의지를 삼나니 필경에 벗어나는 연고며, (6) 큰 서원으로 의지를 삼나니 보리를 증장케 하는 연고며, (7) 여러 행으로 의지를 삼나니 다 성취하는 연고며, (8) 모든 보살로 의지를 삼나니 지혜가 같은 연고며, (9) 부처님께 공양함으로 의지를 삼나니 믿는 마음이 청정한 연고며, (10) 일체 여래로 의지를 삼나니 아버지의 가르침과 같이 끊이지 않는 연고라, 이것이 열이니라.

[疏] 就列釋中하여 十句에 各先은 標名이요 後는 釋義라 一, 依菩提心者는 十皆名依코 已爲衆行之首며 而菩提心이 復是十中之初니 以是萬行之本일새 故貫二千之首라 釋云호대 不忘失者는 忘失菩提心하고 修諸善根하면 則是魔業故라 依斯不忘하여 能成萬行이니 此句爲總이니라 二, 上雖內有勝心이나 若外[21]不依善友하면 行亦無成이니 故로 大聖이 謂善財言하시되 求善知識이 是無上菩提의 最初因緣이라하니라 釋云호대 如一者는 若不心行符契하면 豈爲我友리요 三, 若不增修善根하면 遇友何益이리요 四, 隨所修善하여 須到彼岸이요 五, 非獨十度요 觸境皆通이라 上四는 自利니라 六, 願과 七, 行이니 並通自他니 上은 皆依法이요 後三은 依人이라 八, 勝侶智同이요 九와 十은 唯佛은 究竟爲所依處故라 淨心供養하여 以成福德하고 長稟慈訓하여 以成智嚴이라 又前五는 自分이요 後五는 勝進이라 六은 廣菩提心

---

21) 外는 甲本作行, 續本作行外, 源原南金本作外라 하다.

이요 七은 廣三四五요 後三은 廣第二니라 四는 結을 可知니라

■ 다. 나열하여 해석함에 입각하여 열 구절에 각기 가) 명칭으로 표방함이요, 나) 이치를 해석함이다. (1) '보리심에 의지함'이란 열 가지에 모두 의지함이라 이름하였으니 이미 여러 행법의 우두머리이며, 그러나 보리심은 다시 열 가지 가운데 첫째이니 (보리심이) 만 가지 행법의 근본인 연고로 2천 가지 우두머리를 관통한다. 해석하여 말하되, " '잊지 않음'이란 보리심을 잊고 모든 선근을 수행하면 마군의 업인 까닭이다." 이것에 의지해서 잊지 않고서 능히 만 가지 행법을 이루었으니 이 (보리심이란) 구절이 총상이 된다. (2) 위에서 비록 안으로 뛰어난 마음이 있지만 만일 외부로 선지식을 의지하지 않으면 행하더라도 또한 이룰 수 없다. 그러므로 큰 성인[문수보살]이 선재에게 일러 말씀하시되 "선지식을 구함이 위없는 보리의 최초의 인연이다"라 하였다. 해석하여 말하되 마치 하나는 만일 마음으로 행함이 부합하고 계합하지 않는다면 어찌 나의 벗이 되었으리오. (3) 만일 일찍이 선근을 닦지 않았으면 벗을 만나도 무슨 이익이 있으리오. (4) 닦을 바 선근을 따라서 모름지기 피안에 이르리오! (5) 유독 십바라밀만이 아니라 경계를 만나면 모두 통한다. 위의 넷은 자리행이다. (6) 서원과 (7) 수행이니 아울러 자리(自利)와 이타(利他)에 통한다. 위는 모두 법에 의지함이요, 뒤의 셋은 사람에 의지한다. (8) 뛰어난 반려는 지혜가 같으며 (9)와 (10)은 오직 부처님만이 구경까지 의지할 곳이 되는 까닭이다. 청정한 마음으로 공양하여 복과 덕을 이루고 길게 자비한 교훈을 품 받아서 지혜로 장엄함을 이루었다. 또한 앞의 다섯은 자분행이요, 뒤의 다섯은 승진행이다. (그중에) (6) 서원은 보리심을 넓힘이요, (7) 수행은 (3) 선근과 (4) 도피안과 (5) 십바라밀을 넓힘이

요, 뒤의 셋[(8) 뛰어난 반려 (9) 공양함 (10) 일체 여래]은 (2) 선지식을 넓힘이다. 라. 숫자를 결론함은 알 수 있으리라.

[鈔] 不忘失菩提心下는 卽五十八經이니라
● 不忘失菩提心 아래는 곧 제58권 경문이다.

마. 수행으로 얻은 뛰어난 이익[修益] (五顯 23下7)

若諸菩薩이 安住此法하면 則得爲如來無上大智所依處니라
만일 보살들이 이 법에 편안히 머물면 여래의 위가 없는 큰 지혜의 의지할 곳이 되느니라.

[疏] 五, 顯修勝益者는 由依上十하여 成佛大智하여 爲一切所依라 斯爲勝益커니 豈得不修리요 故로 亦名勸修니라
■ 마. 수행으로 얻은 뛰어난 이익을 밝힘이란 위의 열 가지 의지로 인하여 부처님의 큰 지혜를 성취하여 온갖 것의 의지처가 되었다. 이것이 뛰어난 이익이 되었는데 어찌 닦지 않고 얻으리오! 그러므로 또한 수행하기를 권함이라 이름한다.

(2) 열 가지 기특한 생각에 대해 밝히다[明奇特] (第二 24上6)

佛子여 菩薩摩訶薩이 有十種奇特想하니 何等爲十고 所謂於一切善根에 生自善根想하며 於一切善根에 生菩提

種子想하며 於一切衆生에 生菩提器想하며 於一切願에 生自願想하며 於一切法에 生出離想하며 於一切行에 生自行想하며 於一切法에 生佛法想하며 於一切語言法에 生語言道想하며 於一切佛에 生慈父想하며 於一切如來에 生無二想이 是爲十이니 若諸菩薩이 安住此法하면 則得無上善巧想이니라

불자여, 보살마하살이 열 가지 기특한 생각이 있으니, 무엇이 열인가? 이른바 (1) 온갖 착한 뿌리에 자기의 착한 뿌리라는 생각을 내며, (2) 모든 착한 뿌리에 보리의 종자라는 생각을 내며, (3) 일체중생에게 보리의 그릇이란 생각을 내며, (4) 모든 소원에 자기의 소원이란 생각을 내며, (5) 온갖 법에 벗어날 생각을 내며, (6) 온갖 행에 자기의 행이라는 생각을 내며, (7) 온갖 법에 부처의 법이란 생각을 내며, (8) 모든 말하는 법에 말의 길이란 생각을 내며, (9) 모든 부처에게 자비한 아버지라는 생각을 내며, (10) 모든 여래에게 둘이 없다는 생각을 내나니 이것이 열이니라. 만일 보살들이 이 법에 편안히 머물면, 위없이 교묘한 생각을 얻느니라.

[疏] 第二, 奇特想者는 前은 依因緣하사 以成諸行하고 今依勝想하사 以攝善根이라 翻妄想源이 次所依故며 並出常想일새 受奇特名이니 即上文中에 常欲利樂諸衆生等인 利益之想也니라 十中에 一, 以他善으로 同己者는 隨喜於他하여 情無彼此故며 互爲主伴하여 相資益故며 同體性故며 即我所行故며 自他相即故라 四六願行도 亦然이니라 二, 一毫微善이 皆是佛因이니 故로 法華中에 擧手低頭가 皆已成佛

이라하니라 三, 下至闡提히 皆有佛性故니라 五, 思益에 云, 知離가 名 爲法故라하니라 七, 諸性相法을 佛所證故니 文殊가 云, 我不見一法 非佛法者도 皆不可得故라하니라 諸軌儀法이 皆佛所流니 涅槃에 云, 外道之法도 亦如來正法之餘故라하니라 八, 因言契理언정 而理非言 일새 故名言道니라 九, 佛은 以覺他圓滿일새 故爲慈父니라 十, 如來 는 卽諸法如義일새 故無有二니라 益中에 無想之想을 名善巧想이니라

■ (2) '열 가지 기특한 생각'은 앞은 인연에 의지하여 모든 행법을 이루 었고, 지금은 뛰어난 생각을 의지하여 선근을 섭수한다. 망상의 근원 을 뒤바꿈은 다음에 의지할 바인 연고며, 아울러 항상한 생각을 내보 여 기특하다는 이름을 받았으니, 곧 위의 경문 중에 항상 모든 중생 을 이롭고 즐겁게 하는 등인 이익된 생각이다. 열 가지 중에 (1) 다른 이의 선근으로 '자기와 같다'는 것은 다른 이를 따라 기뻐하여 마음 에는 저것과 이것이 없는 연고며, 번갈아 주인과 반려가 되어서 서로 도와 이익되는 연고며, 체성이 같은 연고며, 나의 행할 대상과 합치한 연고며, 자신과 다른 이가 서로 합치하는 까닭이다. (4) 서원과 (6) 수행도 또한 그러하다. (2) 한 터럭의 작은 선행이 모두 부처되는 원 인이니 그러므로 『법화경』 중에서 "손을 들고 머리를 낮추어도 모두 이미 성불했다"고 하였다. (3) 아래로 천제(闡提)에 이르기까지 모두 불성이 있는 까닭이다. (5) 『사익경』에 이르되, "여읨을 아는 것이 법 이 되는 까닭이다"라고 하였다. (7) 모든 체성과 양상의 법은 부처님 이 증득할 바인 까닭이다. 문수보살이 이르되, "내가 한 법도 불법 아 님을 보지 못한 것을 모두 얻을 수 없는 까닭이다"라고 하였다. 모 든 궤칙과 의례의 법이 모두 부처님에게로 흐르는 대상이니, 『열반경』 에 이르되, "외도의 법도 역시 여래 정법의 나머지인 까닭이다"라고 하

였다. (8) 말로 인해서 이치와 계합할지언정 이치가 말도 아닌 연고로 도(道)라 이름하여 말하였다. (9) 부처는 다른 이를 깨닫게 함이 원만한 연고로 자비로운 아버지가 되었다. (10) 여래는 곧 모든 법이 진여라는 뜻인 연고로 둘이 없다. 이익 중에 생각 없는 생각을 이름하여 '선교한 생각[善巧想]'이라 말한다.

[鈔] 一毫之善者는 廻向에 已釋[22]하니라 文殊云我不見一法下는 卽大般若曼殊室利分이니 前亦已引하니라 涅槃云者는 初卷宗中에 已引文意하니라

● '한 터럭의 선행'이란 십회향품에 이미 해석하였다. 文殊云我不見一法 아래는 곧 『대반야경』만수실리분이니 앞에도 역시 이미 인용하였다. '열반경에 이르되'는 첫째 권의 근본 가르침[宗趣] 중에 이미 경문의 의미를 인용하였다.

(3) 열 가지 행을 닦음에 대해 밝히다[明修行] (第三 25上8)

佛子여 菩薩摩訶薩이 有十種行하니 何等爲十고 所謂一切衆生行이니 普令成熟故며 一切求法行이니 咸悉修學故며 一切善根行이니 悉使增長故며 一切三昧行이니 一心不亂故며 一切智慧行이니 無不了知故며 一切修習行이니 無不能修故며 一切佛刹行이니 皆悉莊嚴故며 一切善友行이니 恭敬供養故며 一切如來行이니 尊重承事故며 一切神通行이니 變化自在故라 是爲十이니 若諸菩薩

---

22) 釋下에 甲南續金本有故字라 하다.

이 安住此法하면 則得如來無上大智慧行이니라[23)]

불자여, 보살마하살이 열 가지 행이 있으니, 무엇이 열인가? 이른바 (1) 일체중생의 행이니 두루 성숙하게 하는 연고며, (2) 모든 법을 구하는 행이니 다 닦아 배우는 연고며, (3) 온갖 착한 뿌리의 행이니 모두 증장케 하는 연고며, (4) 모든 삼매의 행이니 한결같은 마음이 산란하지 않은 연고며, (5) 온갖 지혜의 행이니 알지 못함이 없는 연고며, (6) 모든 것을 닦아 배우는 행이니 닦지 못할 것이 없는 연고며, (7) 온갖 부처 세계의 행이니 다 장엄하는 연고며, (8) 모든 선지식의 행이니 공경하고 공양하는 연고며, (9) 일체 여래의 행이니 존중하고 받자와 섬기는 연고며, (10) 온갖 신통한 행이니 변화가 자재한 연고니 이것이 열이니라. 만일 보살들이 이 법에 편안히 머물면, 여래의 위없는 큰 지혜의 행을 얻느니라.

[疏] 第三, 十種行은 依勝想之解하여 造修大行이라 想唯在心이요 行通三業이라 空想不行하면 亦無成辦이니 即上文中의 修學處也라 釋中에 唯九者는 準晉本하면 此脫第三의 善學一切戒라 具十爲五對니 一, 下化上求요 二, 止惡進善이요 三, 妙止深觀이요 四, 修因嚴刹이요 五, 敬友事師니라

■ (3) 열 가지 행을 닦음은 뛰어난 생각으로 이해함을 의지하여 나아가 큰 행법을 닦는다. 생각은 오직 마음에만 있고, 행법은 세 가지 업에 통한다. 헛된 생각을 행하지 않으면 또한 힘쓸 일이 없나니 곧 위의

---

23) 大注云 無不了知故下에 明本有 '一切神通行 變化自在故', 案準嘉弘昭 此十字應在尊重承事故下; 尊重承事故下에 嘉清合綱杭鼓纂金本有 '一切神通行 變化自在故' 與疏釋不合, 麗宋元源續本無.

경문 중의 닦아 배울 곳[修學處]이다. 해석함 중에 오직 아홉 가지만 있는 것은 진역경전에 준해 보면 여기서 셋째 온갖 계법을 잘 배움[善學一切戒]이 빠졌다. 열 구절을 갖추어 다섯 대구가 되었으니 (1) 아래로 교화하고 위로 구함이요, (2) 악을 그치고 선으로 나아감이요, (3) 묘한 사마타와 깊은 위빠사나요, (4) 인행을 닦고 국토를 장엄함이요, (5) 선지식을 공경하고 스승을 섬김이다.

(4) 열 가지 선지식[善知識] (第四 25下9)

佛子여 菩薩摩訶薩이 有十種善知識하니 何等爲十고 所謂令住菩提心善知識과 令生善根善知識과 令行諸波羅蜜善知識과 令解說一切法善知識과 令成熟一切衆生善知識과 令得決定辯才善知識과 令不着一切世間善知識과 令於一切劫에 修行無厭倦善知識과 令安住普賢行善知識과 令入一切佛智所入善知識과 是爲十이니라
불자여, 보살마하살이 열 가지 선지식이 있으니, 무엇이 열인가? 이른바 (1) 보리심에 머물게 하는 선지식이며, (2) 착한 뿌리를 내게 하는 선지식이며, (3) 모든 바라밀다를 행하게 하는 선지식이며, (4) 모든 법을 해석하여 말하게 하는 선지식이며, (5) 일체중생을 성숙하게 하는 선지식이며, (6) 결정한 변재를 얻게 하는 선지식이며, (7) 모든 세간에 집착하지 않게 하는 선지식이며, (8) 온갖 겁에 수행하되 게으르지 않게 하는 선지식이며, (9) 보현의 행에 편안히 머물게 하는 선지식이며, (10) 모든 부처의 지혜로 들어간 데 들게

하는 선지식이니, 이것이 열이니라.

[疏] 第四, 善知識者는 行起에 必依善友니 故次明之니라 未知善을 令知하고 未識[24]惡을 令識故며 凡所順益이 皆我善友니 故로 十皆益也라 上에 云, 卽得親近善知識이 是니라

- (4) '열 가지 선지식'이란 행법을 시작하려면 반드시 선지식에 의지하나니 그러므로 다음에 밝혔으니, 알지 못하던 선(善)을 알게 하고 알지 못하던 악(惡)을 알게 하는 연고며, 무릇 이익에 수순할 대상이 모두 나의 선지식이다. 그러므로 열 가지가 모두 이익인 것이다. 위[현수품]에 이르되, "(만약 능히 나쁜 지식 멀리 여의면) 곧 선한 지식 가까이 친하리니"라 말한 것이 그것이다.

(5) 열 가지 부지런한 정진[勤精進] (第五 26上10)

佛子여 菩薩摩訶薩이 有十種勤精進하니 何等爲十고 所謂敎化一切衆生勤精進과 深入一切法勤精進과 嚴淨一切世界勤精進과 修行一切菩薩所學勤精進과 滅除一切衆生惡勤精進과 止息一切三惡道苦勤精進과 摧破一切衆魔勤精進과 願爲一切衆生하여 作淸淨眼勤精進과 供養一切諸佛勤精進과 令一切如來로 皆悉歡喜勤精進이 是爲十이니 若諸菩薩이 安住此法하면 則得具足如來無上精進波羅蜜이니라

불자여, 보살마하살이 열 가지 부지런한 정진이 있으니, 무

---

24) 識은 金本作知, 源原南續本作識이라 하다.

엇이 열인가? 이른바 (1) 일체중생을 교화하는 부지런한 정진이며 (2) 모든 법에 깊이 들어가는 부지런한 정진이며 (3) 모든 세계를 깨끗이 하는 부지런한 정진이며 (4) 모든 보살의 배우던 바를 수행하는 부지런한 정진이며 (5) 모든 중생의 나쁜 짓을 제멸하는 부지런한 정진이며 (6) 모든 세 가지 나쁜 길의 고통을 쉬게 하는 부지런한 정진이며 (7) 모든 마의 무리를 꺾어 버리는 부지런한 정진이며 (8) 일체중생의 청정한 눈이 되려는 부지런한 정진이며 (9) 모든 부처님께 공양하는 부지런한 정진이며 (10) 모든 여래로 하여금 환희케 하는 부지런한 정진이니, 이것이 열이니라. 만일 보살들이 법에 편안히 머물면 여래의 위없는 정진바라밀다를 구족하게 되느니라.

[疏] 第五, 精進者는 行友旣具에 必須策勤이니 於此十事에 離身心相코 而進修不雜故라 上에 云勤修佛功德이니라

- (5) 열 가지 부지런한 정진이란 행법과 선우가 이미 갖추어지면 반드시 모름지기 경책하고 부지런해야 함이니 이런 열 가지 일에 몸과 마음의 모양을 여의고 나아가 닦을 적에 혼잡하지 않는 까닭이다. 위 [현수품]에 이르되, "(만약 보리심을 일으키면) 곧 능히 부처님의 공덕을 부지런히 닦으리니"라고 하였다.

(6) 열 가지 마음 편안하여짐[心得安隱] (第六 27上4)

佛子여 菩薩摩訶薩이 有十種心得安隱하니 何等爲十고

所謂自住菩提心하고 亦當令他住菩提心하여 心得安隱하며 自究竟離忿諍하고 亦當令他離忿諍하여 心得安隱하며 自離凡愚法하고 亦令他離凡愚法하여 心得安隱하며 自勤修善根하고 亦令他勤修善根하여 心得安隱하며 自住波羅蜜道하고 亦令他住波羅蜜道하여 心得安隱하며 自生在佛家하고 亦當令他生於佛家하여 心得安隱하며 自深入無自性眞實法하고 亦令他入無自性眞實法하여 心得安隱하며 自不誹謗一切佛法하고 亦令他不誹謗一切佛法하여 心得安隱하며 自滿一切智菩提願하고 亦令他滿一切智菩提願하여 心得安隱하며 自深入一切如來無盡智藏하여 亦令他入一切如來無盡智藏하여 心得安隱이 是爲十이니 若諸菩薩이 安住此法하면 則得如來無上大智安隱이니라

불자여, 보살마하살이 열 가지 마음이 편안하여짐이 있으니, 무엇이 열인가? 이른바 (1) 스스로 보리심에 머물고 또 다른 이도 보리심에 머물게 하여 마음이 편안하여지며, (2) 스스로 끝까지 분하여 다툼을 여의고 또 다른 이도 분하여 다툼을 여의게 하여 마음이 편안하여지며, (3) 스스로 범부의 법을 여의고 또 다른 이도 범부의 법을 여의게 하여 마음이 편안하여지며, (4) 스스로 착한 뿌리를 부지런히 닦고 또 다른 이도 착한 뿌리를 부지런히 닦게 하여 마음이 편안하여지며, (5) 스스로 바라밀다 도에 머물고 또 다른 이도 바라밀다 도에 머물게 하여 마음이 편안하여지며, (6) 스스로 부처의 가문에 태어나고 또 다른 이도 부처의 가문에 태어

나게 하여 마음이 편안하여지며, (7) 스스로 제 성품 없는 진실한 법에 깊이 들어가고 또 다른 이도 제 성품 없는 진실한 법에 들어가게 하여 마음이 편안하여지며, (8) 스스로 모든 부처의 법을 비방하지 않으며 또한 다른 이에게도 모든 부처님의 법을 비방하지 않게 하여 마음이 편안하여지며, (9) 스스로 온갖 지혜의 보리원을 만족하고 또 다른 이도 온갖 지혜의 보리원을 만족하게 하여 마음이 편안하여지며, (10) 스스로 모든 여래의 다함없는 지혜의 장에 깊이 들어가고 또 다른 이도 모든 여래의 다함없는 지혜의 장에 들어가게 하여 마음이 편안하여지나니, 이것이 열이니라. 만일 보살들이 이 법에 편안히 머물면 여래의 위없는 큰 지혜의 편안함을 얻느니라.

[疏] 第六, 心得安隱은 進成二利일새 故獲心安이니 自利故로 智心이 安하고 利他故로 悲心이 安이니 卽上文의 增上最勝心이라 十中에 初一, 行本이요 次二, 離過니 一에 無諍三昧는 離一切諍이요 二는 越凡小니 凡謂凡夫며 愚卽愚法小乘이니라 次二는 進善이요 次三은 證入이니 一, 入位요 二, 入法이요 三, 入益이라 謂謗有二義하니 一, 麤니 言此非佛說等이니 其過彌大요 二, 細니 謂說不契實이니 其過則微라 若無細謗하면 證實方能이니라 後二는 因圓果滿이니라 得益中에 究竟安隱은 謂菩提涅槃이니라

■ (6) '열 가지 마음 편안하여짐'은 정진하여 두 가지 이로움을 이루게 되므로 마음이 편안하여짐을 얻나니 자리행인 연고로 지혜로운 마음이 편안하고, 이타행인 연고로 어여삐 여기는 마음이 편안하여지

나니 곧 위[현수품]의 경문의 '(만약 믿고 즐거워하는 마음 청정함을 얻으면) 곧 더욱 뛰어나고 가장 수승한 마음'이다. 열 가지 중에 가. 처음 하나 [(1) 自住菩提心-]는 행법의 근본이요, 나. 다음의 둘[(2) 自究竟離忿諍- (3) 自離凡愚法-]은 선으로 나아감이요, 다. 다음의 셋[(4) 自勤修善根- (5) 自住波羅蜜道- (6) 自生在佛家-]은 증득해 들어감이니 (1) 들어간 지위요, (2) 들어간 법이요, (3) 들어간 이익이다. 이른바 비방함에 두 가지 뜻이 있으니 하나는 거침이니 이것은 부처님 말씀이 아니라 말하는 등이니 그 잘못이 너무나 크고, 둘은 미세함이니 이른바 설법이 실법과 계합하지 않나니 그 잘못이 미세함이다. 만일 미세한 비방함이 없으면 실법을 증득해야 비로소 가능한 것이다. 라. 뒤의 둘[(9) 自滿一切智菩提願- (10) 自深入一切如來無盡智藏-]은 인행이 원만하고 과덕이 만족함이다. 얻은 이익 중에 끝까지 편안하여짐은 보리와 열반을 말한다.

[鈔] 三入益者는 以得證實하야사 方無細謗이 卽是益也니라
- (3) 들어간 이익이란 실법을 증득해야만 비로소 미세하게 비방함이 없는 것이 곧 이익인 것이다.

(7) 열 가지 중생을 성취함[成就衆生] (第七 27下10)

佛子여 菩薩摩訶薩이 有十種成就衆生하니 何等爲十고 所謂以布施로 成就衆生하며 以色身으로 成就衆生하며 以說法으로 成就衆生하며 以同行으로 成就衆生하며 以無染着으로 成就衆生하며 以開示菩薩行으로 成就衆生

하며 以熾然示現一切世界로 成就衆生하며 以示現佛法大威德으로 成就衆生하며 以種種神通變現으로 成就衆生하며 以種種微密善巧方便으로 成就衆生이 是爲十이니 菩薩이 以此成就衆生界니라

불자여, 보살마하살이 열 가지 중생을 성취함이 있으니, 무엇이 열인가? 이른바 (1) 보시로 중생을 성취하고, (2) 육신으로 중생을 성취하고, (3) 법을 말하여 중생을 성취하고, (4) 함께 행함으로 중생을 성취하고, (5) 물들지 않음으로 중생을 성취하고, (6) 보살의 행을 열어 보임으로 중생을 성취하고, (7) 모든 세계를 치성하게 나툼으로 중생을 성취하고, (8) 불법의 큰 위엄과 덕을 나타냄으로 중생을 성취하고, (9) 가지가지 신통과 변화로 중생을 성취하고, (10) 가지가지 비밀하고 교묘한 방편으로 중생을 성취하나니, 이것이 열이니라. 보살이 이것으로 중생계를 성취하느니라.

[疏] 第七, 成就衆生者는 上에는 通明二利心安하고 今에는 別明利物成就라 故로 上에 云則能慈愍度衆生이라하니라 然有二義하니 一, 以此 十으로 通用하여 成就一切衆生이요 二, 各成一類衆生이니 謂一은 成就慳貪貧窮衆生이요 二는 成恃形色憍慢衆生이요 三은 疑法이요 四는 佷25)戾요 五는 貪愛요 六은 樂二乘이요 七은 不樂嚴刹이요 八은 不欣佛果요 九는 邪歸依요 十은 邪智狡猾이니 以經中의 十法으로 如次成就니라

■ (7) 열 가지 중생을 성취함이란 위에는 2리행의 마음이 편안해짐을

---

25) 佷은 金本作狼이라 하다.

통틀어 밝혔고, 지금에는 중생을 이롭게 함을 성취함에 대해 개별로 밝혔다. 그러므로 위[현수품]에 이르되,"곧 능히 자비와 애민으로 중생을 제도하면 (곧 견고한 대비심을 얻을지니라)"라고 하였다. 그런데 두 가지 뜻이 있으니 하나는 이런 열 가지로 통틀어 작용하여 온갖 중생을 성취함이요, 둘은 각기 한 부류의 중생을 성취함이다. 이른바 (1) 간탐하여 빈궁한 중생을 성취함이요, (2) 형색을 믿고 교만한 중생을 성취함이요, (3) 법을 의심함이요, (4) 어그러짐이요, (5) 탐욕으로 사랑함이요, (6) 이승을 좋아함이요, (7) 국토 장엄하기를 즐거워하지 않음이요, (8) 부처님 과덕을 기뻐하지 않음이요, (9) 삿되게 귀의함이요, (10) 삿된 지혜로 간교함이니 경문 중의 열 가지 법으로 순서대로 성취함이다.

(8) 열 가지 지계행[約持戒行] (第八 28下3)

佛子여 菩薩摩訶薩이 有十種戒하니 何等爲十고 所謂不捨菩提心戒와 遠離二乘地戒와 觀察利益一切衆生戒와 令一切衆生住佛法戒와 修一切菩薩所學戒와 於一切法에 無所得戒와 以一切善根으로 廻向菩提戒와 不着一切如來身戒와 思惟一切法하되 離取着戒와 諸根律儀戒가 是爲十이니 若諸菩薩이 安住此法하면 則得如來無上廣大戒波羅蜜이니라

불자여, 보살마하살이 열 가지 계가 있으니, 무엇이 열인가? 이른바 (1) 보리심을 버리지 않는 계와 (2) 이승의 지위를 멀리 여의는 계와 (3) 일체중생을 관찰하여 이익하게 하

는 계와 (4) 일체중생들을 불법에 머물게 하는 계와 (5) 모든 보살의 배우는 것을 닦는 계와 (6) 모든 법에 얻을 것이 없는 계와 (7) 온갖 착한 뿌리로 보리에 회향하는 계와 (8) 모든 여래의 몸에 집착하지 않는 계와 (9) 모든 법을 생각하여 집착을 여의는 계와 (10) 모든 근의 계율과 의식의 계니, 이것이 열이니라. 만일 보살들이 이 법에 편안히 머물면 여래의 위없고 광대한 지계바라밀다를 얻느니라.

[疏] 第八, 戒者는 欲成就衆生인대 須自止惡行善이라 十中에 若忘菩提心커나 乃至諸根犯境하면 皆名破菩薩戒라 故로 上에 云, 堅固大悲心하면 則不破也라하니라 此十三聚를 如應思之니라

■ (8) 열 가지 지계행은 중생을 성취하려 한다면 모름지기 스스로 악을 그치고 선을 행해야 한다. 열 가지 중에 만일 보리심을 잊었거나 나아가 모든 근이 경계를 범하면 모두 보살계를 파함이라 이름한다. 그러므로 위[현수품]에 이르되, "견고한 대비심이면 (곧 능히 깊고 깊은 법을 좋아하고 즐겨 하나니) 타파되지 않는다"고 하였다. 여기의 열 가지 삼취계를 응함과 같이 생각해 보라.

(9) 열 가지 수기 받는 법[授記法] (第九 29上4)

佛子여 菩薩摩訶薩이 有十種受記法하여 菩薩이 以此自知受記하나니 何等爲十고 所謂以殊勝意로 發菩提心하여 自知受記하며 永不厭捨諸菩薩行하여 自知受記하며 住一切劫行菩薩行하여 自知受記하며 修一切佛法하여

自知受記하며 於一切佛敎에 一向深信하여 自知受記하며 修一切善根하여 皆令成就하여 自知受記하며 置一切衆生於佛菩提하여 自知受記하며 於一切善知識에 和合無二하여 自知受記하며 於一切善知識에 起如來想하여 自知受記하며 恒勤守護菩提本願하여 自知受記가 是爲十이니라

불자여, 보살마하살이 열 가지 수기 받는 법이 있어 이것으로써 스스로 수기 받을 줄을 아나니, 무엇이 열인가? 이른바 (1) 썩 좋은 뜻으로 보리심을 내고 스스로 수기 받을 줄을 알며, (2) 보살의 행을 영원히 버리지 않고 스스로 수기 받을 줄을 알며, (3) 온갖 겁에 머물러 보살행을 행하고 스스로 수기 받을 줄을 알며, (4) 온갖 부처의 법을 닦고 스스로 수기 받을 줄을 알며, (5) 모든 부처의 교법에 한결같이 깊이 믿고 스스로 수기 받을 줄을 알며, (6) 온갖 착한 뿌리를 닦아 모두 성취케 하고 스스로 수기 받을 줄을 알며, (7) 일체중생을 부처님의 보리에 두고 스스로 수기 받을 줄을 알며, (8) 모든 선지식에게 화합하여 둘이 없이 하고 스스로 수기 받을 줄을 알며, (9) 모든 선지식에 여래라는 생각을 내고 스스로 수기 받을 줄을 알며, (10) 보리의 본래 소원을 부지런히 수호하고 스스로 수기 받을 줄을 아나니, 이것이 열이니라.

[疏] 第九, 受記法者는 旣離過德成에 自驗己行이 必招當果하여 故自知受記라 故로 上에 云, 若得無生深法忍하면 則爲諸佛의 所授記라하니

라 卽此中의 一義니라 一, 見理深悲는 卽發心殊勝이니 得果無疑어니와 若因他厭苦하면 則非殊勝이니 未定得記니라 二, 無厭修요 三, 長時修요 四, 無餘修요 五, 契理修라 餘五는 可知니라 於此十中에 隨有其一하여 卽自知得記니 此辨得記之行이요 非顯受記相殊라 如瑜伽等이니라 又此는 約十信橫具요 餘는 約豎位不同이라 上來에 自分行은 竟하다

■ (9) 열 가지 수기 받는 법은 이미 허물을 여의고 덕을 성취하면 스스로 자기의 행법이 반드시 미래의 결과를 초래함을 경험하므로 스스로 알고 수기한다. 그러므로 위[현수품]에 이르되, "(만약 물러나지 않는 곳에 이르게 되면 곧 남이 없는 깊은 법인 얻게 되리라.) 만약 남이 없는 깊은 법인 얻게 되면 곧 모든 부처님의 수기를 받으리라"라고 하였으니, 이 가운데 한 가지 뜻이다. (1) 이치를 보고 대비가 깊음은 발심이 뛰어남이니 과덕을 얻음에 의심이 없지만 만일 다른 이로 인해 고통을 싫어하면 수승함이 아니니 수기 얻음이 결정되지 않았다. (2) 수행을 싫어하지 않음이요, (3) 오랜 시간 닦음이요, (4) 남김없이 닦음이요, (5) 이치와 계합하여 닦음이다. 나머지 다섯 가지는 알 수 있으리라. 이런 열 가지 중에 그 하나가 있음을 따라서 곧 스스로 수기 받을 것을 아는 것이니 여기는 수기 얻는 행에 대해 밝힘이요, 수기하는 모양이 다름을 밝힌 것이 아니며 유가론 등의 내용과 같다. 십신행을 가로로 갖춤을 잡았고 나머지는 세로로 지위가 같지 않음을 잡았다. 여기까지 자분행은 마친다.

[鈔] 非顯受記下는 如下五十五經不壞廻向中의 十種受記中에 說이니라 瑜伽는 卽當菩薩地니 由六相故로 佛爲授記라 一, 安住種性이니 未

發心位이요 二, 已發心位요 三, 現前住요 四, 不現前住요 五, 有定時限이니 謂爾所時에 證菩提요 六, 無定時限이니 謂不說時限코 與授記니라 又善戒經에는 非種性人도 亦得授記니 如不輕이 授四衆記요 種性은 如十信得記니라 又此約下는 結成上義면 則得授記라 瑜伽는 豎說授記相殊[26]니라

● 非顯受記 아래는 아래 제55권 경문의 제2. 불괴회향(不壞廻向) 중의 열 가지 수기 받음 중에 설명한 내용과 같다. 『유가론』은 곧 보살지에 해당하나니 여섯 가지 양상을 말미암은 연고로 부처님이 수기 주심이 된다. (1) 종성에 안주함이니 발심하지 않은 지위요, (2) 이미 발심한 지위요, (3) 앞에 나타나 머무름이요, (4) 앞에 나타나 머무르지 않음이요, (5) 시한을 정함이 있음이니 이른바 이 정도의 시간에 보리를 증득함이요, (6) 시한을 정함이 없음이니 시한을 말하지 않고 수기 줌을 말한다. 또한 『선계경(善戒經)』에는 종성에 머무른 사람이 아니라도 또한 수기를 받음이니 마치 상불경보살이 사부대중에게 수기를 줌과 같으며, 종성(種性)은 십신의 지위에서 수기 얻음과 같다. 又此約 아래는 위의 뜻을 성취함으로 결론하면 수기를 얻음이다. 『유가론』은 수기 받는 모양이 다름을 세로로 말하였다.

2) 여덟 문은 승진행이 원만함을 밝히다[明勝進行圓] 8.
(1) 보살이 열 가지 들어감[入諸菩薩] (第二 30上3)

佛子여 菩薩摩訶薩이 有十種入하여 入諸菩薩하나니 何等爲十고 所謂入本願하며 入行하며 入聚하며 入諸波羅

---

[26] 此下에 金本有上來自分行竟이라 하다.

蜜하며 入成就하며 入差別願하며 入種種解하며 入莊嚴
佛土하며 入神力自在하며 入示現受生이 是爲十이니 菩
薩이 以此普入三世一切菩薩이니라

불자여, 보살마하살이 열 가지 들어감이 있어 모든 보살에 들어가나니, 무엇이 열인가? 이른바 (1) 본래의 소원에 들어가고 (2) 행에 들어가고 (3) 모음에 들어가고 (4) 여러 바라밀다에 들어가고 (5) 성취에 들어가고 (6) 차별한 소원에 들어가고 (7) 가지가지 이해에 들어가고 (8) 불국토를 장엄함에 들어가고 (9) 신통의 힘이 자재함에 들어가고 (10) 일부러 태어나는 데 들어가나니, 이것이 열이니라. 보살이 이것으로써 세 세상의 모든 보살에 널리 들어가느니라.

[疏] 第二, 八門은 明勝進行中에 既自分行成일새 故勝進하여 入諸所入之處等이라 即爲八段이니 今初는 入菩薩이라 入有二義하니 一, 證得義요 二, 觀達義라 入因은 則通證이며 通達이요 入果는 唯達未證이라 此下五門은 皆是智入이요 四五二入은 亦通身入이니라 今此는 即是 入因이니 所以入者는 即彼所修가 是我所修라 互相資益하여 爲同行故라 故로 度世經에는 名不相求短이라하니 即上文中의 神通深密用等이니라 十句[27]는 可知니라

■ 2) 여덟 문은 승진행이 원만함을 밝힘 중에 이미 자분행이 완성되었으므로 승진하여 모든 들어갈 곳에 들어간 따위이다. 곧 여덟 문단이 되었으니 지금은 (1) 보살의 열 가지 들어감이다. '보살의 들어감'에 두 가지 뜻이 있으니 첫째, 증득할 이치요, 둘째, 관찰하여 도달

---

27) 十句는 甲南纂續金本作四結이라 하다.

한 이치이다. '인행에 들어감'은 통달하여 증득함이며 통하여 도달함의 뜻이요, '과덕에 들어감'은 오직 증득하지 못한 것에 도달한다는 뜻이다. 이 아래 다섯 문[(6) (7) (8) (9) (10)]은 모두 지혜로 들어감이요, (여기서) 넷째와 다섯째 두 가지 들어감[(9) 入神力自在 (10) 入示現受生]은 또한 '몸으로 들어감'에 통한다. 지금 여기는 곧 인행에 들어감이니, '들어간 이유'는 저 닦을 대상과 합치함이니 바로 내가 닦을 대상인 까닭이다. 번갈아 서로 도와 이익하여 함께 행함이 되는 까닭이다. 그러므로 『도세경』에는 '서로 구함이 짧지 않음이라 이름한다'고 하였으니 곧 위[현수품]의 경문 중의 "(만약 모든 부처님이 그 앞에 나타나면) 곧 신통의 깊고 비밀한 작용을 얻는다" 등이다. 열 구절은 알 수 있으리라.

(2) 보살이 열 가지 여래에 들어감[入諸如來] (第二 30下6)

佛子여 菩薩摩訶薩이 有十種入하여 入諸如來하나니 何等爲十고 所謂入無邊成正覺하며 入無邊轉法輪하며 入無邊方便法하며 入無邊差別音聲하며 入無邊調伏衆生하며 入無邊神力自在하며 入無邊種種差別身하며 入無邊三昧하며 入無邊力無所畏하며 入無邊示現涅槃이 是爲十이니 菩薩이 以此普入三世一切如來니라

불자여, 보살마하살이 열 가지 들어감이 있어 여래에 들어가나니, 무엇이 열인가? 이른바 (1) 그지없이 바른 깨달음을 이루는 데 들어가며, (2) 그지없이 법륜을 굴리는 데 들어가며, (3) 그지없는 방편 법에 들어가며, (4) 그지없는 차

별한 음성에 들어가며, (5) 그지없이 중생을 조복함에 들어가며, (6) 그지없이 신통의 힘이 자재함에 들어가며, (7) 그지없이 가지가지로 차별한 몸에 들어가며, (8) 그지없는 삼매에 들어가며, (9) 그지없는 힘과 두려움 없음에 들어가며, (10) 그지없이 열반을 나투는 데 들어가나니, 이것이 열이니라. 보살이 이것으로 세 세상의 모든 여래에 들어가느니라.

[疏] 第二, 入諸如來는 是入果라 所以入者는 必當證入이니 故로 上에 云, 則以佛德으로 自莊嚴이라하니라

■ (2) 보살이 열 가지로 여래에 들어감은 과덕에 들어감이다. '들어간 이유'는 반드시 미래에 증득해 들어감이니 그러므로 위[현수품]의 경문에 이르되, "(만약 모든 부처님의 기억하고 생각하는 바가 되면) 곧 부처님의 공덕으로써 스스로 장엄하리라"라고 하였다.

(3) 열 가지로 중생의 행에 들어감[入衆生行] (第三 31上4)

佛子여 菩薩摩訶薩이 有十種入衆生行하니 何等爲十고 所謂入一切衆生過去行하며 入一切衆生未來行하며 入一切衆生現在行하며 入一切衆生善行하며 入一切衆生不善行하며 入一切衆生心行하며 入一切衆生根行하며 入一切衆生解行하며 入一切衆生煩惱習氣行하며 入一切衆生敎化調伏時非時行이 是爲十이니 菩薩이 以此普入一切諸衆生行이니라

불자여, 보살마하살이 열 가지 중생의 행에 들어감이 있으니, 무엇이 열인가? 이른바 (1) 일체중생의 과거의 행에 들어가며, (2) 일체중생의 미래의 행에 들어가며, (3) 일체중생의 현재의 행에 들어가며, (4) 일체중생의 착한 행에 들어가며, (5) 일체중생의 착하지 못한 행에 들어가며, (6) 일체중생의 마음의 행에 들어가며, (7) 일체중생의 근성의 행에 들어가며, (8) 일체중생의 이해하는 행에 들어가며, (9) 일체중생의 번뇌와 버릇의 행에 들어가며, (10) 일체중생의 교화하고 조복하는 때와 때 아닌 행에 들어가나니 이것이 열이니라. 보살이 이것으로 일체중생의 행에 널리 들어가느니라.

[疏] 第三, 入衆生行은 前二는 入能化요 此는 明入所化心行等이라 上에 云悉能調伏諸衆生等이라 問中에 有心[28]字라 行有多種하니 如文可知니라 十에 時非時는 謂熟未熟等이라 不知時者는 非大法師니라

- (3) 열 가지로 중생의 행에 들어감에서 앞의 둘[(1) 入諸菩薩 (2) 入諸如來]은 교화하는 주체에 들어감이요, 여기[(3) 入衆生行]는 교화받을 대상인 중생의 마음과 행동 등에 들어감을 밝힘이다. 위[현수품]에서 "(시방에 나타내 보이심이 두루하지 않음이 없어) 다 능히 모든 중생을 조복한다"는 등이라 말하였다. 질문 중에 심(心) 자가 있다. 행(行)에 많은 종류가 있으니 경문과 같으니 알 수 있다. 열 번째[(10) 入一切衆生敎化調伏時非時行]에서 '때와 때 아님'이란 근기가 성숙하고 성숙하지 않은 따위를 말한다. '때를 알지 못한다'는 것은 큰 법사가 아니라는 뜻이다.

---

28) 有心은 甲南續金本作脫於心이라 하나 誤植이며, 源本作有心; 與上問何等爲入衆生心行合이라 하다.

(4) 열 가지로 세계에 들어가는 행[入世界行] (第四 31下2)

佛子여 菩薩摩訶薩이 有十種入世界하니 何等爲十고 所謂入染世界하며 入淨世界하며 入小世界하며 入大世界하며 入微塵中世界하며 入微細世界하며 入覆世界하며 入仰世界하며 入有佛世界하며 入無佛世界가 是爲十이니 菩薩이 以此普入十方一切世界니라

불자여, 보살마하살이 열 가지 세계에 들어감이 있으니, 무엇이 열인가? 이른바 (1) 더러운 세계에 들어가며 (2) 깨끗한 세계에 들어가며 (3) 작은 세계에 들어가며 (4) 큰 세계에 들어가며 (5) 티끌 속 세계에 들어가며 (6) 미세한 세계에 들어가며 (7) 엎어진 세계에 들어가며 (8) 잦혀진 세계에 들어가며 (9) 부처 있는 세계에 들어가며 (10) 부처 없는 세계에 들어가나니, 이것이 열이니라. 보살이 이것으로 시방의 모든 세계에 두루 들어가느니라.

[疏] 第四, 入世界는 對佛에 是依報요 對生에 是化處라 上에 云普隨諸趣而現身이라하니라 結云普入者는 不離此十故로 一時頓入이라 非前後故니라

■ (4) 열 가지로 세계에 들어가는 행은 부처님을 상대하면 의보요, 중생을 상대하면 교화할 장소이다. 위[현수품]에서 "(곧 그 원력이 자재함을 얻어서) 널리 모든 갈래를 따라서 몸을 나투리라"라고 하였다. 결론적으로 '널리 들어감'이라 말한 것은 이런 열 가지에서 벗어나지 않으므로 일시에 몰록 들어간 것이지 앞과 뒤인 것은 아니기 때문이다.

(5) 열 가지로 겁에 들어가는 행[入劫行] (第五 31下10)

佛子여 菩薩摩訶薩이 有十種入劫하니 何等爲十고 所謂 入過去劫하며 入未來劫하며 入現在劫하며 入可數劫하며 入不可數劫하며 入可數劫이 卽不可數劫하며 入不可數劫이 卽可數劫하며 入一切劫이 卽非劫하며 入非劫이 卽一切劫하며 入一切劫이 卽一念이 是爲十이니 菩薩이 以此普入一切劫이니라

불자여, 보살마하살이 열 가지 겁에 들어감이 있으니 무엇이 열인가? 이른바 (1) 지나간 겁에 들어가며, (2) 오는 겁에 들어가며, (3) 지금 겁에 들어가며, (4) 셀 수 있는 겁에 들어가며, (5) 셀 수 없는 겁에 들어가며, (6) 셀 수 있는 겁이 곧 셀 수 없는 겁인 데 들어가며, (7) 셀 수 없는 겁이 곧 셀 수 있는 겁인 데 들어가며, (8) 모든 겁이 곧 겁 아닌 데 들어가며, (9) 겁 아닌 것이 곧 모든 겁인 데 들어가며, (10) 모든 겁이 곧 한 생각인 데 들어가나니, 이것이 열이니라. 보살이 이것으로 모든 겁에 두루 들어가느니라.

[疏] 第五, 入劫者는 卽是化時라 此下三門은 皆是成上의 一念에 悉知無有餘也니라 十中에 前五는 直入이요 後五는 約相卽入이라 此相卽入이 有二意하니 一, 彼劫相卽일새 智入彼故요 二, 由彼劫이 相攝相入일새 故但入能攝하여 卽入彼所攝等이라 餘는 如前發心品하니라

■ (5) 열 가지 겁에 들어가는 행은 곧 교화하는 시간이다. 이 아래 세 문은 모두 위의 '한 생각에 다 알아 남김 없음'[29]을 성취함이다. 열 가

지 중에 앞의 다섯 구절은 바로 들어감이요, 뒤의 다섯 구절은 서로 합치하여 들어감을 잡은 해석이다. 여기의 서로 합치하고 들어감이 두 가지 의미가 있으니 (1) 저 겁이 서로 합치하므로 지혜로 저기에 들어가는 연고요, (2) 저 겁이 서로 섭수하고 서로 들어감으로 말미암은 연고로 단지 섭수하는 주체에만 들어감이 곧 저 섭수할 대상에 들어가는 등이다. 나머지는 앞의 초발심공덕품의 내용과 같다.

(6) 열 가지로 삼세를 말하다[說三世] 2.
가. 총합하여 해석하다[總釋] (第六 32上10)

佛子여 菩薩摩訶薩이 有十種說三世하니 何等爲十고 所謂過去世에 說過去世하며 過去世에 說未來世하며 過去世에 說現在世하며 未來世에 說過去世하며 未來世에 說現在世하며 未來世에 說無盡하며 現在世에 說過去世하며 現在世에 說未來世하며 現在世에 說平等하며 現在世에 說三世卽一念이 是爲十이니 菩薩이 以此普說三世니라

불자여, 보살마하살이 열 가지로 세 세상을 말함이 있으니, 무엇이 열인가? 이른바 (1) 과거 세상에 과거 세상을 말하며, (2) 과거 세상에 미래 세상을 말하며, (3) 과거 세상에 현재 세상을 말하며, (4) 미래 세상에 과거 세상을 말하며, (5) 미래 세상에 현재 세상을 말하며, (6) 미래 세상에 다함이 없음을 말하며, (7) 현재 세상에 과거 세상을 말하며, (8)

---

29) 현수품의 삼업이 광대한 공덕[三業廣大功]을 노래하는 게송에 이르되, "만약 능히 대중을 위해 설법할 때에 음성이 종류를 따라 사의하기 어려우면 곧 온갖 중생의 마음에 한 생각에 다 알아 남음이 없으리라[若能爲衆說法時에 音聲隨類難思議면 則於一切衆生心에 一念悉知無有餘니라]."

현재 세상에 미래 세상을 말하며, (9) 현재 세상에 평등함을 말하며, (10) 현재 세상에 세 세상이 곧 한 생각임을 말하나니, 이것이 열이니라. 보살이 이것으로 세 세상을 두루 말하느니라.

[疏] 第六, 說三世者는 前劫과 此世가 長短은 有異나 通皆時分이며 並是 十世隔法異成이니라
- (6) 열 가지로 삼세를 말함이란 앞의 과거 겁과 이 세상이 길고 짧음은 다름이 있지만 통틀어 모두 시분(時分)이며, 아울러 '십세(十世)로 떨어진 법이 다르게 성취하는 문[十世隔法異成門]'의 증거문이다.

나. 개별로 해석하다[別釋] 2.
가) 경문을 풀어서 해석하다[消釋經文] (十中 32下1)

[疏] 十中에 前九는 別이요 後一은 總이라 別中에 三世가 各三일새 故成九世라 未來는 是續起法일새 故로 未來未來는 名爲無盡이요 過去는 已起일새 故로 過去過去는 不名無盡이요 現在現在는 卽事可見이니 例過未之現在일새 故云平等이요 過未之現在는 非可見故로 但對前後하여 立現在名이니라
- 열 가지 중에 가. 앞의 아홉 구절은 별상이요, 나. 뒤의 한 구절[(10) 說三世卽一念]은 총상이다. 가. 별상 중에 삼세가 각기 셋이므로 구세(九世)를 이룬다. 미래는 곧 '연속하여 일어나는 법[續起法]'이므로 미래의 미래는 그지없음[無盡]이라 이름한 것이요, 과거는 이미 시작된 연고로 과거의 과거는 그지없다고 이름하지 않으며, 현재의 현재는

일과 합치하여 볼 수 있나니, 과거와 미래의 현재와 유례하는 연고로 평등함[平等]이라 이름하고, 과거와 미래의 현재는 볼 수 있는 것이 아니므로 단지 앞과 뒤를 상대하여 현재라는 명칭을 세운 것이다.

나) 십세의 뜻을 해석하다[釋十世義] 4.
(가) 질문으로 시작하다[徵起] (然此 32下6)
(나) 예전 해석을 말하다[敍昔] (古人)
(다) 위배됨을 밝히다[辨違] (若依)

[疏] 然此三世가 何以成九오 古人이 釋云호대 義說爲九나 實唯有五하니 意에 云, 如五日相望에 前三은 爲過去三世요 從後取三하여 爲未來三世요 處中取三하여 爲現在三世라하니 若依此釋인대 進無九世之體요 退過三世之數어니 云何一念에 得具九耶아

■ 그러나 이런 삼세(三世)가 어떻게 구세(九世)가 되었는가? 옛 사람이 해석하여 말하되, "뜻으로 설하면 아홉이 되겠지만 실로는 오직 다섯만이 있다"고 하였다. 의미를 말하면, "마치 5일을 서로 바라보면 앞의 셋은 과거의 삼세가 되고, 뒤로부터 셋을 취하여 미래의 삼세가 되고, 중간에 처하여 셋을 취하여 현재의 삼세가 된다"라 하였다. 만일 여기에 의지해 해석한다면 나아가면 구세(九世)의 체성이 없고, 물러나면 삼세의 숫자를 초과하는데 어떻게 한 생각에 구세(九世)를 갖춤을 얻었겠는가?

(라) 바로 해석하다[正釋] 3.

ㄱ. 구세(九世)를 갖추어 연기가 서로 연유함으로 해석하다
　　[具九世緣起相由釋] (今謂 33上1)
ㄴ. 삼세(三世)를 연기가 서로 연유함으로 해석하다[三世緣起相由釋] 2.
ㄱ) 구세에 대한 설명[明九世] (但以)

[疏] 今謂若不令九로 緣起相由라도 但以三世가 緣起相由일새 卽九世成矣라 謂過去가 因現未하면 則過去之中에 有現未요 現未가 各因二世도 亦然이니 是以로 三世에 各三이니라 故로 中觀에 云, 若法이 所因出인대 是法은 不異因이라하니라 中論은 破執일새 則一中에 有三이 爲過요 此明離過之用일새 則一中에 有三이 爲德이라 以病成藥이 豈不良哉아

■ 지금은 말하되 만일 구세(九世)로 하여금 연기가 서로 연유하게 하더라도 단지 삼세(三世)가 연기가 서로 연유하므로 곧 구세가 완성된다. 이른바 과거가 현재의 미래를 인하면 과거 가운데 현재의 미래가 있고, 현재의 미래가 각기 두 세상을 인함도 또한 그러하나니 이런 연고로 삼세에 각기 셋인 것이다. 그러므로 『중관론』(觀合品 제14)에 이르되, "어떤 법이 원인에서 나온다면 그 법은 원인과 다르지 않다"라고 하였다. 『중론』은 집착을 파하므로 하나 중에 셋이 있음이 과거가 되고, 여기서 허물을 여읜 작용을 밝혔으니 하나 가운데 셋이 있음이 덕이 된다. 병 때문에 약을 성취함이 어찌 진실이 아니겠는가?

[鈔] 四, 今謂已下는 申正義라 於中에 有三釋하니 一, 具約九世緣起相由釋이니 昔에 設用九日하여 而爲九世가 於理無違니라 謂過去下는 初正明也니 是中論破時品意라 謂小乘이 立有實時할새 菩薩이 以相

待門으로 破之니 若因過去時하여 有未來現在인대 未來現在時를 應名爲過去요 若過去時中에 無未來現在인대 未來現在時가 云何因過去리요하니 釋曰, 此中論意는 以過去로 爲因하고 現未爲果인대 果由因有일새 故無二時니라 前偈는 縱成이니 則果應名因이며 亦因中에 有果라 後偈는 奪其因이니 旣不名爲果인대 則果不從於因이니라 亦應以現在로 爲因하고 過未爲果며 未來爲因하고 過現爲果는 但長行例耳라 今疏에 具明호대 而以一로 爲果하고 以二로 爲因하니 初, 以過去로 爲果하고 現未爲因인대 過去果中에 應有因起리라 故로 下引證云호대 若法이 所因出인대 是法은 不異因이라하니 則果不異因이며 是果中에 有因也니라

● (라) 수謂 아래는 바른 뜻을 밝힘이다. 그중에 세 가지 해석이 있으니 ㄱ. 구세로 연기가 서로 연유함을 갖춘 해석이니 예전에 설사 9일을 작용하여 구세가 되더라도 이치에 위배됨이 없다. ㄱ) 謂過去 아래는 바로 밝힘이니, 이것은 『중론』 파시품(破時品) 중의 주장이다. 이른바 소승이 실제로 시간이 있음을 건립하므로 보살이 상대하는 문으로 타파하였으니 "만일 과거의 시간을 인하여 미래와 현재가 있다고 한다면 미래와 그리고 현재는 과거의 시간 속에 있으리라. / 과거의 시간 안에 미래와 현재가 없다면 미래와 현재의 시간이 어떻게 과거를 인하리오"라 하였다. 해석하자면 여기의 『중론』의 주장은 과거로 원인을 삼고 현재와 미래로 과거를 삼으면 결과는 원인으로 인하여 있으므로 두 시기가 없다는 뜻이다. 앞의 게송은 놓아서 이루나니 결과는 원인에 응하여 이름하며 또한 원인 중에 결과가 있으리라. 뒤의 게송은 그 원인을 뺏나니 이미 결과를 삼아 이름하지 않았지만 결과는 원인에서부터 한 것이 아니다. 또한 응당히 현재로 원인을 삼고

과거의 미래로 결과를 삼으며, 미래로 원인을 삼고 과거의 현재로 결과를 삼은 것은 단지 장항에 유례했을 뿐이다. 지금 소가가 갖추어 밝히되 그러나 하나로 결과를 삼고 둘로 원인을 삼으니 첫째, 과거로 결과를 삼고 현재의 미래로 원인을 삼으면 과거의 결과 중에 응당히 원인으로 생김이 있으리라. 그러므로 아래 인용하여 증명하여 말하되, "어떤 법이 원인에서 난다면 그 법은 원인과 다르지 않다"라고 하였으니, 결과는 원인과 다르지 않으며 결과 중에 원인이 있다는 뜻이다.

次, 現未下는 例釋二世爲果도 亦各用二世하여 爲因이니 謂現在果가 因於過와 未하고 未來之果가 因過와 現也니라 從是以로 三世에 各有三者는 總結이니라 故中觀云下는 二, 引證이니 卽是第二論觀合品이라 具云하면 異因異에 有異나 異離異에 無異라 若法所因出인대 是法不異因이라하니 十通品에 已引이어니와 此中에는 但取果不異因之一義耳니 如因梁椽하여 以成於舍에 梁椽이 若壞하면 則舍亦壞하나니 果不異因故라 若果不異因코 則過去爲果인대 則應名現未니 現未가 卽是過去因故니라 中論破執下는 第三, 解妨이니 妨云호대 此是中論의 破時라 則果中에 有因하고 因中에 有果면 皆成雜亂이요 旣不相有하면 明無定時어늘 今何將過하여 以爲其德고할새 故有此通이니 遣執과 成德이 二義顯差니라 若執三時가 有定性者인대 尙不能見無性之理어니 安知一中에 卽具三30)耶아 今由無性하야사 方互相由하여 成無盡耳니라 以病成下는 結讚其能이니라

- ㄴ) 現未 아래는 두 세상이 결과가 됨을 유례하여 해석함도 또한 각

---

30) 具三은 甲續金本作三具라 하다.

기 두 세상을 써서 원인으로 삼는다. 이른바 현재의 결과가 과거의 미래를 인하고 미래의 결과가 과거의 현재로 인함이다. 是以부터 삼세에 각기 셋이 있다는 것은 총합하여 결론함이다. ㄴ. 故中觀云 아래는 인용하여 증명함이니 곧 『중론』의 제2권 관합품(觀合品)이다. 갖추어 말하면, "다름[異]은 다름을 인하여 있으나 다름이 다름을 떠나서는 없다. 어떤 법이 원인에서 난다면 그 법은 원인과 다르지 않다"고 하였으니 십통품(十通品)에서 이미 인용하였지만 여기서는 단지 '결과는 원인과 다르지 않다'는 한 가지 이치만 취했을 뿐이다. 마치 대들보와 서까래를 인하여 집을 완성할 적에 대들보와 서까래가 만일 무너지면 집도 또한 무너지나니 결과가 원인과 다르지 않은 까닭이다. 만일 결과가 원인과 다르지 않고 과거는 결과가 된다면 응당히 현재와 미래라 이름하나니, 현재의 미래가 곧 과거의 원인인 까닭이다. ㄷ. 中論破執 아래는 비방을 해명함이다. 비방하여 말하되, 여기는 중론의 파시품(破時品)이다. "결과 가운데 원인이 있고 원인 가운데 결과가 있으면 모두 잡란함을 이룸이요, 이미 서로 있지 않다면 정한 시간이 없다고 밝혔는데 지금은 어떻게 허물을 가져서 그 덕을 삼겠는가?"라 하였으므로 여기서 해명하였으니 집착을 보냄과 덕을 이룸이 두 가지 뜻이 뚜렷하게 차이난다. 만일 세 시기가 정한 성품이 있다면 오히려 능히 체성 없는 이치를 보지 못하는데 어찌 하나 가운데 셋을 갖추었음을 알겠는가? 지금은 체성 없음을 말미암아 비로소 서로 번갈아 연유하여 그지없음을 이룬 것일 뿐이다. ㄹ. 以病成 아래는 그 능력을 결론하여 찬탄함이다.

ㄴ) 십세(十世)에 대한 설명[明十世] (總云 35下2)

[疏] 總云一念者는 前之九世는 相望以立이어니와 今攝末歸本에 不離一念이라

- 총상으로 '한 생각'이라 말한 것은 앞의 구세(九世)는 서로 바라보고 세운 것이지만 지금은 지말을 거두어 근본으로 돌아가면 한 생각을 여의지 않는다.

ㄷ. 한 생각뿐임에 입각한 해석[唯就一念釋] 3.
ㄱ) 구세를 이루다[成於九世] (卽此 35下3)
ㄴ) 한 생각으로 구세를 상대하여 번갈아 융섭하여 서로 포괄함으로 위의 뜻을 이루다[以一對九互融相攝成上義] (故以)
ㄷ) 앞의 뜻을 총합하여 거둠이 또한 의심을 푸는 해석이다
[總收前義亦是釋疑] (假十)

[疏] 卽此一念現在가 是過去의 未來며 是未來의 過去라 自具三世하니 三世相由하여 九十이 具矣라 故로 以一融九에 雖九而常一이요 以九로 融³¹⁾一에 雖一而常九라 九一無礙하여 沒果絶言이어니와 假十圓融이 爲入門矣온 況積念成世라 念外에 無世耶아 又無念等故며 又法性同故라 此有四義하니 後三은 通於餘宗이니라

- 곧 이 한 생각이 현재인 것이 과거의 미래이며 곧 미래의 과거이다. 스스로 삼세를 갖추리니 삼세가 서로 연유하면 구세와 십세가 갖추어진다. 그러므로 한 생각으로 구세를 융섭하면 비록 구세이면서도 항상 한 생각이요, 구세로 한 생각을 융섭하면 비록 한 생각이지만 항상 구세인 것이다. (1) 구세와 한 생각이 걸림 없어서 과덕을

---

31) 融은 源甲南續金本作別이라 하다.

잊고 말이 끊어지지만 십세를 빌려서 원융함이 문에 들어감이 될 텐데 (2) 하물며 생각을 쌓아서 세상을 이룸이니 생각 밖에 세상이 없겠는가? (3) 또한 생각이 없음과 평등한 연고요, (4) 또한 법성이 동일한 까닭이다. 여기에 네 가지 뜻이 있으니 뒤의 셋은 나머지 종파와 통한다.

[鈔] 卽此一念下는 成其九十이니 先, 成九世라 此一念上에 雖因前後나 而其三世가 全在一中이라 一中之三이 更互相因일새 故爲九世요 本之一念일새 故爲十耳니라 故以一下는 以一로 對九하여 互融相成하여 結成上義니 九約於義요 一約實體라 體用相融일새 故常九常一하여 無有障礙요 體用相奪일새 離九一相히어 故同果海니라

- ㄷ. 卽此一念 아래는 구세와 십세를 이룸이니 ㄱ) 구세(九世)를 이룸이다. 이런 한 생각 위에 비록 앞과 뒤를 인하였지만 그 삼세(三世)가 온전히 한 생각 중에 있는 것이다. 한 생각 중의 셋이 다시 번갈아 서로 원인이 되는 연고로 구세가 된 것이요, 본래의 한 생각인 연고로 십세(十世)가 되었을 뿐이다. ㄴ) 故以一 아래는 한 생각으로 구세(九世)를 상대하여 번갈아 융섭하여 서로 포괄함으로 위의 뜻을 결론함이니 구세는 이치를 잡은 구분이요, 한 생각은 실법의 체성을 잡은 구분이다. 체성과 작용이 서로 융섭하므로 항상 구세요, 항상 한 생각이어서 장애가 없고 체성과 작용을 서로 뺏으므로 구세와 한 생각이란 모양을 여의는 연고로 과덕의 바다와 같다.

假十圓下는 總收前正義며 亦是釋疑니 疑云호대 旣以絶言으로 而爲果海인대 何要十耶아할새 故로 今釋云호대 假之爲門인대 則是說大요

同果絶言은 卽義大也니 上卽圓敎之義니라 二, 況積念下는 卽始敎
義요 三, 又無念等故는 卽頓敎義요 四, 又法性同故는 卽終敎義니
故로 結云有四니라 後三은 通餘宗이니 謂法相과 無相과 大乘等宗也
니라 上取同義어니와 若取別義인대 第四, 法性同故는 卽[32]理性融通
之門이라 乃圓敎義일새 故로 云後三은 通於餘宗이라하니 非全同餘宗
이라 則顯二三도 亦是此宗의 同敎一乘이니라…〈下略〉…

● ㄷ) 假十圓 아래는 앞의 뜻을 총합하여 거둔 해석이며, 또한 의심을
푸는 해석이다. 의심하여 이르되, "이미 말이 끊어짐으로 과덕의 바다
가 된다면 어찌 십세(十世)를 요구하겠는가?"라 말한 연고로 지금 해
석하여 말하되, "그것을 빌려서 문으로 삼는 것은 곧 '설법이 광대함
[說大]'이 되고, 과덕과 같아서 말이 끊어짐은 곧 '이치가 광대함[義大]'
이니 위는 (1) 원교(圓敎)의 이치이다. (2) 況積念 아래는 대승시교(大
乘始敎)의 이치요, (3) 又無念等故는 곧 돈교(頓敎)의 이치요, (4) 又
法性同故는 대승종교(大乘終敎)의 이치이니 그러므로 결론하여 넷이
있다"고 말하였다. 後三通於餘宗은 이른바 법상종(法相宗)과 무상종
(無相宗)과 대승(大乘) 등의 종파를 말한다. 위는 같은 이치를 취했지
만 만일 별다른 이치를 취한다면 (4) 법성이 동일한 까닭은 곧 '이치
의 체성이 융섭하여 통하는 문[理性融通之門]'이니 비로소 원교의 이치
가 되는 연고로 말하되, "뒤의 셋은 나머지 종파와 통한다"라 하였으
니 온전히 나머지 종파와 동일하다는 뜻은 아니다. 그것은 (2)와 (3)
도 또한 이런 종지의 동교일승(同敎一乘)이란 뜻이다.…〈아래 생략〉…

(7) 열 가지로 삼세를 아는 일[知三世] (第七 36上7)

---

32) 卽은 甲南續金本作卽是라 하다.

佛子여 菩薩摩訶薩이 有十種知三世하니 何等爲十고 所謂知諸安立하며 知諸語言하며 知諸談議하며 知諸軌則하며 知諸稱謂33)하며 知諸制令하며 知其假名하며 知其無盡하며 知其寂滅하며 知一切空이 是爲十이니 菩薩이 以此普知一切三世諸法이니라

불자여, 보살마하살이 열 가지 세 세상을 아는 일이 있으니, 무엇이 열인가? 이른바 (1) 나란히 정돈함을 알며 (2) 모든 말을 알며 (3) 모든 의논을 알며 (4) 모든 법칙을 알며 (5) 모든 일컬음을 알며 (6) 모든 법령을 알며 (7) 그 붙인 이름을 알며 (8) 그 다함이 없음을 알며 (9) 그 적멸함을 알며 (10) 모든 것이 공함을 아나니, 이것이 열이니라. 보살이 이것으로 모든 세 세상의 여러 법을 두루 아느니라.

[疏] 第七, 知三世者는 前之二段은 明法上之時요 此辨時中之法이니 卽化生之法이 隨彼安立而化故니 是上所知之法이라 故로 晉經에 名三世間이라하고 度世經에는 名入於三處라하나니 皆意取其中事也니라 十中에 初七은 知安立諦요 次一은 通二니 成上安立하여 事無有盡이요 生下非安立하여 性無可盡이라 後二34)는 知非安立이니라

■ (7) '열 가지로 삼세를 아는 일'이란 앞의 두 문단은 법 위의 시간을 밝힘이요, 이것은 시간 중의 법을 밝힘이니 곧 중생을 교화하는 법이 저를 따라 안립하여 교화한 까닭이니 바로 위의 알아야 할 법이다. 그러므로 진경(晉經)에 '세 가지 세간이라 이름한다'고 하였고, 『도세경』에는 '세 가지 처소에 들어간다'고 하였으니, 모두 그 가운데 일을

---

33) 稱謂는 明淸鼓本作稱讚, 合注云 北藏南論作稱讚, 杭注云 流通本及華嚴音義俱稱稱謂.
34) 二는 源甲南續金本作二句라 하다.

의미로 취한 해석이다. 열 가지 중에서 가. 일곱 가지[(1) 知諸安立- (7) 知其假名]는 편안히 건립함을 아는 진리요, 나. 하나[(8) 知其無盡]는 이승과 통하나니 위의 안립제를 성취하여 현상이 다함없음이요, 아래의 안립하지 않는 진리가 생겨서 체성이 다할 수가 없는 것이다. 다. 둘[(9) 其寂滅 (10) 知一切空]은 안립함이 아닌 진리를 아는 것이다.

(8) 열 가지 고달프지 않은 마음[無疲厭心] (第八 37上1)

佛子여 菩薩摩訶薩이 發十種無疲厭心하나니 何等爲十고 所謂供養一切諸佛하되 無疲厭心하며 親近一切善知識하되 無疲厭心하며 求一切法하되 無疲厭心하며 聽聞正法하되 無疲厭心하며 宣說正法하되 無疲厭心하며 敎化調伏一切衆生하되 無疲厭心하며 置一切衆生於佛菩提하되 無疲厭心하며 於一一世界에 經不可說不可說劫토록 行菩薩行하되 無疲厭心하며 遊行一切世界하되 無疲厭心하며 觀察思惟一切佛法하되 無疲厭心이 是爲十이니 若諸菩薩이 安住此法하면 則得如來無疲厭無上大智니라

불자여, 보살마하살이 열 가지 고달프지 않은 마음을 내나니, 무엇이 열인가? 이른바 (1) 모든 부처님을 공양하는 데 고달프지 않은 마음과 (2) 모든 선지식을 친근하는 데 고달프지 않은 마음과 (3) 모든 법을 구하는 데 고달프지 않은 마음과 (4) 바른 법을 듣는 데 고달프지 않은 마음과 (5) 바른 법을 말하는 데 고달프지 않은 마음과 (6) 일체중생을 교

화하고 조복하는 데 고달프지 않은 마음과 (7) 일체중생을 부처의 보리에 두는 데 고달프지 않은 마음과 (8) 낱낱 세계마다 말할 수 없이 말할 수 없는 겁을 지내면서 보살의 행을 행하는 데 고달프지 않은 마음과 (9) 모든 세계에 다니는 데 고달프지 않은 마음과 (10) 온갖 부처의 법을 관찰하고 생각하는 데 고달프지 않은 마음이니, 이것이 열이니라. 만일 보살들이 이 법에 편안히 머물면 여래의 고달프지 않은 위없는 큰 지혜를 얻느니라.

[疏] 第八, 無疲厭心은 旣所化無邊일새 求法化之호대 而無厭怠니 由上에 卽知煩惱가 無所起故니라 十中에 初四는 上求요 次四는 下化요 後二는 通二니 謂遊刹하야 近佛化生故며 思惟二利行法故라 上의 八門 勝進行은 竟하다

■ (8) '열 가지 고달프지 않은 마음'은 이미 교화할 대상이 그지없으므로 법을 구하고 중생을 교화하되 싫어하거나 게으름이 없나니 위로 말미암아 곧 번뇌가 일어난 곳이 없음을 알기 때문이다. 열 가지 중에 가. 네 가지[(1) 供養一切諸佛 (2) 親近一切善知識 (3) 求一切法 (4) 聽聞正法 無疲厭心]는 위로 구함이요, 나. 네 가지[(5) 宣說正法 (6) 敎化調伏衆生 (7) 置一切衆生於佛菩提 (8) 於一一世界 行菩薩行 一]는 아래로 교화함이요, 다. 두 가지[(9) 行一切世界 (10) 觀察思惟一切佛法 一]는 둘에 통하나니 이른바 국토를 다니면서 부처님을 친근하고 중생을 교화하는 연고며, 2리행(二利行)을 사유하는 까닭이다. 위의 여덟 문으로 승진행은 마친다.

3) 두 가지 행이 궁극임을 밝히다[明二行究竟] 3.
(1) 열 가지 차별한 지혜[差別智] (第三 37下1)

佛子여 菩薩摩訶薩이 有十種差別智하니 何等爲十고 所謂知衆生差別智와 知諸根差別智와 知業報差別智와 知受生差別智와 知世界差別智와 知法界差別智와 知諸佛差別智와 知諸法差別智와 知三世差別智와 知一切語言道差別智가 是爲十이니 若諸菩薩이 安住此法하면 則得如來無上廣大差別智니라

불자여, 보살마하살이 열 가지 차별한 지혜가 있으니, 무엇이 열인가? 이른바 (1) 중생의 차별을 아는 지혜와 (2) 근기의 차별을 아는 지혜와 (3) 업과 과보의 차별을 아는 지혜와 (4) 태어나는 차별을 아는 지혜와 (5) 세계의 차별을 아는 지혜와 (6) 법계의 차별을 아는 지혜와 (7) 부처님의 차별을 아는 지혜와 (8) 법의 차별을 아는 지혜와 (9) 세 세상의 차별을 아는 지혜와 (10) 일체 말하는 길의 차별을 아는 지혜니, 이것이 열이니라. 만일 보살들이 이 법에 편안히 머무르면 여래의 위없이 광대하게 차별한 지혜를 얻느니라.

[疏] 第三, 有三門은 明前二行이 究竟이니 今初一門은 明所持差別智究竟이라 上에 云, 則以智慧辯才力으로 隨衆生心하여 而化誘也라하니라

■ 3) 세 가지 문은 두 가지 행이 궁극임을 밝혔으니 지금 (1) 한 문은 가질 대상인 차별한 지혜가 궁극임을 밝힘이다. 위[현수품]에 이르되, "지혜와 변재의 힘으로 중생의 마음을 따라 교화하리라"고 하였다.

(2) 열 가지 다라니[陀羅尼] (第二 39上4)

佛子여 菩薩摩訶薩이 有十種陀羅尼하니 何等爲十고 所謂聞持陀羅尼니 持一切法하여 不忘失故며 修行陀羅尼니 如實巧觀一切法故며 思惟陀羅尼니 了知一切諸法性故며 法光明陀羅尼니 照不思議諸佛法故며 三昧陀羅尼니 普於現在一切佛所에 聽聞正法하여 心不亂故며 圓音陀羅尼니 解了不思議音聲語言故며 三世陀羅尼니 演說三世不可思議諸佛法故며 種種辯才陀羅尼니 演說無邊諸佛法故며 出生無礙耳陀羅尼니 不可說佛所說之法을 悉能聞故며 一切佛法陀羅尼니 安住如來力無畏故라 是爲十이니 若諸菩薩이 欲得此法인댄 當勤修學이니라

불자여, 보살마하살이 열 가지 다라니가 있으니, 무엇이 열인가? 이른바 (1) 들어 지니는 다라니이니 온갖 법을 지니고 잊지 않는 연고며, (2) 닦아 행하는 다라니이니 모든 법을 사실대로 교묘하게 관찰하는 연고며, (3) 생각하는 다라니이니 모든 법의 성품을 분명히 아는 연고며, (4) 법의 광명 다라니이니 부사의한 부처들의 법을 비추는 연고며, (5) 삼매 다라니이니 현재의 모든 부처님 계신 데서 바른 법을 들어도 마음이 어지럽지 않은 연고며, (6) 뚜렷한 음성 다라니이니 부사의한 음성과 말을 이해하는 연고며, (7) 세 세상 다라니이니 세 세상의 부사의한 부처님 법을 연설하는 연고며, (8) 가지가지 변재 다라니이니 그지없는 부처님들의 법을 연설하는 연고며, (9) 걸림 없는 귀를 내는 다라니이니

말할 수 없는 부처님의 말씀한 법을 모두 듣는 연고며, (10) 온갖 불법 다라니이니 여래의 힘과 두려움 없는 데 머무는 연고니, 이것이 열이니라. 만일 보살들이 이 법을 얻으려거든 마땅히 부지런히 닦아 배울 것이니라.

[疏] 第二, 陀羅尼는 卽能持究竟이니 上에 云, 修行諸度勝解脫等이라하니라 十中에 初一은 聞持요 次四는 義持요 次四는 廣聞持之用이요 後一은 收上義持니라 又初四는 如次持敎行理果요 次二는 重顯持行이니 卽定慧故요 次一은 持理니 不思議故요 次二는 重顯敎요 後一은 重顯果니라

■ (2) 열 가지 다라니는 지니는 주체가 궁극과 합치함이니 위[현수품]에 이르되, "(곧 십지와 십자재를 얻어서) 모든 바라밀과 수승한 해탈을 수행한다." 등이라 하였다. 열 가지 중에 가. 하나[(1) 聞持陀羅尼]는 들어 지님이요, 나. 네 가지[(2) 行陀羅尼 (3) 思惟陀羅尼 (4) 法光明陀羅尼 (5) 三昧陀羅尼]는 이치로 지님이요, 다. 네 가지[(6) 圓音陀羅尼 (7) 三世陀羅尼 (8) 種種辯才陀羅尼 (9) 出生無礙耳陀羅尼]는 널리 들어 지니는 작용이요, 라. 뒤의 하나[(10) 一切佛法陀羅尼]는 위를 거두어 이치를 지님이다. 또한 처음의 넷은 순서대로 교법과 수행과 이치와 과덕을 지님이요, 다음의 둘[(5) 三昧陀羅尼 (6) 의 하나[(7) 三世陀羅尼]은 이치를 지님이니 불가사의한 연고요, 다음의 둘[(8) 種種辯才陀羅尼 (9) 出生無礙耳陀羅尼]은 거듭하여 교법을 밝힘이요, 뒤의 하나[(10) 一切佛法陀羅尼]는 거듭하여 과덕을 밝힘이다.

(3) 열 가지 부처를 말하다[十種佛] (第三 39下2)

佛子여 菩薩摩訶薩이 說十種佛하나니 何等爲十고 所謂 成正覺佛과 願佛과 業報佛과 住持佛과 涅槃佛과 法界佛과 心佛과 三昧佛과 本性佛과 隨樂佛이니 是爲十이니라
불자여, 보살마하살이 열 가지 부처를 말하나니 무엇이 열인가? 이른바 (1) 바른 깨달음을 이루는 부처와 (2) 서원 부처와 (3) 업보의 부처와 (4) 머물러 지니는 부처와 (5) 열반한 부처와 (6) 법계인 부처와 (7) 마음 부처와 (8) 삼매 부처와 (9) 본성품 부처와 (10) 따라 즐기는 부처이니, 이것이 열이니라.

[疏] 第三, 說十種佛이니 上은 能持와 所持가 皆是佛法이요 今知法主究竟이니 上에 云, 則得灌頂而升位[35]等이니 十信滿心에 便得佛故니라 然此十佛이 與下十種見佛로 名義全同하고 與前十身으로 名有同異나 而義亦無殊니라 一, 示成正覺故니 即前菩提身이요 二, 願生兜率故니 與前으로 全同이요 三, 萬行因感故니 即前相好莊嚴身이요 四, 自身舍利住持故니 即力持身이요 五, 涅槃佛은 化必示滅故니 即前化身이요 六, 法界佛은 眞無漏界故니 即前法身이요 七, 依唯心故니 即威勢身이니 雖光明도 亦能攝伏이나 心伏이 最勝이니 如慈心降魔等이라 八, 常在定故니 即福德身이니 定爲福之最故라 九, 了本性故니 即前智身이니 大圓鏡智와 平等性智가 皆本有故라 故로 下에 云, 明了見이라하니라 十, 隨所欲樂하여 無不現故니 即意生身이라 故로 晉經에 云, 如意佛이라하니라 然이나 佛은 就內覺이요 身多就相이니 故로 立名不同이라 餘는 廣如別章이요 略如八地니라

---

35) 현수품 게송에는 "則於十方諸佛所 應受灌頂而昇位"라 하다.

■ (3) 열 가지 부처님을 말함이니 위의 지니는 주체와 지닐 대상은 모두 불법이요, 지금은 법주(法主)가 구경임을 아는 것이니 위[현수품]에 이르되, "(곧 시방의 모든 부처님이 계시는 곳에서) 관정위를 얻어서 지위를 오르리라" 하는 등이니, 십신(十信)이 마음에 가득하면 문득 부처를 얻는 까닭이다. 그러나 이런 열 가지 부처님은 아래 열 가지 부처를 보는 것과 이름과 뜻이 완전히 같고, 앞의 열 가지 몸과 이름은 같고 다름이 있지만 이치는 또한 다름이 없다. (1) 성정각불(成正覺佛)은 정각 이루심을 보인 까닭이니 곧 앞의 보리신(菩提身)이요, (2) 원불(願佛)은 도솔천에 태어나는 연고니 앞과 완전히 같으며, (3) 업보불(業報佛)은 만 가지 행법이 감응함을 인한 연고니 곧 앞의 '상호로 장엄한 몸[相好莊嚴身]'이요, (4) 주지불(住持佛)은 자신의 사리(舍利)로 주지하는 연고요, (5) 열반불(涅槃佛)은 교화하면 반드시 열반을 보이는 연고요, (6) 법계불(法界佛)은 참되어 번뇌 없는 세계인 연고니 곧 앞의 법신(法身)이요, (7) 심불(心佛)은 오로지 마음뿐임에 의지한 연고니 곧 '위세 있는 몸[威勢身]'이니 비록 광명도 또한 능히 섭수하고 조복하겠지만 마음으로 조복함이 가장 뛰어나니, 자비스러은 마음으로 마군을 항복함과 같은 등이다. (8) 삼매불(三昧佛)은 항상 선정에 있는 연고로 곧 복덕의 몸[福德身]이니 결정코 복의 최고가 되는 까닭이다. (9) 본성불(本性佛)은 본성품을 요달한 연고로 곧 앞의 지혜의 몸[智身]이니, 대원경지와 평등성지가 모두 본래로 있는 까닭이다. 그러므로 아래에 '명료하게 본다'고 말하였다. (10) 수락불(隨樂佛)은 욕구하고 즐거워함을 따라 나타나지 않음이 없는 연고니 곧 의생신(意生身)이다. 그러므로 진경(晋經)에는 '생각과 같은 부처[如意佛]'라 하였다. 그러나 부처님은 안의 깨달음에 입각함이요, 몸은 대부분 모양에

입각함이니 그러므로 세운 이름은 같지 않다. 나머지는 자세한 것은 개별 가름과 같으며, 간략한 것은 제8. 부동지의 내용과 같다.

[鈔] 一示成正覺故者는 但唐梵之異니라 九了本性故者는 非約所了니 所了는 卽法界故니라 然佛下는 會釋二門總名이니라 廣如別章은 卽華嚴章門中이요 亦義分齊內니라
- (1) '정각 이루심을 보인 까닭'이란 단지 당나라 말과 범어가 다른 까닭이다. (9) '본성품을 요달한 연고'란 요달할 대상을 잡은 것이 아니니, 요달할 대상이 법계와 합치하는 까닭이다. 然佛 아래는 두 문의 총합 명칭을 모아서 해석함이다. '자세한 것은 개별 가름과 같음'은 곧 화엄 가름의 문 가운데라는 뜻이고, 또한 이치의 영역 안이다.

2. 20문은 십주(十住)위의 질문에 대답하다[有二十門答十住問] 2.

1) 의미를 말하다[敍意] 6.
(1) 가름을 표방하다[標章] (大文 39上8)
(2) 예전 해석[敍昔] (古德)
(3) 놓아서 성취하다[縱成] (非不)

[疏] 大文第二, 發普賢心下에 有二十門은 答前二十句問하여 明十住行法이라 古德이 同分爲四하니 初六門은 別明發心住義요 二, 十種波羅密下의 六門은 明餘九住中의 所成內德行이요 三, 從十種說法下의 三門은 明諸住中의 外化行이요 四, 從十種自在下에 有五門은 明無礙殊勝行이라하니 非不有理나

■ 큰 문단으로 2. 發普賢心 아래에 있는 20문은 앞의 20구절의 질문으로 십주(十住)의 행법을 대답하여 밝혔다. 고덕(古德)이 함께 넷으로 나누리니 1) 여섯 문은 발심주(發心住)의 뜻을 개별로 밝힘이요, 2) 十種波羅密 아래 여섯 문은 나머지 아홉 주(住)의 이룰 대상인 내부의 덕행을 밝힘이요, 3) 十種說法 아래부터 세 문은 모든 주 가운데 밖으로 교화하는 행을 밝힘이요, 4) 十種自在부터 아래에 있는 다섯 문은 '걸림 없고 수승한 행을 밝힘이다'라 하였으니 이치가 없는 것은 아니다.

(4) 바로 해석하다[正釋] (今取 39下3)
(5) 비방을 해명하다[通妨] (若依)
(6) 과목 나누다[科判] (今初)

[疏] 今에 取順十住經文컨댄 二十門이 如次로 明十住行이로되 但與前行으로 互有廣略影顯하니 解中之行이 廣無盡故니라 若依圓融인댄 行行이 徧通이어니와 若不壞相인댄 不妨次第니라 初四門은 明初住行이요 二三은 各有二門이요 四五는 各一이요 後五는 皆二門이라 今初의 四門이 明發心住니 初一, 總明이요 後三, 別顯이니라

■ 지금에 십주(十住)를 따르는 경문을 취한다면 20가지 문은 순서대로 십주의 행법을 밝혔지만 단지 앞의 행과 번갈아 자세하고 간략함을 비추어 밝혔으니 이해함 중의 행법이 자세하고 그지없는 까닭이다. 만일 원융문에 의지한다면 행과 행이 두루 통하겠지만 만일 모양을 무너뜨리지 않는다면 순서가 방해롭지 않다. 가. 네 문은 초발심주(初發心住)의 행법을 밝힘이요, 나. 와 다.는 각기 두 문이요, 라. 와 마.

는 각기 한 문이요, 뒤의 다섯 문[바. 사. 아. 자. 차]은 모두 두 문이다. 지금은 가.의 네 문이 초발심주를 밝힘이니 가) 한 문은 총합하여 밝힘이요, 나) 세 문은 개별로 밝힘이다.

[鈔] 五, 若依圓融下는 通妨이니 妨云호대 旣沒位名이요 意存大行인대 何須別配오할새 故로 今釋云호대 行旣有二하니 意取圓融에 卽沒於位어니와 約於行布에는 不妨次第라 若無次第면 何所圓融이리요 六, 初四門下[36]는 正依位科하여 下文에 解釋하니 若有疑者어든 但觀前經하면 自當曉了니라

● (5) 若依圓融 아래는 비방을 해명함이다. 비방하여 말하되, "이미 지위의 명칭을 없애고 의미는 큰 행법에 있다면 어찌 모름지기 개별로 배대하였는가?"라 하므로 지금 해석하여 말하되, "행법이 이미 둘이 있으니 의미로 원융문을 취하면 곧 지위를 없앴지만 항포문을 잡으면 순서가 방해롭지 않다. 만일 순서가 없다면 어느 곳이 원융한 것인가?" (6) 初四門 아래는 바로 지위와 과목을 의지하여 아래 경문에 해석하였으니, 만일 의심하는 이가 있어도 단지 앞의 경문만 관찰하면 스스로 마땅히 밝게 요달하리라.

2) 경문을 해석하다[釋文] 10.
(1) 발심주로 해석하다[發心住] 4.

가. 한 문은 보살이 열 가지 보현의 마음을 내다[總明菩薩發普賢心] 5.
가) 총합하여 표방하다[總標] (今初 40上3)

---

36) 上五字는 南續金本作初之四門이라 하다.

나) 숫자를 질문하다[徵數] (經/何等)

佛子여 菩薩摩訶薩이 發十種普賢心하나니 何等爲十고 所謂發大慈心이니 救護一切衆生故며 發大悲心이니 代一切衆生受苦故며 發一切施心이니 悉捨所有故며 發念一切智爲首心이니 樂求一切佛法故며 發功德莊嚴心이니 學一切菩薩行故며 發如金剛心이니 一切處受生하되 不忘失故며 發如海心이니 一切白淨法이 悉流入故며 發如大山王心이니 一切惡言을 皆忍受故며 發安隱心이니 施一切衆生無怖畏故며 發般若波羅蜜究竟心이니 巧觀一切法無所有故라

불자여, 보살마하살이 열 가지 보현의 마음을 내나니, 무엇이 열인가? 이른바 (1) 크게 인자한 마음을 내나니 일체중생을 구호하는 연고며, (2) 크게 어여삐 여기는 마음을 내나니 일체중생을 대신하여 고통을 받는 연고며, (3) 온갖 것을 보시하는 마음을 내나니 가진 것을 모두 버리는 연고며, (4) 온갖 지혜를 생각함으로 머리를 삼는 마음을 내나니 일체 불법을 구하기를 좋아하는 연고며, (5) 공덕으로 장엄하는 마음을 내나니 모든 보살의 행을 배우는 연고며, (6) 금강과 같은 마음을 내나니 모든 곳에 태어남을 잊지 않는 연고며, (7) 바다와 같은 마음을 내나니 온갖 희고 깨끗한 법이 모두 흘러 들어가는 연고며, (8) 큰 산과 같은 마음을 내나니 온갖 나쁜 말을 다 참고 받는 연고며, (9) 편안한 마음을 내나니 모든 중생에게 두려움 없음을 주는 연고며, (10) 반야바

라밀다의 구경의 마음을 내나니 온갖 법이 아무 것도 없음
을 교묘하게 관찰하는 연고니,

[疏] 今初에 總發을 名普賢心은 前十住中의 自分之內에 卽緣佛十力發
心이니 但廣發心之境이라 今發普賢心은 則廣發心之相이니 影略明
故니라 普賢心者는 卽菩提心이라 菩提心은 就果以明이요 普賢心은
約相用說이니 橫周法界며 竪窮未來故니라

■ 지금은 총합하여 시작함을 '보현의 마음'이라 이름한 것은 앞의 십주
(十住) 중의 자분행 안에 곧 부처님의 십력(十力)을 인연하여 발심하나
니 단지 널리 발심한 경계일 뿐이다. 지금 보현행을 발한 마음은 발
심하는 모양을 자세히 밝혔으니 비추어 생략하여 밝힌 까닭이다. '보
현의 마음'이란 곧 보리심이다. '보리심'은 과덕에 입각하여 밝힌 말
이요, '보현의 마음'은 모양과 작용을 잡아 설명함이니 가로로 법계
에 두루하고 세로로 미래까지 다하는 까닭이다.

다) 나열하여 해석하다[列釋] 3.
(가) 삼보리를 잡은 해석[約三菩提] (十中 40下5)
(나) 두 가지 막는 마음을 잡은 해석[約二護] (又前)
(다) 사홍서원을 잡은 해석[約四弘] (又初)

[疏] 十中에 初三은 悲護衆生心이요 次六은 約起願心이라 於中에 一, 求
果智니 卽前에 緣佛十力이니라 二, 求因行이요 三, 豐요 四, 廣이니 四
皆上求願이요 忍施는 下化願이요 後一은 智心이니 卽三心菩提也니라
又前七은 護小乘이니 於中에 初三은 護狹心이요 後四는 護小心이니라

餘三은 護煩惱心이니 故異凡小며 是菩提心이니라 又初三은 衆生無邊誓願度니 度生無吝故로 一切施也니라 次一은 佛道無上誓願成이요 次三은 法門無量誓願學이요 後三은 煩惱無邊誓願斷이니 卽四弘誓願으로 觀理發心이니라

■ 열 가지 중에 (가) 세 구절[(1) 發大慈心 (2) 發大悲心 (3) 發一切施心]은 대비로 중생을 구호하는 마음이요, (나) 여섯 구절은 발원을 일으키는 마음을 잡은 해석이다. 그중에 첫째[(4) 發念一切智爲首心]는 과덕의 지혜를 구함이니 곧 앞에 부처님 십력을 인연함이다. 둘째[(5) 發功德莊嚴心]는 인행을 구하는 행법이요, 셋째[(6) 發如金剛心]는 세로요, 넷째[(7) 發如海心]는 가로이니, 네 구절은 모두 위로 (보리를) 구하는 서원이요, 인욕[(8) 發如大山王心]과 보시[(9) 發安隱心]는 아래로 교화하려는 서원이요, (다) 뒤의 한 구절[(10) 發般若波羅蜜究竟心]은 지혜의 마음이니 곧 세 가지 마음인 보리이다. 또한 앞의 일곱 구절[(1) 發大慈心 ~ (7) 發如海心]은 소승을 막는 마음이니 그중에 처음의 세 구절은 좁은 것을 막는 마음이요, 뒤의 네 구절은 소승을 막는 마음이다. 나머지 세 구절[(8) 發如大山王心 ~ (10) 發般若波羅蜜究竟心]은 번뇌를 막는 마음이니 그래서 범부와 소승과 다르며 바로 보리의 마음인 것이다. 또한 처음 세 구절[(1) ~ (3)]은 그지없는 중생을 제도하려 서원함이니 중생을 제도하는 데 아낌이 없는 연고로 온갖 것을 보시하는 것이다. 다음의 한 구절[(4) 發念一切智爲首心]은 위없는 부처님 도를 성취하려 서원함이요, 다음의 세 구절[(5) ~ (7)]은 헤아릴 수 없는 법문을 배우기 서원함이요, 뒤의 세 구절[(8) ~ (10)]은 끝없는 번뇌를 끊기를 서원함이니 곧 네 가지 큰 서원으로 이치를 관찰하여 발심하는 것이다.

라) 숫자를 결론하다[結數] (經/是爲 40下3)
마) 이익을 밝히다[顯益] (經/若諸)

是爲十이니 若諸菩薩이 安住此法하면 疾得成就普賢善巧智니라
이것이 열이니라. 만일 보살들이 이 법에 편안히 머물면 보현의 교묘한 지혜를 빨리 성취하느니라.

나. 열 가지 대원의 마음으로 보현의 행법을 밝히다[明大願心普賢行法]
(二有 41下2)

佛子여 菩薩摩訶薩이 有十種普賢行法하니 何等爲十고 所謂願住未來一切劫普賢行法과 願供養恭敬未來一切佛普賢行法과 願安置一切衆生於普賢菩薩行普賢行法과 願積集一切善根普賢行法과 願入一切波羅蜜普賢行法과 願滿足一切菩薩行普賢行法과 願莊嚴一切世界普賢行法과 願生一切佛刹普賢行法과 願善觀察一切法普賢行法과 願於一切佛國土에 成無上菩提普賢行法이 是爲十이니 若諸菩薩이 勤修此法하면 疾得滿足普賢行願이니라

불자여, 보살마하살이 열 가지 보현의 행하는 법이 있으니, 무엇이 열인가? 이른바 (1) 미래의 모든 겁에 머물기를 원하는 보현의 행하는 법이며, (2) 미래의 모든 부처님께 공양하고 공경하기를 원하는 보현의 행하는 법이며, (3) 일체중생을 보현보살의 행에 두기를 원하는 보현의 행하는 법이

며 (4) 온갖 착한 뿌리를 모으기를 원하는 보현의 행하는 법이며, (5) 모든 바라밀다에 들어가기를 원하는 보현의 행하는 법이며, (6) 모든 보살의 행을 만족하기를 원하는 보현의 행하는 법이며, (7) 일체 세계를 장엄하기를 원하는 보현의 행하는 법이며, (8) 모든 부처님 세계에 나기를 원하는 보현의 행하는 법이며, (9) 모든 법을 잘 관찰하기를 원하는 보현의 행하는 법이며, (10) 모든 부처의 국토에서 위없는 보리를 이루기를 원하는 보현의 행하는 법이니, 이것이 열이니라. 만일 보살들이 이 법을 부지런히 닦으면 보현의 행과 원을 빨리 만족하느니라.

[疏] 二, 有十種普賢行法下는 別明菩提心이라 此門은 卽大願心이니 亦卽是前의 勝進行이라 所謂勤供養佛과 樂住生死等인 文相이 多同하니 恐繁不會하노라

■ 나. 有十種普賢行法 아래는 열 가지 보리심을 개별로 밝힘이다. 이 문은 곧 크게 서원하는 마음이니 또한 곧 앞의 승진행이기도 하다. 이른바 부지런히 부처님께 공양함과 생사에 즐겨 머무는 등이니 경문의 모양이 대부분 같지만 번거로움을 두려워하여 모으지 않았다.

[鈔] 亦卽是下는 但[37]擧其二하여 等於餘八이라 十者는 謂一, 勤供養佛이요 二, 樂住生死요 三, 主導世間하여 令除惡業이요 四, 以勝妙法으로 常行敎誨요 五, 歎無上法이요 六, 學佛功德이요 七, 生諸佛前하여 恒蒙攝授요 八, 方便으로 演說寂靜三昧요 九, 讚歎遠離生死輪

---

37) 但은 甲南續金本作反이라 하다.

廻요 十, 爲苦衆生하여 作歸依處가 是也니라

文相多同[38]하니 恐繁不會나 今當爲會하면 一은 卽第二요 二는 卽第一이요 其三四五六은 如其次第요 七은 卽第九요 八은 卽第七이요 九는 卽第八이요 十은 成大菩提하야사 方堪爲苦衆生依故라 其間에 小有異處나 會意에 皆同爾니라

● 亦卽是 아래는 단지 그 두 구절만 거론하였으니 나머지 여덟 구절에도 평등하다. 열 가지는 (1) 부지런히 부처님께 공양함이요, (2) 생사에 즐거이 머무름이요, (3) 세간을 주도하여 악업을 제거하려 함이요, (4) 뛰어나고 묘한 법으로 항상 교법의 가르침을 행함이요, (5) 위없는 법을 찬탄함이요, (6) 부처님 공덕을 배움이요, (7) 모든 부처님 앞에 태어나서 항상 섭수함을 입음이요, (8) 방편으로 고요한 삼매를 연설함이요, (9) 생사에 윤회함을 칭찬하고 찬탄함이요, (10) 고통받는 중생을 위하여 귀의처가 되는 것이 이것이다. 경문의 양상은 대부분 같지만 번거로움을 두려워하여 모으지 않았는데, 지금 당연히 모으려 한다면 ① 곧 둘째요, ② 첫째요, 그 ③ ④ ⑤ ⑥은 그 순서와 같으며, ⑦은 곧 아홉째요, ⑧은 일곱째요, ⑨는 여덟째요, ⑩은 큰 보리를 성취해야만 비로소 고통받는 중생의 의지처를 감당하기 위한 까닭이다. 그 사이에 작게는 다른 처소가 있지만 의미를 모으면 모두 그와 같다.

다. 열 가지 대비심으로 중생을 관찰하고 큰 자비를 일으키다

[別明大悲心觀衆生起大悲] (三有 42下1)

---

38) 相多는 甲南續金本作旨相이라 하다.

佛子여 菩薩摩訶薩이 以十種觀衆生하여 而起大悲하나니 何等爲十고 所謂觀察衆生이 無依無怙하여 而起大悲하며 觀察衆生이 性不調順하여 而起大悲하며 觀察衆生이 貧無善根하여 而起大悲하며 觀察衆生이 長夜睡眠하여 而起大悲하며 觀察衆生이 行不善法하여 而起大悲하며 觀察衆生이 欲縛所縛하여 而起大悲하며 觀察衆生이 沒生死海하여 而起大悲하며 觀察衆生이 長嬰疾苦하여 而起大悲하며 觀察衆生이 無善法欲하여 而起大悲하며 觀察衆生이 失諸佛法하여 而起大悲가 是爲十이니 菩薩이 恒以此心으로 觀察衆生이니라

불자여, 보살마하살이 열 가지로 중생을 관찰하고 큰 자비를 일으키나니, 무엇이 열인가? 이른바 (1) 중생이 의지할 데 없고 믿을 데 없음을 관찰하고 큰 자비를 일으키며, (2) 중생의 성품이 고르지 못함을 관찰하고 큰 자비를 일으키며, (3) 중생이 가난하여 착한 뿌리가 없음을 관찰하고 큰 자비를 일으키며, (4) 중생이 긴긴 밤에 잠자는 것을 관찰하고 큰 자비를 일으키며, (5) 중생이 착하지 못한 법을 행함을 관찰하고 큰 자비를 일으키며, (6) 중생이 욕심에 얽매임을 관찰하고 큰 자비를 일으키며, (7) 중생이 생사 바다에 빠짐을 관찰하고 큰 자비를 일으키며, (8) 중생이 병고에 길이 얽혔음을 관찰하고 큰 자비를 일으키며, (9) 중생이 착한 법에 욕망이 없음을 관찰하고 큰 자비를 일으키며, (10) 중생이 부처의 법을 잃음을 관찰하고 큰 자비를 일으키나니, 이것이 열이니라. 보살이 항상 이 마음으로 중생을 관찰하

느니라.

[疏] 三, 有十種大悲는 卽別明悲心이라 初一은 總이니 謂外無善友可依하고 內無自德可怙故라 餘九는 別이라 初五는 欲求衆生이니 但縱目前之情故라 次一은 有求衆生이니 故沒生死海라 後三은 邪梵行求衆生이니 無明邪見之所病故며 但欲邪法故니라

■ 다. 열 가지의 대비심이 있음은 곧 대비심에 대해 개별로 밝힘이다. 가) 한 구절[(1)觀察衆生 無依無怙 而起大悲]은 총상이니 이른바 밖으로 선지식이 의지할 수 없으며, 안으로 자신의 공덕을 믿을 수 없는 까닭이다. 나) 나머지 아홉 구절은 별상이다. (가) 다섯 구절[(2) 觀察衆生 性不調順- (3) 貧無善根- (4) 長夜睡眠- (5) 行不善法- (6) 欲縛所縛-]은 욕구하는 중생이니 단지 눈앞의 망정(妄情)만을 놓은 까닭이다. (나) 한 구절[(7) 觀察衆生 沒生死海-]은 구함이 있는 중생이니 일부러 생사하는 바다에 빠짐이다. (다) 세 구절[(8) 觀察衆生 長嬰疾苦- (9) 無善法欲- (10) 失諸佛法-]은 삿되게 범행을 구하는 중생이니 무명(無明)과 사견(邪見)으로 병든 연고며 단지 삿된 법을 욕구하는 까닭이다.

라. 열 가지 큰 지혜의 마음으로 보리심을 내는 인연을 따로 밝히다
[別明大智心發菩提心因緣] (四有 43上5)

佛子여 菩薩摩訶薩이 有十種發菩提心因緣하니 何等爲十고 所謂爲敎化調伏一切衆生故로 發菩提心하며 爲除滅一切衆生苦聚故로 發菩提心하며 爲與一切衆生具足安樂故로 發菩提心하며 爲斷一切衆生愚癡故로 發菩提

心하며 爲與一切衆生佛智故로 發菩提心하며 爲恭敬供養一切諸佛故로 發菩提心하며 爲隨如來教하야 令佛歡喜故로 發菩提心하며 爲見一切佛色身相好故로 發菩提心하며 爲入一切佛廣大智慧故로 發菩提心하며 爲顯現諸佛力無所畏故로 發菩提心이 是爲十이니라

불자여, 보살마하살이 열 가지 보리심을 내는 인연이 있으니, 무엇이 열인가? 이른바 (1) 일체중생을 교화하고 조복하기 위하여 보리심을 내며, (2) 일체중생의 고통 무더기를 제멸하기 위하여 보리심을 내며, (3) 일체중생에게 구족한 안락을 주기 위하여 보리심을 내며, (4) 일체중생의 어리석음을 끊기 위하여 보리심을 내며, (5) 일체중생에게 부처 지혜를 주기 위하여 보리심을 내며, (6) 모든 부처님을 공경하고 공양하기 위하여 보리심을 내며, (7) 여래의 가르침을 따라서 부처님을 환희케 하기 위하여 보리심을 내며, (8) 모든 부처님의 육신의 잘생긴 모습을 보기 위하여 보리심을 내며, (9) 모든 부처님의 광대한 지혜에 들어가기 위하여 보리심을 내며, (10) 여러 부처님의 힘과 두려움 없음을 나타내기 위하여 보리심을 내나니, 이것이 열이니라.

[疏] 四, 有十種菩提心因緣은 別顯智心이니 觀境推理하야는 發心別故라 此는 與前으로 自分行中의 發心因緣으로 亦互影略이라 十中에 前五는 以薩埵로 爲緣이라 初句는 總이요 餘四는 別이라 別中에 一, 令滅妄苦요 二, 得眞滅이요 三, 斷癡集이요 四, 證眞道니 卽推無作四諦理하야 發菩提心이라 後五는 以菩提心으로 爲緣이니 初二는 福智因이

요 後三은 希福智果라 然上二段이 文含二意하니 一, 成上의 發心住中行이요 二, 成下의 治地住中行이니 謂十種大悲는 卽廣彼自分中의 十心之一인 菩提因緣이라 前五는 卽彼自分中의 初之五心이니 一, 利益이요 二, 大悲요 三, 安樂이요 四, 憐愍이요 五, 安住라 後五는 卽彼此互闕이니라

■ 라. 열 가지 보리심을 일으키는 인연은 지혜로운 마음이 경계를 관찰하고 이치를 추구하고는 발심함이 다른 것을 개별로 밝힌 까닭이다. 이것은 앞의 자분행 중의 발심한 인연으로 또한 번갈아 비추어 생략한 것이다. 열 가지 중에 가) 앞의 다섯 구절은 살타(薩埵)로 인연을 삼은 까닭이다. (가) 첫 구절[(1) 爲敎化調伏一切衆生故 發菩提心]은 총상이요, (나) 나머지 네 구절[(2) 爲除滅一切衆生苦聚故 ~ (5) 爲與一切衆生佛智故-]은 별상이다. (나) 별상 중에 ㄱ. 망령된 고통을 멸하게 함이요, ㄴ. 참된 적멸을 얻음이요, ㄷ. 어리석은 집제(集諦)를 단절함이요, ㄹ. 진견도를 증득함이니 곧 '지음 없는 사성제[無作四諦]'의 이치를 미루어 보리심을 발한다. 나) 다섯 구절은 보리심으로 인연을 삼나니 (가) 앞의 두 구절[(6) 爲恭敬供養一切諸佛故- (7) 爲隨如來敎 令佛歡喜故-]은 복덕과 지혜의 원인이요, (나) 세 구절[(8) 爲見一切佛色身相好故 ~ (10) 爲顯現諸佛力無所畏故-]은 복덕과 지혜를 희구한 결과이다. 그런데 위의 두 문단은 경문이 두 가지 의미를 포함하나니 (1) 위의 발심주(發心住) 가운데 행법을 이룸이요, (2) 아래의 치지주(治地住) 가운데 행법을 이룸이니 이른바 열 가지 대비는 곧 저 자분행 중의 열 가지 마음39)의 하나인 보리의 인연을 자세히 밝힌 것이다. 앞의 다섯 구절 [(1) 爲敎化調伏一切衆生故 ~ (5) 爲與一切衆生佛智故-]은 곧 저 자분행 중

---

39) 치지주 중의 열 가지 마음이니 ① 利益心 ② 大悲心 ③ 安樂心 ④ 安住心 ⑤ 憐愍心 ⑥ 攝受心 ⑦ 守護心 ⑧ 同己心 ⑨ 師心 ⑩ 導師心이다.

의 처음의 다섯 가지 마음이니 ① 이익하는 마음 ② 크게 어여삐 여기는 마음 ③ 안락한 마음 ④ 연민하는 마음 ⑤ 편안히 머무는 마음이다. 뒤의 다섯 구절[(6) 爲恭敬供養一切諸佛故 ~ (10) 爲顯現諸佛力無所畏故]은 곧 저것과 이것이 서로 번갈아 빠진 것이다.

[鈔] 此與前下는 彼經中⁴⁰⁾의 十은 一, 見佛世尊의 形貌端嚴이요 二, 色相圓滿이요 三, 人所樂見이요 四, 難可値遇요 五, 有大威力이요 六, 或見神足이요 七, 或聞記別이요 八, 或聽敎誡요 九, 或見衆生이 受諸劇苦요 十, 或聞如來의 廣大佛法하고 發菩提心하여 求一切智라 今言影略者는 前五는 下化衆生이니 卽前第九의 或見衆生이 受諸劇苦니 卽正當第二요 則彼略此廣이라 彼一이 義含此五하니 此影取也니라 後五는 上求佛道라 第六第八은 卽攝彼前六이니 則此略彼廣이요 第七은 卽前七八의 記別과 敎誡요 九十은 卽彼第十廣大佛法이라 故로 云影略이니라

後之五句下에 彼五는 卽攝受와 守護와 同己와 師心과 導師心이니 彼闕此五를 可知니라

● 此與前 아래는 저 경문 중의 열 구절은 (1) 부처님 세존의 형모가 단엄함을 발견함이요, (2) 색상이 원만함이요, (3) 사람이 즐겨 보는 것이요, (4) 어렵게 만날 수 있음이요, (5) 큰 위력이 있음이요, (6) 혹은 신령한 발을 봄이요, (7) 혹은 기별을 들음이요, (8) 혹은 교계륜을 들음이요, (9) 혹은 중생이 모든 극한 고통을 받음이요, (10) 혹은 여래의 광대한 불법을 듣고 보리심을 내어 온갖 지혜를 구함이다. 지금 '비추어 생략한다'고 말한 것은 가) 앞의 다섯 구절은 (살타로 인

---

40) 中은 南續金本作有, 甲本作中有라 하다.

연을 삼은 까닭)은 아래로 중생을 교화함이니 곧 앞의 (9) 혹은 중생이 모든 극한 고통 받음을 봄이니 곧 바로 ② 대비심(大悲心)에 해당하나니, 저기서는 생략되었고 여기서는 자세하다. 저기 한 구절은 뜻이 여기의 다섯 구절을 포함하였으니 여기서는 비추어 취한 것이다. 나) 뒤의 다섯 구절은 위로 불도를 구함이다. ⑥ 섭수심(攝受心)과 ⑧ 동기심(同己心)은 곧 저기의 앞의 여섯을 섭수하나니 여기는 생략하였고 저기서는 자세한 것이다. ⑦ 수호심(守護心)은 곧 앞의 (7) 혹은 기별을 들음이요, (8) 혹은 교계륜을 들음이요, ⑨ 사심(師心)과 ⑩ 도사심(導師心)은 곧 저기의 (10) 광대한 불법을 들음이다. 그러므로 '비추어 생략한다'고 말한 것이다.

後之五句 아래는 저기 치지주의 다섯 가지는 곧 ⑥ 섭수하는 마음 ⑦ 수호하는 마음 ⑧ 자기와 같은 마음 ⑨ 스승인 마음 ⑩ 도사인 마음이니 저기는 빠졌고, 여기의 다섯 구절은 알 수 있으리라.

(2) 치지주로 대답하다[治地住] 2.
가. 선지식을 친근할 때 내는 열 가지 마음[近善知識] (第二 44上9)

佛子여 若菩薩이 發無上菩提心인댄 爲悟入一切智智故로 親近供養善知識時에 應起十種心하나니 何等爲十고 所謂起給侍心과 歡喜心과 無違心과 隨順心과 無異求心과 一向心과 同善根心과 同願心과 如來心과 同圓滿行心이 是爲十이니라

불자여, 만일 보살이 위없는 보리심을 내고 온갖 지혜의 지혜에 깨달아 들어가기 위하여 선지식을 친근하고 공양할 때

에는 마땅히 열 가지 마음을 일으킬지니, 무엇이 열인가? 이른바 (1) 시중들 마음 (2) 환희한 마음 (3) 어기지 않는 마음 (4) 순종하는 마음 (5) 따로 구함이 없는 마음 (6) 한결같은 마음 (7) 착한 뿌리가 같은 마음 (8) 소원이 같은 마음 (9) 여래의 마음 (10) 원만한 행이 같은 마음이니, 이것이 열이니라.

[疏] 第二, 近善知識下의 二門은 正明治地住中行이라 此門은 明勝進中의 近善知識이라 文中標內에 兼是顯意라 列中에 前六은 事友요 後四는 同修라 無異求者는 不求名聞利養과 及過失故니라

■ (2) 近善知識 아래 두 문은 치지주의 행법을 바로 밝힘이다. 가. 이 문은 승진행 중의 선지식 친근함을 밝힘이다. 경문 중의 가) 표방함 안에 겸하여 의미를 밝혔다. 나) 나열함 중에서 (가) 앞의 여섯 구절 [(1) 起給侍心 (2) 歡喜心 (3) 無違心 (4) 隨順心 (5) 無異求心 (6) 一向心]은 선지식을 섬김이요, (나) 뒤의 네 구절[(7) 同善根心 (8) 同願心 (9) 如來心 (10) 同圓滿行心]은 함께 수행함이다. '다르게 구함이 없다'는 것은 이름난 소문과 이양과 과실을 구하지 않는 까닭이다.

[鈔] 此門卽勝進者는 彼具十句하니 云, 所謂誦習多聞하며 虛閑寂靜하며 近善知識하며 發言和悅하며 語必知時하며 心無怯怖하며 了達於義하며 如法修行하며 遠離愚迷하며 安住不動이라하니라 釋曰, 後之四句는 在後淸淨之中이라 今言近善知識은 卽彼第三이니 第三이 是總이니라 下四五六句는 皆是發心之德이니 卽此中別意라 其彼初二句는 文中에 略無니라

● 가. '이 문은 승진행'이란 저기[치지주의 승진행]는 열 구절을 갖추었으니 이르되, "이른바 (1) 외우고 익혀 많이 아는 것, (2) 한가하여 고요한 것, (3) 선지식을 친근하는 것, (4) 화평하고 즐겁게 말하는 것, (5) 말할 시기를 아는 것, (6) 두려운 마음이 없는 것, (7) 이치를 잘 아는 것, (8) 법대로 행하는 것, (9) 어리석음을 멀리 여의는 것, (10) 편안히 머물러 동하지 않는 것이다"라고 하였다. 해석하자면 뒤의 네 구절은 뒤의 청정한 가운데 있다. 지금에 선지식을 친근함은 곧 저 셋째[(3) 어기지 않는 마음]이니 셋째가 바로 총상이다. 아래 (4) 순종하는 마음 (5) 따로 구함이 없는 마음 (6) 한결같은 마음의 구절은 모두 발심하는 덕이니 곧 이 가운데와 다른 주장이다. 그 저기의 처음 두 구절[(1) 誦習多聞 (2) 虛閑寂靜]은 경문 중에는 생략하여 없다.

나. 선지식을 가까이한 열 가지 결과[近友之果] (二十 45上6)

佛子여 若菩薩摩訶薩이 起如是心하면 則得十種淸淨하나니 何等爲十고 所謂深心淸淨이니 到於究竟하여 無失壞故며 色身淸淨이니 隨其所宜하여 爲示現故며 音聲淸淨이니 了達一切諸語言故며 辯才淸淨이니 善說無邊諸佛法故며 智慧淸淨이니 捨離一切愚癡暗故며 受生淸淨이니 具足菩薩自在力故며 眷屬淸淨이니 成就過去同行衆生諸善根故며 果報淸淨이니 除滅一切諸業障故며 大願淸淨이니 與諸菩薩로 性無二故며 諸行淸淨이니 以普賢乘으로 而出離故라 是爲十이니라

불자여, 만일 보살마하살이 이런 마음을 일으키면 열 가지

가 청정하여지나니, 무엇이 열인가? 이른바 (1) 깊은 마음이 청정하니 끝까지 이르도록 없어지지 않는 연고며, (2) 육신이 청정하니 마땅한 대로 나타내는 연고며, (3) 음성이 청정하니 온갖 말을 모두 통달하는 연고며, (4) 변재가 청정하니 그지없는 부처님 법을 잘 연설하는 연고며, (5) 지혜가 청정하니 모든 어리석음을 여의는 연고며, (6) 태어남이 청정하니 보살의 자유자재한 힘을 구족한 연고며, (7) 권속이 청정하니 과거에 함께 행하던 중생의 착한 뿌리를 성취하는 연고며, (8) 과보가 청정하니 모든 업장을 제멸한 연고며, (9) 큰 서원이 청정하니 여러 보살로 더불어 성품이 둘이 없는 연고며, (10) 모든 행이 청정하니 보현의 법으로 벗어나는 연고니, 이것이 열이니라.

[疏] 二, 十種淸淨은 卽勝進의 近友之果니 故로 云起如是心에 卽得此十이라하니라 卽是前文의 了達於義하며 如法修行하며 遠離愚迷하며 安住不同이라 梵云, 波利戌提는 此有二義하니 一, 徧淸淨이니 卽此十種이요 二, 極淸淨이니 卽下第六十四段이라 列中에 初六은 三業淨이니 前三은 體淨이요 後三은 用淨이라 次二는 主伴果報淨이요 後二는 願行淨이니라

■ 나. 열 가지 청정함은 곧 승진행의 선지식을 친근한 결과이니 그러므로 말하되, "마땅히 이와 같은 마음을 낼 적에 곧 여기의 열 가지를 얻는다"고 하였다. 바로 앞의 경문의 (7) 이치를 잘 아는 것, (8) 법대로 행하는 것, (9) 어리석음을 멀리 여의는 것, (10) 편안히 머물러 동하지 않는 것이다. 범어로 파리술제(波利戌提)라 말한 것은 여기에

두 가지 뜻이 있으니 하나는 '두루 청정함'이니 곧 여기의 열 가지이고, 둘은 '지극히 청정함'이니 곧 아래 여섯째 14문단이다. 나) 나열함 중에서 (가) 여섯 구절은 삼업이 청정함이니 ㄱ. 앞의 세 구절[(1) 深心淸淨 (2) 色身淸淨 (3) 音聲淸淨]은 체성이 청정함이요, ㄴ. 뒤의 세 구절[(4) 辯才淸淨 (5) 智慧淸淨 (6) 受生淸淨]은 작용이 청정함이다. (나) 다음의 두 구절[(7) 眷屬淸淨 (8) 果報淸淨]은 주인과 반려의 과보가 청정함이요, (다) 뒤의 두 구절[(9) 大願淸淨 (10) 諸行淸淨]은 서원하는 행이 청정함이다.

[鈔] 梵云波利戌提者는 戌字는 率音이니 戌提者는 此云淸淨이요 波利는 是徧是極이니라

● 범어로 파리술제(波利戌提)라 말한 것에서 술(戌) 자는 음성을 거느림의 뜻이니, 술제(戌提)는 청정함이라 번역하고, 파리(波利)는 곧 두루함이요, 지극하다는 뜻이다.

(3) 수행주로 대답하다[修行住] 2.
가. 열 가지 자분행의 바라밀[自分波羅蜜] (第三 46上1)

佛子여 菩薩摩訶薩이 有十種波羅蜜하니 何等爲十고 所謂施波羅蜜이니 悉捨一切諸所有故며 戒波羅蜜이니 淨佛戒故며 忍波羅蜜이니 住佛忍故며 精進波羅蜜이니 一切所作이 不退轉故며 禪波羅蜜이니 念一境故며 般若波羅蜜이니 如實觀察一切法故며 智波羅蜜이니 入佛力故며 願波羅蜜이니 滿足普賢諸大願故며 神通波羅蜜이니

示現一切自在用故며 法波羅蜜이니 普入一切諸佛法故
라 是爲十이니 若諸菩薩이 安住此法하면 則得具足如來
無上大智波羅蜜이니라

불자여, 보살마하살이 열 가지 바라밀다가 있으니, 무엇이 열인가? 이른바 (1) 보시바라밀다니 모든 가진 것을 다 버리는 연고며, (2) 계율바라밀다니 부처의 계율을 깨끗이 한 연고며, (3) 참는 바라밀다니 부처님 인욕에 머무는 연고며, (4) 정진바라밀다니 모든 짓는 일이 물러나지 않는 연고며, (5) 선정바라밀다니 한 경계를 생각하는 연고며, (6) 반야바라밀다니 모든 법을 사실대로 관찰하는 연고며, (7) 지혜바라밀다니 부처의 힘에 들어가는 연고며, (8) 서원바라밀다니 보현의 여러 가지 큰 서원을 만족하는 연고며, (9) 신통바라밀다니 온갖 자유자재한 작용을 나타내는 연고며, (10) 법바라밀다니 모든 부처님 법에 두루 들어가는 연고니, 이것이 열이니라. 만일 보살들이 이 법에 편안히 머물면 여래의 위없는 큰 지혜 바라밀다를 구족하느니라.

[疏] 第三, 波羅密下에 有二門은 明修行住中行이니 此門은 卽自分行이라
彼開一慧하여 爲十觀察이어니와 今總顯修일새 具修十度니 十度를 皆
總相而釋은 一一多含이라 故로 施에 云, 一切를 皆捨等이니라 智는 卽
方便이니 進趣佛力權智일새 立以智名이라 神通은 卽力度니 晉名神
力이라 法은 卽是智니 從所知하여 名法이니라

- (3) 波羅蜜 아래에 있는 두 문은 수행주(修行住) 중의 행법을 밝힘이니 이 문은 곧 자분행이다. 저기에 한 가지 지혜를 열어서 열 가지 관

찰을 삼았지만 지금은 총상으로 수행에 대해 밝힌 연고로 십바라밀을 갖추어 닦았으니, 십바라밀을 모두 총상으로 해석함은 낱낱이 대부분 포함하였다. 그러므로 보시바라밀에, '모두를 모두 버리는' 이라 말하는 등이다. 지혜는 곧 방편바라밀이니 부처님 십력과 방편 지혜에 나아가 취향하는 연고로 지혜란 명칭을 건립하였다. 신통은 곧 역바라밀이니 진경(晉經, 60권화엄)에는 신력(神力)이라 이름하였다. 법은 곧 지혜바라밀이니 알 대상으로부터 법이라 이름하였다.

[鈔] 彼開一慧者는 經에 云, 此菩薩이 以十種行으로 觀一切法하니 何等爲十고 所謂觀一切法無常과 二, 苦와 三, 空과 四, 無我와 五, 無作과 六, 無味와 七, 不如名과 八, 無處所와 九, 離分別과 十, 無堅實이라하니라 皆如初句하여 有一切法하니라

● '저기에 한 가지 지혜를 연다'는 것은 저[십주품] 경문에 이르되, "이 보살이 열 가지 행법으로 온갖 법을 관찰하나니 무엇이 열 가지인가? 이른바 (1) 온갖 법이 무상함을 관찰함과 (2) 괴로움 (3) 공함 (4) 내가 없음 (5) 지음 없음 (6) 맛이 없음 (7) 이름과 같지 않음 (8) 처소가 없음 (9) 분별을 여읨 (10) (온갖 법이) 견실함 없음을 관찰함이다"라고 하였다. 모두에 첫 구절과 같이 '온갖 법'이 있다.

나. 열 가지 승진행의 지혜를 따라 깨달음[勝進智隨覺] (二十 46下10)

佛子여 菩薩摩訶薩이 有十種智隨覺이니 何等爲十고 所謂一切世界無量差別을 智隨覺과 一切衆生界不可思議를 智隨覺과 一切諸法의 一入種種하고 種種入一을 智隨

覺과 一切法界廣大를 智隨覺과 一切虛空界究竟을 智隨覺과 一切世界가 入過去世를 智隨覺과 一切世界가 入未來世를 智隨覺과 一切世界가 入現在世를 智隨覺과 一切如來의 無量行願을 皆於一智에 而得圓滿을 智隨覺과 三世諸佛이 皆同一行으로 而得出離를 智隨覺이 是爲十이니 若諸菩薩이 安住此法하면 則得一切法自在光明하여 所願皆滿하여 於一念頃에 悉能解了一切佛法하여 成等正覺이니라

불자여, 보살마하살이 열 가지 지혜가 따라 깨달음이 있으니, 무엇이 열 가지인가? 이른바 (1) 모든 세계의 한량없이 차별한 것을 지혜가 따라 깨달음이며, (2) 일체중생계의 부사의한 것을 지혜가 따라 깨달음이며, (3) 모든 법이 하나가 가지가지에 들어가고 가지가지가 하나에 들어가는 것을 지혜가 따라 깨달음이며, (4) 온갖 법계의 광대한 것을 지혜가 따라 깨달음이며, (5) 모든 허공계의 끝닿는 데를 지혜가 따라 깨달음이며, (6) 모든 세계가 과거 세상에 들어감을 지혜가 따라 깨달음이며, (7) 모든 세계가 미래 세상에 들어감을 지혜가 따라 깨달음이며, (8) 모든 세계가 현재 세계에 들어감을 지혜가 따라 깨달음이며, (9) 모든 여래의 한량없는 행과 원을 한 지혜에 원만함을 지혜가 따라 깨달음이며, (10) 세 세상 부처님들이 같은 행으로 벗어남을 얻음을 지혜가 따라 깨달음이니, 이것이 열이니라. 만일 보살들이 이 법에 편안히 머물면 모든 법의 자재한 광명을 얻고 소원이 다 만족하여 잠깐 동안에 모든 불법을 다 이해하고 정등각을 이

루느니라.

[疏] 二, 十種智隨覺은 由前行成하여 無倒了達하여 隨事隨理하여 善覺知故라 卽前勝進十法의 觀察衆生界等이 亦有影略이어니와 恐繁不會하노라

- 나. 열 가지 승진행의 지혜를 따라 깨달음[智隨覺]은 앞의 행법을 성취함을 말미암아 전도함 없이 요달하여 현상을 따르고 이치를 따라서 잘 깨달아 아는 까닭이다. 곧 앞의 승진행인 열 가지 법으로 중생계를 관찰함 등이 또한 비추어 생략함이 있지만 번거로울까 두려워 회통하지 않았다.

[鈔] 卽前勝進者는 彼經에 云, 所謂觀察衆生界와 世界하며 觀察地界와 水界하며 觀察欲界와 色界와 無色界라하니 影略을 可知니라

- 곧 '앞의 승진행'이란 저[십주품] 경문에 이르되, "이른바 (1) 중생계와 (2) 법계와 (3) 세계를 관찰하며, (4) 지계 (5) 수계 (6) 화계 (7) 풍계를 관찰하며, (8) 욕계 (9) 색계 (10) 무색계를 관찰함이다"라 하였으니 비추어 생략함을 알 수 있으리라.

(4) 생귀주의 열 가지 증득하여 아는 것으로 대답하다[生貴住]

(第四 47下2)

佛子여 菩薩摩訶薩이 有十種證知하니 何等爲十고 所謂 知一切法一相하며 知一切法無量相하며 知一切法在一念하며 知一切衆生의 心行無礙하며 知一切衆生의 諸根

平等하며 知一切衆生의 煩惱習氣行하며 知一切衆生의 心使行하며 知一切衆生의 善不善行하며 知一切菩薩의 願行自在하여 住持變化하며 知一切如來의 具足十力하여 成等正覺이 是爲十이니 若諸菩薩이 安住此法하면 則得一切法善巧方便이니라

불자여, 보살마하살이 열 가지 증득하여 앎이 있으니, 무엇이 열 가지인가? 이른바 (1) 모든 법이 한 모양임을 알며, (2) 모든 법이 한량없는 모양임을 알며, (3) 모든 법이 한 생각에 있음을 알며, (4) 일체중생의 마음의 행이 걸림 없음을 알며, (5) 일체중생의 여러 근기가 평등함을 알며, (6) 일체중생의 번뇌와 습기의 행을 알며, (7) 일체중생의 마음 하는 바의 행을 알며, (8) 일체중생의 착하고 착하지 못한 행을 알며, (9) 모든 보살의 원과 행이 자재하게 머물러 가지며 변화함을 알며, (10) 모든 여래가 열 가지 힘을 구족하고 정등각 이룸을 아나니, 이것이 열이니라. 만일 보살들이 이 법에 편안히 머물면 모든 법의 교묘한 방편을 얻느니라.

[疏] 第四, 證知一門은 明生貴住中行이라[41] 即彼自分行이니 由前了達하여 故能證知요 證故로 於聖教中에 生이니라 十中에 初三은 總知一切法이요 次五는 廣前知衆生이요 九는 菩薩行願은 即前業行中에 攝이요 後一은 即知涅槃이니 對生死故라 其勝進에는 但了佛法하고 無別行相일새 故略不明이니라

■ (4) 증득하여 아는 한 문은 생귀주(生貴住) 가운데 행법을 밝힘은 곧

---

41) 行下에 甲南續金本有五字라 하나 誤植이다.

저기의 자분행이니, 앞의 요달함을 말미암은 연고로 증득해 아는 주체요, 증득한 연고로 성인의 교법 중에서 생긴 것이다. 열 구절 중에 가. 세 구절[(1) 知一切法一相 ~ (3) 知一切法在一念]은 온갖 법을 총상으로 앎이요, 나. 다섯 구절[(4) 知一切衆生 心行無礙 ~ (8) 知一切衆生 善不善行]은 앞의 중생을 아는 것에 대해 자세함이요, 다. 아홉째[(9) 知一切菩薩 願行自在-]의 보살의 행과 원은 곧 앞의 업과 행 중에 포섭함이요, 라. 한 구절[(10) 知一切如來 具足十力-]은 곧 열반을 아는 것이니 생사와 상대한 까닭이다. 그 승진행에는 단지 부처님 법만을 요달하였고, 행법 모양이 다름이 없는 연고로 생략하고 밝히지 않은 것이다.

[鈔] 第四證知者는 彼自分行에 云, 此菩薩이 於聖敎中에 生하여 成就十法하나니 何等爲十고 所謂永不退轉하며 於諸佛所에 深生淨信하며 善觀察法하며 了知衆生과 國土와 世界와 業行과 果報와 生死와 涅槃이 是爲十이라하니라 疏會異同은 可知니라

● (4) '증득해 앎'이란 저[십주품] 자분행에 이르되, "이 보살이 성인의 교법으로부터 생겨서 열 가지 법을 성취하나니, 무엇이 열인가? 이른바 (1) 영원히 퇴전하지 아니하며, (2) 모든 부처님께 깨끗한 신심을 내며, (3) 법을 잘 관찰하며, (4) 중생과 (5) 국토와 (6) 세계와 (7) 업의 행과 (8) 과보와 (9) 생사와 (10) 열반을 잘 아는 것이니, 이것이 열이다"라고 하였다. 소문에서 다르고 같음을 회통함은 알 수 있으리라.

(5) 구족방편주로 열 가지 힘을 말하다[具足方便住] (第五 48上8)

佛子여 菩薩摩訶薩이 有十種力하니 何等爲十고 所謂入
一切法自性力과 入一切法如化力과 入一切法如幻力과
入一切法皆是佛法力과 於一切法에 無染着力과 於一切
法에 甚明解力과 於一切善知識에 恒不捨離尊重心力과
令一切善根으로 順至無上智王力과 於一切佛法에 深信
不謗力과 令一切智心으로 不退善巧力이 是爲十이니 若
諸菩薩이 安住此法하면 則具如來無上諸力이니라
불자여, 보살마하살이 열 가지 힘이 있으니, 무엇이 열인
가? 이른바 (1) 모든 법의 제 성품에 들어가는 힘과, (2) 모
든 법이 변화와 같은 데 들어가는 힘과, (3) 모든 법이 요술
과 같은 데 들어가는 힘과, (4) 모든 법이 불법인 데 들어가
는 힘과, (5) 모든 법에 물들지 않는 힘과, (6) 모든 법을 밝
게 아는 힘과, (7) 모든 선지식을 항상 떠나지 않고 존중하
는 마음의 힘과, (8) 모든 착한 뿌리로 위없는 지혜 왕에 이
르게 하는 힘과, (9) 모든 불법을 독실히 믿고 비방하지 않
는 힘과, (10) 온갖 지혜의 마음이 물러나지 않게 하는 공교
한 힘이니, 이것이 열이니라. 만일 보살들이 이 법에 편안히
머물면 여래의 위없는 여러 가지 힘을 갖추느니라.

[疏] 第五, 十種力은 卽具足方便住中行이라 準梵本하면 此名積集이니 卽
方便具足之義요 下第九十五는 卽是十力이니라 前十住中에는 但云
所修諸行이 皆爲衆生이라하니 不知修何일새 今顯所修之行이니라 又
入은 卽了達이니 兼其勝進하여 解衆生等이라 於中에 前六은 解法力
이요 餘四는 上求力이니라

- (5) 열 가지 힘은 곧 구족방편주(具足方便住) 중의 행법이다. 범본에 준하면 여기서는 '쌓고 모음'이라 이름하나니 곧 방편을 구족한다는 뜻이요, 아래의 제95번째는 곧 열 가지 힘이다. 앞의 십주품 중에는 단지 "수행할 대상인 모든 행이 모두 중생을 위한다"고 말하였으니, 무엇을 수행할지 알지 못하므로 지금은 닦을 대상인 행을 밝힌 것이다. 또한 들어감은 곧 요달함의 뜻이니, 그 승진행을 겸하여 중생을 아는 등이다. 그중에 가. 앞의 여섯 구절[(1) 入一切法自性力 ~ (6) 於一切法 甚明解力]은 법을 아는 힘이요, 나. 나머지 네 구절[(7) 於一切善知識 恒不捨離尊重心力 ~ (10) 令一切智心 不退善巧力]은 위로 구하는 힘이다.

[鈔] 但云所修者는 略義而已니 具云하면 皆爲救護一切衆生이요 二, 饒益이요 三, 安樂이요 四, 哀愍이요 五, 度脫이니 此上에 皆同初句에 有一切衆生之言이니라 六, 令一切衆生으로 離諸災難이요 七, 出生死苦요 八, 發生淨信이요 九, 悉得調伏이요 十, 咸證涅槃이라 後五는 先明令一切衆生이니라 兼其勝進者는 彼經에 云, 菩薩이 應勸學十法이니 何等爲十42)고 所謂知衆生無邊하며 二, 無量이요 三, 無數요 四, 不思議요 五, 無量色이요 六, 不可量이요 七, 空이요 八, 無所作이요 九, 無所有요 十, 無自性이니 皆如初句하여 有知衆生言43)이니라

- 단지 '수행할 대상뿐'이라 말한 것은 뜻을 생략했을 뿐이니, 저기[십주품]에 갖추어 말하면 "(1) 모두 온갖 중생을 구호하고, (2) 이익하게 함이요, (3) 안락하게 함이요, (4) 가엾이 여김이요, (5) 제도하여 해탈하게 함이요, (6) 일체중생으로 하여금 모든 재난을 여의게 함이요, (7) 생사하는 고통에서 벗어나게 함이요, (8) 깨끗한 신심을 내

---

42) 上四字는 甲南續金本無라 하다.
43) 言은 南本無, 甲續金本作故, 案故字係次下鈔文 誤置於此라 하다.

게 함이요, (9) 모두 조복함을 얻게 함이요, (10) 모두 열반을 증득하게 함이다"라 하였다. 나. 뒤의 다섯 구절[(6) 於一切法 甚明解力 ~ (10) 令一切智心 不退善巧力]은 먼저 일체중생으로 하여금 밝히게 함이다. '그 승진법을 겸한다'는 것은 저 경문에 이르되, "이른바 (1) 중생의 끝없음을 알며, (2) 중생의 한량없음과 (3) 수가 없음과 (4) 부사의함과 (5) 한량없는 몸과 (6) 헤아릴 수 없음과 (7) 공함과 (8) 지음 없음과 (9) 있는 바 없음과 (10) 제 성품 없음을 아는 것"이라 말했으니, 모두 첫 구절과 똑같이 '중생을 안다'는 말이 있다.

(6) 정심주로 대답하다[正心住] 2.
가. 열 가지로 자분행이 평등함[自分平等] (第六 49上6)

佛子여 菩薩摩訶薩이 有十種平等하니 何等爲十고 所謂 於一切衆生에 平等하며 一切法에 平等하며 一切刹에 平等하며 一切深心에 平等하며 一切善根에 平等하며 一切菩薩에 平等하며 一切願에 平等하며 一切波羅蜜에 平等하며 一切行에 平等하며 一切佛에 平等이 是爲十이니 若諸菩薩이 安住此法하면 則得一切諸佛無上平等法이니라
불자여, 보살마하살이 열 가지 평등함이 있으니, 무엇이 열인가? 이른바 (1) 일체중생에 평등함과, (2) 일체 법에 평등함과, (3) 일체 세계에 평등함과, (4) 모든 깊은 마음에 평등함과, (5) 모든 착한 뿌리에 평등함과, (6) 일체 보살에 평등함과, (7) 모든 원에 평등함과, (8) 모든 바라밀다에 평등함과, (9) 모든 행에 평등함과, (10) 모든 부처에 평등함이니,

이것이 열이니라. 만일 보살들이 이 법에 편안히 머물면 모든 부처의 위없이 평등한 법을 얻느니라.

[疏] 第六, 十種平等下의 二門은 明正心住라 此門은 卽自分行이 由了平等일새 故聞讚毁하야도 心定不動이라 然平等之言은 通有三義하니 一, 事等이니 謂十類를 各各相望이니 如說衆生이 等有佛性하며 乃至 諸佛이 同一法身이며 一心一智等이요 二者, 理等이니 謂此十類가 等一眞故요 三, 心等이니 由了前二가 卽之於心일새 故로 於十境에 不生高下니라 十中에 一, 於衆生等은 謂無怨親故요 二, 於善惡에 不生分別故요 三, 見染見淨에 無高下故요 四, 同一眞道로 而出離故요 五, 無一善根이 不爲佛故요 六, 於諸同行에 如自己故요 七, 一一大願이 徹來際故요 八, 不謂般若가 勝檀等故요 九, 隨一一行하여 徹事理故요 十, 不謂此佛이 此最勝故니라

■ (6) 十種平等 아래 두 문은 정심주(正心住)에 대해 밝힘이다. 이 문은 곧 자분행이 평등함을 요달함으로 말미암아 칭찬하거나 비방함을 듣고도 마음이 정하여 동하지 않는다. 그러나 '평등하다'는 말은 통틀어 세 가지 뜻이 있으니 ① 일에 평등함이니 이른바 열 부류를 각기 서로 바라보나니 마치 중생이 평등하게 불성이 있다고 말함과 같으며, 나아가 모든 부처님이 동일한 법신이며 한 마음과 한 가지 지혜가 평등함이요, ② 이치가 평등함이니 이른바 이런 열 부류가 일진법계(一眞法界)와 평등한 연고요, ③ 마음이 평등함이니 앞의 둘은 마음과 합치함을 말미암은 연고로 열 가지 경계에 높고 낮음은 생기지 않는다. 열 가지 중에 (1) 중생 등에게 원수와 친한 이가 없는 연고요, (2) 선하고 악함에 분별을 내지 않는 연고요, (3) 더러움을 보거나

깨끗함을 볼 적에 높고 낮음이 없는 연고요, (4) 일진도로 벗어나 여읨과 같은 연고요, (5) 한 가지 선근도 부처님을 위하지 않는 것이 없는 연고요, (6) 모든 동행하는 도반을 자기와 같게 하는 연고요, (7) 하나하나 큰 발원이 미래제를 다하려는 연고요, (8) 반야바라밀이 보시바라밀 따위보다 뛰어나다고 말하지 않는 연고요, (9) 낱낱의 행법을 따라 현상과 이치에 철저한 연고요, (10) 이곳 부처님이 여기가 가장 뛰어나다고 말하지 않는 까닭이다.

[鈔] 聞讚毀者는 彼에 云, 此菩薩이 聞十種法에 心定不動이니 何等爲十44)고 所謂聞讚佛毀佛에도 於佛法中에 心定不動이요 二, 法이요 三, 菩薩이요 四, 所行이요 五, 聞衆生有量無量이요 六, 衆生에 有垢無垢요 七, 衆生이 易度難度요 八, 法界가 有量無量이요 九, 法界가 或有或無요 十, 法界는 有成有壞라하니 皆如初句니라

● '칭찬하거나 비방함을 들은 이'는 저기[십주품]에 이르되, "이 보살이 열 가지 법을 듣고 믿음이 결정되어 흔들리지 아니하나니, 무엇이 열인가? 이른바 (1) 부처님을 찬탄하거나 부처님을 훼방함을 듣고도 불법 가운데 마음이 결정되어 흔들리지 않음이요, (2) 법이요, (3) 보살이요, (4) (보살의) 행하는 법이요, (5) 중생이 한량 있거나 한량없다고 말함을 들음이요, (6) 중생이 때가 있거나 때가 없음이요, (7) 중생이 제도하기 쉽거나 제도하기 어려움이요, (8) 법계가 한량 있거나 한량없음이요, (9) 법계가 이룩하는 것도 있고 무너지는 것도 있음이요, (10) 법계가 있다거나 없음이다"라고 하였으니 모두 첫 구절과 같이 '결정되어 흔들리지 않음'이 있다.

---

44) 上四字는 甲南續金本無라 하다.

나. 승진행의 열 가지 불법의 참된 이치의 글귀[勝進佛法實義句]

(二十 50上7)

佛子여 菩薩摩訶薩이 有十種佛法實義句하니 何等爲十고 所謂 一切法이 但有名이며 一切法이 猶如幻이며 一切法이 猶如影이며 一切法이 但緣起며 一切法이 業淸淨이며 一切法이 但文字所作이며 一切法이 實際며 一切法이 無相이며 一切法이 第一義며 一切法이 法界라 是爲十이니 若諸菩薩이 安住此法하면 則善入一切智智無上眞實義니라

불자여, 보살마하살이 열 가지 불법의 참된 이치의 글귀가 있으니, 무엇이 열인가? 이른바 (1) 모든 법이 이름만 있음과, (2) 모든 법이 요술과 같음과, (3) 모든 법이 그림자와 같음과, (4) 모든 법이 인연으로 생김과, (5) 모든 법의 업이 청정함과, (6) 모든 법이 글자로만 지어짐과, (7) 모든 법의 진실한 경계와 (8) 모든 법이 모양이 없음과, (9) 모든 법의 제일가는 뜻과, (10) 모든 법의 법계니, 이것이 열이니라. 만일 보살들이 이 법에 편안히 머물면 온갖 지혜의 지혜인 위없이 진실한 이치에 들어가느니라.

[疏] 二, 十種佛法實義句者는 卽彼勝進中行이니 與前으로 雖少前却이나 而義多同이라 於中에 初一은 約徧計니 都無實故요 次四는 約依他요 後五는 約圓成이라 一, 無名相中에 假名說故요 餘四는 各一義니 可知니라

■ 나. 열 가지 불법의 참된 이치의 글귀는 곧 저 승진행 중의 행법이니 앞과 비록 조금은 뒤바뀌지만 이치는 대부분 같다. 그중에 가) 처음 한 구절[(1) 一切法但有名]은 변계성을 잡았으니 도무지 실다움이 없는 연고요, 나) 다음의 네 구절[(2) 一切法猶如幻 ~ (5) 一切法業淸淨]은 의타성을 잡았고, 다) 뒤의 다섯 구절[(6) 一切法但文字所作 ~ (10) 一切法法界]은 원성성을 잡은 해석이다. (그 중에) 여섯째 한 구절은 명칭과 모양이 없는 중에 이름을 빌려 말한 연고요, 나머지 네 구절은 각기 한 가지 뜻이니 알 수 있으리라.

[鈔] 卽彼勝進者는 彼에 云, 菩薩이 應勸學十法이니 何等爲十[45]고 所謂 一切法無相이며 二, 無體요 三, 不可修요 四, 無所有요 五, 無眞實이요 六, 空이요 七, 無性이요 八, 如幻이요 九, 如夢이요 十, 無分別이니 皆如初句하여 有一切法言이라 前却은 可思니라

● 곧 '저 승진행 중의 행법'이란 저기[십주품]에 이르되, "이 보살이 마땅히 열 가지 법 배우기를 권할 것이니, 무엇이 열인가? 이른바 (1) 온갖 법이 모양이 없고, (2) 자체가 없고, (3) 닦을 수 없고, (4) 있는 것 없고, (5) 진실하지 않고, (6) 공하고, (7) 성품이 없고, (8) 환술과 같고, (9) 꿈과 같고, (10) 분별이 없는 것"이라 하였으니 모두 첫 구절과 같이 '온갖 법'이란 말이 있다. 앞과 반대는 생각할 수 있다.

(7) 불퇴주로 대답하다[不退住] 2.
가. 자분행의 열 가지로 법을 말함[自分法] (第七 50下10)

---

45) 上四字는 南金本無라 하다.

佛子여 菩薩摩訶薩이 說十種法하나니 何等爲十고 所謂 說甚深法하며 說廣大法하며 說種種法하며 說一切智法하며 說隨順波羅蜜法하며 說出生如來力法하며 說三世相應法하며 說令菩薩不退法하며 說讚歎佛功德法하며 說一切菩薩이 學一切佛平等하여 一切如來境界相應法이 是爲十이니 若諸菩薩이 安住此法하면 則得如來無上巧說法이니라

불자여, 보살마하살이 열 가지 법을 말함이 있으니, 무엇이 열인가? 이른바 (1) 매우 깊은 법을 말하고, (2) 넓고 큰 법을 말하고, (3) 가지가지 법을 말하고, (4) 온갖 지혜의 법을 말하고, (5) 바라밀다를 따르는 법을 말하고, (6) 여래의 힘을 내는 법을 말하고, (7) 세 세상과 서로 응하는 법을 말하고, (8) 보살을 물러나지 않게 하는 법을 말하고, (9) 부처의 공덕을 찬탄하는 법을 말하고, (10) 모든 보살이 모든 부처님의 평등함을 배워서 모든 여래의 경계와 서로 응하는 법을 말하나니, 이것이 열이니라. 만일 보살들이 이 법에 편안히 머물면 여래의 위없이 공교하게 말하는 법을 얻느니라.

[疏] 第七, 說十種下에 有二門은 明不退住中行이라 於中에 初一은 自分이요 後一은 勝進이라 前中에 由能說深廣法故로 聞說하고 心不退轉이라 十中46)에 說業性等이 成如來力하여 隨義演說하여 令菩薩로 不退라 涅槃二十八中에 廣明退不退相이라 餘文은 可知니라

- (7) 說十種 아래에 있는 두 문은 불퇴주(不退住) 중의 행을 밝힘이다.

---

46) 十中은 甲南續金本作所以, 源本無라 하다.

그중에 가. 처음 한 구절은 자분행이요, 나. 뒤의 한 구절은 승진행이다. 가. 중에 설하는 주체가 깊고 넓은 법을 말미암은 연고로 듣고 말하고 마음이 퇴전하지 않는다. 열 구절 중에 업의 성품 등이 여래의 힘을 이룸을 말하여 뜻에 따라 연설하여 보살로 하여금 물러나지 않게 한다. 『열반경』제28권 중에서 물러나고 물러나지 않는 모양을 자세히 밝혔다. 나머지 경문은 알 수 있으리라.

[鈔] 聞說者는 大同前位라 亦有十句하니 聞有佛無佛이라도 於佛法中에 心不退轉하며 二, 有法無法이요 三, 有菩薩無菩薩이요 四, 有菩薩行과 無菩薩行이요 五, 菩薩修行出離와 修行不出離요 六, 過去有佛과 過去無佛이요 七, 未來요 八, 現在는 同過去요 九, 聞佛智가 有盡無盡이요 十, 聞三世一相과 三世非一相이라하니 皆如初句니라
涅槃二十八中者는 中有文에 云호대 有六種法이 壞菩提心하나니 一者, 吝法이요 二者, 於諸衆生에 起不善心이요 三者, 親近惡友요 四者, 不勤精進이요 五者, 自大憍慢이요 六者, 營務世業이라하니라 釋曰, 無此六事하면 則不退也니라

● '듣고 말함'이란 앞의 지위와 크게는 같다. 또한 저기[십주품]에 "열 구절이 있으니 (1) 부처님이 있다, 부처님이 없다 함을 들었더라도 불법 가운데 마음이 물러나지 않으며, (2) 법이 있고 법이 없음이요, (3) 보살이 있다, 보살이 없다 함이요, (4) 보살의 행이 있고 보살의 행이 없음이요, (5) 보살이 수행하여 출리함과 수행하여 출리하지 않음이요, (6) 과거에 부처가 있고 과거에 부처가 없음이요, (7) 미래요, (8) 현재는 과거와 같음이요, (9) 부처님 지혜가 다함 있고 다함없음이요, (10) 삼세가 한 모양이고 삼세가 한 모양 아니다"라 하였으니 모

두 첫 구절과 같다. '『열반경』제28권 중'이란 중간에 경문이 있으니 말하되, "여섯 가지 법이 보리심을 파괴함이 있으니 ① 법에 인색함이요, ② 모든 중생에 착하지 않은 마음을 일으킴이요, ③ 나쁜 벗을 친근함이요, ④ 부지런히 정진하지 않음이요, ⑤ 스스로 크게 교만함이요, ⑥ 세상 업을 힘써 경영함이다"라고 하였다. 해석하자면 이런 여섯 가지 일이 없으면 물러나지 않는다는 뜻이다.

나. 승진행의 열 가지 지님[勝進持] (二十 51下10)

佛子여 菩薩摩訶薩이 有十種持하니 何等爲十고 所謂持所集一切福德善根하며 持一切如來所說法하며 持一切譬喩하며 持一切法理趣門하며 持一切出生陀羅尼門하며 持一切除疑惑法하며 持成就一切菩薩法하며 持一切如來所說平等三昧門하며 持一切法照明門하며 持一切諸佛神通遊戱力이 是爲十이니 若諸菩薩이 安住此法하면 則得如來無上大智住持力이니라

불자여, 보살마하살이 열 가지 지님이 있으니, 무엇이 열인가? 이른바 (1) 모아 놓은 여러 복덕과 착한 뿌리를 지니고, (2) 모든 여래의 말씀한 법을 지니고, (3) 온갖 비유를 지니고, (4) 모든 법의 나아갈 문을 지니고, (5) 모든 것을 내는 다라니 문을 지니고, (6) 모든 의혹을 없애는 법을 지니고, (7) 모든 보살을 성취하는 법을 지니고, (8) 모든 여래가 말씀한 평등한 삼매문을 지니고, (9) 모든 법을 밝게 비추는 문을 지니고, (10) 모든 부처의 신통으로 유희하는 힘을 지니

나니, 이것이 열이니라. 만일 보살들이 이 법에 편안히 머물면 여래의 위없는 큰 지혜로 머물러 지니는 힘을 얻느니라.

[疏] 二, 十種持니 持는 謂受持奉行이요 非但宣之於口라 十句는 可知니라
■ 나. (저 승진행의) 열 가지 지님이니, 지님은 받아 지녀 봉행함을 말한 것이지 단지 입으로 선언하여 말함만이 아니다. 열 구절은 알 수 있으리라.

(8) 동진주로 대답하다[童眞住] 2.
가. 자분행의 열 가지 변재[自分辯才] (第八 52上9)

佛子여 菩薩摩訶薩이 有十種辯才하니 何等爲十고 所謂 於一切法에 無分別辯才와 於一切法에 無所作辯才와 於一切法에 無所着辯才와 於一切法에 了達空辯才와 於一切法에 無疑暗辯才와 於一切法에 佛加被辯才와 於一切法에 自覺悟辯才와 於一切法에 文句差別善巧辯才와 於一切法에 眞實說辯才와 隨一切衆生心하여 令歡喜辯才가 是爲十이니 若諸菩薩이 安住此法하면 則得如來無上巧妙辯才니라

불자여, 보살마하살이 열 가지 변재가 있으니, 무엇이 열인가? 이른바 (1) 온갖 법에 분별이 없는 변재와, (2) 온갖 법에 지음이 없는 변재와, (3) 온갖 법에 집착이 없는 변재와, (4) 온갖 법에 공한 줄을 아는 변재와, (5) 온갖 법에 어두운 의심이 없는 변재와, (6) 온갖 법에 부처님이 가피하는 변재

와, (7) 온갖 법에 스스로 깨닫는 변재와, (8) 온갖 법에 글귀가 차별하고 교묘한 변재와, (9) 온갖 법에 진실하게 말하는 변재와, (10) 일체중생의 마음을 따라 환희케 하는 변재니, 이것이 열이니라. 만일 보살들이 이 법에 편안히 머물면 여래의 위없이 교묘한 변재를 얻느니라.

[疏] 第八, 十種辯才下의 二門은 明童眞住中行이라 此門은 卽自分行이니 由三業無失故로 有無着辯이요 由知衆生欲解故로 辯令他喜니라

- (8) 十種辯才 아래 두 문은 동진주(童眞住) 중의 행을 밝힘이다. 이 문은 곧 자분행이니 삼업에 과실 없음으로 말미암아 집착 없는 변재가 있으며, 중생이 욕구와 앎을 아는 연고로 다른 이로 하여금 기쁘게 함을 말하였다.

[鈔] 此門卽自分行者는 彼에 具云, 所謂身行無失과 語行無失과 意行無失과 隨意受生과 知衆生種種欲과 知衆生種種解와 知衆生種種界와 知衆生種種業과 知世界成壞와 神足自在하여 所行無礙라 是爲十이라하나니 今疏에 配用을 可知[47]니라

- '이 문은 곧 자분행'이란 저기[십주품]에 갖추어 말하되, "이른바 (1) 몸으로 행함이 잘못됨이 없고, (2) 말로 행함이 잘못됨이 없고, (3) 뜻으로 행함이 잘못됨이 없고, (4) 뜻대로 생을 받고, (5) 중생들의 가지가지 욕망을 알고, (6) 중생들의 갖가지 이해를 알고, (7) 중생들의 갖가지 경계를 알고, (8) 중생들의 갖가지 업을 알고, (9) 세계가 이루어지고 무너짐을 알고, (10) 신통이 자재해서 다니는 데 걸림이

---

47) 上六字는 甲南續金本無라 하다.

없는 것이니 이것이 열 가지이다"라 하였으니 지금의 소문에 배대하여 작용함을 알 수 있으리라.

나. 승진행의 열 가지 자재[勝進自在] (後門 53上2)

佛子여 菩薩摩訶薩이 有十種自在하니 何等爲十고 所謂 敎化調伏一切衆生自在와 普照一切法自在와 修一切善根行自在와 廣大智自在와 無所依戒自在와 一切善根廻向菩提自在와 精進不退轉自在와 智慧摧破一切衆魔自在와 隨所樂欲하여 令發菩提心自在와 隨所應化하여 現成正覺自在가 是爲十이니 若諸菩薩이 安住此法하면 則得如來無上大智自在니라

불자여, 보살마하살이 열 가지 자재가 있으니, 무엇이 열인가? 이른바 (1) 일체중생을 교화하고 조복하는 자재와, (2) 모든 법을 두루 비추는 자재와, (3) 모든 착한 뿌리의 행을 닦는 자재와, (4) 넓고 큰 지혜의 자재와, (5) 의지할 데 없는 계율의 자재와, (6) 모든 착한 뿌리를 보리에 회향하는 자재와, (7) 정진하여 물러나지 않는 자재와, (8) 지혜로 모든 마를 깨뜨리는 자재와, (9) 좋아하는 욕망을 따라 보리심을 내게 하는 자재와, (10) 교화할 바를 따라 바른 깨달음을 이루는 자재이니, 이것이 열이니라. 만일 보살들이 이 법에 편안히 머물면 여래의 위없는 큰 지혜의 자재를 얻느니라.

[疏] 後門은 卽彼勝進이니 現變化自在身等이 皆自在義니라

■ 뒤의 문의 곧 저 동진주의 승진행이니 변화가 자재한 몸을 나타낸 등
이 모두 자재하다는 뜻이다.

[鈔] 後門卽彼下는 彼에 云, 彼菩薩이 應勸學十法이니 所謂知一切佛刹
하며 二, 動48)이요 三, 持요 四, 觀이요 五, 詣요 六, 遊니 上은 皆有一
切佛刹言이라 七, 遊行無數世界요 八, 領受無數佛法이요 九, 現變
化自在身하고 出廣大徧滿音이요 十, 一刹那中에 奉事供養無數諸
佛이라하나니 今疏에 擧一하여 以等於餘니라

● 後門卽彼 아래는 저기[십주품]에 이르되, "저 보살이 응당히 열 가지
법 배우기를 권할지니 이른바 (1) 모든 부처님 세계를 알며 (2) 움직
임이요 (3) 가짐이며 (4) 관찰함이요 (5) 나아감이요 (6) (수없는 세계
에) 노님이니, 위에는 모두 '온갖 부처님 국토'라는 말이 있다. (7) 수
없는 세계에 유행함이요, (8) 헤아릴 수 없는 부처님의 법을 받으며
(9) 변화가 자재한 몸을 나타내고 넓고 크고 두루 가득한 음성을 내
며 (10) 1찰나 동안에 수없는 모든 부처님을 받들어 섬기고 공양함
이다"라고 하였으니, 지금의 소문에는 하나를 거론하여 나머지에 똑
같이 적용한다는 뜻이다.

(9) 법왕자주로 대답하다[法王子住] 2.
가. 자분행의 열 가지 집착 없음[自分無著] (第九 53下4)

佛子여 菩薩摩訶薩이 有十種無着하니 何等爲十고 所謂
於一切世界에 無着하며 於一切衆生에 無着하며 於一切

---

48) 動下에 甲南續金本有一切佛刹이라 하다.

法에 無着하며 於一切所作에 無着하며 於一切善根에 無着하며 於一切受生處에 無着하며 於一切願에 無着하며 於一切行에 無着하며 於一切菩薩에 無着하며 於一切佛에 無着이 是爲十이니 若諸菩薩이 安住此法하면 則能速轉一切衆想하여 得無上淸淨智慧니라

불자여, 보살마하살이 열 가지 집착 없음이 있으니, 무엇이 열인가? 이른바 (1) 모든 세계에 집착이 없고 (2) 모든 중생에게 집착이 없고 (3) 모든 법에 집착이 없고 (4) 모든 짓는 일에 집착이 없고 (5) 모든 착한 뿌리에 집착이 없고 (6) 모든 태어나는 곳에 집착이 없고 (7) 모든 소원에 집착이 없고 (8) 모든 행에 집착이 없고 (9) 모든 보살에 집착이 없고 (10) 모든 부처님께 집착이 없나니, 이것이 열이니라. 만일 보살들이 이 법에 편안히 머물면 능히 모든 생각들을 돌리어 위없는 청정한 지혜를 얻느니라.

[疏] 第九, 十種無着下의 二門은 明王子住中行이니 此門은 由無着故로 能善知十法이니라

■ (9) 十種無着 아래 두 문은 법왕자주(法王子住)의 행으로 밝힘이니 이 문은 집착 없음으로 말미암아 능히 열 가지 법을 잘 아는 것이다.

[鈔] 能善知者는 彼經에 云, 此菩薩이 善知十種法이니 所謂善知諸衆生受生하며 二, 諸煩惱現起요 三, 習氣相續이요 四, 所行方便이요 五, 無量法이요 六, 諸威儀요 七, 世界差別이요 八, 前際後際事요 九, 演說世諦요 十, 演說第一義諦라하니라 句句에 皆有善知之言하니라

- '법을 잘 아는 것'은 저[십주품] 경문에 이르되, "이 보살이 열 가지 법을 잘 아나니 이른바 (1) 모든 중생들이 태어나는 것을 잘 알며 (2) 모든 번뇌가 일어나는 것이요, (3) 습기가 계속되는 것이요, (4) 행할 방편이요, (5) 한량없는 법이요, (6) 모든 위의요, (7) 세계의 차별이요, (8) 앞일과 뒷일이요, (9) 세상 법을 연설할 줄 앎이요, (10) 제일의제를 연설함이다"라고 하였다. 구절구절마다 모두 '잘 안다'는 말이 있다.

나. 승진행의 열 가지 평등심[勝進平等心] (後門 54上7)

佛子여 菩薩摩訶薩이 有十種平等心하니 何等爲十고 所謂積集一切功德平等心과 發一切差別願平等心과 於一切眾生身에 平等心과 於一切眾生業報에 平等心과 於一切法에 平等心과 於一切淨穢國土에 平等心과 於一切眾生解에 平等心과 於一切行에 無所分別平等心과 於一切佛力無畏에 平等心과 於一切如來智慧에 平等心이 是爲十이니 若諸菩薩이 安住其中하면 則得如來無上大平等心이니라

불자여, 보살마하살이 열 가지 평등한 마음이 있으니, 무엇이 열인가? 이른바 (1) 모든 공덕을 모으는 평등한 마음과 (2) 모든 차별한 소원을 내는 평등한 마음과 (3) 일체중생의 몸에 평등한 마음과 (4) 일체중생의 업보에 평등한 마음과 (5) 모든 법에 평등한 마음과 (6) 모든 깨끗하고 더러운 국토에 평등한 마음과 (7) 일체중생의 알음알이에 평등한

마음과 (8) 모든 행에 분별할 것 없는 평등한 마음과 (9) 모든 부처님의 힘과 두려움 없는 데 평등한 마음과 (10) 모든 여래의 지혜에 평등한 마음이니, 이것이 열이니라. 만일 보살들이 그 가문에 편안히 머물면 여래의 위없이 크게 평등한 마음을 얻느니라.

[疏] 後門은 由平等故로 勝進하여 學法王處法이니라
- 뒤의 문은 평등함을 말미암은 연고로 승진행으로 법왕처의 법을 배운다는 뜻이다.

[鈔] 後門勝進者는 彼에 云, 佛子여 菩薩이 應勸學十法이니 何等爲十[49]고 所謂法王處善巧와 二, 軌度요 三, 宮殿이요 四, 趣入이요 五, 觀察이요 六, 灌頂이요 七, 力持요 八, 無畏요 九, 宴寢이요 十, 讚歎이라 하니 十門은 皆如初句요 後五에는 略無處字니라
- '뒤의 문은 승진행'이란 저기[십주품]에 이르되, "불자여, 보살이 응당히 열 가지 법 배우기를 권할지니 무엇이 열 가지인가? 이른바 (1) 법왕처의 선교 방편과 (2) 법왕처의 법도와 (3) 법왕처의 궁전과 (4) 법왕처에 들어감과 (5) 법왕처를 관찰함과 (6) 법왕의 관정과 (7) 법왕의 힘으로 유지함과 (8) 법왕의 두려움 없음과 (9) 법왕의 편히 잠잠과 (10) 법왕을 찬탄하는 것이다"라 하였다. 열 가지 문은 모두 첫 구절과 같으며, 뒤의 다섯 구절에는 처(處)란 글자가 생략되어 없다.

(10) 관정주로 대답하다[灌頂住] 2.

---

[49] 上四字는 甲南續金本無라 하다.

가. 열 가지 출생하는 지혜로 모든 법에 통달하다[明學智] (第十 54下10)

佛子여 菩薩摩訶薩이 有十種出生智慧하니 何等爲十고 所謂知一切衆生解出生智慧와 知一切佛刹種種差別出生智慧와 知十方網分齊出生智慧와 知覆仰等一切世界出生智慧와 知一切法一性種種性廣大性出生智慧와 知一切種種身出生智慧와 知一切世間顚倒妄想에 悉無所着出生智慧와 知一切法이 究竟皆以一道出離出生智慧와 知如來神力이 能入一切法界出生智慧와 知三世一切衆生의 佛種不斷出生智慧가 是爲十이니 若諸菩薩이 安住此法하면 則於諸法에 無不了達이니라

불자여, 보살마하살이 열 가지 출생하는 지혜가 있으니, 무엇이 열인가? 이른바 (1) 일체중생의 지해를 알고 출생하는 지혜며, (2) 모든 부처 세계의 가지가지 차별을 알고 출생하는 지혜며, (3) 시방 그물의 한계를 알고 출생하는 지혜며, (4) 엎어지고 잦혀진 따위의 모든 세계를 알고 출생하는 지혜며, (5) 모든 법의 한 성품과 가지가지 성품과 광대한 성품을 알고 출생하는 지혜며, (6) 모든 가지가지 몸을 알고 출생하는 지혜며, (7) 모든 세간의 뒤바뀐 허망한 생각이 모두 집착한 데 없음을 알고 출생하는 지혜며, (8) 모든 법이 필경에는 다 한 길로 벗어남을 알고 출생하는 지혜며, (9) 여래의 신통한 힘이 모든 법계에 능히 들어감을 알고 출생하는 지혜며, (10) 세 세상 모든 중생이 부처 종자를 끊지 않음을 알고 출생하는 지혜니, 이것이 열이니라. 만일 보살들이 이 법에

편안히 머물면 모든 법에 통달하지 못함이 없느니라.

[疏] 第十, 十種出生智下의 二門은 明灌頂位中行이니 此門에 明成就十智하여 學佛十智니라

■ (10) 十種出生智 아래 두 문은 관정주(灌頂住) 지위 중의 행을 밝힘이니 가. 이 문에서 열 가지 지혜를 성취하여 부처님의 열 가지 지혜를 배움을 설명하였다.

[鈔] 此門明下는 彼勝進에 云, 此菩薩이 應勸學諸佛十種智니 所謂三世智와 佛法智와 法界無礙智와 法界無邊智와 充滿一切世界智와 普照一切世界智와 住持一切世界智와 知一切衆生智와 知一切法智와 知無邊諸佛智라함이 是也[50]니라

● 此門明 아래는 저기[십주품] 승진행에 이르되, "이 보살이 응당 모든 부처님의 열 가지 지혜 배우기를 권할지니, 이른바 (1) 삼세의 지혜와 (2) 불법의 지혜와 (3) 법계의 걸림 없는 지혜와 (4) 법계의 끝없는 지혜와 (5) 모든 세계에 충만한 지혜와 (6) 모든 세계를 널리 비추는 지혜와 (7) 모든 세계에 머무는 지혜와 (8) 모든 중생을 아는 지혜와 (9) 모든 법을 아는 지혜와 (10) 끝없는 모든 부처님을 아는 지혜이다"라 말한 것이 이것이다.

나. 열 가지 변화로 최고의 변화하는 법을 구족하다[辨變化]

(後十 55下2)

---

50) 是也는 甲南續金本無라 하다.

佛子여 菩薩摩訶薩이 有十種變化하니 何等爲十고 所謂
一切衆生變化와 一切身變化와 一切刹變化와 一切供養
變化와 一切音聲變化와 一切行願變化와 一切教化調伏
衆生變化와 一切成正覺變化와 一切說法變化와 一切加
持變化가 是爲十이니 若諸菩薩이 安住此法하면 則得具
足一切無上變化法이니라

불자여, 보살마하살이 열 가지 변화가 있으니, 무엇이 열인가? 이른바 (1) 일체중생의 변화와 (2) 모든 몸의 변화와 (3) 모든 세계의 변화와 (4) 모든 공양의 변화와 (5) 모든 음성의 변화와 (6) 모든 행과 원의 변화와 (7) 중생을 교화하고 조복하는 모든 변화와 (8) 바른 깨달음을 이루는 모든 변화와 (9) 법을 말하는 모든 변화와 (10) 모든 가지하는 변화이니, 이것이 열이니라. 만일 보살들이 이 법에 편안히 머물면 온갖 위가 없이 변화하는 법을 구족하느니라."

[疏] 後, 十種變化故로 能動刹等이라 然此變化는 卽實如化요 非要化作이라 上來數段은 文相이 並顯이라 雖有深旨나 類前可知니라

- 나. 열 가지 변화로 인하여 능히 국토를 진동하는 등이다. 그러나 이런 변화는 실법과 합치하여 변화함과 같고, 변화로 지음은 중요하지 않다. 여기까지 여러 문단은 경문의 모양과 함께 밝혔다. 비록 깊은 종지가 있지만 앞과 유례하면 알 수 있으리라.

[鈔] 後自分中者는 卽彼經의 自分十法에 云, 此菩薩이 得成就十種智하나니 所謂振動無數世界요 二, 照明이요 三, 住持요 四, 往詣요 五,

嚴淨이라하니 上五는 皆有無數世界言이니라 六, 開示無數衆生이요 七, 觀察無數衆生[51]이요 八, 知無數衆生根이요 九, 令無數衆生으로 趣入이요 十, 令無數衆生으로 調伏이라하니라 然此變化者는 謂緣生如化故요 若變化作인대 無而忽有故라 佛地論第三에 云, 化身이 三種이니 一, 自身相應化니 謂自身이 作輪王等이요 二, 他身相應化니 謂變化王爲佛身等이요 三, 非身相應化니 化大地爲寶等이라하니 今並非此니라

● 나. 자분행 중이란 곧 저[십주품] 경문의 자분행의 열 가지 법에 이르되, "이 보살이 열 가지 지혜를 성취하나니 이른바 (1) 수없는 세계를 진동하며 (2) 밝게 비춤이요 (3) 머묾이요 (4) 나아감이요 (5) 깨끗이 장엄함이다"라 하였으니 위의 다섯 구절은 모두에 '수없는 세계'라는 말이 있다. "(6) 수없는 중생을 열어 보임이요, (7) 수없는 중생을 관찰함이요, (8) 수없는 중생의 근기를 앎이요, (9) 수없는 중생들로 하여금 들어가게 함이요, (10) 수없는 중생들로 하여금 조복하게 한다"라고 하였다. '그러나 이런 변화'란 말하자면 인연으로 생김이 변화와 같은 연고요, 만일 변화로 짓는다면 없다가 홀연히 생긴 까닭이다. 『불지론』제3권에 이르되, "화신이 세 가지이니 (1) 자신과 서로 응하여 변화하나니 이른바 자신이 전륜왕이 되는 등이요, (2) 다른 이의 몸과 서로 응하여 변화하나니 이른바 왕을 변화하여 부처 몸이 되는 등이요, (3) 몸으로 서로 응하여 변화함이 아니니 대지를 보배로 변화하는 등이다"라고 하였으니 지금은 모두 이것이 아니다.

---

51) 生下에 甲南續金本有根者, 經原無라 하다.

大方廣佛華嚴經 제54권

大方廣佛華嚴經疏鈔 제54권 醎字卷下

제38 離世間品 ②

제38. 세간을 여의는 품[離世間品] ②

여기서부터 3. 30문은 십행의 질문에 대답한 내용이니 그중에 열 가지 크게 기쁘게 위로함을 말하되,

"불자여, 보살마하살이 열 가지 크게 기뻐 위로함이 있으니, 무엇이 열인가? 이른바 (1) 보살이 이러한 마음을 내되, 오는 세월이 끝나도록 모든 부처님이 세상에 나시거든, 내가 마땅히 따라다니면서 받들어 섬기며 환희케 하리라. 이렇게 생각하고 크게 기뻐 위안하느니라. (2) 또 생각하되 저 부처님께서 세상에 나시거든, 내가 마땅히 위없는 공양거리로 공경하며 공양하리라. 이렇게 생각하고 크게 기뻐 위안하느니라. … 법을 듣고는 마음이 청정하여 아첨을 멀리 여의고 정직하여 거짓이 없으며 생각 생각마다 항상 부처님을 보게 되리라. 이렇게 생각하고 크게 기뻐 위안하느니라."

> 大方廣佛華嚴經 제54권
> 大方廣佛華嚴經疏鈔 제54권 醎字卷下

제38. 세간을 여의는 품[離世間品] ②

3. 30문은 십행의 질문에 대답하다[有三十門答十行問] 2.

1) 의미를 밝히다[敍意] (大文 1上5)

[疏] 大文第三, 十種力持下의 有三十門은 答前十行三十句問이라 古德은 分三이니 初, 六門은 明大志曠遠行이요 二, 從十種不思議下의 九門은 明定慧業用行이요 三, 從十種園林下의 十五門은 明德備成滿行이라하니라 然約圓融인대 此意非無어니와 今不壞次일새 亦次第로 顯十行中行이니라 第一行에 有三門이요 二三行에 各一이요 第四行은 二門이요 第五行은 六門이요 次四行은 各二門이요 第十行에는 有九門이니 至文當知니라 所以用門이 多少者는 檀在初故로 具三이요 戒忍은 通世間일새 故唯一이요 定慧는 尊勝故로 有多門이요 智中에 旣多일새 故로 般若中에는 略이요 餘는 次勝故로 但用二門이니라 又此十行이 雖約十度나 而義多含이라 故로 文中에 或就十度하여 明義하며 或就行名하여 以釋이니라

■ 큰 문단으로 3. 十種力持 아래의 30문은 십행위인 30구절의 질문에 대답함이다. 고덕(古德)은 셋으로 나누리니 "(1) 여섯 문은 큰 의지로 넓고 먼 행법을 밝힘이요, (2) 十種不思議부터 아래 아홉 문은 선정

과 지혜의 업과 작용인 행을 밝힘이요, (3) 十種園林부터 아래 15문은 공덕을 구비하고 성만한 행법을 밝힘이다"라고 하였다. 그러나 원융문을 잡는다면 이런 의미로는 잘못이 없지마는 지금은 순서를 무너뜨리지 않고 또한 순서대로 십행위 중의 행법임을 밝혔다. 제1 환희행에 세 문이 있고, 제2. 요익행과 제3. 무위역행은 각기 한 문이요, 제4. 무진행은 두 문이요, 제5. 이치란행은 여섯 문이요, 다음 네 행[제6. 선현행, 제7. 무착행, 제8. 존중행, 제9. 선법행]은 각기 두 문이요, 제10. 진실행에는 아홉 문이 있으니 경문에 가면 마땅히 알게 되리라. 작용하는 문이 많고 적은 이유는 보시가 처음에 있는 연고로 세 문을 구비함이요, 지계와 인욕은 세간과 통하는 연고로 한 문뿐이요, 선정과 지혜는 높고 뛰어난 연고로 많은 문이 있고, 지혜 중에는 이미 많으므로 반야 중에는 생략하였고, 나머지는 다음으로 뛰어난 연고로 단지 두 문만 사용하였다. 또한 여기의 십행이 비록 십바라밀을 잡았더라도 뜻은 대부분 포함하였다. 그래서 경문 중에 혹은 십바라밀에 입각하여 뜻을 밝혔으며, 혹은 십행의 명칭에 입각하여 해석한 내용이다.

2) 바로 해석하다[正釋] 10.
(1) 세 문은 환희행으로 대답하다[歡喜行] 3.

가. 열 가지 힘으로 유지함[力持] 4.
가) 논의 의미를 풀어서 해석하다[敍論意釋] (今初 1下10)

佛子여 菩薩摩訶薩이 有十種力持하니 何等爲十고 所謂 佛力持와 法力持와 衆生力持와 業力持와 行力持와 願

力持와 境界力持와 時力持와 善力持와 智力持가 是爲
十이니 若諸菩薩이 安住此法하면 則於一切法에 得無上
自在力持니라

"불자여, 보살마하살이 열 가지 힘으로 유지함이 있으니,
무엇이 열인가? 이른바 (1) 부처님의 힘으로 유지하며 (2)
법의 힘으로 유지하며 (3) 중생의 힘으로 유지하며 (4) 업
의 힘으로 유지하며 (5) 행의 힘으로 유지하며 (6) 서원의
힘으로 유지하며 (7) 경계의 힘으로 유지하며 (8) 때의 힘
으로 유지하며 (9) 착한 힘으로 유지하며 (10) 지혜의 힘으
로 유지함이니, 이것이 열이니라. 만일 보살들이 이 법에 편
안히 머물면 온갖 법에 위없는 자재한 힘으로 유지함을 얻
느니라.

[疏] 今初三門은 明歡喜行中之行이라 三中에 初, 明力持니 此含總別이
라 總者는 以是十行之首니 依此十事하여 加持建立하여 能起諸行이
라 故로 度世經에 名十建立이니라 別은 即歡喜行中에 凡所布施가 皆
爲修習諸佛의 本所修行等故니 是建立行意니라 十中에 初三은 三寶
니 即境界持라 衆生은 即僧寶니 菩薩之僧은 即衆生世間故니라 餘
七은 行持니 悲所作業故며 正起行故며 願持行故라 有悲智境하야사
行方成故니라 時는 即起行之時요 後二는 福智니라

■ 지금 (1) 세 문은 환희행 중의 행법을 밝힘이다. 셋 중에 가. 열 가지
힘으로 유지함이니 여기에 총상과 별상이 포함되었다. 총상이란 십
행의 우두머리이니 이런 열 가지 일에 의지하여 가지하고 건립하여 능
히 여러 행을 일으키는 연고로 『도세경(度世經)』에 '열 가지 건립함'이

라 이름하였다. 별상은 곧 환희행 중에 무릇 보시할 대상이 모두 모든 부처님의 본래 수행할 대상과 동등함을 닦고 익히기 위한 연고로 십행의 의미를 건립함이다. 열 가지 중에 (1) 세 문은 삼보이니 곧 경계로 유지함이다. 중생은 곧 승보이니 보살인 승보는 곧 중생세간인 까닭이다. (2) 나머지 일곱 문은 행으로 유지함이니 대비로 지을 대상인 업인 연고며, 바로 행을 시작한 연고며, 서원으로 유지하는 행인 까닭이다. 자비와 지혜도 경계가 있어야만 행법이 비로소 이루어지는 까닭이다. 시기는 곧 행법을 시작하는 시기요, 뒤의 둘은 복덕과 지혜이다.

나) 논의 같고 다름을 회통하다[會論同異] (然第 2上7)
다) 경문을 모아서 뜻을 해석하다[會文釋義] (旣數)
라) 세 군데 유지함의 글자를 회통하다[會三處持字] (上辨)

[疏] 然이나 第十地의 大盡分中에 有十一持하니 第四, 加煩惱持라 故로 論判行持中에 初二는 逆行이라하니 彼約應化不斷일새 所以로 加之어니와 今에는 但約爲行本일새 故無煩惱라 彼有供養持와 及劫持하고 無境界持와 及善力持라 此以時中에 攝劫하고 彼以行으로 攝善力하니 依境起供일새 故並無異라 餘名은 並同하니 具如彼釋이니라 旣數名이 不同이나 按名以釋에 此無僧寶하고 有敎化衆生하니 亦未爽通理니라 上辨陀羅尼는 卽總持文義요 此云受持는 卽領納受行이요 今云力持는 卽加持任持니 故不相濫이니라

■ 그러나 제10. 법운지의 크게 끝나는 부분 중에 11가지 유지함이 있으니 넷째, 번뇌로 유지함을 더한다. 그러므로 논에서 "행으로 유지

함을 판단한 중에 처음의 둘은 역행(逆行)이다"라 하였다. 저기서 응신과 화신은 단절하지 못함을 잡았으므로 (번뇌를) 더하였지만 지금은 단지 행법의 근본을 잡은 연고로 번뇌가 없다. 저기에 '공양으로 유지함'과 '겁으로 유지함'이 있고, '경계로 유지함'과 '착한 힘으로 유지함'은 없다. 여기는 시간 중에 겁을 포섭하고 저기는 행으로 착한 힘을 포섭하나니, 경계에 의지하여 공양을 시작한 연고로 아울러 다름이 없다. 나머지 명칭은 모두 같나니 갖춘 것은 저기[십행품]의 해석과 같다. 이미 숫자와 명칭이 같지 않지만 이름을 참고하여 해석하면 여기는 승보가 없고 중생을 교화함이 있으니, 또한 시원하게 이치를 통하지는 않는다. 위의 다라니는 곧 총지의 경문의 뜻을 밝혔고, 수지함이라 번역한 것은 곧 영수하여 주고 받아서 행함이요, 지금에 '힘으로 유지함'이라 한 것은 곧 가지하여 맡겨 유지함의 뜻이니 그러므로 서로 잘못됨이 없다.

[鈔] 十中初三三寶持下는 疏文有四하니 一, 取論意釋이요 二, 然第十地下는 會論同異요 三, 旣數名下는 會論同釋이요 四, 上辨陀羅尼下는 會三處의 持字를 可知니라
● 十中初三三寶持 아래는 소문에 넷이 있으니 가) 논의 의미를 취하여 해석함이요, 나) 然第十地 아래는 논의 같고 다름을 회통함이요, 다) 旣數名 아래는 경문을 모아서 함께 뜻을 해석함이요, 라) 上辨陀羅尼 아래는 세 군데 유지함의 글자를 회통함이니 알 수 있으리라.

나. 열 가지 크게 기쁘게 위로함[大欣慰] 5.
가) 표방하다[標] (第二 2下6)

나) 질문하다[徵] (經/何等)

佛子여 菩薩摩訶薩이 有十種大欣慰하니 何等爲十고
불자여, 보살마하살이 열 가지 크게 기뻐 위로함이 있으니,
무엇이 열인가?

[疏] 第二, 大欣慰는 正辨歡喜行義라 彼에 但見乞者來하고 倍復歡喜어
니와 今은 則知由施故로 見佛供佛等하고 心大歡喜하니 初行은 多同
歡喜地故라

- 나. 열 가지 크게 기뻐 위로함은 바로 환희행의 뜻을 밝힘이다. 저기에 단지 걸식하는 이가 오는 것을 보고 배로 다시 기뻐하거니와 지금은 보시함으로 인해 부처님을 보고 부처님께 공양함 등을 알고 마음에 크게 기뻐하나니, (1) 환희행은 대부분 환희지(歡喜地)와 같은 까닭이다.

다) 해석하다[釋] 5.
(가) 부처님을 섬기고 부처님께 공양함이 상대하다[事佛供佛對]

(十中 3上3)

所謂諸菩薩이 發如是心하되 盡未來世토록 所有諸佛이
出興于世어든 我當皆得隨逐承事하여 令生歡喜라하여
如是思惟하고 心大欣慰하며 復作是念하되 彼諸如來가
出興于世어든 我當悉以無上供具로 恭敬供養이라하여
如是思惟하고 心大欣慰하니라

이른바 (1) 보살이 이러한 마음을 내되, '오는 세월이 끝나도록 모든 부처님이 세상에 나시거든, 내가 마땅히 따라다니면서 받들어 섬기며 환희케 하리라.' 이렇게 생각하고 크게 기뻐 위안하느니라. (2) 또 생각하되 '저 부처님께서 세상에 나시거든, 내가 마땅히 위없는 공양거리로 공경하며 공양하리라.' 이렇게 생각하고 크게 기뻐 위안하느니라.

[疏] 十中에 略爲五對니 一, 事佛供佛對요
■ 나. 열 가지 크게 기뻐 위로함 중에 대략 다섯 대구가 되었으니 (가) 부처님을 섬기고 부처님께 공양함이 상대함이요,

(나) 법문 들음과 친구를 가까이함이 상대하다[聞法近友對] (二聞 3上9)

復作是念하되 我於諸佛所에 興供養時에 彼諸如來가 必示誨我法하리니 我悉以深心으로 恭敬聽受하고 如說修行하여 於菩薩地에 必得已生現生當生이라하여 如是思惟하고 心大欣慰하나니라

(3) 또 생각하되 '내가 부처님들 계신 데서 공양할 때에, 저 여래께서 나에게 법을 가르치시니, 내가 깊은 마음으로 공경하여 듣잡고 말씀하신 대로 수행하여 보살의 지위에 이미 나고 지금 나고 장차 나리라.' 이렇게 생각하고 크게 기뻐 위안하느니라. (4) 또 생각하되 '내가 마땅히 말할 수 없이 말할 수 없는 겁에 보살의 행을 행하며, 항상 모든 부처님과 보살로 더불어 함께하리라.' 이렇게 생각하고 크게 기

뼈 위안하느니라.

[疏] 二, 聞法親善對요
- (나) 법문 들음과 친구를 가까이함이 상대함이요,

(다) 2리를 수행함과 성취함이 상대하다[二利行成對] (三二 3下8)

復作是念하되 我當於不可說不可說劫에 行菩薩行하여 常與一切諸佛菩薩로 而得共俱라하여 如是思惟하고 心大欣慰하며 復作是念하되 我於往昔에 未發無上大菩提心일새 有諸怖畏하니 所謂不活畏와 惡名畏와 死畏와 墮惡道畏와 大衆威德畏라 自一發心으로 悉皆遠離하여 不驚不恐하며 不畏不懼하며 不怯不怖하여 一切衆魔와 及諸外道의 所不能壞라하여 如是思惟하되 心大欣慰하니라 復作是念하되 我當令一切衆生으로 成無上菩提하고 成菩提已하여는 我當於彼佛所에 修菩薩行하되 盡其形壽토록 以大信心으로 興所應供佛諸供養具하여 而爲供養하며 及涅槃後에 各起無量塔하여 供養舍利하며 及受持守護所有遺法이라하여 如是思惟하고 心大欣慰하니라

(5) 또 생각하되 '내가 옛날 위없는 보리심을 내기 전에는 여러 가지 두려움이 있었으니, 곧 ① 생활하지 못할까 두려움 · ② 나쁜 이름 들을까 두려움 · ③ 죽을까 두려움 · ④ 나쁜 길에 떨어질까 두려움 · ⑤ 대중의 위엄이 두려움이라, 한번 마음을 낸 뒤부터 모두 멀리 여의어 놀랍지 않고 무섭

지 않고 두렵지 않고 저어하지 않고 겁나지 않고 공포스럽지 아니하여, 모든 마와 외도들이 파괴할 수 없도다.' 이렇게 생각하고 크게 기뻐 위안하느니라. (6) 또 생각하되 '내가 마땅히 일체중생으로 하여금 위없는 보리를 이루게 하며, 보리를 이룬 뒤에는 저 부처님 계신 데서 보살의 행을 닦고, 몸이 마치도록 깊은 신심으로 부처님께 이바지할 공양거리를 마련하여 공양하며, 열반하신 후에는 각각 한량없는 탑을 쌓아 사리를 공양하고, 그의 끼치신 법을 만들어 지니고 수호하리라.' 이렇게 생각하고 크게 기뻐 위안하느니라.

[疏] 三, 二利行成對요

- (다) 2리를 수행함과 성취함이 상대함이요,

(라) 국토 장엄과 중생 교화가 상대하다[嚴土化生對] (四嚴 4上7)

又作是念하되 十方所有一切世界를 我當悉以無上莊嚴으로 而莊嚴之하되 皆令具足種種奇妙하여 平等淸淨하고 復以種種大神通力으로 住持震動하며 光明照耀하여 普使周徧이라하여 如是思惟하고 心大欣慰하니라 復作是念하되 我當斷一切衆生疑惑하며 淨一切衆生欲樂하며 啓一切衆生心意하며 滅一切衆生煩惱하며 閉一切衆生惡道門하며 開一切衆生善趣門하며 破一切衆生黑暗하며 與一切衆生光明하며 令一切衆生으로 離衆魔業하며 使一切衆生으로 至安隱處라하여 如是思惟하고 心大欣

慰하니라

(7) 또 생각하되 '시방에 있는 모든 세계를 내가 마땅히 위없는 장엄거리로 장엄하여 모두 가지가지 기묘함을 갖추어 평등하고 청정케 하며, 다시 가지가지 신통한 힘으로 지니어 진동케 하고 광명을 밝게 비추어 모두 가득하게 하리라.' 이렇게 생각하고 크게 기뻐 위안하느니라. (8) 또 생각하되 '내가 마땅히 일체중생의 의혹을 끊고 일체중생의 욕망을 깨끗하게 하며 일체중생의 마음을 열고 일체중생의 번뇌를 멸하며 일체중생의 나쁜 길의 문을 닫고 일체중생의 좋은 길의 문을 열며 일체중생의 어두움을 깨뜨리고 일체중생에게 광명을 주며 일체중생으로 마의 업을 떠나고 일체중생을 편안한 곳에 이르게 하리라.' 이렇게 생각하고 크게 기뻐 위안하느니라.

[疏] 四, 嚴土化生對요
- (라) 국토 장엄과 중생 교화함이 상대함이요,

(마) 보기 어려움을 잘 보는 것과 성취하기 어려움을 잘 성취함이 상대하다
   [難見能見難成能成對] (五難 4下8)

菩薩摩訶薩이 復作是念하되 諸佛如來가 如優曇華를 難可值遇하여 於無量劫에 莫能一見이니 我當於未來世에 欲見如來인댄 則便得見하며 諸佛如來가 常不捨我하고 恒住我所하여 令我得見하며 爲我說法하여 無有斷絶이

어든 旣聞法已에 心意淸淨하여 遠離諂曲하고 質直無僞하여 於念念中에 常見諸佛이라하여 如是思惟하고 心大欣慰하며 復作是念하되 我於未來에 當得成佛하고 以佛神力으로 於一切世界에 爲一切衆生하여 各別示現成等正覺하여 淸淨無畏大師子吼하며 以本大願으로 周徧法界하여 擊大法鼓하고 雨大法雨하고 作大法施하여 於無量劫에 常演正法하되 大悲所持로 身語意業이 無有疲厭이라하여 如是思惟하고 心大欣慰하나니라

보살마하살이 (9) 또 생각하되 '부처님 여래는 우담바라 꽃과 같아서 만나기 어려우니 한량없는 겁에 한 번 보지도 못하거니와, 내가 오는 세상에 여래를 뵈오려 하면 곧 보게 되며, 부처님 여래께서 나를 항상 버리지 아니하고 나의 처소에 머물러서 나로 하여금 보게 하며 나에게 법을 말씀하여 끊이지 아니하며, 법을 듣고는 마음이 청정하여 아첨을 멀리 여의고 정직하여 거짓이 없으며 생각 생각마다 항상 부처님을 보게 되리라.' 이렇게 생각하고 크게 기뻐 위안하느니라. (10) 또 생각하되 '나는 오는 세상에 마땅히 부처를 이루고 부처의 신통한 힘으로써 모든 세계에서 일체중생을 위하여 따로따로 정등각을 이루고, 청정하고 두려움이 없어 크게 사자후할 것이며, 본래의 큰 원으로 법계에 두루하여 큰 법 북을 치며 큰 법 비를 내리며 큰 법 보시를 하고, 한량없는 겁에 바른 법을 연설하지마는, 큰 자비로 유지되어 몸과 말과 뜻의 업이 고달프지 아니하리라.' 이렇게 생각하고 크게 기뻐 위안하느니라.

[疏] 五, 難見能見과 難成能成對라 文相甚顯이니라
- (마) 보기 어려움을 잘 보는 것과 성취하기 어려움을 잘 성취함이 상대함이니 경문의 양상이 매우 분명하다.

라) 결론하다[結] (經/佛子 4下9)
마) 권유하다[勸] (經/若諸)

佛子여 是爲菩薩摩訶薩의 十種大欣慰니 若諸菩薩이 安住此法하면 則得無上成正覺智慧大欣慰니라
불자여, 이것이 보살마하살의 열 가지 크게 기뻐 위안함이니, 만일 보살들이 이 법에 편안히 머물면 곧 위없는 바른 깨달음의 지혜를 이루어 크게 기뻐 위안함을 얻느니라.

다. 열 가지로 불법에 깊이 들어감[深入佛法] (三十 5下1)

佛子여 菩薩摩訶薩이 有十種深入佛法하니 何等爲十고 所謂入過去世一切世界하며 入未來世一切世界하며 入現在世世界數와 世界行과 世界說과 世界淸淨하며 入一切世界種種性하며 入一切衆生種種業報하며 入一切菩薩種種行하며 知過去一切佛次第하며 知未來一切佛次第하며 知現在十方虛空法界等一切諸佛의 國土衆會說法調伏하며 知世間法과 聲聞法과 獨覺法과 菩薩法과 如來法하여 雖知諸法이 皆無分別이나 而說種種法하여 悉入法界하되 無所入故로 如其法說하여 無所取着이 是爲

十이니 若諸菩薩이 安住此法하면 則得入於阿耨多羅三藐三菩提大智慧甚深性이니라

불자여, 보살마하살이 열 가지 깊이 불법에 들어감이 있으니, 무엇이 열인가? 이른바 (1) 지난 세상의 모든 세계에 들어가며, (2) 오는 세상의 모든 세계에 들어가며, (3) 지금 세상의 세계 수효와 세계의 행과 세계의 말함과 세계의 청정한 데 들어가며, (4) 모든 세계의 가지가지 성품에 들어가며, (5) 일체중생의 가지가지 업과 과보에 들어가며, (6) 모든 보살의 가지가지 행에 들어가며, (7) 과거 모든 부처의 차례를 알며, 미래 모든 부처의 차례를 알며 현재 시방의 허공과 법계에 있는 모든 부처님 국토에 모인 대중에게 법을 말하여 조복함을 알며, (8) 세간법과 성문법과 독각법과 보살법과 여래법을 알며, (9) 비록 모든 법을 알지마는 분별이 없어 가지가지 법을 말하며, (10) 다 법계에 들어가나 들어갈 곳이 없으므로 그 법과 같이 말하여 집착함이 없나니, 이것이 열이니라. 만일 보살들이 이 법에 편안히 머물면 아눗다라삼약삼보디인 큰 지혜의 매우 깊은 성품에 들어가느니라.

[疏] 三, 十種深入者는 上에 明預欣當成이요 此는 辨現能證了니 卽前法施之行이라 故로 彼에 云, 我當盡學諸佛所學하여 證一切智하고 知一切法하여 爲衆生說이라하니 十中에 前六은 有入字하고 後四에는 以知로 爲初니라 證入과 了知는 二文影顯이라 於中에 初四는 入器世間이니 前三은 別入三世요 後一은 總明이니라 別中에 現在內의 數는 謂多少요 行은 謂刹因이요 說은 謂彼彼果中說法이요 淸淨은 謂刹體

니 此是通體니라 後, 總句에 云種種性은 卽染淨等殊니 斯卽別體니라 次二는 入衆生世間이요 後四는 入智正覺世間이라 於中에 前三은 入三世佛이요 後一은 入法이라 法中에 初는 知差別五乘이니라 後, 雖知下는 明權實雙行이니 以性不壞相故로 雖無分別이나 而說種種이라 此中에 分別은 卽是差別이니 故로 晉經에 云, 雖諸法이 無一無異나 而說一異라하니라 次言悉入法界호대 無所入故者는 釋成上義니 謂悉入法界故로 無差別이요 無所入故로 而說種種이라 何者오 若別有一入處하면 則入時에 失本相하여 不得說種種이나 以當法自虛일새 名入法界나 無別可入이니 則不壞種種矣니라 言如其下는 此上에 辨知하고 此下에는 明說이라 夫說法者는 當如法說이라 法旣權實雙融일새 說도 亦卽說無着이니라

■ 다. 열 가지로 불법에 깊이 들어감은 위에는 미리 기뻐하면 미래에 성취함을 밝힘이요, 여기는 현재에 증득해 요달함이니 곧 앞의 법 보시하는 행을 밝힘이다. 그러므로 저기[십행품]에 이르되, "내가 마땅히 모든 부처님이 배우신 것을 모두 배우며, 온갖 지혜를 얻어 온갖 법을 알고는, 중생들을 위하여 (삼세가 평등하고 고요하며 무너지지 않는 법의 성품을) 말한다"라고 하였다. 열 가지 중에 가) 앞의 여섯 가지에는 입(入) 자가 있고, 나) 뒤의 네 가지에는 아는 것으로 처음을 삼는다. 증득해 들어감과 요달해 앎은 두 경문을 비추어 밝힌 것이다. 가) 중에 (가) 처음 넷은 기세간에 들어감인데 ㄱ. 앞의 셋은 개별로 삼세에 들어감이요, ㄴ. 뒤의 하나는 총상으로 밝혔다. ㄱ. 별상 중에 현재 안의 숫자는 '많고 적음'을 말하고, 행(行)은 '국토의 원인'을 말하고, 말함은 저것과 저것의 과보 중의 법을 설함이요, 청정함은 국토의 체성을 말하나니 이것은 전체의 체성이다. ㄴ. 총상 구절에 '갖가지 성

품'이라 함은 곧 염오와 청정이 같고 다르나니 이것은 곧 별상의 체성이다. (나) 다음의 둘은 중생세간에 들어감이다.

나) 뒤의 넷은 지정각세간에 들어감이다. 그중에 (가) 앞의 셋은 삼세의 부처님께 들어감이요, (나) 뒤의 하나는 법에 들어감이다. (나) 법 중에 ㄱ. 차별한 오승(五乘)을 앎이다. ㄴ. 雖知 아래는 권교와 실법을 함께 행함을 밝힘이니 성품이 모양을 무너뜨리지 않는 연고로 비록 분별함은 없지만 '갖가지'라 말하였다. 이런 중에 분별함은 곧 차별함이니 그러므로 진경(晋經)에 이르되, "비록 모든 법이 하나도 없고 다른 것도 없지만 하나와 다름을 말한다"라고 하였다. 다음에 '법계에 모두 들어가되 들어간 곳이 없기 때문'이라 말한 것은 위를 성취한 뜻을 해석하였으니, 이른바 법계에 모두 들어간 연고로 차별이 없으며, 들어간 곳이 없으므로 갖가지라 말한다. 왜냐하면 만일 별도로 들어간 곳이 있으면 들어갈 때에 본래 모습을 잃어서 갖가지라 말하지는 않겠지만 해당 법이 자체가 비었으므로 '법계에 들어감'이라 이름하지만 별도로 들어감이 없나니 갖가지를 무너뜨리지 않는다. '그 법과 같이'라 말한 아래는 이 위는 앎에 대해 밝히고 이 아래는 말함에 대해 밝혔다. 대저 설법하는 것은 마땅히 법답게 설한다. 법은 이미 권교와 실법을 함께 융통하므로 말함도 또한 말과 합치하여 곧 집착 없음을 뜻한다.

[鈔] 夫說法下는 卽淨名目連章中이니 時에 目連이 於里巷中에 爲諸居士說法이러니 時에 維摩詰이 來謂我言호대 唯大目連이여 爲白衣居士하여 說法이 不當如仁者所說이니 所以者何오 夫說法者는 當如法說이니 法無衆生하니 離衆生垢故요 法無有我하니 離我垢故 等[52]이라하니

---

52) 等 下에 原南續金本有說字, 準疏應刪이라 하다.

라 法旣權實下는 義取淨名之意니라

● 夫說法 아래는 곧 『유마경』 목련장이니 "그때에 목련이 마을 길거리에서 여러 거사를 위하여 설법하였다. 그때 유마힐이 저에게 와서 말하였다. '여보세요. 대목건련이여, 백의거사(白衣居士)들을 위하여 설법하려면 스님이 설한 것과 같이 해서는 옳지 않습니다. 왜냐하면 대저 설법이란 마땅히 여법하게 설해야 합니다. 법에는 중생이 없으니 중생의 때를 떠났기 때문이요, 법에는 〈나〉라는 것이 없으니 나라는 때를 떠났기 때문입니다'"라고 하였다. 法旣權實 아래는 뜻으로 유마경의 주장을 취하였다.

(2) 요익행의 열 가지 의지함[饒益行依止] (第二 7上1)

佛子여 菩薩摩訶薩이 有十種依止일새 菩薩이 依此하여 行菩薩行하나니 何等爲十고 所謂依止供養一切諸佛하여 行菩薩行하며 依止調伏一切衆生하여 行菩薩行하며 依止親近一切善友하여 行菩薩行하며 依止積集一切善根하여 行菩薩行하며 依止嚴淨一切佛土하여 行菩薩行하며 依止不捨一切衆生하여 行菩薩行하며 依止深入一切波羅蜜하여 行菩薩行하며 依止滿足一切菩薩願하여 行菩薩行하며 依止無量菩提心하여 行菩薩行하며 依止一切佛菩提하여 行菩薩行이 是爲十이니 菩薩이 依此行菩薩行이니라

불자여, 보살마하살이 열 가지 의지가 있어 보살들이 이를 의지하여 보살의 행을 행하나니, 무엇이 열인가? 이른바

(1) 모든 부처님께 공양함을 의지하여 보살의 행을 행하며, (2) 일체중생을 조복함을 의지하여 보살의 행을 행하며, (3) 모든 선지식을 친근함을 의지하여 보살의 행을 행하며, (4) 모든 착한 뿌리를 쌓아 모음을 의지하여 보살의 행을 행하며, (5) 모든 부처의 국토를 깨끗이 장엄함을 의지하여 보살의 행을 행하며, (6) 일체중생을 버리지 않음을 의지하여 보살의 행을 행하며, (7) 모든 바라밀다에 깊이 들어감을 의지하여 보살의 행을 행하며, (8) 모든 보살의 원을 만족함을 의지하여 보살의 행을 행하며, (9) 한량없는 보리심을 의지하여 보살의 행을 행하며, (10) 모든 부처의 보리를 의지하여 보살의 행을 행하나니, 이것이 열이니라. 보살이 이것을 의지하여 보살의 행을 행하느니라.

[疏] 第二, 十種依止는 明饒益位中行이라 上에는 明證入이요 今託良緣이니 徧依此十하야사 方能饒益이요 非但依戒라 況戒有攝善이니 何所不具리요

■ (2) 열 가지 의지함은 요익행의 행법을 밝힘이다. 위에는 증득해 들어감에 대해 밝힘이요, 지금은 좋은 인연에 의탁하였으니 이런 열 가지를 두루 의지해야만 비로소 능히 요익할 것이요, 단지 계법에만 의지할 뿐만 아니라 하물며 계에는 섭선법계가 있는데 어떤 곳인들 갖추지 못하리오.

[鈔] 非但依戒者는 阿難이 四問에 佛令依戒爲師하시니 彼는 以戒로 爲饒益이니 卽是依止之義니라

● '단지 계법에만 의지할 뿐만 아니라'한 것은 아난이 네 번 질문할 적에 부처님은 계법을 의지하여 스승으로 삼게 하였는데, 저기는 계로 요익함을 삼았으니 곧 의지한다는 뜻이다.

(3) 무위역행으로 열 가지 두려움 없는 마음을 내다[無違逆行發無畏心]

(第三 7下4)

佛子여 菩薩摩訶薩이 有十種發無畏心하니 何等爲十고 所謂滅一切障礙業하여 發無畏心하며 於佛滅後에 護持正法하여 發無畏心하며 降伏一切魔하여 發無畏心하며 不惜身命하여 發無畏心하며 摧破一切外道邪論하여 發無畏心하며 令一切衆生歡喜하여 發無畏心하며 令一切衆會로 皆悉歡喜하여 發無畏心하며 調伏一切天龍夜叉乾闥婆阿修羅迦樓羅緊那羅摩睺羅伽하여 發無畏心하며 離二乘地하고 入甚深法하여 發無畏心하며 於不可說不可說劫에 行菩薩行하되 心無疲厭하여 發無畏心이 是爲十이니 若諸菩薩이 安住此法하면 則得如來無上大智無所畏心이니라

불자여, 보살마하살이 열 가지 두려움 없는 마음을 내나니, 무엇이 열인가? 이른바 (1) 모든 장애되는 업을 멸하는 데 두려움 없는 마음을 내며, (2) 부처님 열반하신 후에 바른 법을 보호하여 가지는 데 두려움 없는 마음을 내며, (3) 모든 마를 항복받는 데 두려움 없는 마음을 내며, (4) 몸과 목숨을 아끼지 않는 데 두려움 없는 마음을 내며, (5) 모든 외

도의 잘못된 논리를 깨뜨리는 데 두려움 없는 마음을 내며, (6) 일체중생을 기쁘게 하는 데 두려움 없는 마음을 내며, (7) 모든 모인 대중들을 모두 기쁘게 하는 데 두려움 없는 마음을 내며, (8) 모든 하늘과 용, 야차와 건달바, 아수라, 가루라, 긴나라 마후라가를 조복하는 데 두려움 없는 마음을 내며, (9) 이승의 지위를 떠나서 깊은 법에 들어가는 데 두려움 없는 마음을 내며, (10) 말할 수 없이 말할 수 없는 겁 동안 보살의 행을 행하면서 고달픈 생각이 없는 데 두려움 없는 마음을 내나니, 이것이 열이니라. 만일 보살들이 이 법에 편안히 머물면 여래의 위없는 큰 지혜의 두려울 것 없는 마음을 얻느니라.

[疏] 第三, 十種無畏는 卽無違逆位中行이니 由依菩薩止善하여 則於十에 難作能作하고 難忍能忍하여 爲發無畏心이라 一, 障礙難滅이요 二, 遺法難護요 三, 惡魔難降이요 四, 身命難捨요 五, 外道難摧요 六, 物心難稱이요 七, 大衆難喜요 八, 八部難調요 九, 下乘難離요 十, 上行難修라 於此十難에 皆無所畏커니 豈畏衆生이 相惱害耶아

- (3) 열 가지 두려움 없는 마음은 곧 무위역행(無違逆行) 중의 행법이니 보살이 선을 그침을 의지함을 말미암으면 열 가지에서 짓기 어려움을 능히 짓고 참기 어려움을 능히 참아서 두려움 없는 마음을 내기 위함이다. (1) 장애를 없애기 어려움이요, (2) 남긴 법을 보호하기 어려움이요, (3) 악한 마군을 항복받기 어려움이요, (4) 몸과 목숨을 버리기 어려움이요, (5) 외도를 꺾기 어려움이요, (6) 사물과 마음을 칭합하기 어려움이요, (7) 대중들을 기쁘게 하기 어려움이요, (8) 팔부중

을 조화하기 어려움이요, (9) 아래 교법을 여의기 어려움이요, (10) 위로 수행함을 닦기 어려움이다. 이런 열 가지 어려움에 모두 두려울 바가 없는데 어찌 중생이 서로 번뇌하고 해롭힘을 두려워하겠는가?

[鈔] 豈畏衆者는 以無違逆行이 多約耐寃害忍故니라
- '어찌 중생이 서로 번뇌함을 두려워 하겠는가?'라는 것은 무위역행이 대부분 '고통을 감수하는 인욕[耐寃害忍]'을 잡은 까닭이다.

(4) 무굴요행으로 대답하다[無屈撓行] 3.

가. 피갑정진의 행으로 열 가지 의심 없는 마음[被甲行無疑惑心] 10.
가) 열 가지 바라밀로 중생을 섭수하다[十度攝生] (第四 8上3)
나) 부처님을 모시고 부처님을 공양하다[事佛供佛] (二事)

佛子여 菩薩摩訶薩이 發十種無疑心하여 於一切佛法에 心無疑惑하나니 何等爲十고 所謂菩薩摩訶薩이 發如是 心하되 我當以布施로 攝一切衆生하며 以戒忍精進禪定 智慧慈悲喜捨로 攝一切衆生이라하여 發此心時에 決定 無疑니 若生疑心하면 無有是處가 是爲第一發無疑心이 요 菩薩摩訶薩이 又作是念하되 未來諸佛이 出興于世어 든 我當一切로 承事供養이라하여 發此心時에 決定無疑 니 若生疑心하면 無有是處가 是爲第二發無疑心이요

불자여, (1) 보살마하살이 열 가지 의심 없는 마음을 내어 모든 불법에 의혹이 없나니, 무엇이 열인가? 이른바 보살마

하살이 이런 마음을 내되, '내가 마땅히 보시로 일체중생을 거두어 주고, 계율과 참음과 정진과 선정과 지혜와 인자함과 어여삐 여김과 기뻐함과 버림으로써 일체중생을 거두어 주리라' 하여, 이 마음을 낼 적에 결정코 의심이 없나니, 만일 의심을 내면 옳지 아니하리라. 이것이 첫째 의심 없는 마음을 냄이니라. (2) 보살마하살이 또 생각하되, '미래의 부처님이 세상에 나시거든, 내가 모두 받들어 섬기며 공양하리라' 하여, 이 마음을 낼 적에 결정코 의심이 없나니, 만일 의심을 내면 옳지 아니하리라. 이것이 둘째 의심 없는 마음을 냄이니라.

[疏] 第四, 發無疑心下의 二門은 明無屈撓位中行이라 於中에 此門은 由前於難에 無懼故로 於十所作에 決志無疑니 卽被甲精進中行이요 後門은 攝善之行이니 利樂이 偏在二門이니라 今初十中에 一, 十度攝生이요 二, 事佛供佛이요

■ (4) 發無疑心 아래 두 문은 무굴요행 지위의 행으로 밝힘이다. 그중에 가. 이 문은 앞의 어려움에서 두려움이 없음을 말미암아 열 가지 지을 것에 결정한 뜻으로 의심 없나니 곧 피갑정진의 행이요, 나. 뒤의 문은 섭선법행이니 이롭고 즐거움이 두 문에 두루하여 있다. 지금은 열 가지 중에 가) 십바라밀로 중생을 섭수함이요, 나) 부처님을 모시고 부처님을 공양함이다.

다) 광명으로 국토를 장엄하다[光明嚴刹] (三光 8下8)
라) 오래도록 조복하여 성숙하게 하다[長時調熟] (四長)

菩薩摩訶薩이 又作是念하되 我當以種種奇妙光明網으로 周徧莊嚴一切世界라하여 發此心時에 決定無疑니 若生疑心하면 無有是處가 是爲第三發無疑心이요 菩薩摩訶薩이 又作是念하되 我當盡未來劫토록 修菩薩行하되 無數無量無邊無等과 不可數不可稱不可思不可量不可說과 不可說不可說로 過諸算數하는 究竟法界虛空界一切衆生을 我當悉以無上敎化調伏法으로 而成熟之라하여 發此心時에 決定無疑니 若生疑心하면 無有是處가 是爲第四發無疑心이요

(3) 보살마하살이 또 생각하되, '내가 마땅히 가지각색 기묘한 광명 그물로 모든 세계를 두루 장엄하리라' 하여, 이 마음을 낼 적에 결정코 의심이 없나니, 만일 의심을 내면 옳지 아니하리라. 이것이 셋째 의심 없는 마음을 냄이니라. (4) 보살마하살이 또 생각하되, '내가 마땅히 미래 겁이 다하도록 보살의 행을 닦으면서, 수없고 한량없고 그지없고 같을 이 없고 수가 없고 일컬을 수 없고 생각할 수 없고 헤아릴 수 없고 말할 수 없고 말할 수 없이 말할 수 없어, 모든 산수를 초월하고 끝 가는 법계와 허공계의 일체중생들을 내가 마땅히 위없이 교화하고 조복하는 법으로써 성숙하리라 하여, 이 마음을 낼 적에 결정코 의심이 없나니, 만일 의심을 내면 옳지 아니하리라. 이것이 넷째 의심 없는 마음을 냄이니라.

[疏] 三, 光明嚴刹이요 四, 長時調熟이요

■ 다) 광명으로 국토를 장엄함이요, 라) 오래도록 조복하여 성숙하게 함이요,

마) 온갖 지혜를 갖추다[具一切智] (五具 9上9)
바) 세간의 등불이 되다[作世間燈] (六作)

菩薩摩訶薩이 又作是念하되 我當修菩薩行하여 滿大誓願하고 具一切智하여 安住其中이라하여 發此心時에 決定無疑니 若生疑心하면 無有是處가 是爲第五發無疑心이요 菩薩摩訶薩이 又作是念하되 我當普爲一切世間하여 行菩薩行하되 爲一切法淸淨光明하여 照明一切所有佛法이라하여 發此心時에 決定無疑니 若生疑心하면 無有是處가 是爲第六發無疑心이니라

(5) 보살마하살이 또 생각하되, '내가 마땅히 보살의 행을 닦아 큰 서원을 만족하고 온갖 지혜를 갖추고 그 가운데 편안히 머물리라' 하여, 이 마음을 낼 적에 결정코 의심이 없나니, 만일 의심을 내면 옳지 아니하리라. 이것이 다섯째 의심 없는 마음을 냄이니라. (6) 보살마하살이 또 생각하되, '내가 마땅히 모든 세간을 위하여 보살의 행을 행하며 모든 법의 청정한 광명이 되어 모든 부처님 법을 비추어 밝히리라' 하여, 이 마음을 낼 적에 결정코 의심이 없나니, 만일 의심을 내면 옳지 아니하리라. 이것이 여섯째 의심 없는 마음을 냄이니라.

[疏] 五, 具一切智이요 六, 作世明燈이요
■ 마) 온갖 지혜를 갖춤이요, 바) 세간의 등불이 됨이요.

사) 법을 연설하여 깨닫게 하다[說法開悟] (七說 9下8)
아) 장애를 없애고 성불하다[滅障成佛] (八滅)

菩薩摩訶薩이 又作是念하되 我當知一切法이 皆是佛法하고 隨衆生心하여 爲其演說하여 悉令開悟라하여 發此心時에 決定無疑니 若生疑心하면 無有是處가 是爲第七發無疑心이요 菩薩摩訶薩이 又作是念하되 我當於一切法에 得無障礙門하여 知一切障礙가 不可得故로 其心이 如是無有疑惑하여 住眞實性하며 乃至成於阿耨多羅三藐三菩提라하여 發此心時에 決定無疑니 若生疑心하면 無有是處가 是爲第八發無疑心이니라

(7) 보살마하살이 또 생각하되, '내가 마땅히 모든 법이 모두 부처님 법임을 알고, 중생의 마음을 따라 그들에게 연설하여 깨닫게 하리라' 하여, 이 마음을 낼 적에 결정코 의심이 없나니, 만일 의심을 내면 옳지 아니하리라. 이것이 일곱째 의심 없는 마음을 냄이니라. (8) 보살마하살이 또 생각하되, '내가 마땅히 온갖 법에서 장애가 없는 문을 얻고, 온갖 장애를 찾을 수 없음을 아는 연고로 마음이 이와 같이 의혹이 없으며 진실한 성품에 머물러서 내지 아늦다라삼약삼보디를 이루리라' 하여, 이 마음을 낼 적에 결정코 의심이 없나니, 만일 의심을 내면 옳지 아니하리라. 이것이 여덟째 의

심 없는 마음을 냄이니라.

[疏] 七, 說法開悟요 八, 滅障成佛이요
■ 사) 법을 연설하여 깨닫게 함이요, 아) 장애를 없애고 성불함이요,

자) 망념을 여의고 스스로 깨닫다[離妄自覺] (九離 10上8)
차) 결정코 보리를 이루다[決成菩提] (十決)

菩薩摩訶薩이 又作是念하되 我當知一切法이 莫不皆是 出世間法하여 遠離一切妄想顚倒하고 以一莊嚴으로 而 自莊嚴하되 而無所莊嚴하여 於此自了요 不由他悟라하 여 發此心時에 決定無疑니 若生疑心하면 無有是處가 是 爲第九發無疑心이니라 菩薩摩訶薩이 又作是念하되 我 當於一切法에 成最正覺이니 離一切妄想顚倒故며 得一 念相應智故며 若一若異를 不可得故며 離一切數故며 究竟無爲故며 離一切言說故며 住不可說境界際故라하 여 發此心時에 決定無疑니 若生疑心하면 無有是處가 是 爲第十發無疑心이니라 若諸菩薩이 安住此法하면 則於 一切佛法에 心無所疑니라

(9) 보살마하살이 또 생각하되, '내가 마땅히 온갖 법이 모두 출세간법인 줄을 알고 모든 허망한 마음의 뒤바뀜을 멀리 여의며, 한 가지 장엄으로 스스로 장엄하되 장엄할 것이 없으며, 이것을 스스로 깨닫고 다른 이를 말미암지 않으리라' 하여, 이 마음을 낼 적에 결정코 의심이 없나니, 만일 의

심을 내면 옳지 아니하리라. 이것이 아홉째 의심 없는 마음을 냄이니라. (10) 보살마하살이 또 생각하되, '내가 마땅히 모든 법에서 가장 바른 깨달음을 이루리니, 온갖 허망한 생각과 뒤바뀜을 여의는 연고며, 한 생각과 서로 응하는 지혜를 얻는 연고며, 하나라 다르다 함을 얻을 수 없는 연고며, 모든 수효를 여의는 연고며, 끝까지 함이 없는 연고며, 모든 말을 여읜 연고며, 말할 수 없는 경계의 경계에 머무는 연고라' 하여, 이 마음을 낼 적에 결정코 의심이 없나니, 만일 의심을 내면 옳지 아니하리라. 이것이 열째 의심 없는 마음을 냄이니라. 만일 보살들이 이 법에 편안히 머물면 온갖 부처님 법에 의심할 것이 없느니라.

[疏] 九, 離妄自覺이요 十, 決成菩提라 於此十事에 發誓要期일새 故名被甲이니라

- 자) 망념을 여의고 스스로 깨달음이요, 차) 결정코 보리를 이룸이니 이런 열 가지 일은 서원을 발하여 (깨닫기를) 기약하려는 연고로 피갑정진이라 이름한다.

나. 섭선법행이 불가사의하다[攝善行不可思議] 3.
가) 단순히 세 가지 일을 잡아 해석하다[單約三事] (二十 10下7)

佛子여 菩薩摩訶薩이 有十種不可思議하니 何等爲十고 所謂一切善根이 不可思議며 一切誓願이 不可思議며 知一切法如幻이 不可思議며

불자여, 보살마하살이 열 가지 불가사의가 있으니, 무엇이 열인가? 이른바 (1) 모든 착한 뿌리가 불가사의며, (2) 온갖 서원이 불가사의며, (3) 모든 법이 환술과 같음을 아는 것이 불가사의며,

[疏] 二, 十種不思議는 卽所攝之善가 由決志無疑일새 故所爲難測이니라 十中에 初三은 單約善根과 願智가 稱性일새 名不思議요

■ 나. 열 가지 불가사의함은 곧 섭수할 대상이 선한 것이 결정적으로 의심 없음으로 말미암은 연고로 하는 일을 측량하기 어렵다. 열 가지 중에 가) 처음 셋은 단순히 선근과 원력과 지혜가 성품과 칭합함을 잡은 것을 '불가사의함'이라 이름한다.

나) 나머지 일곱은 방편과 실법을 함께 움직이다[權實雙運] 2.
(가) 네 가지는 행법을 잡아 밝히다[四約行] (餘七 11上7)

發菩提心하여 修菩薩行하되 善根不失하여 無所分別이 不可思議며 雖深入一切法이나 亦不取滅度니 以一切願을 未成滿故가 不可思議며 修菩薩道하되 而示現降神과 入胎誕生과 出家苦行과 往詣道場과 降伏衆魔와 成最正覺과 轉正法輪과 入般涅槃하여 神變自在하여 無有休息하여 不捨悲願하고 救護衆生이 不可思議며 雖能示現如來十力의 神變自在나 而亦不捨等法界心하고 敎化衆生이 不可思議며

(4) 보리심을 내어 보살의 행을 닦으며 착한 뿌리를 잃지 아

니하여 분별할 것 없음이 불가사의며, (5) 비록 모든 법에 들어가나 열반을 취하지 않음은 모든 소원을 이루지 못한 연고인 것이 불가사의며, (6) 보살의 도를 닦으면서도 하늘에서 내려와 태에 들어가고 탄생하고 출가하여 고행하고 도량에 나아가 마군들을 항복받고 가장 바른 깨달음을 이루고 바른 법륜을 굴리고 반열반에 들며, 신통변화가 자유자재하여 쉬지 않으면서도 자비와 서원을 버리지 않고 중생을 구호함이 불가사의며, (7) 비록 여래의 열 가지 힘과 신통변화가 자재함을 나타내면서도 법계와 같은 마음을 버리지 않고 중생을 교화함이 불가사의며,

[疏] 餘七은 權實雙運일새 故로 不思議라 於中에 前四는 約行이요 後三은 約智니 智約內明이요 行就外相이라 前中에 四는 涉有而一道淸淨이요 五는 悟空而萬行沸騰이요 六은 修因而八相果成이요 七은 現果而大用不捨가 皆難思也니라

■ 나) 나머지 일곱은 방편과 실법을 함께 움직인 연고로 불가사의하다. 그중에 (가) 앞의 넷은 행법을 잡은 해석이요, (나) 뒤의 셋은 지혜를 잡은 해석이니 지혜는 안으로 밝음을 잡았고, 행법은 밖으로 모양에 입각하였다. (가)에서 넷[(1) 無相是相 (2) 相是無相 (3) 無分別是分別 (4) 分別是無分別]은 유를 건너더라도 한 길로 청정함이요, 다섯째[(5) 非有是有]는 공을 깨달아도 만 가지 행이 끓어오름이요, 여섯째[(6) 有是非有]는 인행을 닦아도 여덟 모양[八相成道]으로 과덕을 성취함이요, 일곱째[(7) 無作是作]는 과덕을 나타내더라도 큰 작용은 버리지 않음이 사의하기 어려움이다.

(나) 세 가지는 지혜를 잡아 밝히다[三約智] 3.

ㄱ. 두 가지 진리가 서로 합치함을 잡아 해석하다[約二諦相卽] (後三)

知一切法이 無相是相이요 相是無相이며 無分別이 是分別이요 分別이 是無分別이며 非有是有요 有是非有며 無作是作이요 作是無作이며 非說是說이요 說是非說이 不可思議며

(8) 모든 법의 모양 없는 것이 모양이고 모양이 모양 없는 것이며, 분별없는 것이 분별이고 분별이 분별없는 것이며, 있지 않은 것이 있는 것이고 있는 것이 있지 않은 것이며, 지음 없는 것이 지음이요 지음이 지음 없는 것이며, 말 아닌 것이 말하는 것이고 말하는 것이 말 아닌 것이 불가사의며,

[疏] 後三中에 八은 二諦相卽이요 九는 三事가 融而不融이요 十은 權實이 卽而不卽이니라 八中에 十句五對니 一, 境이요 二, 心이요 三, 通一切요 四, 約修起요 五, 卽名言이라 亦卽五法이니 一, 相이요 二, 妄想이요 三, 如如요 四, 正智요 五, 名이라 然이나 各有二意하니 一, 直就法體에 無相是眞이요 相卽是俗이며 常互相卽이라 下四도 例然이니라 二, 約迷悟五對가 大同小異니 謂一은 迷如無相하여 以成於相일새 悟相無相하면 卽是如如니라 二는 迷於正智無分別하여 卽成妄想分別일새 悟妄分別하면 卽正智無分別이니라 三, 了如非有하면 眞有如如요 若執有如하면 則非如有니라 四, 智若無作하면 是作正智요 若有所作하면 非作正智니라 五는 知名非說하면 是眞說名이요 謂名有說하면 非是說名이니라

■ (나) 뒤의 셋 중에 여덟째[(8) 作是無作]는 두 가지 진리가 서로 합치함이요, 아홉째[(9) 非說是說]는 세 가지 일이 융섭하면서도 융섭하지 않음이요, 열째[(10) 說是非說]는 방편과 실법이 합치하면서도 합치하지 않음이다. ㄱ. (8) 중에 열 구절이 다섯 대구이니 (1) 경계 (2) 마음 (3) 모두와 통함 (4) 수행하기 시작함을 잡음 (5) 이름과 합치함이다. 또한 다섯 가지 법과 합치하나니 ① 모양 ② 망상 ③ 진여와 같음 ④ 바른 지혜 ⑤ 명칭이다. 그러나 각기 두 가지 의미가 있으니 첫째, 바로 법의 체성에 입각하면 모양 없음이 진여요, 모양이 바로 속제이며, 항상 번갈아 서로 합치함이다. 아래의 넷도 유례하면 마찬가지이다. 둘째, 미혹과 깨달음의 다섯 대구를 잡으면 크게는 같고 조금은 다르나니 이른바 (1) 진여가 모양 없음을 미혹하여 모양을 이룬 연고로 모양이 모양 없음[(1) 無相是相 (2) 相是無相]을 깨달으면 바로 여여함이요, (2) 바른 지혜는 분별없음을 미혹하여 곧 망상과 분별을 이루므로 망령된 분별[(3) 無分別是分別 (4) 分別是無分別]을 깨달으면 곧 바른 지혜는 분별없음이다. (3) 진여가 유가 아님을 요달하면 [(5) 非有是有 (6) 有是非有] 진실로 여여함이 있고, 만일 진여가 있다고 집착하면 진여는 있는 것이 아니다. (4) 지혜가 만일 지음이 없으면 [(7) 無作是作 (8) 作是無作] 바른 지혜를 짓고 만일 지은 대상이 있으면 바른 지혜를 짓지 못한다. (5) 명칭은 설하지 못함을 알면[(9) 非說是說 (10) 說是非說] 진실로 명칭을 설명한 것이요, 이른바 명칭에 설명이 있으면 명칭을 설명함이 아니다.

[鈔] 八中十句者는 疏文有二하니 先, 標所依法相이라 而有二意니라 後, 然各有二意下는 雙釋上二라 言各二意者는 十句五對가 各具上二

也니 下에 依二意하여 釋之니 先, 直就法體는 但約二諦以明이니 卽釋前의 約境心等五요 後, 二約迷悟下는 卽釋上의 約五法明하여 通就迷悟以釋이라 上卽約境은 不出二諦요 今此約心은 不出迷悟니 悟卽正智요 迷卽妄想이라 由此二故로 說成五法이라 五法[53)]을 卽分爲五니 一, 約相上하여 以如로 對之일새 故로 無相是如니라 二, 就妄想上하여 以正智對之요 三, 就如如之上하여 唯就如如得失하여 以明이요 四, 就正智上하여 亦約正智得失하여 以明이요 五, 就名上하여 亦唯就名得失하여 以明이라 五中에 皆通迷悟니라 然이나 迷卽有名相과 妄想하고 悟則唯正智와 如如니 智契於如에 一味平等이라 餘如前後說이니라

- ㄱ. (8) 중에 열 구절이란 소문에 둘이 있으니 (가) 의지할 대상인 법의 모양을 잡은 해석이다. 그래서 두 가지 의미가 있다. (나) 然各有二意 아래는 위의 둘을 함께 해석함이다. 각기 두 가지 의미라 말한 것은 열 구절이 다섯 대구인 것이 각기 위의 둘을 갖추었으므로 아래에 두 가지 의미를 의지하여 해석하나니 ㄱ. 바로 법의 체성에 입각한 해석은 단지 두 가지 진리를 잡아 설명하였으니 곧 앞의 경계와 마음 따위 다섯을 잡아서 해석함이요, ㄴ. 二約迷悟 아래는 곧 위의 다섯 가지 법을 잡아 설명하여 전체적으로 미하고 깨달음에 입각하여 해석한 내용이다.

ㄴ. 세 가지 현상이 융섭하기도 하고 융섭하지 않기도 하다
[三事融而不融] (九中 12下9)

---

53) 五法은 甲南續金本無라 하다.

知心與菩提等하며 知菩提與心等하며 心及菩提가 與衆生等하되 亦不生心顚倒와 想顚倒와 見顚倒가 不可思議며
(9) 마음이 보리와 평등함을 알고 보리가 마음과 평등함을 알며, 마음과 보리가 중생으로 더불어 평등함을 알지마는, 마음이 뒤바뀌고 생각이 뒤바뀌고 소견이 뒤바뀜을 내지 않는 것이 불가사의며,

[疏] 九中에 初, 融三事요 後, 亦不下는 顯離融相이 名爲不融이니라 三事는 卽心佛衆生이 皆無差別이니 如覺林偈니라

■ ㄴ. (9) 중에 ㄱ) 세 가지 현상과 융섭함이요, ㄴ) 亦不 아래는 융섭을 여읜 양상을 융섭하지 않음이라 이름한 것을 밝혔다. 세 가지 현상은 곧 마음과 부처와 중생이 모두 차별 없음이니 (야마궁중게찬품의) 각림(覺林)보살의 게송과 같다.

[鈔] 九中에 初, 融三事는 心佛衆生이 三無差故라 後, 離融相이니 故로 科에 云不融이라 然54)이나 不融中에 有二하니 一, 不壞相이요 二, 離融相이라 離融相은 約理에 無可融故요 約心하야는 無想念故라 不壞相은 約本自融이니 不可融故라 從三事下는 指文引證이니라

● ㄴ. (9) 중에 ㄱ) 세 가지 현상과 융섭함은 마음과 부처와 중생이 모두 차별 없는 까닭이다. ㄴ) 융섭을 여읜 양상이므로 융섭하지 않음이라 과목 나눈 것이다. 그러나 융섭하지 않음 중에 둘이 있으니 (1) 모양을 무너뜨리지 않음이요, (2) 융섭을 여읜 양상이다. '융섭을 여읜 양상'은 이치를 잡으면 융섭할 수가 없는 연고요, 마음을 잡으면

---

54) 然은 甲南續金本作就라 하다.

생각과 망념이 없는 까닭이다. 모양을 무너뜨리지 않음은 본래 스스로 융섭함을 잡은 해석이니 융섭할 수가 없는 까닭이다. 三事 아래는 지문으로 인용하여 증명함이다.

ㄷ. 방편과 실법이 합치하지도 합치하지 않기도 하다[權實卽而不卽] 3.
ㄱ) 다하면서도 다하지 않는다[盡而不盡] (十中 13下1)
ㄴ) 없으면서 없지 않다[無而不無] (經/雖知)
ㄷ) 합치하면서도 합치하지 않는다[卽而不卽] (三雖)

於念念中에 入滅盡定하여 盡一切漏하되 而不證實際하고 亦不盡有漏善根하며 雖知一切法이 無漏나 而知漏盡하고 亦知漏滅하며 雖知佛法이 卽世間法이요 世間法이 卽佛法이나 而不於佛法中에 分別世間法하고 不於世間法中에 分別佛法하나니 一切諸法이 悉入法界하되 無所入故며 知一切法이 皆無二無變易故니 是爲第十不可思議니라

(10) 생각 생각마다 ① 멸진정에 들어가 모든 번뇌를 다하지마는, 진실한 경계를 증득하지도 않고 새는 착한 뿌리를 다하지도 않으며, ② 비록 모든 법이 샘이 없는 줄을 알지마는, 샘이 다함도 알고 샘이 멸함도 알며, ③ 비록 부처의 법이 곧 세간법이고 세간법이 곧 부처의 법인 줄을 알지마는, 부처의 법 가운데서 세간법을 분별하지도 않고 ④ 세간법 가운데서 부처의 법을 분별하지도 않으며, 온갖 법이 다 법계에 들어가도 들어갈 바가 없는 연고며, ⑤ 온갖 법이 둘도 없고 변함

도 없음을 아는 연고니, 이것이 열째 불가사의니라.

[疏] 十中에 三句는 初, 明盡而不盡이니 此約斷時하여 以明體用이요 二, 無而不無니 此將法性對斷하여 以明體用이라 二句가 雖殊나 俱是權實雙行이니라 三, 雖知佛法下는 明卽而不卽이라 於中에 初, 正明이요 後一, 一切諸法下는 釋成上義라 悉入法界일새 故說相卽이요 無所入故로 不應世中에 分別佛法等이니 謂以當法이 自虛일새 故名相卽이나 非世間中에 佛法可得이니라 下에 重釋云호대 知一切法이 皆無二故로 不得二中에 互求하며 無變易故로 亦非世法을 作彼佛法이니 思之니라

■ ㄷ. (10) 중에 세 구절은 ㄱ) 다하면서도 다하지 않음을 밝힘이니 여기는 단절할 때를 잡아서 체성과 작용을 밝힘이요, ㄴ) 없으면서 없지 않음이니 여기는 법의 성품을 가져서 단절함과 상대하여 체성과 작용을 밝힘이다. 두 구절이 비록 다르지만 모두 방편과 실법을 함께 행함이다. ㄷ) 雖知佛法 아래는 합치하면서도 합치하지 않음을 밝힘이다. 그중에 (ㄱ) 바로 설명함이요, (ㄴ) 一切諸法 아래는 위의 이치 이룸을 해석함이다. 모두 법계에 들어가는 연고로 '서로 합치함'이라 말한 것이요, 들어갈 대상이 없는 연고로 응당히 세간 중에 불법을 분별하지 않는다는 등이다. 말하자면 해당 법이 자체가 비었으므로 서로 합치한다고 이름하지만 세간이 아닌 중에서 불법을 얻을 수 있는 것이다. 아래에 거듭하여 해석해 말하되, "온갖 법이 모두 둘이 없는 연고로 두 가지 중에 번갈아 구함을 얻지 못하며, 변하여 바뀜이 없는 연고로 또한 세간 아닌 법으로 저 불법을 짓는다는 뜻이니 생각해 보라.

다. 결론하고 권하다[結] (經/佛子 13下9)

佛子여 是爲菩薩摩訶薩의 十種不可思議니 若諸菩薩이 安住其中하면 則得一切諸佛의 無上不可思議法이니라
불자여, 이것이 보살마하살의 열 가지 불가사의니, 만일 보살들이 이 가운데 편안히 머물면 모든 부처의 위없는 불가사의한 법을 얻느니라.

(5) 이치란행으로 대답하다[離癡亂行] 2.
가. 과목 나누기[分科] (第五 14下5)

[疏] 第五, 十種巧密語下의 六門은 明無癡亂中行이라 於中에 三이니 初二門은 卽無癡之行이요 次二門은 明無亂之行이요 後二門은 雙明二門하여 引生功德이라 雖癡亂이 有通이나 今從別說하노라 又此三段이 卽是三禪이니 初는 卽饒益有情禪이요 二는 卽正法樂住禪이요 三은 卽引生功德禪이라 今初의 二門中에 初門은 不愚巧密之言이요 後門은 不愚善巧之智니라

■ (5) 十種巧密語 아래 여섯 문은 이치란행 중의 행법으로 밝힘이다. 그중에 셋이니 가) 두 문은 곧 어리석음 없는 행이요, 나) 두 문은 혼란하지 않은 행이요, 다) 두 문은 두 문을 함께 밝혀서 공덕을 이끌어 낸다. 비록 어리석고 혼란함이 통함이 있지만 지금은 별상을 따라 말하노라. 또한 이런 세 문단이 바로 세 가지 선정이니 가) 중생을 요익하는 선정이요, 나) 정법에 즐겨 머무르는 선정이요, 다) 공덕을 이끌어 내는 선정이다. 지금은 가) 두 문 가운데 (가) 처음 문은 교묘

하고 비밀한 말에 어리석지 않음이요, (나) 뒤의 문은 선교한 지혜에 어리석지 않음이다.

나. 과목에 따라 해석하다[隨釋] 3.
가) 중생을 요익하는 선정[饒益有情禪] 2.

(가) 교묘하고 비밀한 말에 어리석지 않다[不愚巧密之言] 2.
ㄱ. 바로 설명하다[正明] (今初 14下9)

佛子여 菩薩摩訶薩이 有十種巧密語하니 何等爲十고 所謂於一切佛經中에 巧密語와 於一切受生處에 巧密語와 於一切菩薩神通變現成等正覺에 巧密語와 於一切衆生業報에 巧密語와 於一切衆生所起染淨에 巧密語와 於一切法究竟無障礙門에 巧密語와 於一切虛空界一一方處에 悉有世界하되 或成或壞하여 間無空處한 巧密語와 於一切法界一切十方과 乃至微細處에 悉有如來가 示現初生으로 乃至成佛入般涅槃하여 充滿法界를 悉分別見하는 巧密語와 見一切衆生의 平等涅槃은 無變易故며 而不捨大願은 以一切智願이 未得圓滿하여 令滿足故인 巧密語와 雖知一切法이 不由他悟나 而不捨離諸善知識하여 於如來所에 轉加尊敬하며 與善知識으로 和合無二하여 於諸善根에 修集種植55)하고 廻向安住하여 同一所作이며 同一體性이며 同一出離며 同一成就인 巧密語가 是

---

55) 修集은 明淸合綱杭鼓纂本作修習, 磧續金本作修集, 麗宋元本應從大昭作修集; 弘作修習誤.

爲十이니 若諸菩薩이 安住其中하면 則得如來無上善巧微密語니라

불자여, 보살마하살이 열 가지 교묘하고 비밀한 말이 있으니, 무엇이 열인가? 이른바 (1) 모든 불경 가운데 교묘하고 비밀한 말과, (2) 온갖 태어나는 곳에 교묘하고 비밀한 말과, (3) 모든 보살의 신통변화와 정등각을 이루는 데 교묘하고 비밀한 말과, (4) 일체중생의 업과 과보에 교묘하고 비밀한 말과, (5) 일체중생이 물들고 깨끗함을 일으키는 데 교묘하고 비밀한 말과, (6) 모든 법이 끝까지 장애가 없는 문에 교묘하고 비밀한 말과, (7) 온갖 허공계의 낱낱 처소에 모두 세계가 있어서 이루기도 하고 무너지기도 하여 빈 곳이 없는 데 교묘하고 비밀한 말과, (8) 모든 법계의 모든 시방과 내지 미세한 곳에 모두 여래가 있어 처음 탄생하며, 내지 부처를 이루고 반열반에 들어감을 보이는 것이 법계에 가득함을 다 분별하여 보는 교묘하고 비밀한 말과, (9) 일체중생이 평등하게 열반함을 보는 것은 변하여 바뀜이 없는 연고지마는, 큰 서원을 버리지 아니함은 온갖 지혜로써 서원이 원만하지 못한 이를 만족하게 하려는 것인 교묘하고 비밀한 말과, (10) 비록 모든 법을 다른 이에게 깨달은 것이 아닌 줄 알지마는, 선지식을 버리지 아니하며 여래를 더욱 존경하며, 선지식으로 더불어 화합하여 둘이 없으며 모든 착한 뿌리를 닦아 모으고 심으며 회향하여 편안히 머물러서 같이 짓고 같은 성품이고 같이 벗어나고 같이 성취하는 교묘하고 비밀한 말이니, 이것이 열이니라. 만일 보살들이 이

가운데 편안히 머물면 여래의 위없는 교묘하고 비밀한 말을 얻느니라.

[疏] 今初라 前에 旣明內行일새 今辨外言이라 彼行文에 云, 以正念故로 善解世間一切言說하고 能持出世諸法言說等이라하니라 皆言密語者는 汎明에 有五하니 一, 說深密法故니 如出現品에 名如來密藏等이니라 二, 一言에 說一切法故니 上에 云, 如來가 於一語言中等이요 亦如仙陀四實과 九義瞿聲等이니라 三, 近而不聞이니 如身子在座요 遠而無隔이니 如目連尋聲等이니라 四, 言近意遠은 如說三乘하여 爲究竟等이요 言遠意近은 如說寒時에 得火를 名涅槃等이니 此意도 亦名隱實說權이니라 五, 以異言으로 說異法이니 如覺不堅을 爲堅等이니라

■ 지금은 (가) 교묘하고 비밀한 말에 어리석지 않음이다. 앞에서 이미 내부의 행을 밝혔고 지금은 외부의 말을 밝혔다. 저 (5) 이치란행의 경문에 이르되, "세간의 온갖 말을 잘 알고, 출세간법의 말을 능히 지닌다"는 등이라 하였다. 모두에 '비밀한 말'이라 말한 것은 넓게 설명할 적에 다섯이 있으니 ① 깊고 비밀한 법을 말하는 연고니 여래출현품에는 '여래의 비밀한 곳집'이라 이름한 등과 같다. ② 하나를 말하면 온갖 법을 말하는 연고니 위에서 말하되, "여래가 한 가지 말과 말씀을 하신다"는 등이요, 또한 선타바의 네 가지 실법과 아홉 가지 뜻으로 놀라는 소리 등과 같다. ③ 가까이하여도 듣지 못함은 마치 사리불이 사자좌에 있음과 같고, 멀리 있어도 떨어지지 않음이니 마치 목건련이 소리를 찾음 등이다. ④ 말은 가깝고 생각은 먼 것은 마치 삼승을 설하여 구경을 삼음과 같은 등이다. 말은 멀고 생각은 가까

움은 마치 추울 때에 불을 얻음을 열반이라 말함과 같나니 이런 생각도 또한 실법은 숨기고 방편을 말한다고 이름한다. ⑤ 다르다 말함으로 다른 법을 말하나니 마치 굳지 않음을 깨달음의 굳건함으로 삼는 것과 같은 등이다.

ㄴ. 구분하다[料揀] (文中 17上2)

[疏] 文中에 十句니 初一은 具五하여 以是總故며 一切敎故라 次二는 含二意니 謂示而謂實故는 卽第四意요 此二가 皆是深密之法은 卽第一意니라 餘通前二며 或並兼五니 可以意得이니라

- 경문 중에 열 구절이니 ㄱ) 한 구절[(1) 於一切佛經中 巧密語]에 다섯을 갖추어 총상으로 삼는 연고며 온갖 교법인 까닭이다. ㄴ) 두 구절[(2) 於一切受生處巧密語 (3) 於一切菩薩神通變現成等正覺巧密語]에는 두 가지 의미를 포함하나니 보인다 말하려다가 실법을 말하는 연고는 곧 넷째 의미[(4) 於一切衆生業報巧密語]요, 이런 두 구절이 모두 깊고 비밀한 법인 것은 곧 첫째 총상의 의미이다. ㄷ) 나머지 구절[(5) 於一切衆生所起染淨 巧密語 ~ (10) 雖知一切法不由他悟 而不捨離諸善知識 巧密語]은 앞의 둘과 통하며, 혹은 아울러 다섯을 겸하나니 생각하여 얻을 수 있다.

[鈔] 仙陀四實[56)]은 謂鹽과 水와 器와 馬이니 前已廣釋이니라 九義瞿聲은 卽俱舍論에 云, 方獸地光言과 金剛眼天水인 於斯九種事에 智者立瞿聲이라하니라 唯金剛二字는 一義요 餘八은 各一이니라 如說寒得火

---

56) 上四字는 甲南續金本作亦如仙陀者라 하다.

等은 卽涅槃經이니라

五, 以異言으로 說異法者는 卽攝論第五[57)]에 四秘密中에 第四轉變秘密이니 論에 云, 復有四種意趣와 四種秘密하니 一切佛語를 應須決了라하니라 四意趣義는 已見普賢三昧品하니라 四秘密者는 一, 令入秘密이니 謂三乘中에 依俗諦理하여 說有人法하여 令入俗諦니라 二, 相秘密이니 謂說法相三自性等이니라 三, 對治秘密이니 治八萬四千煩惱니라 四, 轉變秘密이니 欲令悟入일새 總名秘密이라하야늘 論에 釋第四, 轉變秘密云호대 謂於是處에 以其別義인 諸言諸字로 卽顯別義니 如有頌에 云, 覺不堅을 爲堅하여 善住於顚倒하며 極煩惱所惱로 得最上菩提라하니 無性이 釋云호대 謂於義[58)]에 轉變差別이라하고 雜集에 云, 謂說無餘義는 名句文身하여 隱密秘密하여 更顯餘義라하며 無性이 釋上偈云호대 謂剛强流散을 說名爲堅이요 非此堅固를 說名不堅이니 卽是調柔無散亂定이라 卽於此中에 起堅固慧하여 覺彼爲堅이라하며 世親이 釋云호대 不堅은 謂定이니 由不剛强하여 馳散難伏일새 故名不堅이니 卽於此中에 起尊重覺일새 名覺爲堅이라하니라 釋曰, 彼二家釋論이 言異意同이니 皆就密說하여 順得菩提니라 若取顯了인대 於散亂心에 起堅固慧하면 則遠菩提어니와 今取秘密하야는 於定不堅에 起堅固慧하면 則得菩提니라

● '선타바의 네 가지 실법'은 이른바 소금과 물, 그릇, 말이니 앞[십주품]에 이미 자세히 해석하였다.[59)] '아홉 가지 뜻으로 놀라서 보는 소리'

---

57) 五는 原本無, 甲南續金本有; 案下所引 見世親及無性釋論卷五라 하다.
58) 義는 論作字義라 하다.
59) 一名四實: 名과 實이 사물의 일체의 양면이 됨. 선타바(先陀婆)는 이름은 하나이지만, 水, 鹽(소금), 器(그릇), 馬 네 가지[四實]를 의미. "가섭보살이 찬탄해 말하기를 여래의 미묘하고 비밀스러운 가르침은 알기 어려워서 오직 지혜있는 자만이 비로소 능히 깊은 불법을 알 수 있나니, 비유컨대 대왕이 제군신에게 말하되 '선타바를 대령하라!' 하면 지혜있는 신하는 이 이름을 잘 알아, 왕이 물을 원할 때는 물을 바치고, 나머지를 찾으면, 왕이 뜻하는 바에 따라 바치는 것과 같다. 이는 여래가 제중생들을 위해 無常, 苦, 空, 無我의 相을 설하면, 대승보살은

는 곧 『구사론』에 이르되, "1. 방위와 2. 짐승과 3. 땅과 4. 광채와 5. 언어와 6. 금강과 7. 눈[眼]과 8. 하늘과 9. 물인 이 아홉 가지 의미에 대하여 슬기로운 이는 구(瞿)라는 말을 세웠네"라고 하였다. 여기서 오직 금강(金剛)이란 두 글자는 한 가지 뜻이요, 나머지 여덟은 각기 한 가지씩이다. '마치 추울 때에 불을 얻음' 등은 곧 『열반경』의 내용이다. ⑤ '다르다 말함으로 다른 법을 말한다'는 것은 곧 『섭대승론』 제5권에 네 가지 비밀 중에 '넷째 전변하는 비밀'이니 논에 이르되, "다시 네 가지 의취(意趣)와 네 가지 비밀이 있으니 온갖 부처님 말씀을 응당히 모름지기 결정하여 요달한다"라고 하였다. 네 가지 의취의 뜻은 이미 보현삼매품에서 본 내용이다. '네 가지 비밀'은 "(1) 들어가게 하는 비밀이니 이른바 삼승 중에 속제의 이치를 의지하여 사람과 법이 있음을 말하여 속제에 들어가게 한다. (2) 모양의 비밀함이니 이른바 법의 모양이 세 가지 자체 성품 등을 말한다. (3) 다스리는 비밀함이니 8만4천 번뇌를 다스린다. (4) 전변하는 비밀이니 깨달아 들어오게 함을 총합하여 비밀함이라 한다"라고 하였는데 논에서 넷째 전변하는 비밀에 대해 해석하여 말하되, "이른바 이런 곳에 그 차별한 뜻인 모든 말과 모든 글자로 곧 차별한 뜻을 밝혔으니 마치 어떤 게송에 이르되, 견고하지 않음을 깨달아 견고해지고, 전도함에도 잘 머물러 지극한 번뇌로 뇌로울 대상에서 최상의 보리를 얻는다"라 하였고, 무성(無性)보살은 해석하되, "이른바 이치에 대해 전변히 차별한다"고 하였고, 『아비달마잡집론』에 이르되, "이른바 남김 없는 이치를 낱말 구절 소리의 굴곡으로 말함이 은밀하고 비밀하여 다시 남은 뜻을 밝힌다"라 하였고, 무성보살이 위의 게송을 해석하여

응당 잘 알아 열반해탈도를 증득하는 것을 비유한 것이니라." (『남본열반경』 제9권)

말하되, "이른바 흘러서 산란함과 억세고 강한 것을 말하여 굳건하다 말하고, 이렇게 견고하지 않음을 굳건하지 않다고 말하나니 곧 부드럽게 조화하여 산란함 없는 선정이다. 곧 이 가운데 견고한 지혜를 일으켜서 저것을 깨달아 견고함이라 한다"라 하였고, 세친보살은 해석하여 말하되, "굳건하지 않음은 삼매라 말하나니 억세고 강하지 않음을 말미암아 산란함에 치달아 조복하기 어려운 연고로 견고하지 않음이라 말한다. 곧 이 가운데서 높고 소중한 깨달음이 생겨났으므로 깨달음을 견고하다고 이름한다"고 하였다. 해석하자면 저 두 보살의 섭론 해석이 말은 다르지만 의미는 같나니, 모두 비밀에 입각하여 수순하여 보리를 얻는다고 말한다. 만일 밝게 요달함을 취한다면 산란한 마음에서 견고한 지혜가 생겨나면 곧 보리와 멀어지지만, 지금은 비밀함을 취해서 삼매가 굳건하지 않을 적에 굳건한 지혜를 일으키면 바로 보리를 얻게 된다.

言善住於顚倒者는 無性이 釋云호대 謂於四顚倒에 善能安住하여 知是顚倒하여 決定無動이라하니라 釋曰, 若取顯了인대 則住於無常計常等四倒之中하면 不得菩提어니와 今則秘密이니 知於常等과 於無常等上에 橫計而起하여 決定知此를 名爲善住니 住於顚倒하여 能得菩提也니라 世親이 釋云호대 是於顚倒中에 善安住義니 謂於無常等이 是能顚倒라하니라 釋曰, 此則到彼所計義를 名善顚倒니 於此에 安住일새 故得菩提니라

言極煩惱所惱者는 無性이 釋云호대 爲衆生故로 長時劬勞하여 精進所惱라하고 亦引上偈云호대 一同無性하여 二釋이 無別60)이라 釋云호

---

60) 案無性釋論云 極煩惱所惱者 爲化有情精進劬勞 所疲倦故 如有頌言 處生死久惱 但由於大悲 世親釋論云 精進劬勞 名爲煩惱 爲衆生故 長時劬勞精進所惱 下引頌同無性이라 하다.

대 若取顯說인대 爲貪瞋等이 惱亂行者를 名煩惱니 此卽遠離菩提어니와 今取秘密하야는 精進勤苦하여 劬勞行者를 亦名煩惱가 則得菩提니라 其第四句의 得最上菩提가 該上三義니라 莊嚴論第八과 對法第十二에 皆同此說이니라

- '전도함에도 잘 머무른다'고 말한 것은 무성보살이 해석하되, "이른바 네 가지 전도에 능히 잘 안주하여 전도함을 알아서 결정하여 동요함이 없다"라고 하였다. 해석하자면 만일 밝게 요달함을 취한다면 무상함에서 항상하다. 계탁하는 따위의 네 가지 전도함 중에 머무르면 보리를 얻지 못하지만 지금은 비밀함이므로 항상함을 아는 따위와 무상함 등 위에서 가로로 계탁함이 일어나서 결정적으로 이것을 아는 것을 이름하여 '잘 머무른다[善住]'고 하나니 전도함에 머물러서도 능히 보리를 얻는다는 뜻이다. 세친 보살이 해석하여 말하되, "이렇게 전도함 중에 잘 안주한다는 뜻이니 이른바 무상함 등이 전도하는 주체이다"라고 하였다. 해석하자면 이것은 저 계탁할 대상의 이치에 도달함을 이름하여 '좋은 전도[善顚倒]'라 하나니 여기에 편안히 머무르는 연고로 보리를 얻는다는 뜻이다.

'지극한 번뇌로 뇌로울 대상'이라 말한 것은 무성보살이 해석하여 말하되, "중생인 연고로 오랫동안 고생하여 정진하여 뇌로울 대상이 된다"라 하였고, 또한 위의 게송을 인용하여 말하되, "한결같이 성품 없음과 같아서 두 가지 해석이 다름이 없다." 해석하여 말하되 "만약 밝게 설함을 취한다면 탐욕과 성냄 따위가 수행하는 이를 뇌란시키는 것을 번뇌라 이름하나니, 이것은 보리를 멀리 떠난 것이지만 지금은 비밀함을 취하여서 부지런히 정진하여 수행하는 이를 수고롭게 함을 또한 번뇌에서 보리를 얻는다"고 이름한다. '그 넷째 구절의 최상

의 보리를 얻음'이 위의 세 가지 이치를 포괄한다.『대승장엄론』제8권과『아비달마잡집론』제12권에 모두 여기와 같이 설하였다.

(나) 뛰어난 지혜에 어리석지 않다[不愚善巧之智] (二十 17下3)

佛子여 菩薩摩訶薩이 有十種巧分別智하니 何等爲十고 所謂入一切刹巧分別智와 入一切衆生處巧分別智와 入一切衆生心行巧分別智와 入一切衆生根巧分別智와 入一切衆生業報巧分別智와 入一切聲聞行巧分別智와 入一切獨覺行巧分別智와 入一切菩薩行巧分別智와 入一切世間法巧分別智와 入一切佛法巧分別智가 是爲十이니 若諸菩薩이 安住其中하면 則得一切諸佛의 無上善巧分別諸法智니라

불자여, 보살마하살이 열 가지 교묘하게 분별하는 지혜가 있으니, 무엇이 열인가? 이른바 (1) 모든 세계에 들어가는 교묘하게 분별하는 지혜와, (2) 일체중생의 처소에 들어가는 교묘하게 분별하는 지혜와, (3) 일체중생의 마음과 행에 들어가는 교묘하게 분별하는 지혜와, (4) 일체중생의 근성에 들어가는 교묘하게 분별하는 지혜와, (5) 일체중생의 업과 과보에 들어가는 교묘하게 분별하는 지혜와, (6) 모든 성문의 행에 들어가는 교묘하게 분별하는 지혜와, (7) 모든 독각의 행에 들어가는 교묘하게 분별하는 지혜와, (8) 모든 보살의 행에 들어가는 교묘하게 분별하는 지혜와, (9) 모든 세간법에 들어가는 교묘하게 분별하는 지혜와, (10)

모든 부처의 법에 들어가는 교묘하게 분별하는 지혜니, 이
것이 열이니라. 만일 보살들이 이 가운데 편안히 머물면 모
든 부처님의 위없이 교묘하게 법을 분별하는 지혜를 얻느
니라.

[疏] 二, 十種巧分別智는 外言旣密하고 內智又巧일새 故於利生에 無有
癡暗이니라 故로 彼文에 云, 菩薩이 於善知識所에 聽聞正法하나니 所
謂甚深法等이라하나니 文義多同이라 十句는 可知니라

■ (나) 열 가지 교묘하게 분별하는 지혜는 밖으로 말은 이미 비밀하고
안으로 지혜롭고 또 교묘하므로 중생을 이롭게 할 적에 어리석은 어
둠이 없다. 그러므로 저 경문[십행품 제5. 이치란행]에 이르되, "이 보살이
선지식 처소에서 바른 법을 듣나니, 이른바 매우 깊은 법 등이다"라
고 하였으니 경문의 뜻은 대부분 같다. 열 구절61)은 알 수 있으리라.

나) 바른 법에 즐거이 머무는 선정[正法樂住禪] 2.
(가) 장소 따위가 같지 않아서 삼매에 들어감을 밝히다
　　　[顯處等不同入三昧] (第二 18上4)

佛子여 菩薩摩訶薩이 有十種入三昧하니 何等爲十고 所

---

61) 離癡亂行의 經云, "所謂甚深法과 廣大法과 莊嚴法과 種種莊嚴法과 演說種種名句文身法과 菩薩莊嚴法과 佛神力光明無上法과 正希望決定解淸淨法과 不着一切世間法과 分別一切世間法과 甚廣大法과 離癡翳照了一切衆生法과 一切世間共法不共法과 菩薩智無上法과 一切智自在法이라이른바 ① 매우 깊은 법, ② 넓고 큰 법, ③ 장엄한 법, ④ 가지가지 장엄한 법, ⑤ 가지가지 낱말 구절 소리의 굴곡을 연설하는 법, ⑥ 보살의 장엄하는 법, ⑦ 부처님 신력과 광명의 위없는 법, ⑧ 바른 희망으로 결정한 이해인 청정한 법, ⑨ 일체 세간에 집착하지 않는 법, ⑩ 일체 세간을 분별하는 법, ⑪ 매우 깊고 광대한 법, ⑫ 어리석음을 떠나 일체중생을 분명히 아는 법, ⑬ 일체 세간이 함께하고 함께하지 않는 법, ⑭ 보살 지혜의 위없는 법, ⑮ 온갖 지혜로 자재한 법들이니라."

謂於一切世界에 入三昧하며 於一切衆生身에 入三昧하며 於一切法에 入三昧하며 見一切佛하고 入三昧하며 住一切劫하여 入三昧하며 從三昧起하여 現不思議身入三昧하며 於一切佛身에 入三昧하며 覺悟一切衆生平等하여 入三昧하며 一念中에 入一切菩薩三昧智하여 入三昧하며 一念中에 以無礙智로 成就一切諸菩薩行願하되 無有休息하여 入三昧가 是爲十이니 若諸菩薩이 安住其中하면 則得一切諸佛의 無上善巧三昧法이니라

불자여, 보살마하살이 열 가지 삼매에 들어감이 있으니, 무엇이 열인가? 이른바 (1) 모든 세계에서 삼매에 들어가고, (2) 일체중생의 몸에서 삼매에 들어가고, (3) 모든 법에서 삼매에 들어가고, (4) 모든 부처님을 보고 삼매에 들어가고, (5) 온갖 겁에 머물러 삼매에 들어가고, (6) 삼매에서 일어나 부사의한 몸을 나투어 삼매에 들어가고, (7) 모든 부처님 몸에서 삼매에 들어가고, (8) 일체중생이 평등함을 깨달아 삼매에 들어가고, (9) 잠깐 동안에 모든 보살의 삼매에 들어가는 지혜로 삼매에 들어가고, (10) 잠깐 동안에 걸림 없는 지혜로 모든 보살의 행과 원을 성취하되 쉬는 일이 없이 삼매에 들어가나니, 이것이 열이니라. 만일 보살들이 이 가운데 편안히 머물면 모든 부처의 위없이 교묘한 삼매의 법을 얻느니라.

[疏] 第二, 二門은 明無亂行이니 皆是定體라 於中에 初門은 明入三昧니 顯處等不同이요 後, 明徧入이니 則觸類皆徧이니라 今初니 故로 彼文

에 云, 善入一切諸禪定門이라하고 此中明十이 皆通一切라 十中에 通辨인대 緣斯十境하여 入定이 不同이요 別則十門이 各異니 而前五는 一重之事요 餘五는 涉入圓融을 可知니라 九十은 皆卽一而多니 故로 彼行에 云, 一念中에 得無數三昧라하나니 但從多分하여 對前後說하여 判爲定體耳언정 非此無用이니라

■ 나) 바른 법에 즐겨 머무는 선정의 두 문은 산란함 없는 행을 밝힘이니 모두 삼매의 체성이다. 그중에 (가) 첫째 문은 삼매에 들어감을 밝힘이니 장소 따위가 같지 않음을 밝혔고, (나) 둘째 문은 두루 들어감을 밝힘이니 접촉하는 부류가 모두 두루 들어간다는 뜻이다. 지금은 (가)이니 그러므로 저 경문[십행품]에 이르되, "온갖 선정의 문에 잘 들어간다"고 하였고, 이 가운데 열 가지가 모두 온갖 것에 통한다. 열 가지 중에 통틀어 밝힌다면 이런 열 가지 경계를 인연하여 삼매에 들어감이 같지 않고, 개별로는 열 문이 각기 다르나니 그러나 앞의 다섯[(1) ~ (5)]은 한 번 거듭하는 일이요, 나머지 다섯[(6) 從三昧起-]은 건너서 원융문에 들어감을 알 수 있으리라. 아홉째와 열째는 모두 하나와 합치하여 여섯이니 그러므로 저 제5. 이치란행에 이르되 "(보살이) 잠깐 동안에 수없는 삼매를 얻는다"라 하였으니, 단지 많은 부분을 따라서 앞뒤와 상대하여 말하여 삼매의 체성으로 과목 나누었을 뿐이지만 여기서 작용 없음이 아니다.

(나) 접촉하는 부류가 모두 통틀어 두루 들어감을 밝히다
[明觸類皆通徧 入] (二十 18下6)

佛子여 菩薩摩訶薩이 有十種徧入하니 何等爲十고 所謂

衆生徧入과 國土徧入과 世間種種相徧入과 火災徧入과
水災徧入과 佛徧入과 莊嚴徧入과 如來無邊功德身徧入
과 一切種種說法徧入과 一切如來種種供養徧入이 是爲
十이니 若諸菩薩이 安住其中하면 則得如來無上大智徧
入法이니라

불자여, 보살마하살이 열 가지 두루 들어감이 있으니, 무엇이 열인가? 이른바 (1) 중생에 두루 들어가고 (2) 국토에 두루 들어가고 (3) 세간의 가지가지 모양에 두루 들어가고 (4) 화재에 두루 들어가고 (5) 수재에 두루 들어가고 (6) 부처에 두루 들어가고 (7) 장엄에 두루 들어가고 (8) 여래의 그지없는 공덕의 몸에 두루 들어가고 (9) 모든 가지가지 법을 말하는 데 두루 들어가고 (10) 모든 여래를 가지가지로 공양하는 데 두루 들어가나니, 이것이 열이니라. 만일 보살들이 이 가운데 편안히 머물면 여래의 위없는 큰 지혜에 두루 들어가는 법을 얻느니라.

[疏] 二, 十徧入은 亦猶小乘의 說十徧處니 卽令三昧로 漸更增廣이라 前明一切하나니 如衆生身은 謂童子身等이라 雖能一切身에 入이나 而不必一時[62]어니와 今此는 隨入一類하여 皆徧一切니 如海慧初來에 一時[63]皆水等이라 十句는 可知니라

■ (나) (접촉하는 부류가) 열 가지 두루 들어감은 또한 소승의 열 가지 두루한 처소를 말함과 같나니 곧 삼매로 하여금 점점 더욱 증가하고 넓어지게 한다. 앞은 온갖 것을 밝혔으니 마치 중생의 몸은 동자의

---

62) 時는 甲本作切, 源原南纂續金本作時라 하다.
63) 時는 源南纂續金本作切라 하다.

몸 따위와 같은 등이다. 비록 능히 온갖 몸에 들어가더라도 반드시 일시인 것은 아니지만 지금 여기는 한 부류에 따라 들어가서 모두 온갖 것에 두루하나니 법계해혜(法界海慧)보살이 처음부터 와서 일시에 모두 물과 같다는 등이다. 열 구절은 알 수 있으리라.

[鈔] 亦猶小乘者는 大乘에 亦有나 廣略不同이라 今順定十일새 故引小乘하고 至法界品하여 當廣分別이니라
● '또한 소승의 열 가지 두루한 처소를 말함과 같다'는 것은 대승에도 또한 있지만 자세하고 간략함이 같지 않다. 지금은 삼매에 따름이 열 가지이므로 소승을 인용한 것이고, 입법계품에 이르러서 마땅히 자세히 분별하리라.

다) 공덕을 이끌어 내는 선정[引生功德禪] 2.
(가) 작용이 무애한 해탈문[作用無礙解脫門] (三十 19下1)

佛子여 菩薩摩訶薩이 有十種解脫門하니 何等爲十고 所謂一身이 周徧一切世界解脫門과 於一切世界에 示現無量種種色相解脫門과 以一切世界로 入一佛刹解脫門과 普加持一切衆生界解脫門과 以一切佛莊嚴身으로 充滿一切世界解脫門과 於自身中에 見一切世界解脫門과 一念中에 往一切世界解脫門과 於一世界에 示現一切如來出世解脫門과 一身이 充滿一切法界解脫門과 一念中에 示現一切佛遊戲神通解脫門이 是爲十이니 若諸菩薩이 安住其中하면 則得如來無上解脫門이니라

불자여, 보살마하살이 열 가지 해탈문이 있으니, 무엇이 열인가? 이른바 (1) 한 몸이 모든 세계에 두루하는 해탈문과, (2) 모든 세계에서 한량없는 가지가지 모양을 나타내는 해탈문과, (3) 모든 세계로써 한 세계에 들어가는 해탈문과, (4) 일체중생계에 널리 가지하는 해탈문과, (5) 모든 부처님의 장엄한 몸으로 모든 세계에 가득하는 해탈문과, (6) 제 몸 가운데서 모든 세계를 보는 해탈문과, (7) 잠깐 동안에 모든 세계에 나아가는 해탈문과, (8) 한 세계에서 모든 여래가 출세함을 보이는 해탈문과, (9) 한 몸이 모든 법계에 가득하는 해탈문과, (10) 잠깐 동안에 모든 부처님의 유희하는 신통을 나타내는 해탈문이니, 이것이 열이니라. 만일 보살들이 이 가운데 편안히 머물면 여래의 위없는 해탈문을 얻느니라.

[疏] 三, 十解脫下의 二門은 明引生功德禪이라 中에 此門은 明作用無礙일새 故稱解脫이요 後門은 於境無㕛일새 故曰神通이라 今初에 解脫은 卽不思議解脫이니 梵云毗木叉요 此云勝解脫이니 謂殊勝作用이라 亦由依禪하여 成八解脫이라 十句는 可知니라

■ 다) 十解脫 아래 두 문은 공덕을 이끌어 내는 선정을 밝힘이다. 그중에 (가) 이 문은 작용이 무애함을 밝힌 연고로 해탈이라 칭하고, (나) 뒤 문은 경계에 막힘이 없는 연고로 신통함이라 말하였다. 지금은 (가)에서 해탈은 곧 불가사의한 해탈이니 범어로 비목차(毗木叉)라 하고 '뛰어난 해탈'이라 번역하나니 수승한 작용을 말한 것이다. 또한 선정에 의지함으로 말미암아 '여덟 가지 해탈'을 이룬다. 열 구절은

알 수 있으리라.

[鈔] 亦由依禪者하여 亦如法界品이니라
- '또한 선정에 의지함으로 말미암는다'는 것은 또한 입법계품의 내용과 같다.

(나) 경계에 막히지 않는 신통문[於境無㩲神通門] (二十 20上6)

佛子여 菩薩摩訶薩이 有十種神通하니 何等爲十고 所謂 憶念宿命方便智通과 天耳無礙方便智通과 知他衆生不思議心行方便智通과 天眼觀察無有障礙方便智通과 隨衆生心하여 現不思議大神通力方便智通과 一身이 普現無量世界方便智通과 一念에 徧入不可說不可說世界方便智通과 出生無量莊嚴具하여 莊嚴不思議世界方便智通과 示現不可說變化身方便智通과 隨不思議衆生心하여 於不可說世界에 現成阿耨多羅三藐三菩提方便智通이 是爲十이니 若諸菩薩이 安住其中하면 則得如來無上大善巧神通하여 爲一切衆生하여 種種示現하여 令其修學이니라

불자여, 보살마하살이 열 가지 신통이 있으니, 무엇이 열인가? 이른바 (1) 지난 세상에 났던 일을 기억하는 방편 지혜의 신통과, (2) 하늘 귀가 걸림 없는 방편 지혜의 신통과, (3) 다른 중생의 부사의한 마음과 행을 아는 방편 지혜의 신통과, (4) 하늘 눈으로 관찰하여 걸림이 없는 방편 지혜의 신

통과, (5) 중생의 마음을 따라 부사의한 크게 신통한 힘을 나타내는 방편 지혜의 신통과, (6) 한 몸이 한량없는 세계에 두루 나타나는 방편 지혜의 신통과, (7) 한 생각에 말할 수 없이 말할 수 없는 세계에 두루 들어가는 방편 지혜의 신통과, (8) 한량없는 장엄거리를 내어 부사의한 세계를 장엄하는 방편 지혜의 신통과, (9) 말할 수 없는 변화하는 몸을 나타내는 방편 지혜의 신통과, (10) 부사의한 중생의 마음을 따라 말할 수 없는 세계에서 아눗다라삼먁삼보디를 이룸을 나타내는 방편 지혜의 신통이니, 이것이 열이니라. 만일 보살들이 이 가운데 편안히 머물면 여래의 위없이 크게 교묘한 신통을 얻고, 일체중생에게 가지가지로 나타내어 그로 하여금 닦아 배우게 하느니라.

[疏] 二, 十種神通은 如依四禪하여 引六通用이라 此十을 若以六攝하면 前四는 可知요 次五는 神境이요 後一은 漏盡이니 成菩提故라 約位에는 不同일새 與十通으로 小異니라

■ (나) 경계에 막히지 않는 신통문은 마치 네 가지 선정에 의지하여 여섯 가지 신통한 작용을 이끌어 냄과 같다. 여기의 열 구절은 만일 여섯으로 포섭하면 ㄱ. 앞의 네 구절은 알 수 있을 것이요, ㄴ. 다음의 다섯 구절은 경계에 신통함이요, ㄷ. 뒤의 한 구절은 누진통이니 보리를 이룬 까닭이다. 지위를 잡으면 같지 않으므로 열 가지 신통과는 조금 다르다.

(6) 선현행으로 대답하다[善現行] 2.

가. 행법의 체성을 바로 밝히다[正顯行體] 2.
가) 한 지혜를 잡아 해석하다[約一智] 3.
(가) 교화할 대상을 잡아 해석하다[約所化] (第六 20上10)
(나) 교화하는 주체를 잡아 해석하다[約能化] (次三)
(다) 주체와 대상을 잡아 해석하다[約能所] (七離)

佛子여 菩薩摩訶薩이 有十種明하니 何等爲十고 所謂知一切衆生業報善巧智明과 知一切衆生境界가 寂滅淸淨하여 無諸戱論하는 善巧智明과 知一切衆生의 種種所緣이 唯是一相이라 悉不可得이며 一切諸法이 皆如金剛하는 善巧智明과 能以無量微妙音聲으로 普聞十方一切世界하는 善巧智明과 普壞一切心所染着하는 善巧智明과 能以方便으로 示現受生하고 或不受生하는 善巧智明과 捨離一切想受境界하는 善巧智明과

불자여, 보살마하살이 열 가지 밝음이 있으니, 무엇이 열인가? 이른바 (1) 일체중생의 업과 과보를 아는 교묘한 지혜의 밝음과, (2) 일체중생의 경계가 고요하고 청정하여 모든 희론의 언론이 없음을 아는 교묘한 지혜의 밝음과, (3) 일체중생의 가지가지 반연하는 것이 오직 한 모양이어서 모두 찾을 수 없으며 모든 법이 다 금강과 같음을 아는 교묘한 지혜의 밝음과, (4) 한량없는 미묘한 음성으로 시방의 모든 세계에 들리게 하는 교묘한 지혜의 밝음과, (5) 모든 마음의 물드는 바를 모두 깨뜨리는 교묘한 지혜의 밝음과, (6) 방편으로 태어나기도 하고 태어나지 않기도 함을 나타내는 교

묘한 지혜의 밝음과, (7) 모든 생각하고 느끼는 경계를 여의는 교묘한 지혜의 밝음이며,

[疏] 第六, 十種明下의 二門은 明善現位中行이라 此門은 正顯行體가 卽是般若니 故曰智明이요 後門은 明離智障이니 故稱解脫이니라 今初니 然皆權實無礙之智일새 故稱善巧요 非如十度가 唯約根本이요 但約增微하여 分成五行이니라 十中에 前七은 單約一智요 後三은 雙行이며 前中에 初三은 約所化요 次三은 約能化라 各初는 事요 次는 理요 後는 卽事歸理니라 七, 離能所想하여 會歸般若니 念想觀除하여 不受境界가 爲入理善巧故니라

■ (6) 十種明 아래의 두 문은 선현행 지위의 행법을 밝힘이다. 가. 이 문은 행법의 체성이 곧 반야임을 바로 밝혔으니 그래서 '지혜의 밝음[智明]'이라 말하고, 나. 뒤 문은 지적인 장애를 여읨을 밝힘이니 그래서 해탈이라 칭하였다. 지금은 가.이다. 그런데 모두 방편과 실법이 무애한 지혜인 연고로 '잘하고 교묘함[善巧]'이라 칭하고, 십바라밀이 오직 근본지만 잡음과 같지 않고 단지 더욱 미세함을 잡아서 다섯 행법으로 나누어 성립하였다. 열 가지 중에 가) 앞의 일곱 구절은 단순히 한 가지 지혜를 잡았고, 나) 뒤의 세 구절은 함께 행함이다. 가) 중에 (가) 세 구절은 교화할 대상을 잡은 해석이요, (나) 세 구절은 교화하는 주체를 잡은 해석이니, 각기 ㄱ. 현상이요, ㄴ. 이치요 ㄷ. 현상과 합치하여 이치로 돌아감이다. 일곱째[(7) 捨離一切想受境界 善巧智明]는 주체와 대상이란 생각을 여의고 모아서 반야로 돌아가나니 '생각과 상상의 관찰할 길 이미 제하여'는 경계를 받지 않음이 '이치가 선교함에 들어감'이 되는 까닭이다.

[鈔] 念想觀除者는 卽智論文이니 文에 云, 般若波羅密은 實法이라 不顚倒니 念想觀을 已除하고 言語法도 亦滅에 無量衆罪除하여 淸淨心常一이라 如是尊妙人이 則能見般若라하니 是也니라 念想觀除는 約於內智則不受外境하고 見色如盲等이나 而言善巧者는 非涉事善巧라 不念不受가 是入理善巧耳니라

- '생각과 상상의 관찰할 길 이미 제함'이란 곧『대지도론』[제18권 釋初品中般若波羅蜜 제29]의 논문이다. 논문에 이르되, "반야바라밀은 진실한 법이어서 뒤바뀌지 않나니 생각과 상상의 관찰할 길 이미 제했고 언어의 법칙도 사라져 버렸다. / 한량없는 죄를 모두 제하고 청정한 마음 항상 한결같으면 이렇게 존귀하고 묘한 사람만이 반야를 볼 수 있으리라"고 하였으니 바로 이것이다. '생각과 상상의 관찰할 길 이미 제한 것'은 내부의 지혜를 잡으면 바깥 경계를 받지 않고 형색이 맹인과 같음을 보는 따위지만 그러나 '잘하고 교묘하다'고 말한 것은 일을 거친 교묘함이 아니요, 생각하지 않고 받지 않음이 바로 이치가 선교함에 들어감일 뿐이다.

나) 세 구절은 함께 행함을 밝히다[辨雙行] 3.
(가) 설함 없이 설함과 이룸 없이 이루는 뛰어난 지혜가 밝음을 밝히다
 [明無說之說無成之成善巧智明] (後三 21下5)

知一切法이 非相非無相이며 一性無性이라 無所分別이나 而能了知種種諸法하여 於無量劫에 分別演說하며 住於法界하여 成阿耨多羅三藐三菩提하는 善巧智明과
(8) 모든 법이 모양 있음도 아니고 모양 없음도 아니며, 한

성품이고 성품이 없어서 분별할 것 없음을 알지마는 능히 가지각색 법을 알고 한량없는 겁에 분별하여 연설하며, 법계에 머물러서 아뇩다라삼먁삼보리를 이루는 교묘한 지혜의 밝음이며

[疏] 後, 三雙行이라 中에 八, 明無說之說과 無成之成인 善巧智明이니 謂雙非照寂하여 離言而能差別照事며 有說이나 非相遺相하고 非無遺無하며 一性에 遺多하고 無性에 遺有하면 卽性相俱寂이니라 住於下는 無成之成이니 法界之體는 實無所成이로되 照斯法界일새 卽說成佛이니라

- 나) 세 구절은 함께 행함을 밝힘이다. 그중에 (가) (8) 설함 없이 설함과 이룸 없이 이루는 뛰어난 지혜가 분명함을 밝힘이니, 이른바 ㄱ. 함께 비추어 고요함이 아니어서 말을 여의면서도 능히 차별하여 현상을 비추며, 설함이 있으나 모양으로 모양을 보냄이 아니고 무로 무를 보냄이 아니며, 한 성품에서 여럿을 보내고 성품 없음에서 유를 보내면 곧 성품과 모양이 모두 고요하게 된다. ㄴ. 住於 아래는 이룸 없이 이루는 것이니 법계의 체성은 진실로 이룰 대상이 없지만 이런 법계를 비추는 것을 곧 성불이라 말한다.

(나) 생사 없이 생을 일으키는 지혜가 밝음을 밝히다

[明無生起生智明] 3.

ㄱ. 인연 없음을 설명하다[明無緣] (九明 22上2)
ㄴ. 인연에 따름을 설명하다[明隨緣] 2.

ㄱ) 교화할 대상을 밝히다[明所化] 3.
(ㄱ) 지혜와 인연 지혜를 차별하다[別智緣智] (而知)

菩薩摩訶薩이 知一切衆生生이 生本無有生하여 了達受生不可得故나 而知因知緣하며 知事知境界하며 知行知生하며 知滅知言說하며

(9) 보살마하살은 일체중생의 나는 것이 본래 날 것 없음을 알아서, 태어나는 것을 얻을 수 없음을 통달하는 연고로 ① 인도 알고 ② 연도 알고 ③ 일도 알고 ④ 경계도 알고 ⑤ 행함도 알고 ⑥ 나는 것도 알고 ⑦ 없어짐도 알고 ⑧ 말함도 알며,

[疏] 九, 明無生에 起生인 智明이라 文中에 三이니 初, 正明이요 次, 何以下는 徵釋이요 三, 是名下는 結名이라 今初에 明無緣之緣하고 兼顯無化之化라 於中에 二니 先, 明無緣이니 謂衆生眞心은 稱理不可得故라 若無緣하면 卽無所化니라 而知下는 明眞心隨緣이니 不壞緣起에 則亦有所化라 於中에 二니 先, 知所化요 後, 結成雙行이라 前中에 文有三節하니 初有八句는 別知緣相이라 因은 謂無明等이요 緣은 謂業行이요 事는 卽識名色等이요 境界는 卽觸受塵境이요 行은 卽現在愛取有요 生은 卽生支요 滅은 卽老死라 知言說者는 總是隨俗緣生이니 不離三世故니라

■ (나) (9) 생사 없이 생을 일으키는 지혜가 밝음이다. 경문 중에 셋이니 ㄱ. 바로 밝힘이요, ㄴ. 何以 아래는 묻고 해석함이요, ㄷ. 是名 아래는 명칭을 결론함이다. 지금은 ㄱ.에 인연 없는 인연을 밝히고

겸하여 교화함 없이 교화함을 밝혔다. 그중에 둘이니 ㄱ) 인연 없음을 밝힘이니 이른바 중생의 진실한 마음은 이치를 얻을 수 없다고 일컫는 까닭이다. 만일 인연 없으면 곧 교화할 대상도 없는 것이다. ㄴ. 而知 아래는 진실한 마음은 인연 따름을 밝힘이니, 연기를 무너뜨리지 않으면 또한 교화할 대상이 있다는 뜻이다. 그중에 둘이니 ㄱ) 교화할 대상을 앎이요, ㄴ) 함께 행함을 결론함이다. ㄱ) 중에 경문이 세 절이 있으니 (ㄱ) 처음에 여덟 구절이 있음은 인연의 모양을 분별하여 아는 것이다. 원인은 무명(無明) 등을 말하고 인연은 업으로 행함을 말하고, 일은 곧 명칭과 형색을 인식하는 등이요, 경계는 곧 티끌 경계를 마주쳐 받음이요, 행법은 곧 현재의 사랑과 잡음과 존재이고, 나기[生]는 곧 태어남의 갈래요, 멸함은 곧 늙고 죽음이다. '말로 설함을 아는 것'은 총합하여 속제를 따라 인연으로 생김이니 삼세를 여의지 않는 까닭이다.

[鈔] 初有八句者는 十二因緣相이니라
- 'ㄱ.에 여덟 구절이 있다'는 것은 12가지 인연의 모양이다.

(ㄴ) 염오와 청정, 미하고 깨달음을 통틀어 알다[通知染淨迷悟]
                              (二知 22下5)
(ㄷ) 마음으로 행함을 분명히 알다[明知心行] (三知)

知迷惑知離迷惑하며 知顛倒知離顛倒하며 知雜染知淸淨하며 知生死知涅槃하며 知可得知不可得하며 知執着知無執着하며 知住知動하며 知去知還하며 知起知不起

하며 知失壞하며 知出離하며 知成熟하며 知諸根하며 知調伏하나니

⑨ 미혹함도 알고 미혹함을 여읨도 알며, ⑩ 뒤바뀜도 알고 뒤바뀜을 여읨도 알며, ⑪ 물든 것도 알고 청정한 것도 알며, ⑫ 생사도 알고 열반도 알며, ⑬ 얻을 것도 알고 얻지 못할 것도 알며, ⑭ 집착함도 알고 집착이 없음도 알며, ⑮ 머무름도 알고 움직임도 알며, ⑯ 가는 것도 알고 돌아옴도 알며, ⑰ 일어남도 알고 일어나지 않음도 알며, ⑱ 무너짐도 알고 벗어남도 알며, ⑲ 성숙함도 알고 여러 근기도 알며 ⑳ 조복할 줄도 아나니,

[疏] 二, 知迷下의 十二句六對는 通知染淨迷悟니 迷理則倒惑雜染이요 悟皆反此며 隨俗則俱可得이요 第一義中에는 二俱叵得이니라 得과 非得은 約理요 着과 非着은 約智니라 三, 知住下는 明知心行이니 住는 謂本性이요 動은 謂客塵이라 隨客塵則去而莫歸요 見本性則還源反本이라 有還有去는 皆是起心이요 還住兩亡하면 寂然不起라 起則諸善을 失壞요 不起則出離蓋纏이니라 觸境寂知가 是爲成熟이니 上通物我요 後兼知機니 約自라 根은 謂六根이니 不爲境牽이 卽是調伏이라

- (ㄴ) 知迷 아래 12구절인 여섯 대구는 염오와 청정, 미혹과 깨달음을 통틀어 앎이니 이치에 미혹하면 미혹으로 전도한 잡염법이요, 깨달음은 모두 이것과 반대이며, 세속을 따르면 모두 얻을 수 있음이요, 첫째 이치 중에는 둘이 모두 얻을 수 없는 것이다. ⑬ 얻음과 얻지 못함은 이치를 잡은 해석이요, ⑭ 집착과 집착 아님은 지혜를 잡은 해석이

다. (ㄷ) 知住 아래는 마음으로 행함을 분명히 아는 것이니 ⑮ 머무름은 본래 성품을 말하고 움직임은 객진번뇌를 말한다. 객진번뇌를 따르면 가고는 돌아오지 못함이요, 본래 성품을 보면 근원으로 돌아오므로 본래와 반대이다. ⑯ 돌아옴이 있고 감이 있음은 모두 마음을 일으킴이요, 돌아와 머무름이 모두 없으면 고요하여 일어나지 않는다. ⑰ 일어나면 모든 선(善)을 잃고 무너뜨림이요, 일어나지 않으면 덮은 번뇌에서 벗어남이다. ⑲ 경계를 만나면 고요하게 아는 것이 바로 성숙함이 되나니 위로는 만물과 나에게 통함이요, 뒤로는 겸하여 근기를 아는 것이니 자신을 잡은 해석이다. ⑳ 근기는 여섯 감관을 말하나니 경계에 끌려가지 않음이 바로 조복됨이다.

[鈔] 二, 知迷下의 十二句의 知染淨者는 卽雙知性相과 迷悟와 染淨이니 猶是約相이니 廣如六地니라 第一義中에는 二俱叵得은 卽約性說이니라 三, 知住下는 明知心行者는 卽能知性相하야 觀照之心이니 此中에 可以寂照하면 虛懷而了요 亦爲明示心觀處也니라

- (ㄴ) 知迷 아래 12구절의 ⑪ 염오와 청정을 아는 것은 곧 성품과 모양을 함께 앎과 미혹과 깨달음, 염오와 청정은 오히려 모양을 잡은 해석이니 자세한 것은 (십지품의) 제6. 현전지(現前地)의 내용과 같다. 첫째 이치 중에는 둘 다 얻지 못함은 곧 성품을 잡은 설명이다. (ㄷ) 知住 아래에 '마음으로 행함을 분명히 안다'는 것은 곧 성품과 모양을 능히 알고서 관조하는 마음이니 이 가운데 고요하게 비출 수 있으면 생각을 비운 것일 뿐이요, 또한 마음으로 관찰하는 곳을 분명하게 보여 줌이 된다.

ㄴ) 함께 행함을 결론하다[結雙行] (後隨 23上10)

隨其所應하여 種種敎化하되 未曾忘失菩薩所行하나니라
마땅함을 따라서 가지가지로 교화하면서도 보살의 행할 바를 잊어버리지 않느니라.

[疏] 後, 隨其下는 結雙行中에 謂智隨曲化나 不失無行이니라
■ ㄴ) 隨其 아래는 함께 행함을 결론함 중에 이른바 (ㄱ) 지혜가 따라서 자세히 교화하지만 행할 것 없음을 잃지 않는다는 뜻이다.

ㄷ. 명칭을 결론하다[結名] (二徵 23下4)

何以故오 菩薩이 但爲利益衆生故로 發阿耨多羅三藐三菩提心이요 無餘所爲일새 是故로 菩薩이 常化衆生하되 身無疲倦하여 不違一切世間所作이니라 是名緣起의 善巧智明이니라
왜냐하면 보살은 다만 중생을 이익하게 하기 위하여 아뇩다라삼먁삼보리심을 내는 것이고, 다른 것을 위하지 않느니라. 그러므로 보살이 항상 중생을 교화하여도 몸에 고달픔이 없어서 모든 세간에서 할 일을 어기지 아니하나니, 이것을 말하여 연기에 교묘한 지혜의 밝음이라 하느니라.

[疏] 二, 徵釋이라 中에 所以爾者는 爲物發心故니라 結名은 可知니라
■ (ㄴ) 묻고 해석함이다. 그중에 그렇게 된 이유는 중생을 위해 발심한 까닭이다. ㄷ. 명칭을 결론함은 알 수 있으리라.

(다) 평등하게 교화하는 지혜의 밝음[平等教化智明] 3.

ㄱ. 실법이 방편을 장애하지 않음을 밝히다[明實不礙權] (十平 24上3)

菩薩摩訶薩이 於佛에 無着하여 不起着心하며 於法에 無着하여 不起着心하며 於刹에 無着하여 不起着心하며 於衆生에 無着하여 不起着心하며 不見有衆生하고 而行教化調伏說法이나 然亦不捨菩薩諸行의 大悲大願하고 見佛聞法하여 隨順修行하며 依於如來하여 種諸善根하며 恭敬供養하여 無有休息하며 能以神力으로 震動十方無量世界하나니 其心廣大하여 等法界故로

(10) 보살마하살은 ① 부처에게 집착이 없어 집착하는 마음을 일으키지 아니하고, ② 법에 집착함이 없어 집착하는 마음을 일으키지 아니하고, ③ 세계에 집착함이 없어 집착하는 마음을 일으키지 아니하고, ④ 중생에 집착함이 없어 집착하는 마음을 일으키지 아니하며, ⑤ 중생이 있음을 보지 않으면서도 교화하고 조복하며 법을 말하거니와, ⑥ 그래도 보살의 행과 큰 자비와 큰 서원을 버리지 아니하며, ⑦ 부처님을 보고 법을 듣고 따라 수행하며, ⑧ 여래를 의지하여 착한 뿌리를 심으며, ⑨ 공경하고 공양하기를 쉬지 아니하고 ⑩ 신통한 힘으로 시방의 한량없는 세계를 진동하나니, 그 마음이 광대하여 법계와 같은 연고이니라.

[疏] 十, 平等教化智明이라 中에 三이니 初, 明實不礙權이요

■ (다) (10)은 평등하게 교화하는 지혜의 밝음이다. 그중에 셋이니 ㄱ. 실법이 방편을 장애하지 않음을 밝힘이요,

ㄴ. 방편이 실법을 장애하지 않음을 밝히다[明權不礙實] (二知 24上9)
ㄷ. 명칭을 결론하다[結名] (三於)

知種種說法하며 知衆生數하며 知衆生差別하며 知苦生하며 知苦滅하며 知一切行이 皆如影像하여 行菩薩行하며 永斷一切受生根本하고 但爲救護一切衆生하여 行菩薩行하되 而無所行하며 隨順一切諸佛種性하여 發如大山王心하며 知一切虛妄顚倒하여 入一切種智門하며 智慧廣大하여 不可傾動하여 當成正覺하고 於生死海에 平等濟度一切衆生하는 善巧智明이 是爲十이니라 若諸菩薩이 安住其中하면 則得如來無上大善巧智明이니라

⑪ 가지가지로 법을 말함을 알고 ⑫ 중생의 수효를 알고 ⑬ 중생의 차별을 알고 ⑭ 괴로움이 생김을 알고 ⑮ 괴로움이 멸함을 알며, ⑯ 모든 행이 그림자와 같음을 알고 ⑰ 보살의 행을 행하여 온갖 태어나는 근본을 아주 끊었건마는, 일체중생을 구호하기 위하여 보살의 행을 행하나 행하는 것이 없으며, 모든 부처의 종자인 성품을 따라서 큰 산과 같은 마음을 내며, ⑱ 온갖 것이 허망하고 뒤바뀜을 알고 갖가지 지혜의 문에 들어가나니, ⑲ 지혜가 크고 넓어 움직일 수 없는지라 마땅히 바른 깨달음을 이루어서, ⑳ 나고 죽는 바다에서 일체중생을 평등하게 제도하는 교묘한 지혜의 밝음이니,

이것이 열이니라. 만일 보살들이 이 가운데 편안히 머물면 여래의 위없는 크게 교묘한 지혜의 밝음을 얻느니라.

[疏] 二, 知種種下는 權不礙實이요 三, 於生死下는 結名을 並可知니라
- ㄴ. 知種種 아래는 방편이 실법을 장애하지 않음이요, ㄷ. 於生死 아래는 명칭을 결론함이니 (경문과) 함께하면 알 수 있으리라.

나. 열 가지 장애를 여읜 해탈[離障解脫] (二十 24下10)

佛子여 菩薩摩訶薩이 有十種解脫하니 何等爲十고 所謂 煩惱解脫과 邪見解脫과 諸取解脫과 蘊處界解脫과 超 二乘解脫과 無生法忍解脫과 於一切世間一切刹一切衆 生一切法에 離着解脫과 無邊住解脫과 發起一切菩薩行 하여 入如來無分別地解脫과 於一念中에 悉能了知一切 三世解脫이 是爲十이니 若諸菩薩이 安住此法하면 則能 施作無上佛事하여 敎化成熟一切衆生이니라

불자여, 보살마하살이 열 가지 해탈이 있으니, 무엇이 열인가? 이른바 (1) 번뇌의 해탈과 (2) 삿된 소견의 해탈과 (3) 모든 집착의 해탈과 (4) 오온·12처·18계의 해탈과 (5) 이승을 초월하는 해탈과 (6) 생사 없는 법의 지혜 해탈과 (7) 모든 세간·모든 세계·모든 중생·모든 법에서 집착을 여의는 해탈과 (8) 그지없이 머무는 해탈과 (9) 모든 보살의 행을 발기하여 여래의 분별 없는 지위에 들어가는 해탈과 (10) 잠깐 동안에 모든 세 세상을 능히 아는 해탈이니, 이것

이 열이니라. 만일 보살들이 이 법에 편안히 머물면 위없는 부처의 일을 베풀어 일체중생을 교화하여 성숙하느니라.

[疏] 二, 十種解脫은 脫二障故라 梵云毗木底는 此云解脫이니 與前不同이라 十中에 初四는 脫凡三障이니 取增으로 爲業故요 後六은 脫智障이니 初一은 揀劣이요 餘皆顯勝이니라

■ 나. 열 가지 해탈은 두 가지 장애를 여읜 까닭이다. 범어로 비목저(毗木底)는 해탈함이라 번역하나니 앞과 같지 않다. 열 구절 중에 가) 네 구절은 범부의 세 가지 장애에서 해탈함이니 취하여 늘어남으로 업을 삼은 연고요, 나) 여섯 구절은 지적인 장애에서 해탈함이니 (가) 한 구절은 열등함을 구분함이요, (나) 나머지 구절은 모두 뛰어남을 밝힌다는 뜻이다.

(7) 무착행으로 대답하다[無著行] 2.

가. 열 가지 보살의 숲 동산[遊處縱情園林] (第七 25下6)

佛子여 菩薩摩訶薩이 有十種園林하니 何等爲十고 所謂 生死가 是菩薩園林이니 無厭捨故며 敎化衆生이 是菩薩園林이니 不疲倦故며 住一切劫이 是菩薩園林이니 攝諸大行故며 淸淨世界가 是菩薩園林이니 自所止住故며 一切魔宮殿이 是菩薩園林이니 降伏彼衆故며 思惟所聞法이 是菩薩園林이니 如理觀察故며 六波羅蜜四攝事三十七菩提分法이 是菩薩園林이니 紹繼慈父境界故며 十力

四無所畏十八不共으로 乃至一切佛法이 是菩薩園林이니 不念餘法故며 示現一切菩薩威力自在神通이 是菩薩園林이니 以大神力으로 轉正法輪하여 調伏衆生하여 無休息故며 一念於一切處에 爲一切衆生하여 示成正覺이 是菩薩園林이니 法身이 周徧盡虛空一切世界故라 是爲十이니 若諸菩薩이 安住此法하면 則得如來無上離憂惱大安樂行이니라

불자여, 보살마하살이 열 가지 숲 동산이 있으니, 무엇이 열인가? 이른바 (1) 나고 죽음이 보살의 숲 동산이니 싫음이 없는 연고며, (2) 중생을 교화함이 보살의 숲 동산이니 고달프지 않은 연고며, (3) 온갖 법에 머무름이 보살의 숲 동산이니 큰 행을 거두는 연고며, (4) 청정한 세계가 보살의 숲 동산이니 스스로 머무는 곳인 연고며, (5) 모든 마의 궁전이 보살의 숲 동산이니 저 무리를 항복받는 연고며, (6) 들은 법을 생각함이 보살의 숲 동산이니 이치와 같이 관찰하는 연고며, (7) 여섯 바라밀다와 네 가지 거두어 주는 일과 서른일곱 가지 보리의 부분법이 보살의 숲 동산이니 아버지의 경계를 이어 받는 연고며, (8) 열 가지 힘·네 가지 두려움 없음·열여덟 가지 함께하지 않는 법과 내지 모든 부처님의 법이 보살의 숲 동산이니 다른 법을 생각지 않는 연고며, (9) 모든 보살의 위엄과 자유자재한 신통을 나타냄이 보살의 숲 동산이니 큰 신통한 힘으로 바른 법륜을 굴리어 중생 조복함을 쉬지 않는 연고며, (10) 잠깐 동안에 모든 곳에서 일체 중생에게 바른 깨달음을 이루는 일을 보이는 것이 보살의

숲 동산이니 법신이 온 허공의 모든 세계에 두루한 연고니, 이것이 열이니라. 만일 보살들이 이 법에 편안히 머물면 여래의 위없는 근심을 여읜 크게 안락한 행을 얻느니라.

[疏] 第七, 園林下의 二門은 明無着位中行이라 於中에 此門은 明游處縱情이요 後門은 明棲止適悅이니 皆通二利하야 權實方便으로 而無所着이라 今初는 可知니라

- (7) 園林 아래 두 문은 무착행 지위의 행법으로 밝힘이다. 그중에 이 문은 가. 열 가지 보살의 숲 동산에서 생각을 좇음이요, 나. 뒤의 문은 깃들어 멈춤이 적당하여 기뻐함이니 모두 2리행에 통하지만 방편과 실법인 방편으로 집착할 대상이 없다. 지금 가.는 알 수 있으리라.

나. 사마타에 깃들이는 열 가지 궁전[棲止適悅宮殿] (二宮 26下2)

佛子여 菩薩摩訶薩이 有十種宮殿하니 何等爲十고 所謂 菩提心이 是菩薩宮殿이니 恒不忘失故며 十善業道福德智慧가 是菩薩宮殿이니 敎化欲界衆生故며 四梵住禪定이 是菩薩宮殿이니 敎化色界衆生故며 生淨居天이 是菩薩宮殿이니 一切煩惱不染故며 生無色界가 是菩薩宮殿이니 令諸衆生으로 離難處故며 生雜染世界가 是菩薩宮殿이니 令一切衆生으로 斷煩惱故며 現處內宮妻子眷屬이 是菩薩宮殿이니 成就往昔同行衆生故며 現居輪王護世釋梵이 是菩薩宮殿이니 爲調伏自在心衆生故며 住一切菩薩行遊戱神通하여 皆得自在가 是菩薩宮殿이니 善

遊戲諸禪解脫三昧智慧故며 一切佛所受無上自在一切
智王灌頂記가 是菩薩宮殿이니 住十力莊嚴하여 作一切
法王自在事故라 是爲十이니 若諸菩薩이 安住其中하면
則得法灌頂하여 於一切世間에 神力自在니라

불자여, 보살마하살이 열 가지 궁전이 있으니, 무엇이 열인
가? 이른바 (1) 보리심이 보살의 궁전이니 항상 잊지 않는
연고며, (2) 열 가지 착한 업과 복덕과 지혜가 보살의 궁전
이니 욕심 세계 중생을 교화하는 연고며, (3) 네 가지 범천
이 머무는 선정이 보살의 궁전이니 형상 세계의 중생을 교
화하는 연고며, (4) 정거천에 나는 것이 보살의 궁전이니 모
든 번뇌에 물들지 않는 연고며, (5) 무형 세계에 나는 것이
보살의 궁전이니 중생들로 하여금 어려운 곳에서 떠나게 하
는 연고며, (6) 물든 세계에 나는 것이 보살의 궁전이니 일
체중생으로 하여금 번뇌를 끊게 하는 연고며, (7) 현재 내전
에 있는 처자 권속이 보살의 궁전이니 옛날에 함께 수행하
던 중생을 성취하는 연고며, (8) 지금 있는 전륜왕과 사천왕
과 제석천왕과 범천왕이 보살의 궁전이니 자재한 마음을 가
진 중생을 조복하는 연고며, (9) 모든 보살의 행에 머물러
신통에 유희하며 자유자재하는 것이 보살의 궁전이니 모든
선정과 해탈과 삼매의 지혜에 잘 유희하는 연고며, (10) 모
든 부처님 계신 데서 위없이 자재한 온갖 지혜 왕의 정수리
에 물을 붓는 수기를 받는 것이 보살의 궁전이니 열 가지 힘
으로 장엄한 데 머물러서 모든 법왕의 자재한 일을 짓는 연
고니, 이것이 열이니라. 만일 보살들이 이 가운데 편안히 머

물면 법으로 정수리에 물을 부어 모든 세간에서 신통으로 자재함을 얻느니라.

[疏] 二, 宮殿이라 十中에 四, 梵住者는 卽四無量이니 亦色因故라 故로 度世에 云, 修四梵行인 慈悲喜捨라하니라 餘可知니라

■ 나. 사마타에 깃들이는 열 가지 궁전이다. 열 구절 중에 '넷째, 범천에 머무른다'는 것은 곧 네 가지 한량없는 마음이니 또한 형색 세계의 원인인 까닭이다. 그러므로 『도세경』에 이르되, "네 가지 범행인 사랑과 어여삐 여김과 기뻐함과 버림이다"라고 하였다. 나머지 구절은 알 수 있으리라.

(8) 난득행으로 대답하다[難得行] 2.

가. 열 가지 내심으로 원하고 즐거워함[內心願樂] (第八 27上4)

佛子여 菩薩摩訶薩이 有十種所樂하니 何等爲十고 所謂 樂正念이니 心不散亂故며 樂智慧니 分別諸法故며 樂往詣一切佛所니 聽法無厭故며 樂諸佛이니 充滿十方하여 無邊際故며 樂菩薩自在니 爲諸衆生하여 以無量門으로 而現身故며 樂諸三昧門이니 於一三昧門에 入一切三昧門故며 樂陀羅尼니 持法不忘하여 轉授衆生故며 樂無礙辯才니 於一文一句에 經不可說劫토록 分別演說하여 無窮盡故며 樂成正覺이니 爲一切衆生하여 以無量門으로 示現於身에 成正覺故며 樂轉法輪이니 摧滅一切異道法

故라 是爲十이니 若諸菩薩이 安住此法하면 則得一切諸佛如來無上法樂이니라

불자여, 보살마하살이 열 가지 좋아함이 있으니, 무엇이 열인가? 이른바 (1) 바른 생각을 좋아하니 마음이 산란하지 않은 연고며, (2) 지혜를 좋아하니 모든 법을 분별하는 연고며, (3) 모든 부처님 계신 데 가기를 좋아하니 법문 듣기에 만족함이 없는 연고며, (4) 모든 부처님을 좋아하니 시방에 가득하여 가이없는 연고며, (5) 보살을 좋아하니 자재하게 중생을 위하여 한량없는 문으로 몸을 나타내는 연고며, (6) 모든 삼매문을 좋아하니 한 삼매문에서 모든 삼매문에 들어가는 연고며, (7) 다라니를 좋아하니 법을 가지고 잊지 아니하여 중생에게 주는 연고며, (8) 걸림 없는 변재를 좋아하니 한 글자와 한 글귀의 경을 말할 수 없는 겁 동안에 분별하여 연설하되 다함이 없는 연고며, (9) 바른 깨달음 이룸을 좋아하니 일체중생을 위하여 한량없는 문으로 몸을 나투어 바른 깨달음을 이룸을 보이는 연고며, (10) 법륜 굴리기를 좋아하니 온갖 외도의 법을 꺾어 버리는 연고니, 이것이 열이니라. 만일 보살들이 이 법에 편안히 머물면 모든 부처님 여래의 위없는 법의 즐거움을 얻느니라.

[疏] 第八, 所樂下의 二門은 明難得位中行이라 於中에 此門은 內心願樂이니 願은 卽行體라 旣處宮殿에 則情欣勝樂故니라

■ (8) 所樂 아래 두 문은 난득행 지위 중의 행법으로 대답함이다. 그중에 이 문은 내부의 마음으로 즐기기를 원하나니 서원은 곧 행법의 체

성이다. 이미 궁전에 살면 생각으로 뛰어난 즐거움을 기뻐하는 까닭이다.

나. 열 가지 외부의 덕으로 장엄하다[外德莊嚴] (二十 27下6)

佛子여 菩薩摩訶薩이 有十種莊嚴하니 何等爲十고 所謂 力莊嚴이니 不可壞故며 無畏莊嚴이니 無能伏故며 義莊嚴이니 說不可說義하여 無窮盡故며 法莊嚴이니 八萬四千法聚를 觀察演說하여 無忘失故며 願莊嚴이니 一切菩薩所發弘誓에 無退轉故며 行莊嚴이니 修普賢行이니 而出離故며 刹莊嚴이니 以一切刹로 作一刹故며 普音莊嚴이니 周徧一切諸佛世界하여 雨法雨故며 力持莊嚴이니 於一切劫에 行無數行하여 不斷絶故며 變化莊嚴이니 於一衆生身에 示現一切衆生數等身하여 令一切衆生으로 悉得知見하고 求一切智하여 無退轉故라 是爲十이니 若諸菩薩이 安住此法하면 則得如來一切無上法莊嚴이니라

불자여, 보살마하살이 열 가지 장엄이 있으니, 무엇이 열인가? 이른바 (1) 힘의 장엄이니 깨뜨릴 수 없는 연고며, (2) 두려움 없는 장엄이니 굴복할 이가 없는 연고며, (3) 뜻의 장엄이니 말할 수 없는 뜻을 말하여 다함이 없는 연고며, (4) 법의 장엄이니 8만4천 법 덩이를 관찰하고 연설하여 잊지 않는 연고며, (5) 서원의 장엄이니 모든 보살의 처소에서 큰 서원을 내어 물러나지 않는 연고며, (6) 행의 장엄이니 보현의 행을 닦아 벗어나는 연고며, (7) 세계 장엄이니 모든 세

계로 한 세계를 만드는 연고며, (8) 두루한 음성의 장엄이니 모든 부처의 세계에 두루하여 법 비를 내리는 연고며, (9) 힘으로 유지하는 장엄이니 온갖 겁에 수없는 행을 행하여 끊어지지 않는 연고며, (10) 변화하는 장엄이니 한 중생의 몸에서 일체중생 수효와 같은 몸을 나타내어 중생들로 하여금 모두 아는 소견을 얻고 온갖 지혜를 구하여 물러남이 없는 연고니, 이것이 열이니라. 만일 보살들이 이 법에 편안히 머물면 여래의 모든 위없는 법의 장엄을 얻느니라.

[疏] 二, 十莊嚴은 卽外德莊嚴이니 具以衆德으로 莊嚴願故라 文並可知니라

- 나. 열 가지 장엄은 곧 외부의 덕으로 장엄함이니 여러 덕을 갖춤으로 서원을 장엄하는 까닭이다. 경문과 함께하면 알 수 있으리라.

(9) 선법행으로 대답하다[善法行] 2.

가. 바깥 인연에 동요되지 않는다[外緣不動] (第九 28上9)

佛子여 菩薩摩訶薩이 發十種不動心하나니 何等爲十고 所謂於一切所有에 悉皆能捨不動心과 思惟觀察一切佛法不動心과 憶念供養一切諸佛不動心과 於一切衆生에 誓無惱害不動心과 普攝衆生하여 不揀怨親不動心과 求一切佛法하되 無有休息不動心과 一切衆生數等不可說不可說劫에 行菩薩行하되 不生疲厭하고 亦無退轉不動

心과 成就有根信無濁信淸淨信極淸淨信離垢信明徹信
恭敬供養一切佛信不退轉信不可盡信無能壞信大歡喜
踊躍信不動心과 成就出生一切智方便道不動心과 聞一
切菩薩行法하고 信受不謗不動心이 是爲十이니 若諸菩
薩이 安住此法하면 則得無上一切智不動心이니라

불자여, 보살마하살이 열 가지 부동심을 내나니 무엇이 열
인가? 이른바 (1) 온갖 있는 것을 다 버리는 부동심과, (2)
모든 불법을 생각하고 관찰하는 부동심과, (3) 모든 부처님
을 생각하고 공양하는 부동심과, (4) 일체중생에게 시끄럽
게 하지 않으려는 부동심과, (5) 중생을 두루 포섭하고 원수
와 친한 이를 가리지 않는 부동심과, (6) 모든 불법을 구하
여 쉬지 않는 부동심과, (7) 일체중생 수효와 같은 말할 수
없이 말할 수 없는 겁에 보살의 행을 행하되 고달프지 않고
물러나지 않는 부동심과, (8) 뿌리가 있는 믿음, 흐리지 않
는 믿음, 청정한 믿음, 매우 청정한 믿음, 때를 여읜 믿음, 밝
게 사무친 믿음, 모든 부처님께 공경하고 공양하는 믿음, 물
러나지 않는 믿음, 다할 수 없는 믿음, 깨뜨릴 수 없는 믿음,
매우 즐거워 날뛰는 믿음을 성취하는 부동심과, (9) 온갖 지
혜를 내는 방편의 길을 성취하는 부동심과, (10) 모든 보살
의 행하는 법을 듣고는 믿고 받으면서 비방하지 않는 부동
심이니, 이것이 열이니라. 만일 보살들이 이 법에 편안히 머
물면 위없는 온갖 지혜의 부동심을 얻느니라.

[疏] 第九, 不動心下의 二門은 明善法位中行이니 此門은 明外緣不動이요

後門은 明內心不捨니라 又此는 明心堅이요 後는 明深入이니 皆是力義니라 今初니 十中에 二及第九는 是思擇力이요 餘皆修習力이니라 八中에 有十一信하니 一, 生佛果故요 二, 不雜不信濁故요 三, 淨無煩惱故요 四, 無細念故요 五, 離所知垢故요 六, 徹事源故요 七, 向果位故요 八, 自分堅故요 九, 德無盡故요 十, 緣不動故요 十一, 證眞如故라 餘並相顯이니라

■ (9) 不動心 아래 두 문은 선법행 지위의 행법으로 대답함이니 이 문은 가. 바깥 인연에 동요하지 않는 장엄이요, 나. 내심으로 버리지 않는 깊고 큰 마음을 설명함이다. 또한 가) 이것은 마음이 굳건함을 밝힘이요, 나) 깊이 들어감을 밝힘이니 모두 힘의 뜻이다. 지금은 가)이니 열 구절 중에 둘째[(2)思惟觀察一切佛法不動心]와 아홉째[(9)成就出生一切智方便道不動心]는 생각으로 선택하는 능력이요, 나머지는 모두 닦고 익히는 능력이다. 여덟 가지 중에 11가지 믿음이 있으니 (1) 부처님 과덕이 생겨난 연고요, (2) 섞이지 않고 믿지 않는 혼탁함인 연고요, (3) 깨끗해서 번뇌가 없는 연고요, (4) 미세한 생각이 없는 연고요, (5) 소지장의 때를 여읜 연고요, (6) 일의 근원까지 사무친 연고요, (7) 과덕 지위로 향하는 연고요, (8) 자분행이 견고한 연고요, (9) 그지없는 공덕인 연고요, (10) 반연에 동요하지 않는 연고요, (11) 진여법을 증득한 까닭이다. 나머지는 (경문과) 함께하면 모양이 밝으리라.

나. 내심으로 버리지 않는 깊고 큰 마음[內心不捨] (二不 29上5)

佛子여 菩薩摩訶薩이 有十種不捨深大心하니 何等爲十고 所謂不捨成滿一切佛菩提深大心과 不捨敎化調伏一

切衆生深大心과 不捨不斷一切諸佛種性深大心과 不捨親近一切善知識深大心과 不捨供養一切諸佛深大心과 不捨專求一切大乘功德法深大心과 不捨於一切佛所에 修行梵行하여 護持淨戒深大心과 不捨親近一切菩薩深大心과 不捨求一切佛法하여 方便護持深大心과 不捨滿一切菩薩行願하여 集一切諸佛法深大心이 是爲十이니 若諸菩薩이 安住其中하면 則能不捨一切佛法이니라

불자여, 보살마하살이 열 가지 버리지 않는 깊고 큰 마음이 있으니, 무엇이 열인가? 이른바 (1) 모든 부처의 보리를 만족할 것을 버리지 않는 깊고 큰 마음과, (2) 일체중생을 교화하고 조복함을 버리지 않는 깊고 큰 마음과, (3) 모든 부처의 종자 성품을 끊지 않음을 버리지 않는 깊고 큰 마음과, (4) 모든 선지식 친근함을 버리지 않는 깊고 큰 마음과, (5) 모든 부처님 공양함을 버리지 않는 깊고 큰 마음과, (6) 모든 대승의 공덕법 구하기를 버리지 않는 깊고 큰 마음과, (7) 모든 부처의 처소에서 범행을 닦고 깨끗한 계행을 보호할 것을 버리지 않는 깊고 큰 마음과, (8) 모든 보살 친근함을 버리지 않는 깊고 큰 마음과, (9) 모든 불법을 구하여 방편으로 보호해 지님을 버리지 않는 깊고 큰 마음과, (10) 모든 보살의 행과 원을 만족하고 모든 불법 모을 것을 버리지 않는 깊고 큰 마음이니, 이것이 열이니라. 만일 보살들이 이 가운데 편안히 머물면 모든 불법을 버리지 않게 되느니라.

[疏] 二, 不捨深大心者는 由不動故로 能窮理事요 理深事廣일새 故云深

大라 十句는 可知니라

■ 나. 내심으로 버리지 않는 깊고 큰 마음은 동요하지 않음을 말미암은 연고로 능히 이치와 현상을 궁구함이요, 이치는 깊고 현상은 넓은 연고로 '깊고 크다'고 말한다. 열 구절은 알 수 있으리라.

(10) 진실행으로 대답하다[眞實行] 9.

가. 열 가지 지혜의 관찰[觀察智] (第十 29下6)

佛子여 菩薩摩訶薩이 有十種智慧觀察하니 何等爲十고 所謂善巧分別하여 說一切法智慧觀察과 了知三世一切善根智慧觀察과 了知一切諸菩薩行自在變化智慧觀察과 了知一切諸法義門智慧觀察과 了知一切諸佛威力智慧觀察과 了知一切陀羅尼門智慧觀察과 於一切世界에 普說正法智慧觀察과 入一切法界智慧觀察과 知一切十方不可思議智慧觀察과 知一切佛法智慧光明無有障礙智慧觀察이 是爲十이니 若諸菩薩이 安住其中하면 則得如來無上大智慧觀察이니라

불자여, 보살마하살이 열 가지 지혜의 관찰이 있으니, 무엇이 열인가? 이른바 (1) 잘 분별하여 모든 법을 연설하는 지혜의 관찰과, (2) 세 세상의 모든 착한 뿌리를 분명히 아는 지혜의 관찰과, (3) 모든 보살의 행과 자재하게 변화함을 아는 지혜의 관찰과, (4) 모든 법과 이치의 문을 아는 지혜의 관찰과, (5) 모든 부처의 위엄과 힘을 아는 지혜의 관찰과,

(6) 모든 다라니 문을 아는 지혜의 관찰과, (7) 모든 세계에서 바른 법을 널리 말하는 지혜의 관찰과, (8) 모든 법계에 들어가는 지혜의 관찰과, (9) 모든 시방의 헤아릴 수 없음을 아는 지혜의 관찰과, (10) 모든 불법의 지혜 광명이 장애가 없음을 아는 지혜의 관찰이니, 이것이 열이니라. 만일 보살들이 이 가운데 편안히 머물면 여래의 위없는 큰 지혜의 관찰을 얻느니라.

[疏] 第十, 智慧觀察下의 九門은 明眞實位中行이라 卽分爲九니 一, 觀察智요 二, 說法智요 三, 離障智요 四, 審決智요 五, 照徹智요 六, 無等智요 七, 無劣智요 八, 高出智요 九, 深廣智라 今初니 亦由不捨深大일새 故能觀察이라 前問에 但言觀察者는 脫智慧言이라 十句는 準思니라

■ (10) 智慧觀察 아래 아홉 문은 진실행 지위 중의 행법으로 대답함이다. 곧 아홉으로 나누니 (1) 관찰하는 지혜요, (2) 법을 설하는 지혜요, (3) 장애를 여의는 지혜요, (4) 살펴서 결정하는 지혜요, (5) 끝까지 비추는 지혜요, (6) 짝할 이 없는 지혜요, (7) 하열함 없는 지혜요, (8) 높이 뛰어나는 지혜요, (9) 깊고 광대한 지혜이다. 지금은 (1) 관찰하는 지혜이니 또한 깊고 광대함을 버리지 않음을 말미암은 연고로 능히 관찰한다. 앞의 질문에서 단지 관찰한다고만 말한 것에서 지혜란 말이 빠졌다. 열 구절도 준하여 생각해 보라.

나. 열 가지 법을 말하는 지혜[說法智] (二說 30上8)

佛子여 菩薩摩訶薩이 有十種說法하니 何等爲十고 所謂 說一切法이 皆從緣起와 說一切法이 皆悉如幻과 說一切法이 無有乖諍과 說一切法이 無有邊際와 說一切法이 無所依止와 說一切法이 猶如金剛과 說一切法이 皆悉如如와 說一切法이 皆悉寂靜과 說一切法이 皆悉出離와 說一切法이 皆住一義하여 本性成就가 是爲十이니 若諸菩薩이 安住其中하면 則能善巧로 說一切法이니라

불자여, 보살마하살이 열 가지 법을 말함이 있으니, 무엇이 열인가? 이른바 (1) 모든 법이 다 인연으로 생긴 것임을 말하며, (2) 모든 법이 환술과 같음을 말하며, (3) 모든 법이 다툼이 없음을 말하며, (4) 모든 법이 끝이 없음을 말하며, (5) 모든 법이 의지한 데 없음을 말하며, (6) 모든 법이 금강과 같음을 말하며, (7) 모든 법이 진여와 같음을 말하며, (8) 모든 법이 모두 고요함을 말하며, (9) 모든 법이 다 벗어남인 것임을 말하며, (10) 모든 법이 다 한 가지 이치에 머물러 본성품을 성취함을 말하나니, 이것이 열이니라. 만일 보살들이 이 가운데 편안히 머물면 교묘하게 모든 법을 말하느니라.

[疏] 二, 說法智니 由能內觀하여 故能外說이라 十中에 初二는 說俗이요 後八은 說眞이니 一, 無二可諍이요 二, 體德兼廣이요 三, 相深遠이요 四, 體堅利요 五, 如如不動이요 六, 體絕百非요 七, 在纏不染이요 八, 體相一味니라

■ 나. 열 가지 법을 말하는 지혜이니 능히 내부로 관찰함을 말미암은 연고로 능히 외부로 말할 수 있는 것이다. 열 구절 중에 가) 두 구절

[(1) 說一切法 皆從緣起 (2) 說一切法 皆悉如幻]은 속제를 말함이요, 나) 뒤의 여덟 구절[(3) 說一切法 無有乖諍 ~ (10) 說一切法 皆住一義 本性成就]은 진제를 설함이니 (1) 둘로 다툴 수 없음이요, (2) 체성과 공덕을 겸하여 광대함이요, (3) 모양이 깊고 원대함이요, (4) 체성이 굳건하고 예리함이요, (5) 진여와 같아서 동요하지 않음이요, (6) 체성은 백 가지 잘못이 끊어짐이요, (7) 번뇌에 물들지 않음이요, (8) 본체의 모양이 한 맛이다.

다. 열 가지 장애를 여읜 지혜[離障智] (第三 30下8)

佛子여 菩薩摩訶薩이 有十種淸淨하니 何等爲十고 所謂 深心淸淨과 斷疑淸淨과 離見淸淨과 境界淸淨과 求一切智淸淨과 辯才淸淨과 無畏淸淨과 住一切菩薩智淸淨과 受一切菩薩律儀淸淨과 具足成就無上菩提三十二種百福相白淨法하여 一切善根淸淨이 是爲十이니 若諸菩薩이 安住其中하면 則得一切如來無上淸淨法이니라

불자여, 보살마하살이 열 가지 청정이 있으니, 무엇이 열인가? 이른바 (1) 깊은 마음이 청정하고, (2) 의심 끊음이 청정하고, (3) 소견을 여읨이 청정하고, (4) 경계가 청정하고, (5) 온갖 지혜를 구함이 청정하고, (6) 변재가 청정하고, (7) 두려움 없음이 청정하고, (8) 모든 보살의 지혜에 머무름이 청정하고, (9) 모든 보살의 계율을 받음이 청정하고, (10) 위없는 보리와 32가지 복된 모습과 희고 깨끗한 법과 모든 착한 뿌리를 구족히 성취함이 청정하니, 이것이 열이니라.

만일 보살들이 이 가운데 편안히 머물면 모든 여래의 위없는 청정한 법을 얻느니라.

[疏] 第三, 十種淸淨는 卽離障智라 此離智障을 晉名無垢라하니 故雖同淸淨이나 所淨不同이라 十中에 與七淨으로 有開合不同하니 在文易了라 七淨은 如五地初에 辨이니라

- 다. 장애를 여읜 열 가지 청정함은 곧 장애를 여읜 지혜이다. 이런 지적 장애를 여읜 것을 진경(晉經)에는 '때 없음[無垢]'이라 이름하였으니 그래서 비록 청정함과 같지만 깨끗이 할 대상이 같지 않다. 열 구절 중에 일곱 가지 청정과 열고 합함이 같지 않나니 경문에 있으니 알기 쉬우리라. '일곱 가지 청정[64]'은 제5. 난승지(難勝地)의 처음에 밝힌 내용과 같다.

라. 열 가지 결정하여 살피는 지혜[決審智] 10.
(가) 괴로움을 편안히 받는 법인[安受苦忍] (第四 31上2)

佛子여 菩薩摩訶薩이 有十種印하니 何等爲十고 所謂菩薩摩訶薩이 知苦苦와 壞苦와 行苦하여 專求佛法하되 不生懈怠하며 行菩薩行하되 無有疲懈하여 不驚不畏하며 不恐不怖하여 不捨大願하고 求一切智하며 堅固不退하여 究竟阿耨多羅三藐三菩提하나니 是爲第一印이요

불자여, 보살마하살이 열 가지 인이 있으니, 무엇이 열인

---

64) 십지품 제5 難勝地云, "①계법이 청정함이요 ②삼마지가 청정함이요 ③소견이 청정함이요 ④의심을 건너는 청정함, ⑤도이고 도 아닌 것을 가림이 청정함, ⑥명칭과 행법이 청정함이요 ⑦끊음을 행함이 청정함은 보리분법을 헤아리는 상상의 청정함이다[一, 戒淨 二, 定淨 三, 見淨 四, 度疑淨 五, 道非道淨 六, 名行淨 七, 行斷淨 七名思量菩提分法上上淨]."

가? 이른바 (1) 보살마하살이 괴로움의 괴로움과 무너지는 괴로움과 변천하는 괴로움을 알고 부처의 법을 오로지 구하여 게으르지 않으며, 보살의 행을 행하여 고달프지 않으며, 놀라지 않고 저어하지 않고 무섭지 않으며, 큰 서원을 버리지 않고 온갖 지혜를 구하며, 견고하여 물러나지 않고 아뇩다라삼먁삼보디를 끝마치나니, 이것이 첫째 인이니라.

[疏] 第四, 十種印者는 卽審決智니 以淸淨智로 決定印可一切法故라 故로 晉本中에는 名爲智印하시고 後, 所結益에도 亦是智印이라 亦猶三法印等이니라 十中에 一, 於安受苦境하여 忍智不動이요

■ 라. 열 가지 인장은 곧 살펴서 결정하는 지혜이니 가) 청정한 지혜로 결정하여 온갖 법을 인가하는 까닭이다. 그러므로 진경 중에는 '지혜의 인장[智印]'이라 이름하였고, 나) 결정할 대상에 이익됨도 또한 지혜의 인장이라 하였다. 또한 '세 가지 법의 인장[三法印]'과 같은 등이다. 열 구절 중에 (1) 고통을 감수하는 인욕[安受苦忍]인 경계에서 법인의 지혜가 동요하지 않음의 뜻이요,

[鈔] 亦猶三法印等은 等取四印과 五印이니 並如明法品說이니라

● 또한 '세 가지 법의 인장과 같다'는 등은 네 가지 법인과 다섯 가지 법인을 똑같이 취하였으니 아울러 제18. 명법품에 설한 내용과 같다.

(나) 다른 이가 요익하지 못하게 하는 법인[他不饒益忍] (二他 31下5)
(다) 법을 자세히 관찰하는 법인[諦察法忍] (三於)

菩薩摩訶薩이 見有眾生이 愚癡狂亂하여 或以麤弊惡語로 而相毀辱하며 或以刀杖瓦石으로 而加損害라도 終不以此境界로 捨菩薩心하고 但忍辱柔和하여 專修佛法하며 住最勝道하여 入離生位하나니 是爲第二印이요 菩薩摩訶薩이 聞說與一切智相應甚深佛法하고 能以自智로 深信忍可하여 解了趣入하나니 是爲第三印이요

(2) 보살마하살이 어떤 중생이 어리석고 미쳐서 나쁜 말로 헐뜯고 칼·막대기·돌로 해롭게 해도, 이런 경계로 해서 보살의 마음을 버리지 않고, 다만 참고 부드럽고 화평하게 불법을 오로지 닦으며, 가장 좋은 도에 머물러 생사를 여의는 자리에 들어가나니, 이것이 둘째 인이니라. (3) 보살마하살이 온갖 지혜와 서로 응하는 매우 깊은 부처의 법을 듣고는, 능히 자기의 지혜로 깊이 믿고 분명히 알며 이해하고 나아가 들어가나니, 이것이 셋째 인이니라.

[疏] 二, 他不饒益을 忍行決定이요 三, 於佛法深에 信忍決定이니 卽諦察法忍이라

■ (나) 다른 이가 요익하지 못하게 함을 인의 행으로 결정함이요, (다) 불법에 대하여 믿음의 법인으로 결정함이 곧 '법을 자세히 관찰하는 법인'이다.

(라) 부처를 이루고서 중생을 제도하다[成佛度生] (四決 32上3)
(마) 부처님 지혜가 그지없음을 알다[知佛智無邊] (五決)

菩薩摩訶薩이 又作是念하되 我發深心하여 求一切智하며 我當成佛하여 得阿耨多羅三藐三菩提하며 一切衆生이 流轉五趣하여 受無量苦일새 亦當令其發菩提心하여 深信歡喜하고 勤修精進하여 堅固不退라하나니 是爲第四印이요 菩薩摩訶薩이 知如來智가 無有邊際하여 不以齊限으로 測如來智니 菩薩이 曾於無量佛所에 聞如來智가 無有邊際일새 故能不以齊限測度이며 一切世間文字所說은 皆有齊限일새 悉不能知如來智慧하나니 是爲第五印이요

(4) 보살마하살이 또 생각하되, '내가 깊은 마음을 내어 온갖 지혜를 구하나니, 내가 마땅히 성불하여 아눗다라삼약삼보디를 얻을 것이며, 일체중생이 다섯 길로 헤매면서 한량없는 고통 받는 것을, 그로 하여금 보리심을 내어 깊이 믿고 기뻐하며 부지런히 닦고 정진하며 견고하여 물러나지 않게 하리라' 하나니, 이것이 넷째 인이니라. (5) 보살마하살이 여래의 지혜는 가이없음을 알고 제한한 마음으로 여래의 지혜를 측량하지 않나니, 보살이 일찍 한량없는 부처님 계신 데서 여래의 지혜가 가이없음을 들은 연고며, 제한한 마음으로 측량하지 않음은 모든 세간의 글자로 하는 말은 모두 제한이 있어 여래의 지혜를 알지 못함이니, 이것이 다섯째 인이니라.

[疏] 四, 決定成佛度生이요 五, 決定知佛智無邊이요
- (라) 결정코 부처를 이루고서 중생을 제도함이요, (마) 결정코 부처

님 지혜가 그지없음을 앎이요,

(바) 결정코 부처님 과덕에서 물러나지 않으려고 욕구하다
　　[決欲佛果不退] (六決 32下3)
(사) 사람과 법을 결정코 친하다[決親人法] (七決)

菩薩摩訶薩이 於阿耨多羅三藐三菩提에 得最勝欲과 甚深欲과 廣欲과 大欲과 種種欲과 無能勝欲과 無上欲과 堅固欲과 衆魔外道와 幷其眷屬이 無能壞欲과 求一切智不退轉欲하여 菩薩이 住如是等欲일새 於無上菩提에 畢竟不退하나니 是爲第六印이요 菩薩摩訶薩이 行菩薩行하되 不顧身命하여 無能沮壞니 發心趣向一切智故며 一切智性이 常現前故며 得一切佛智光明故로 終不捨離佛菩提하며 終不捨離善知識하나니 是爲第七印이요

(6) 보살마하살이 아뇩다라삼먁삼보리에 가장 나은 욕망·매우 깊은 욕망·넓은 욕망·큰 욕망·가지가지 욕망·이길 이 없는 욕망·위없는 욕망·견고한 욕망·마와 외도와 그 권속들이 파괴할 수 없는 욕망·온갖 지혜 구하려 물러나지 않는 욕망을 얻었으며, 보살이 이런 욕망에 머물러서 위없는 보리에 끝까지 물러나지 않나니, 이것이 여섯째 인이니라. (7) 보살마하살이 보살의 행을 행하되 몸과 목숨을 돌보지 아니하며 저해하고 파괴할 이가 없나니, 마음을 내어 온갖 지혜로 나아가는 연고며, 온갖 지혜의 성품이 항상 앞에 나타나는 연고며, 모든 부처님 지혜의 광명을 얻는 연

고로, 마침내 부처의 보리를 버리지 아니하며 마침내 선지식을 버리지 않나니, 이것이 일곱째 인이니라.

[疏] 六, 決欲佛果不退요 七, 決不顧身命하여 以親人法이요
- (바) 결정코 부처님 과덕에서 물러나지 않으려는 욕구함이요, (사) 결정코 몸과 목숨을 돌아보지 않아서 사람과 법을 친함이요,

(아) 결정코 제도하고 나서 대승에 들어가기를 욕구하다[決度已入大乘]
(八決 33上1)
(자) 결정코 평등하게 제도하기를 욕구하다[決平等度] (九決)
(차) 결정코 부처님 체성과 같은 인행이 원만하고 과덕이 원만하기를 욕구하다[決同佛體因圓果滿] (十決)

菩薩摩訶薩이 若見善男子善女人이 趣大乘者면 令其增長求佛法心하며 令其安住一切善根하며 令其攝取一切智心하며 令其不退無上菩提하나니 是爲第八印이요 菩薩摩訶薩이 令一切衆生으로 得平等心하여 勸令勤修一切智道하며 以大悲心으로 而爲說法하여 令於阿耨多羅三藐三菩提에 永不退轉하나니 是爲第九印이요 菩薩摩訶薩이 與三世諸佛로 同一善根일새 不斷一切諸佛種性하고 究竟得至一切智智하나니 是爲第十印이니라 佛子여 是爲菩薩摩訶薩十種印이니 菩薩이 以此速成阿耨多羅三藐三菩提하여 具足如來一切法無上智印이니라
(8) 보살마하살이 만일 착한 남자나 착한 여인으로서 대승

에 나아가는 이를 보면, 그로 하여금 불법 구하는 마음을 늘게 하며 모든 착한 뿌리에 머물게 하며, 온갖 지혜의 마음을 거두어 가지게 하며, 위없는 보리에서 물러나지 않게 하나니, 이것이 여덟째 인이니라. (9) 보살마하살이 일체중생으로 평등한 마음을 얻게 하며, 온갖 지혜의 길을 부지런히 닦게 하며, 크게 어여삐 여기는 마음으로 법을 말하며 아뇩다라삼먁삼보리에서 물러나지 않게 하나니, 이것이 아홉째 인이니라. (10) 보살마하살이 세 세상 부처님들과 착한 뿌리가 같아서 모든 부처의 종자 성품을 끊지 않고 필경에 온갖 지혜의 지혜에 이르게 하나니, 이것이 열째 인이니라. 불자여, 이것이 보살마하살의 열 가지 인이니, 보살은 이것으로 아뇩다라삼먁삼보리를 빨리 이루고 여래의 모든 법에 위없는 지혜의 인을 구족하느니라.

[疏] 八, 決度已入大乘法者요 九, 決平等度요 十, 決同佛體가 因圓果滿이니라

- (아) 결정코 제도하고 나서 대승에 들어가기를 욕구함이요, (자) 결정코 평등하게 제도하기를 욕구함이요, (차) 결정코 부처님 체성과 같은 인행이 원만하고 과덕이 원만하기를 욕구함이다.

마. 열 가지 철저히 비추는 지혜[照徹智] (第五 33下10)

佛子여 菩薩摩訶薩이 有十種智光照하니 何等爲十고 所謂知定當成阿耨多羅三藐三菩提智光照와 見一切佛智

光照와 見一切衆生死此生彼智光照와 解一切修多羅法
門智光照와 依善知識發菩提心하여 集諸善根智光照와
示現一切諸佛智光照와 敎化一切衆生하여 悉令安住如
來地智光照와 演說不可思議廣大法門智光照와 善巧了
知一切諸佛神通威力智光照와 滿足一切諸波羅蜜智光
照가 是爲十이니 若諸菩薩이 安住此法하면 則得一切諸
佛無上智光照니라

불자여, 보살마하살이 열 가지 지혜 광명으로 비춤이 있으니, 무엇이 열인가? 이른바 (1) 결정코 아눗다라삼약삼보디를 이룰 줄 아는 지혜 광명 비춤이며, (2) 모든 부처님을 보는 지혜 광명 비춤이며, (3) 일체중생의 여기서 죽어 저기에 남을 보는 지혜 광명 비춤이며, (4) 모든 경전의 법문을 아는 지혜 광명 비춤이며, (5) 선지식을 의지하여 보리심을 내고 착한 뿌리를 모으는 지혜 광명 비춤이며, (6) 모든 부처님을 나타내는 지혜 광명 비춤이며, (7) 일체중생을 교화하여 여래의 지위에 머물게 하는 지혜 광명 비춤이며, (8) 부사의한 넓고 큰 법문을 연설하는 지혜 광명 비춤이며, (9) 모든 부처님의 신통과 위엄을 교묘하게 아는 지혜 광명 비춤이며, (10) 모든 바라밀다를 만족하는 지혜 광명 비춤이니, 이것이 열이니라. 만일 보살들이 이 법에 편안히 머물면 모든 부처님의 위없는 지혜 광명이 비춤을 얻느니라.

[疏] 第五, 智光照는 卽照徹智니 由印定故로 照徹無礙라 十句는 易知니라
■ 마. 열 가지 지혜 광명으로 비춤은 곧 철저하게 비추는 지혜이니 선정

을 인가함을 말미암은 연고로 철저하게 비춤이 걸림 없다. 열 구절은 쉽게 알리라.

바. 열 가지 같을 이 없는 지혜[無等智] 5.
가) 표방하다[標] (第六 34上4)
나) 질문하다[徵] (經/何等)

佛子여 菩薩摩訶薩이 有十種無等住하여 一切衆生과 聲聞獨覺이 悉無與等이니 何等爲十고
불자여, 보살마하살이 열 가지 같을 이 없는 머무름이 있어 모든 중생과 성문과 독각이 같을 이가 없나니, 무엇이 열인가?

[疏] 第六, 無等住는 卽無等智니 由前照徹일새 故不偏住着하고 雙住事理가 名無與等故라
■ 바. 짝할 이 없는 머무름은 곧 짝할 이 없는 지혜이니, 앞의 비춤이 철저함을 말미암은 연고로 치우쳐 머물러 집착하지 않고 현상과 이치에 함께 머무름을 '더불어 짝할 이 없다'고 이름한 까닭이다.

다) 해석하다[釋] (列十 35上6)

所謂菩薩摩訶薩이 雖觀實際나 而不取證하나니 以一切願을 未成滿故라 是爲第一無等住요 菩薩摩訶薩이 種等法界一切善根하되 而不於中에 有少執着이 是爲第二

無等住요 菩薩摩訶薩이 修菩薩行하되 知其如化하여 以
一切法이 悉寂滅故로 而於佛法에 不生疑惑이 是爲第
三無等住요 菩薩摩訶薩이 雖離世間所有妄想이나 然能
作意하여 於不可說劫에 行菩薩行하여 滿足大願하고 終
不中起疲厭之心이 是爲第四無等住요 菩薩摩訶薩이 於
一切法에 無所取着하여 以一切法이 性寂滅故로 而不證
涅槃하나니 何以故오 一切智道를 未成滿故가 是爲第五
無等住요 菩薩摩訶薩이 知一切劫이 皆卽非劫이나 而眞
實說一切劫數가 是爲第六無等住요 菩薩摩訶薩이 知一
切法이 悉無所作이니 而不捨作道하고 求諸佛法이 是爲
第七無等住요 菩薩摩訶薩이 知三界唯心이며 三世唯心
이나 而了知其心의 無量無邊이 是爲第八無等住요 菩薩
摩訶薩이 爲一衆生하여 於不可說劫에 行菩薩行하여 欲
令安住一切智地하나니 如爲一衆生하여 爲一切衆生도
悉亦如是하되 而不生疲厭이 是爲第九無等住요 菩薩摩
訶薩이 雖修行圓滿이나 而不證菩提하나니 何以故오 菩
薩이 作如是念하되 我之所作이 本爲衆生이라 是故로 我
應久處生死하여 方便利益하여 皆令安住無上佛道가 是
爲第十無等住니라

이른바 (1) 보살마하살이 비록 실제를 관찰하나 증득하지 않나니, 모든 소원이 만족하지 못한 연고이니라. 이것이 첫째 같을 이 없는 머무름이니라. (2) 보살마하살이 법계와 평등한 모든 착한 뿌리를 심으나 그 가운데 조그만 집착도 없느니라. 이것이 둘째 같을 이 없는 머무름이니라. (3) 보살마하살이 보살의 행을 닦는 것이 변화와 같은 줄을 아나니, 모든 법이 다 적멸한 것이므로 부처의 법에 의혹을 내지 않느니라. 이것이 셋째 같을 이 없는 머무름이니라. (4) 보살마하살이 비록 세간에 있는 허망한 생각을 여의었으나, 능히 생각하기를 '말할 수 없는 겁에 보살의 행을 행하여 큰 소원을 만족하리라' 하고, 중간에 고달픈 생각을 내지 아니하느니라. 이것이 넷째 같을 이 없는 머무름이니라. (5) 보살마하살이 모든 법에 집착함이 없나니, 모든 법의 성품이 적멸하므로 열반을 증득하지 않느니라. 왜냐하면 온갖 지혜의 길이 만족하지 못한 연고이니라. 이것이 다섯째 같을 이 없는 머무름이니라. (6) 보살마하살이 모든 겁이 모두 겁이 아닌 줄을 알지마는, 참으로 모든 겁의 수효를 말하느니라. 이것이 여섯째 같을 이 없는 머무름이니라. (7) 보살마하살이 모든 법에 다 지을 것이 없음을 알지마는 도를 지어 불법 구하기를 버리지 않느니라. 이것이 일곱째 같을 이 없는 머무름이니라. (8) 보살마하살이 세 세계가 오직 마음뿐이고 세 세상이 오직 마음뿐임을 알지마는, 그 마음이 한량없고 그지없음을 아느니라. 이것이 여덟째 같을 이 없는 머무름이니라. (9) 보살마하살이 한 중생을 위하여서 말할 수 없는 겁에 보살의 행을 행하여 온갖 지혜의 자리에 머물게 하려 하며, 한 중생을 위하는 것과 같이 모든 중생을 위하여서도 이와 같이 하여 고달픔을 내지 아니하느니라. 이것이 아홉째 같을 이 없는 머무름이니라. (10) 보살마하살이 비록 수행이 원만하였으나 보리를 증득하지 않느니라.

왜냐하면 보살이 생각하기를 '내가 하는 일은 본래 중생을 위함이니라. 그러므로 내가 오래도록 생사에 있으면서 방편으로 이익하게 하여 모두 위없는 부처의 도에 머물게 하리라' 하느니라. 이것이 열째 같을 이 없는 머무름이니라.

[疏] 列十中에 皆權實雙行이니 或卽寂之用이며 卽用之寂等이라 並顯可知니라

- 다) 열 가지를 나열하여 해석함 중에 모두 방편과 실법을 함께 행함이니, 혹은 고요함과 합치한 작용이며 작용과 합치한 고요함 등이다. 아울러 (경문과) 함께 밝히면 알 수 있으리라.

라) 결론하다[結] (經/佛子 35上8)
마) 권유하다[勸] (經/若諸)

佛子여 是爲菩薩摩訶薩의 十種無等住니 若諸菩薩이 安住其中하면 則得無上大智一切佛法無等住니라
불자여, 이것이 보살마하살이 열 가지 같을 이 없는 머무름이니, 만일 보살이 이 가운데 편안히 머물면 위없는 큰 지혜의 모든 불법에서 같을 이 없는 머무름을 얻느니라."

大方廣佛華嚴經 제55권
大方廣佛華嚴經疏鈔 제55권 河字卷上
제38 離世間品 ③

제38. 세간을 여의는 품[離世間品] ③

여기서 29문은 십회향의 질문에 대답함이니 대원(大願)으로 금강과 같은 대승의 마음으로 구호함에 이르되,

"불자여, 보살마하살이 열 가지 금강 같은 대승의 서원하는 마음을 내나니, 무엇이 열인가? 불자여, (1) 보살마하살이 생각하기를 '모든 법이 가이없어 다할 수 없거든, 내가 마땅히 세 세상을 끝내는 지혜로 모두 깨달아 남음이 없게 하리라' 하나니, 이것이 첫째 금강 같은 대승의 서원하는 마음이니라. (2) 보살마하살이 또 생각하기를, '한 털끝만 한 곳에도 한량없고 그지없는 중생이 있거든, 하물며 모든 법계이리오. 내가 마땅히 위없는 열반으로 제도하리라' 하나니, 이것이 둘째 금강 같은 대승의 서원하는 마음이니라. … 이것이 다섯째 금강 같은 대승의 서원하는 마음이니라."

> 大方廣佛華嚴經 제55권
> 大方廣佛華嚴經疏鈔 제55권 河字卷上

제38. 세간을 여의는 품[離世間品] ③

사. 하열함 없는 지혜[無下劣智] 5.

가) 표방하다[標] (第七 1上6)
나) 질문하다[徵] (經/何等)

佛子여 菩薩摩訶薩이 發十種無下劣心하나니 何等爲十고
"불자여, 보살마하살이 열 가지 못나지 않은 마음이 있으니, 무엇이 열인가?

[疏] 第七, 無下劣心이니 卽無劣智라 上, 旣望下는 無等이요 今望上에 無劣이라 於十勝事에 皆決作故로 名無下劣이라 所以로 晉經에는 名無怯弱이라하니라

■ 사. 못나지 않은 마음은 곧 못나지 않은 지혜이다. 가) 旣望 아래는 같을 이 없음이요, 지금은 위를 바라보면 하열함이 없다. 열 가지 수승한 일에서 모두 결론하여 짓는 연고로 '못나지 않음'이라 이름한다. 그러므로 진경에는 '겁약이 없음[無怯弱]'이라 이름하였다.

다) 해석하다[釋] 5.

(가) 마군을 항복받음과 외도를 제압함이 상대하다[降魔制外對]

(十句 1下2)

(나) 다른 이를 기쁘게 함과 스스로 만족함이 상대하다[喜他自滿對]

(二喜)

佛子여 菩薩摩訶薩이 作如是念하되 我當降伏一切天魔와 及其眷屬이 是爲第一無下劣心이요 又作是念하되 我當悉破一切外道와 及其邪法이 是爲第二無下劣心이요 又作是念하되 我當於一切衆生에 善言開喩하여 皆令歡喜가 是爲第三無下劣心이요 又作是念하되 我當成滿徧法界一切波羅蜜行이 是爲第四無下劣心이요

불자여, (1) 보살마하살이 생각하되, '내가 마땅히 모든 하늘 마와 그 권속들을 항복받으리라' 하나니, 이것이 첫째 못나지 않은 마음이니라. (2) 또 생각하되, '내가 마땅히 모든 외도와 그 삿된 법을 깨뜨리리라' 하나니, 이것이 둘째 못나지 않은 마음이니라. (3) 또 생각하되, '내가 마땅히 일체중생을 좋은 말로 일러 주어 환희케 하리라' 하나니, 이것이 셋째 못나지 않은 마음이니라. (4) 또 생각하되, '내가 마땅히 법계에 가득하게 모든 바라밀다 행을 이루리라' 하나니, 이것이 넷째 못나지 않은 마음이니라.

[疏] 十句五對니 一, 降魔制外對요 二, 喜他自滿對요

- 열 구절이 다섯 대구이니 (가) 마군을 항복받음과 외도를 제압함이 상대함이요, (나) 다른 이를 기쁘게 함과 스스로 만족함이 상대함이요,

(다) 복을 쌓음과 지혜를 이룸이 상대하다[積福成智對] (三積 1下10)
(라) 아래로 교화함과 위로 성불함이 상대하다[下化上成對] (四下)

又作是念하되 我當積集一切福德藏이 是爲第五無下劣心이요 又作是念하되 無上菩提의 廣大難成을 我當修行하여 悉令圓滿이 是爲第六無下劣心이요 又作是念하되 我當以無上教化와 無上調伏으로 教化調伏一切衆生이 是爲第七無下劣心이요 又作是念하되 一切世界의 種種不同에 我當以無量身으로 成等正覺이 是爲第八無下劣心이니라

(5) 또 생각하되, '내가 마땅히 온갖 복덕의 광을 쌓아 모으리라' 하나니, 이것이 다섯째 못나지 않은 마음이니라. (6) 또 생각하되, '위없는 보리는 넓고 커서 이루기 어렵지마는, 내가 마땅히 수행하여 모두 원만하게 하리라' 하나니, 이것이 여섯째 못나지 않은 마음이니라. (7) 또 생각하되, '내가 마땅히 위없는 교화와 위없는 조복으로 일체중생을 교화하고 조복하리라' 하나니, 이것이 일곱째 못나지 않은 마음이니라. (8) 또 생각하되, '모든 세계가 가지가지로 같지 않지마는 내가 마땅히 한량없는 몸으로 정등각을 이루리라' 하나니, 이것이 여덟째 못나지 않은 마음이니라.

[疏] 三, 積福成智對요 四, 下化上成對니 上四는 單辨이니라
■ (다) 복을 쌓음과 지혜를 성취함이 상대함이요, (라) 아래로 교화함과 위로 성불함이 상대함이니 위의 넷은 단순하게 밝힌 것이다.

(마) 자비와 지혜를 완성함이 상대하다[悲智究竟對] 2.
ㄱ. 지혜와 합치한 자비[卽智之悲] (五悲 2上10)

又作是念하되 我修菩薩行時에 若有衆生이 來從我乞手
足耳鼻와 血肉骨髓와 妻子象馬와 乃至王位라도 如是一
切를 悉皆能捨하여 不生一念憂悔之心하고 但爲利益一
切衆生하되 不求果報하여 以大悲爲首하며 大慈究竟이
是爲第九無下劣心이니라

(9) 또 생각하되, '내가 보살의 행을 닦을 적에 만일 어떤 중생이 나에게 와서 손·발·귀·코·피·살·뼈·골수·처자·코끼리·말 내지 임금의 자리를 달라 하거든, 이런 것들을 모두 버리고 한 생각도 뉘우치는 마음이 없고, 다만 일체중생을 이익하게 할 뿐이고 과보를 구하지 않으며, 크게 어여삐 여김이 머리가 되어 크게 인자함으로 끝까지 이르리라' 하나니, 이것이 아홉째 못나지 않은 마음이니라.

[疏] 五, 悲智究竟對니 卽是雙行이라 於中에 九는 是卽智之悲니 而悲智
雙行이요 雖悲而不求果報니라

■ (마) 자비와 지혜를 완성함이 상대함이니 곧 함께 행함이다. 그중에 아홉 가지는 지혜와 합치한 자비이니 자비와 지혜를 함께 행함이요, 비록 대비이면서도 과보를 구하지 않음이다.

ㄴ. 대비와 합치한 지혜[卽悲之智] 4.
ㄱ) 알아야 할 대상을 나열하다[列所知] (十是 2下5)

ㄴ) 아는 주체를 밝히다[辨能知] (二如)
ㄷ) 아는 양상을 떨어내다[拂知相] (三然)

又作是念하되 三世所有一切諸佛과 一切佛法과 一切衆生과 一切國土와 一切世間와 一切三世와 一切虛空界와 一切法界와 一切語言施設界와 一切寂滅涅槃界65)의 如是一切種種諸法을 我當以一念相應慧로 悉知悉覺하며 悉見悉證하며 悉修悉斷하리라 然於其中에 無分別하며 離分別하며 無種種差別하며 無功德하며 無境界66)하니라
(10) 또 생각하되, '세 세상에 있는 바 모든 부처와 모든 불법, 모든 중생과 모든 국토, 모든 세계와 모든 세 세상, 모든 허공계와 모든 법계, 모든 말로 시설하는 경계와 모든 고요한 열반계 따위의 모든 가지가지 법을 내가 마땅히 한 생각과 서로 응하는 지혜로 다 알고 다 깨닫고 다 보고 다 증득하고 다 닦고 다 끊으리라. 그러나 그 가운데는 분별이 없고 분별을 여의어서 가지가지 차별이 없으며, 공덕도 없고 경계도 없느니라.

[疏] 十은 是卽悲之智니 而權實雙行이라 於中에 四니 一, 列所知요 二, 如是下는 辨能知니 謂知苦覺妄하고 見理證滅하고 修道斷集이니라 三, 然於下는 拂彼知相이라 能知無分別일새 故無功德이요 所知無種種일새 故無境界니라

---

65) 世間은 嘉綱杭鼓纂金弘昭作界, 磧淸合續大作世間.
66) 合注云 種種下宋南論有無字, 杭注云 種種下藏本少無字, 流通本有無字.

■ 열 구절은 대비와 합치한 지혜이니 방편과 실법을 함께 행함이다. 그 중에 넷이니 ㄱ) 알아야 할 대상을 나열함이요, ㄴ) 如是 아래는 아는 주체를 밝힘이니 이른바 고제(苦諦)를 알아서 망념을 깨닫고, 이치를 보고 멸제(滅諦)를 증득하고, 도제(道諦)를 닦고 집제(集諦)를 끊는다. ㄷ) 然於 아래는 저 아는 양상을 떨어냄이다. 분별없음을 능히 아는 연고로 공덕이 없음이요, 알 대상에 갖가지가 없으므로 경계가 없는 것이다.

ㄹ) 중도로 회통하다[會中道] 3.
(ㄱ) 그 중도에 대해 밝히다[辨其中道] (四非 3上6)
(ㄴ) 경계와 지혜를 상대하여 밝히다[境智對明] (次以)
(ㄷ) 체성과 합치하여 작용을 일으키다[卽體起用] (後以)

非有非無며 非一非二니 以不二智로 知一切二하며 以無相智로 知一切相하며 以無分別智로 知一切分別하며 以無異智로 知一切異하며 以無差別智로 知一切差別하며 以無世間智로 知一切世間하며 以無世智로 知一切世하며 以無衆生智로 知一切衆生하며 以無執着智로 知一切執着하며 以無住處智로 知一切住處하며 以無雜染智로 知一切雜染하며 以無盡智로 知一切盡하나니라 以究竟法界智로 於一切世界에 示現身하며 以離言音智로 示不可說言音하며 以一自性智로 入於無自性하며 以一境界智로 現種種境界하며 知一切法不可說하여 而現大自在言說하며 證一切智地하여 爲敎化調伏一切衆生故로 於一

切世間에 示現大神通變化가 是爲第十無下劣心이니라
(1) 있는 것도 아니고 없는 것도 아니며, (2) 하나도 아니고 둘도 아니어든, (3) 둘이 아닌 지혜로 모든 둘을 알고 (4) 모양이 없는 지혜로 모든 모양을 알며, (5) 분별이 없는 지혜로 모든 분별을 알고 (6) 다름이 없는 지혜로 모든 다름을 알며, (7) 차별이 없는 지혜로 모든 차별을 알고 (8) 세간이 없는 지혜로 모든 세간을 알며, (9) 세상이 없는 지혜로 모든 세상을 알고 (10) 중생이 없는 지혜로 모든 중생을 알며, (11) 집착이 없는 지혜로 모든 집착을 알고 (12) 머무르는 곳이 없는 지혜로 모든 머무르는 곳을 알며, (13) 물듦이 없는 지혜로 모든 물듦을 알고 (14) 다함이 없는 지혜로 모든 다함을 아느니라. (15) 법계가 끝나는 지혜로 모든 세계에서 몸을 나타내고 (16) 말을 여읜 지혜로 말할 수 없는 말을 보이며, (17) 한 자기 성품 지혜로 자기 성품 없는 데 들어가며 (18) 한 경계의 지혜로 가지가지 경계를 나타내며, (19) 모든 법이 말할 수 없음을 알지마는 크게 자유자재한 말을 나타내고 (20) 온갖 지혜의 자리를 증득하고도 일체중생을 교화하고 조복하기 위하여 모든 세간에서 큰 신통과 변화를 나타내리라' 하나니, 이것이 열째 못나지 않은 마음이니라.

[疏] 四, 非有下는 會歸中道하여 廣辨雙行이라 於中에 初二句는 總辨中道요 次, 以不二下는 境智對明이니 皆以實智로 知權하여 顯雙行無礙라 於中에 異는 約豎하여 論變異요 差別은 約橫하여 辨不同이라 後,

以究竟法界下는 卽體起用하여 以辨雙行이니라

- ㄹ) 非有 아래는 중도로 회통하여 돌아가서 함께 행함을 자세하게 밝힘이요, 그중에 (ㄱ) 두 구절[(1) 非有非無 (2) 非一非二]은 그 중도에 대해 밝힘이요, (ㄴ) 以不二 아래[(3) 以不二智 知一切二 ~ (14) 以無盡智 知一切盡]는 경계와 지혜를 상대하여 밝힘이니, 모두 실법 지혜로 방편을 알아서 함께 행함이 걸림 없음을 밝힌 것이다. 그중에 다른 것은 세로로 잡아서 변하여 달라짐을 논하였고, 차별함은 가로로 잡아서 같지 않음을 밝혔다. (ㄷ) 以究竟法界 아래[(15) 以究竟法界智 ~ (20) 證一切智地]는 체성과 합치하여 작용을 일으켜서 함께 행함을 밝힌 것이다.

라) 결론하다[結] (經/佛子 4上1)
마) 권유하다[勸] (經/若諸)

佛子여 是爲菩薩摩訶薩의 發十種無下劣心이니 若諸菩薩이 安住此心하면 則得一切最上無下劣佛法이니라
불자여, 이것이 보살마하살의 열 가지 못나지 않은 마음을 내는 것이니, 만일 보살들이 이 마음에 편안히 머물면 못나지 않은 최상의 불법을 얻느니라.

아. 열 가지 높고 특출한 지혜[高出智] 10.

가) 부지런히 닦는 증득하는 주체의 지혜[勤修能證智] (十中 4上9)
나) 항상 관찰하는 증득할 대상인 이치[常觀所證理] (二常)

佛子여 菩薩摩訶薩이 於阿耨多羅三藐三菩提에 有十種 如山增上心하니 何等爲十고 佛子여 菩薩摩訶薩이 常作 意勤修一切智法이 是爲第一如山增上心이요 恒觀一切 法本性의 空無所得이 是爲第二如山增上心이니라

불자여, 보살마하살이 아뇩다라삼약삼보디에 열 가지 산과 같은 더 올라가는 마음이 있으니, 무엇이 열인가? 불자여, (1) 보살마하살이 항상 뜻을 내어 온갖 지혜의 법을 부지런히 닦나니, 이것이 첫째 산과 같은 더 올라가는 마음이니라. (2) 항상 모든 법의 본성품이 공하여 얻을 것이 없음을 관찰하나니, 이것이 둘째 산과 같은 더 올라가는 마음이니라.

[疏] 第八, 如山增上心은 辨高出智라 由無下劣故로 萬行迥出하여 難仰其高요 於勝決作故로 直趣菩提하여 不可傾動이니라 十中에 一, 勤修能證智요 二, 常觀所證理요

■ 사. 산과 같이 더 올라가는 마음은 열 가지 높고 특출한 지혜를 밝힘이다. 못나지 않은 마음을 말미암은 연고로 만 가지 행이 멀고 특출하여 그 높이를 우러르기 어렵고, 뛰어나게 결정하여 짓는 연고로 바로 보리로 나아가서 기울여 움직일 수 없다. 열 가지 중에 가) 부지런히 닦는 증득하는 주체의 지혜요, 나) 항상 관찰하는 증득할 대상인 이치이다.

다) 안으로 무루법을 수행하다[內修無漏] (三內 4下4)
라) 밖으로 선한 사람을 가까이하다[外近善人] (四外)

願於無量劫에 行菩薩行하여 修一切白淨法하며 以住一切白淨法故로 知見如來無量智慧가 是爲第三如山增上心이니라 爲求一切佛法故로 等心敬奉諸善知識하여 無異希求하며 無盜法心하고 唯生尊重未曾有意하여 一切所有를 悉皆能捨가 是爲第四如山增上心이니라

(3) 한량없는 겁에 보살의 행을 행하여 모든 희고 깨끗한 법을 닦으며, 모든 희고 깨끗한 법에 머무는 연고로 여래의 한량없는 지혜를 알고 보기를 원하나니, 이것이 셋째 산과 같은 더 올라가는 마음이니라. (4) 모든 부처의 법을 구하기 위하여 평등한 마음으로 선지식을 공경하여 받들되, 다르게 바라는 것도 없고 법을 도적질할 마음도 없으며, 다만 존중히 여기고 처음 본다는 생각을 내어 온갖 것을 다 버리나니, 이것이 넷째 산과 같은 더 올라가는 마음이니라.

[疏] 三, 內修無漏요 四, 外近善人이라 爲名利가 爲異求요 從他聞하여 言己解가 爲盜法이라 觀佛三昧經에 說, 此人은 墮地獄이 如箭射頃[67]이라하니 後學은 誡之니라

■ 다) 안으로 무루법을 수행함이요, 라) 밖으로 선한 사람을 가까이함이다. 명리를 위함이 다르게 구하기 위함이 되고, 다른 이로부터 듣고서 이미 아는 것이 '법을 훔침이 된다'고 말하였다. 『관불삼매경』에 말하되, "이 사람이 지옥에 떨어지는 것이 화살을 쏜 것과 같다"고 하였으니 뒤에 배우는 이는 경계할지니라.

---

67) 頃은 源南續金本無라 하다.

마) 중생을 제도함을 크게 인내하다[大忍度生] (五大 5上6)
바) 마군의 경계를 초월하다[超魔境界] (六決)

若有衆生이 罵辱毀謗하며 打棒屠割하여 苦其形體하며 乃至斷命이라도 如是等事를 悉皆能受일새 終不因此하여 生動亂心하고 生瞋害心하며 亦不退捨大悲弘誓하고 更令增長하여 無有休息하나니 何以故오 菩薩이 於一切法에 如實出離하여 捨成就故며 證得一切諸如來法하여 忍辱柔和하여 已自在故가 是爲第五如山增上心이니라 菩薩摩訶薩이 成就增上大功德하나니 所謂天增上功德과 人增上功德과 色增上功德과 力增上功德과 眷屬增上功德과 欲增上功德과 王位增上功德과 自在增上功德과 福德增上功德과 智慧增上功德이라 雖復成就如是功德이나 終不於此에 而生染着하나니 所謂不着味하며 不着欲하며 不着財富하며 不着眷屬하고 但深樂法하여 隨法去하며 隨法住하며 隨法趣向하며 隨法究竟하며 以法爲依하며 以法爲救하며 以法爲歸하며 以法爲舍하며 守護法하며 愛樂法하며 希求法하며 思惟法이라 佛子여 菩薩摩訶薩이 雖復具受種種法樂이나 而常遠離衆魔境界하나니 何以故오 菩薩摩訶薩이 於過去世에 發如是心하되 我當令一切衆生으로 皆悉永離衆魔境界하고 住佛境界68)故가 是爲第六如山增上心이요

(5) 어떤 중생이 꾸짖고 욕설하고 훼방하며 방망이로 때리

---

68) 住佛境界의 界는 宋元明宮磧淸合源綱杭鼓纂續金本無, 麗及晉譯有.

고 살을 오리며 몸을 괴롭게 하고 내지 목숨을 끊더라고 이런 일들을 모두 참고 견디며, 마침내 이런 것을 인하여 흔들리는 마음을 내거나 성내는 마음을 내지 아니하며, 큰 자비와 큰 서원을 버리지도 아니하고 다시 더 늘게 하고 쉬지 아니하느니라. 왜냐하면 보살이 모든 법에서 참으로 벗어나서 버리는 일을 성취하는 연고며, 모든 여래의 법을 증득하고 참고 부드러움에 이미 자유자재한 연고니, 이것이 다섯째 산과 같은 더 올라가는 마음이니라. (6) 보살마하살이 더 올라가는 큰 공덕을 성취하나니, 이른바 하늘 더 올라가는 공덕 · 사람 더 올라가는 공덕 · 물질 더 올라가는 공덕 · 힘 더 올라가는 공덕 · 권속 더 올라가는 공덕 · 욕망 더 올라가는 공덕 · 왕의 지위 더 올라가는 공덕 · 자유자재 더 올라가는 공덕 · 복덕 더 올라가는 공덕 · 지혜 더 올라가는 공덕이니라. 비록 이러한 공덕을 성취하더라도 여기에 집착하지 아니하나니, 이른바 맛에 집착하지 않고 탐욕에 집착하지 않고 재물에 집착하지 않고 권속에 집착하지 않으며, 매우 법을 좋아하여 법을 따라가고 법을 따라 머물고 법을 따라 나아가고 법을 따라 끝까지 가며, 법으로 의지를 삼고 법으로 구원을 삼고 법으로 돌아갈 데를 삼고 법으로 집을 삼으며, 법을 수호하고 법을 즐겨 하고 법을 희망하고 법을 생각하느니라. 불자여, 보살마하살이 비록 가지가지 법의 즐거움을 갖추어 받더라도 항상 마군의 경계를 멀리 여의느니라. 왜냐하면 보살마하살이 지난 세상에 이런 마음을 내되, '내가 마땅히 일체중생으로 하여금 마군들의 경계를 모두 멀리 여의고 부처의 경계에 머물게 하리라' 한 연고니, 이것이 여섯째 산과 같은 더 올라가는 마음이니라.

[疏] 五, 大忍度生이니 弘誓更增者는 若薪熾於火니라 六, 決超魔境이니 由成勝德而不着하고 唯法樂以自資하면 則魔境이 皆爲佛境이니라

■ 마) 중생을 제도함을 크게 인내함이니, '큰 서원이 더욱 늘어남'이란 마치 섶을 불에 넣어 치성함과 같다. 바) 마군의 경계를 초월함이니 뛰어난 덕을 이룸을 말미암아 집착하지 않고 오직 법의 즐거움만으로 스스로 도우면 마의 경계가 모두 부처의 경계가 된다.

사) 부지런하고 용맹한 수행[勤勇修行] (七勤 6上6)
아) 악한 사람을 버리지 못하다[不捨惡人] (八不)

菩薩摩訶薩이 爲求阿耨多羅三藐三菩提하여 已於無量阿僧祇劫에 行菩薩道하여 精勤匪懈하되 猶謂我今始發阿耨多羅三藐三菩提心하여 行菩薩行이라하여 亦不驚하고 亦不怖하고 亦不畏하며 雖能一念에 卽成阿耨多羅三藐三提나 然爲衆生故로 於無量劫에 行菩薩行하여 無有休息이 是爲第七如山增上心이니라 菩薩摩訶薩이 知一切衆生이 性不和善하여 難調難度하여 不能知恩하며 不能報恩이라 是故爲其發大誓願하여 欲令皆得心意自在하며 所行無礙하며 捨離惡念하고 不於他所에 生諸煩惱가 是爲第八如山增上心이니라

(7) 보살마하살이 아뇩다라삼먁삼보리를 구하기 위하여 한

량없는 아승지겁에 보살의 도를 이미 닦았고 부지런하여 게으르지 않았지마는 오히려 생각하기를, '내가 이제 처음으로 아눗다라삼약삼보디심을 내어 보살의 행을 행한다 하고, 놀라지도 않고 두려워하지도 않으며, 비록 잠깐 동안에 아눗다라삼약삼보디를 이루었지마는, 중생을 위하는 연고로 한량없는 겁에 보살의 행을 행하고 쉬지 아니하리라' 하나니, 이것이 일곱째 산과 같은 더 올라가는 마음이니라. (8) 보살마하살은 일체중생의 성품이 화평하고 착하지 못하여 조복하기 어렵고 제도하기 어려우며, 은혜를 알지도 못하고 은혜를 갚지도 못함을 아느니라. 그러므로 그를 위하여 큰 서원을 내되, '그들이 모두 마음이 자유자재하게 되고 행하는 데 걸림이 없으며, 나쁜 생각을 버리고 다른 이에게 번뇌를 내지 않게 하리라' 하나니, 이것이 여덟째 산과 같은 더 올라가는 마음이니라.

[疏] 七, 勤勇修行이니 攝論에 云, 愚修雖少時나 怠心에 疑已久어니와 佛 於無量劫에 勤勇謂須臾라하나라 八, 不捨惡人이요

■ 사) 부지런하고 용맹한 수행이니 『섭대승론』에 이르되, "비록 어릴 때에 어리석게 수행하였지만 게으른 마음으로는 의심한 지 이미 오래되었지만 부처님이 한량없는 겁토록 부지런하고 용맹하게 정진하는 것을 잠깐이라 말한다"라고 하였다. 아) 악한 사람을 버리지 못함이요,

자) 부처님과 동등함을 외로이 표방하다[孤標等佛] (九孤 6下9)

菩薩摩訶薩이 復作是念하되 非他令我로 發菩提心이며 亦不待人이 助我修行이요 我自發心하여 集諸佛法하여 誓期自勉하여 盡未來劫토록 行菩薩道하여 成阿耨多羅三藐三菩提니 是故我今에 修菩薩行하여 當淨自心하고 亦淨他心하며 當知自境界하고 亦知他境界하여 我當悉與三世諸佛로 境界平等이 是爲第九如山增上心이니라

(9) 보살마하살이 또 생각하되, '다른 이가 나로 하여금 보리심을 내게 하는 것도 아니고, 다른 사람이 나의 수행을 돕는 것도 아니니, 내가 스스로 마음을 내어 부처의 법을 모으며 스스로 힘을 써서 오는 세월이 끝나도록 보살의 도를 행하여 아눗다라삼약삼보디를 이루리라. 그러므로 내가 이제 보살의 행을 닦되, 자기의 마음을 깨끗이 하고, 다른 이의 마음도 깨끗이 하며, 자기의 경계를 알고 다른 이의 경계도 알며, 내가 마땅히 세 세상 부처님의 경계로 더불어 평등하리라' 하나니, 이것이 아홉째 산과 같은 더 올라가는 마음이니라.

[疏] 九, 孤標等佛이요
- 자) 부처님과 동등함을 외로이 표방함이요,

차) 방편과 실법을 함께 행하다[權實雙行] (十權 7上6)

菩薩摩訶薩이 作如是觀하되 無有一法도 修菩薩行이며 無有一法도 滿菩薩行이며 無有一法도 教化調伏一切衆生이며 無有一法도 供養恭敬一切諸佛이며 無有一法도

於阿耨多羅三藐三菩提에 已成今成當成이며 無有一法도 已說今說當說이라 說者及法을 俱不可得이나 而亦不捨阿耨多羅三藐三菩提願이니라 何以故오 菩薩이 求一切法에 皆無所得일새 如是出生阿耨多羅三藐三菩提하나니라 是故로 於法에 雖無所得이나 而勤修習增上善業하며 淸淨對治하여 智慧圓滿하며 念念增長하여 一切具足하며 其心於此에 不驚不怖하여 不作是念하되 若一切法이 皆悉寂滅인댄 我有何義로 求於無上菩提之道가 是爲第十如山增上心이니라

(10) 보살마하살이 이렇게 관찰하되, ① 한 법도 보살의 행을 닦을 것이 없고 ② 한 법도 보살의 행을 만족할 것이 없으며, ③ 한 법도 일체중생을 교화하고 조복할 것이 없고 ④ 한 법도 모든 부처님께 공양하고 공경할 것이 없으며, ⑤ 한 법도 아눗다라삼약삼보디를 이미 이루었고 지금 이루고 장차 이룰 것이 없고, ⑥ 한 법도 이미 말하였고 지금 말하고 장차 말할 것이 없으며, 말하는 이와 법을 다 얻어 볼 수 없지마는 아눗다라삼약삼보디의 원을 버리지도 아니하리라 하느니라. 왜냐하면 ⑦ 보살이 모든 법을 구하여도 얻을 수 없지마는 이와 같이 아눗다라삼약삼보디를 내느니라. ⑧ 그러므로 법을 얻을 것이 없지마는, 부지런히 닦아서 착한 법을 더 늘게 하며 청정하게 대치하여 지혜가 원만하며 ⑨ 생각 생각마다 증장하여 모든 것을 구족하고, 여기 대하여 놀라지도 않고 두려워하지도 않으며, ⑩ '만일 모든 법이 다 적멸하다면 내가 무슨 이유로 위없는 보리의 도를 구하리

오' 하는 생각을 내지 아니하나니, 이것이 열째 산과 같은 더 올라가는 마음이니라.

[疏] 十, 權實雙行이라 文中에 四니 一, 正辨雙行이요 二, 何以下는 徵釋이라 徵有二意하니 一은 云, 修須稱理니 理旣無得커니 願何不捨리오 旣不捨願인대 何用觀無하여 進退有妨이니라 二, 釋亦二意니 一은 云, 若有所得하면 不得菩提어니와 以無得故로 出生菩提라 故雖不捨願이나 須觀無得이니라 二는 云, 無得之法은 非在得外니 要求一切法하야사 方盡無得之源이니 故로 欲證無得인대 須不捨菩提之願이니라 三, 是故已下는 結成雙行이요 四, 不作是下는 顯其離過니 謂不怖空而不求故니라

■ 차) 방편과 실법을 함께 행함이다. 경문 중에 넷이니 (가) 함께 행함을 바로 밝힘이요, (나) 何以 아래는 묻고 해석함이다. 물음에 두 가지 의미가 있으니 첫째는 이르되, "수행할 적에 모름지기 이치와 칭합하나니 이치가 이미 얻음이 없으니 무엇을 버리지 않기를 원하리오. 이미 서원을 버리지 않는다면 무슨 작용으로 무(無)를 관찰하여 나아가고 물러남에 방해함이 있다." 둘째, 해석에도 또한 두 가지 의미이니 ①은 이르되, "만일 얻은 바가 있으면 보리를 얻지 못하거니와 얻음이 없는 연고로 보리를 출생한다. 그러므로 비록 서원을 버리지는 않았지만 모름지기 얻을 것 없음을 관찰한다." ②는 이르되, "얻을 것 없는 법은 바깥을 얻음이 있지 않나니, 온갖 법을 구하기를 요구해야만 비로소 얻을 것 없는 근원을 다함이다. 그러므로 얻을 것 없음을 증득하려 한다면 모름지기 보리의 원을 버리지 않는다." (다) 是故 아래는 함께 행함을 결론하여 성취함이요, (라) 不作是 아래는

그 허물 여읨을 밝힘이니 이른바 공함을 두려워하지 않으면서 구하지도 않는 까닭이다.

라. 결론하다[結] (經/佛子 8上2)
마. 권유하다[勸] (經/若諸)

佛子여 是爲菩薩摩訶薩이 於阿耨多羅三藐三菩提에 十種如山增上心이니 若諸菩薩이 安住其中하면 則得如來無上大智山王增上心이니라

불자여, 이것이 보살마하살이 아뇩다라삼먁삼보리에 대한 열 가지 산과 같은 더 올라가는 마음이니, 만일 보살들이 이 가운데 편안히 머물면 여래의 위없는 큰 지혜의 산과 같은 더 올라가는 마음을 얻느니라.

자. 열 가지 깊고 광대한 지혜[深廣智] 4.

가) 표방하다[標] (第九 8上7)
나) 질문하다[徵] (經/何等)

佛子여 菩薩摩訶薩이 有十種入阿耨多羅三藐三菩提如海智하니 何等爲十고

불자여, 보살마하살이 열 가지 아뇩다라삼먁삼보리에 들어가는 바다와 같은 지혜가 있으니, 무엇이 열인가?

[疏] 第九, 如海智는 卽深廣智니 非但求升聳峻이라 抑亦智體가 包含故니라
- 아. 바다와 같은 지혜는 곧 열 가지 깊고 광대한 지혜이니 단지 오르는 것만 구하여 높이 솟는 것이다. 더욱이 또한 지혜의 체성까지 포함된 까닭이다.

다) 해석하다[釋] 2.
(가) 네 구절은 무량한 경계를 밝히다[四明無量界] (十中 11上4)

所謂入一切無量衆生界가 是爲第一如海智요 入一切世界하되 而不起分別이 是爲第二如海智요 知一切虛空界의 無量無礙하여 普入十方一切差別世界網이 是爲第三如海智요 菩薩摩訶薩이 善入法界하나니 所謂無礙入과 不斷入과 不常入과 無量入과 不生入과 不滅入과 一切入을 悉了知故가 是爲第四如海智니라

이른바 (1) 모든 한량없는 중생계에 들어가니, 이것이 첫째 바다와 같은 지혜니라. (2) 모든 세계에 들어가되 분별을 일으키지 않으니, 이것이 둘째 바다와 같은 지혜니라. (3) 모든 허공계가 한량없고 걸림 없음을 알고 시방의 모든 차별한 세계 그물에 널리 들어가니, 이것이 셋째 바다와 같은 지혜니라. (4) 보살마하살이 법계에 잘 들어가니, 이른바 걸림 없이 들어가며 끊이지 않게 들어가며 항상하지 않게 들어가며 한량없이 들어가며 나지 않게 들어가며 멸하지 않게 들어가니, 모든 들어가는 것을 다 아는 연고라, 이것이 넷째

바다와 같은 지혜니라.

[疏] 十中에 前四는 卽四無量界요 後六은 並佛界無量을 開出이니 謂五는 入三世佛善根이요 六七八은 入三世佛界요 九는 供多佛이요 十은 求多法이라 並顯可知니 由此因海하여 得入果海니라

- 열 구절 중에 (가) 네 구절은 곧 네 가지 무량한 경계를 밝힘이요, (나) 여섯 구절은 아울러 부처님 세계가 한량없음을 열어서 내보인 것이다. 이른바 ㄱ. 다섯째 구절은 삼세의 부처님 선근에 들어감이요, ㄴ. 여섯째, ㄷ. 일곱째, ㄹ. 여덟째는 삼세의 부처님 경계에 들어감이요, ㅁ. 아홉째는 많은 부처님을 공양함이요, ㅂ. 열째는 많은 법을 구함이다. (경문과) 아울러 밝히면 알 수 있으리니, 이런 인행의 바다를 말미암아 과덕의 바다에 들어감을 밝힌다.

(나) 여섯 구절은 부처님 경계가 무량하다[六佛界無量] 6.
ㄱ. 삼세 부처님의 선근에 들어가다[入三世佛善根] (經/菩薩 8下4)
ㄴ. 과거 부처님의 경계에 들어가다[入過去佛界] (經/菩薩)
ㄷ. 미래 부처님의 경계에 들어가다[入未來佛界] (經/菩薩)
ㄹ. 현재 부처님의 경계에 들어가다[入現在佛界] (經/菩薩)
ㅁ. 들어가서 많은 부처님을 공양하다[入供多佛] (經/菩薩)
ㅂ. 들어가서 많은 법을 구하다[入求多法] (經/菩薩)

菩薩摩訶薩이 於過去未來現在諸佛菩薩法師聲聞獨覺과 及一切凡夫의 所集善根에 已集現集當集과 三世諸佛이 於阿耨多羅三藐三菩提에 已成今成當成한 所有善

根과 三世諸佛이 說法調伏一切衆生에 已說今說當說한 所有善根을 於彼一切에 皆悉了知하여 深信隨喜하며 願樂修習하여 無有厭足이 是爲第五如海智요 菩薩摩訶薩이 於念念中에 入過去世不可說劫하여 於一劫中에 或百億佛出世와 或千億佛出世와 或百千億佛出世와 或無數와 或無量과 或無邊과 或無等과 或不可數와 或不可稱과 或不可思와 或不可量과 或不可說과 或不可說不可說로 超過算數한 諸佛世尊이 出興于世와 及彼諸佛道場衆會의 聲聞菩薩이 說法調伏一切衆生과 壽命延促과 法住久近인 如是一切를 悉皆明見하나니 如一劫하여 一切諸劫도 皆亦如是하며 其無佛劫의 所有衆生이 有於阿耨多羅三藐三菩提에 種諸善根도 亦悉了知하며 若有衆生이 善根熟已하여는 於未來世에 當得見佛도 亦悉了知하여 如是觀察過去世不可說不可說劫하되 心無厭足이 是爲第六如海智요 菩薩摩訶薩이 入未來世하여 觀察分別一切諸劫의 無量無邊하여 知何劫有佛과 何劫無佛과 何劫에 有幾如來出世와 一一如來의 名號何等과 住何世界와 世界名何와 度幾衆生과 壽命幾時하여 如是觀察하여 盡未來際토록 皆悉了知하여 不可窮盡하되 而無厭足이 是爲第七如海智요 菩薩摩訶薩이 入現在世하여 觀察思惟하여 於念念中에 普見十方無邊品類의 不可說世界에 皆有諸佛이 於無上菩提에 已成今成當成하사 往詣道場하사 菩提樹下에 坐吉祥草하사 降伏魔軍하사 成阿耨多羅三藐三菩提하고 從此起已에 入於城邑하며 昇天

宮殿하사 說微妙法하여 轉大法輪하며 示現神通하여 調
伏衆生하며 乃至付囑阿耨多羅三藐三菩提法하고 捨於
壽命하사 入般涅槃하며 入涅槃已에 結集法藏하여 令久
住世하고 莊嚴佛塔하여 種種供養하며 亦見彼世界所有
衆生이 値佛聞法하여 受持諷誦하고 憶念思惟하여 增長
慧解하나니 如是觀察하여 普徧十方하되 而於佛法에 無
有錯謬니 何以故오 菩薩摩訶薩이 了知諸佛이 皆悉如
夢하되 而能往詣一切佛所하여 恭敬供養하나니 菩薩이
爾時에 不着自身하며 不着諸佛하며 不着世界하며 不着
衆會하며 不着說法하며 不着劫數나 然이나 見佛聞法하
며 觀察世界하며 入諸劫數하여 無有厭足이 是爲第八如
海智요 菩薩摩訶薩이 於不可說不可說劫의 一一劫中에
供養恭敬不可說不可說無量諸佛하되 示現自身이 歿此
生彼69)하여 以出過三界一切供具로 而爲供養하고 幷及
供養菩薩聲聞一切大衆하며 一一如來般涅槃後에 皆以
無上供具로 供養舍利하고 及廣行惠施하여 滿足衆生하
나니 佛子여 菩薩摩訶薩이 以不可思議心과 不求報心과
究竟心과 饒益心으로 於不可說不可說劫에 爲阿耨多羅
三藐三菩提故로 供養諸佛하고 饒益衆生하며 護持正法
하여 開示演說이 是爲第九如海智요 菩薩摩訶薩이 於一
切佛所와 一切菩薩所와 一切法師所에 一向專求菩薩所
說法과 菩薩所學法과 菩薩所敎法과 菩薩修行法과 菩
薩淸淨法과 菩薩成熟法과 菩薩調伏法과 菩薩平等法과

---

69) 歿此生彼의 歿은 徑合卍合作終, 並注云 終宋南藏南論作歿.

菩薩出離法과 菩薩總持法하여 得此法已에 受持讀誦하고 分別解說하되 無有厭足하여 令無量衆生으로 於佛法中에 發一切智相應心하여 入眞實相하여 於阿耨多羅三藐三菩提에 得不退轉하나니 菩薩이 如是於不可說不可說劫에 無有厭足이 是爲第十如海智니라

(5) 보살마하살은 과거와 현재와 미래의 부처님과 보살, 법사와 성문 독각과 모든 범부들이 모은 착한 뿌리로서 이미 모은 것 지금 모으는 것 장차 모을 것이나, 세 세상 부처님들이 아늑다라삼먁삼보디를 이미 이루었고 지금 이루고 장차 이룰 바 착한 뿌리나, 세 세상 부처님들이 법을 말하여 일체중생을 조복하되 이미 말한 것 지금 말하는 것 장차 말할 바 착한 뿌리나, 저 모든 것을 다 알고 깊이 믿고 따라 기뻐하고 좋아하고 닦는 데 만족함이 없나니, 이것이 다섯째 바다와 같은 지혜니라. (6) 보살마하살이 잠깐잠깐마다 지난 세상의 말할 수 없는 겁에 들어가거든, 한 겁 가운데 백억 부처님이 세상에 나기도 하고 천억 부처님이 세상에 나기도 하고 백천억 부처님이 세상에 나기도 하며, 혹은 수없고 한량없고 그지없고 같을 이 없고 셀 수 없고 일컬을 수 없고 생각할 수 없고 헤아릴 수 없고 말할 수 없고 말할 수 없이 말할 수 없어 산수를 초과한 부처님들이 세상에 나시는 것과, 저 부처님의 도량에 모인 대중인 성문과 보살들이 법을 말하여 일체중생을 조복함과, 목숨이 길고 짧음과, 교법이 오래 머물고 잠깐 머무는 등 이런 것들을 다 분명하게 보며, 한 겁에서와 같이 모든 겁에서도 다 그러하느니라. 그

부처님 없는 겁에 있는 중생들이 아뇩다라삼먁삼보디에 착한 뿌리를 심은 것도 다 알고, 어떤 중생은 착한 뿌리가 성숙하여 미래 세상에 부처님을 뵈옵게 될 것도 다 알아서, 이렇게 지난 세상의 말할 수 없이 말할 수 없는 겁을 관찰하되 만족한 마음이 없나니, 이것이 여섯째 바다와 같은 지혜니라. (7) 보살마하살이 오는 세상에 들어가서, 모든 겁들이 한량없고 그지없음을 관찰하고 분별하되, 어느 겁에는 부처님이 있고 어느 겁에는 부처님이 없으며, 어느 겁에는 몇 여래가 출세하는데 낱낱 여래의 이름은 무엇이고 어느 세계에 머물고 세계의 이름은 무엇이며, 중생은 얼마나 제도하고 목숨은 얼마인지, 이렇게 관찰하기를 오는 세월이 끝나도록 하여 모두 알아 다할 수 없으되 만족하지 않나니, 이것이 일곱째 바다와 같은 지혜니라. (8) 보살마하살이 지금 세상에 들어가서 관찰하고 생각하여 잠깐잠깐 동안에 시방의 그지없는 종류들을 보는데, 말할 수 없는 세계에 부처님들이 계시어서 위없는 보리를 이미 이루었고 지금 이루고 장차 이루되, 도량에 나아가 보리수 아래서 길상초를 깔고 앉아 마군을 항복받고 아뇩다라삼먁삼보디를 이루며, 거기서 일어나서는 성중에도 들어가고 천궁에도 올라가서 미묘한 법을 말하여 큰 법륜을 굴리고 신통을 나타내어 중생들을 조복하며, 내지 아뇩다라삼먁삼보디를 부촉하고는 목숨을 버리고 반열반에 들며, 열반에 든 뒤에는 법장을 결집하여 오래도록 세상에 머물게 하고, 불탑을 장엄하여 가지가지로 공양하며, 또 그 세계에 있는 중생들이 부처님을 만나

법을 듣고 받들어 지니고 읽고 외우며 기억하고 생각하여 지혜를 증장함을 보느니라. 이렇게 관찰함이 시방에 두루 하되 부처님 법에 그릇됨이 없나니, 왜냐하면 보살마하살은 부처님들도 꿈과 같음을 알지마는 모든 부처의 처소에 나아가 공경하고 공양함이니라. 보살이 이때에 제 몸에도 집착하지 않고 부처님에도 집착하지 않고 세계에도 집착하지 않고 대중이 모임에도 집착하지 않고 법을 말하여도 집착하지 않고 겁의 수효에도 집착하지 않느니라. 그러나 부처님을 보고 법을 듣고 세계를 관찰하고 모든 겁에 들어가서 만족함이 없나니, 이것이 여덟째 바다와 같은 지혜이니라. (9) 보살마하살이 말할 수 없이 말할 수 없는 겁 동안에 낱낱 겁마다 말할 수 없이 말할 수 없는 한량없는 부처님께 공양하고 공경하되, 자기의 몸이 여기서 죽어 저기 남을 나타내어 세 세계에 뛰어나는 모든 공양거리로 공양하고 아울러 보살과 성문과 모든 대중에게 공양하며, 낱낱 여래께서 반열반하신 뒤에는 위없는 공양거리로 사리에 공양하고, 보시를 널리 행하여 중생을 만족하게 하느니라. 불자여, 보살마하살이 부사의한 마음과 같음을 바라지 않는 마음과 끝까지 이르는 마음과 이익하려는 마음으로 말할 수 없는 겁에 아뇩다라삼먁삼보리를 위하여 부처님께 공양하고 중생을 이익하게 하고 바른 법을 보호하여 지니며 열어 보이며 연설하나니, 이것이 아홉째 바다와 같은 지혜이니라. (10) 보살마하살이 모든 부처님 처소와 모든 보살의 처소와 모든 법사의 처소에서, 한결같이 보살이 말한 법과 보살이 배

우는 법과 보살이 가르치는 법과 보살이 닦는 법과 보살의
청정한 법과 보살의 성숙한 법과 보살의 조복하는 법과 보
살의 평등한 법과 보살의 벗어나는 법과 보살의 모두 지니
는 법을 진심으로 구하느니라. 이 법을 얻고는 받들어 지니
고 읽고 외우고 분별하여 연설하되 만족함이 없으며, 한량
없는 중생들로 하여금 불법 가운데서 온갖 지혜와 서로 응
하는 마음을 내게 하고 진실한 모양에 들어가서 아뇩다라
삼약삼보디에서 물러나지 않게 하며, 보살이 이렇게 하기
를 말할 수 없이 말할 수 없는 겁 동안에도 만족함이 없나니,
이것이 열째 바다와 같은 지혜이니라.

라) 결론하고 권유하다[結勸] (經/佛子 11上7)

佛子여 是爲菩薩摩訶薩의 十種入阿耨多羅三藐三菩提
如海智니 若諸菩薩이 安住此法하면 則得一切諸佛無上
大智慧海니라
불자여, 이것이 보살마하살의 열 가지 아뇩다라삼약삼보디
에 들어가는 바다와 같은 지혜니, 만일 보살들이 이 법에 편
안히 머물면 모든 부처의 위없는 큰 지혜 바다를 얻느니
라."

[疏] 上來에 十行位는 竟하다
■ 여기까지 3. 십행 지위의 질문에 대답함은 마친다.

4. 29문은 십회향위의 질문에 대답하다[有二十九門答前十廻向問] 10.

1) 중생을 구호하되 중생상을 여읜 회향으로 대답하다
[救護衆生離衆生相廻向] 4.

(1) 열 가지 보배같이 머무름[所廻善根如寶住] 4.
가. 표방하다[標] (大文 11下3)
나. 질문하다[徵] (經/何等)

佛子여 菩薩摩訶薩이 於阿耨多羅三藐三菩提에 有十種 如寶住하니 何等爲十고
"불자여, 보살마하살이 아눗다라삼먁삼보디에 열 가지 보배와 같이 머무름이 있으니, 무엇이 열인가?

[疏] 大文第四, 如寶住下의 二十九門은 答二十九句問廻向位中行이라 若幷無礙總句하면 有三十門이라 古德이 分三하니 初, 十一門은 明廻向位中의 行體堅固요 二, 從十自在下의 一十二門은 明行用自在요 三, 從十種遊戱下의 七門은 明行德圓備어늘 今亦隨次하여 配十廻向이라 於中에 初, 有四門은 明初廻向이요 二三廻向은 各有二門이요 四五六七은 各唯一門이요 第八廻向은 卽十無礙요 九有三門이요 十有四門이니 至文當知니라 今初의 四門은 明救護衆生호대 離衆生相廻向位中之行이라 卽分爲四니 一, 明所廻善根이요 二, 卽大願救護요 三, 卽廻向所爲요 四, 顯所作成滿이라 今初의 所住善根은 可貴圓滿故니라

■ 큰 문단으로 第四 如寶住 아래의 29문은 4. 십회향 지위의 질문에 대답함이다. 만일 걸림 없음의 총상 구절을 함께하면 30문이 있다. 고덕(古德)이 셋으로 나누었으니 1) 11문은 십회향위 중 행법의 체성이 견고함을 설명함이요, 2) 十自在 아래로부터 12문은 행법의 작용이 자재함을 밝힘이요, 3) 十種遊戲 아래의 7문은 행법의 덕이 원만히 갖춤을 밝혔지만 지금은 또한 순서를 따라 십회향 지위에 배대하였다. 그중에 (1) 네 문은 제1 회향을 밝힘이요, (2) 제2, 제3 회향은 각기 두 문이 있으니 경문에 가서 알게 되리라. 지금은 (1) 네 문은 중생을 구호하되 중생이란 상을 여읜 회향위 중의 행법을 밝힘이다. 곧 넷으로 나누리니 가. 회향할 선근을 밝힘이요, 나. 큰 서원과 합치하여 구호함이요, 다. 회향과 합치하는 역할이요, 라. 지은 바가 성만함을 밝힘이다. 지금은 가. 머무를 대상인 선근은 귀하게 여겨서 원만하게 된 까닭이다.

다. 제1 회향을 해석하다[釋] 10.
가) 많은 부처님을 공양하고 섬기다[供事多佛] (十中 12上6)
나) 법문 듣고 받아 가지다[聞法受持] (二聞)

佛子여 菩薩摩訶薩이 悉能往詣無數世界諸如來所하여 瞻覲頂禮하고 承事供養이 是爲第一如寶住요 於不思議諸如來所에 聽聞正法하고 受持憶念하여 不令忘失하며 分別思惟하여 覺慧增長하여 如是所作이 充滿十方이 是爲第二如寶住요

불자여, (1) 보살마하살이 무수한 세계의 부처님 계신 데마

다 나아가서 뵈옵고 정례하고 받자와 섬기고 공양하나니, 이것이 첫째 보배와 같이 머무름이니라. (2) 부사의한 여래들의 계신 데서 바른 법을 듣고 받들어 지니고 기억하여 잊지 않으며, 분별하여 생각하고 깨닫는 지혜가 증장하며, 이렇게 하는 일이 시방에 가득하나니, 이것이 둘째 보배와 같이 머무름이니라.

[疏] 十中에 一, 供事多佛이요 二, 聞法受持요
- (1) 열 가지 보배같이 머무름 중에 가) 많은 부처님을 공양하고 섬김이요, 나) 법문 듣고 받아 가짐이요,

다) 자재하게 태어나다[自在受生] (三自 12下3)
라) 근본과 지말의 법을 설하다[說本末法] (四說)

於此刹歿하여 餘處現生하되 而於佛法에 無所迷惑이 是爲第三如寶住니라 知從一法으로 出一切法하여 而能各各分別演說하나니 以一切法種種義가 究竟皆是一義故가 是爲第四如寶住니라
(3) 이 세계에서 죽어서 다른 곳에 태어나면서도 부처의 법에 미혹함이 없나니, 이것이 셋째 보배와 같이 머무름이니라. (4) 한 법으로부터 모든 법이 나오는 줄을 알고서 각각 분별하여 연설함은 모든 법의 가지가지 뜻이 필경에는 한 가지 뜻인 연고니, 이것이 넷째 보배와 같이 머무름이니라.

[疏] 三, 自在受生이요 四, 說本末法이라 於中에 初, 說從本起末法이니 如無量義가 從一法生이라 其一法者는 所謂無相이라 次, 以一切下는 攝末歸本하여 釋成上義니라

- 다) 자재하게 태어남이요, 라) 근본과 지말의 법을 설함이다. 그중에 (가) 근본으로부터 지말의 법을 일으킴을 말함이니, 마치 한량없는 이치가 한 법에서 생겨남과 같다. 그 한 법이란 이른바 '모양 없는 법[無相法]'이다. (나) 以一切 아래는 지말을 섭수하여 근본으로 돌아가 위의 뜻을 해석함이다.

마) 끊을 줄 아는 데 자재하다[知斷自在] (五知 13上3)
바) 자비와 지혜를 함께 행하다[悲智雙行] (六悲)

知厭離煩惱하며 知止息煩惱하며 知防護煩惱하며 知除斷煩惱하며 修菩薩行하여 不證實際하고 究竟到於實際彼岸하며 方便善巧로 善學所學하여 令往昔願行으로 皆得成滿하되 身不疲倦이 是爲第五如實住니라 知一切衆生의 心所分別이 皆無處所하되 而亦說有種種方處하며 雖無分別하고 無所造作이나 爲欲調伏一切衆生하여 而有修行하며 而有所作이 是爲第六如實住요

(5) 번뇌를 싫어하여 떠날 줄 알고 번뇌를 쉴 줄 알고, 번뇌를 막아 보호할 줄 알고 번뇌를 끊을 줄 알고서, 보살의 행을 닦되 진실한 경계를 증득하지 아니하여 필경에 실제인 저 언덕에 이르며, 교묘한 방편으로 배울 것을 잘 배우며, 옛적의 원과 행을 다 만족하되 몸이 고달프지 않나니, 이것

이 다섯째 보배와 같이 머무름이니라. (6) 일체중생의 마음으로 분별함이 모두 처소가 없는 줄을 알면서도 가지가지 처소를 말하며, 비록 분별이 없고 짓는 일이 없지마는 일체중생을 조복하기 위하여 수행함도 있고 짓는 일도 있나니, 이것이 여섯째 보배와 같이 머무름이니라.

[疏] 五, 知斷自在니 資糧道는 厭息이요 加行道는 防護요 無間道는 斷除而不取요 解脫道는 證入이니 爲異二乘하여 留惑不斷하야사 方能究竟斷證故라 云何不證고 方便巧學無邊佛法하여 滿昔弘願故니 如箭射空에 筈筈이 相拄故니라 六, 悲智雙行이요

마) 끊을 줄 아는 데 자재함이니 ① 자량의 도는 쉬는 것을 싫어함이요, ② 가행의 도는 막고 보호함이요, ③ 간단없는 도는 끊고 제하되 취하지 않음이요, ④ 해탈의 도는 증득해 들어감이니, 이승과 달라서 미혹에 머물러 끊어지지 않다가 비로소 능히 구경에 끊고 증득하는 까닭이다. 어째서 증득하지 않는가? 방편으로 교묘하게 그지없는 불법을 배워서 예전의 큰 서원을 만족하는 까닭이니, 마치 허공에 화살을 쏠 적에 울타리마다 서로 떠받치는 까닭이다. 바) 자비와 지혜를 함께 행함이요,

사) 체성과 양상이 무애하다[性相無礙] (七知 13下8)
아) 얻은 것 없이 얻다[無得之得] (八無)

知一切法이 皆同一性하나니 所謂無性이며 無種種性이며 無無量性이며 無可算數性이며 無可稱量性이며 無色無相이며 若一若多를 皆不可得이나 而決定了知此是諸

佛法이며 此是菩薩法이며 此是獨覺法이며 此是聲聞法이며 此是凡夫法이며 此是善法이며 此是不善法이며 此是世間法이며 此是出世間法이며 此是過失法이며 此是無過失法이며 此是有漏法이며 此是無漏法이며 乃至此是有爲法이며 此是無爲法이 是爲第七如寶住니라 菩薩摩訶薩이 求佛不可得이며 求菩薩不可得이며 求法不可得이며 求衆生不可得이나 而亦不捨調伏衆生하여 令於諸法에 成正覺願하나니 何以故오 菩薩摩訶薩이 善巧觀察하여 知一切衆生分別하며 知一切衆生境界하며 方便化導하여 令得涅槃하며 爲欲滿足化衆生願하여 熾然修行菩薩行故가 是爲第八如寶住니라

(7) 모든 법이 다 동일한 성품임을 아나니, 이른바 성품이 없으며 여러 가지 성품이 없으며, 한량없는 성품이 없으며 셀 만한 성품이 없으며, 헤아릴 만한 성품이 없으며 빛도 없고 모양도 없으며, 하나라 여럿이라 하는 것을 모두 얻을 수 없지마는, 그래도 이것은 불법이며 이것은 보살법이며 이것은 독각법이며 이것은 성문법이며 이것은 범부법이며, 이것은 착한 법이며 이것은 착하지 않은 법이며, 이것은 세간법이며 이것은 출세간법이며, 이것은 잘못된 법이며 이것은 잘못되지 않은 법이며, 이것은 새는 법이며 이것은 새지 않는 법이며, 내지 이것은 함이 있는 법이며 이것은 함이 없는 법인 줄을 결정코 아나니, 이것이 일곱째 보배와 같이 머무름이니라. (8) 보살마하살이 부처를 구하여 얻을 수 없고 보살을 구하여 얻을 수 없고 법을 구하여 얻을 수 없고 중생

을 구하여 얻을 수 없지마는, 그래도 중생을 조복하여 모든 법에서 바른 깨달음을 이루게 하려는 서원을 버리지 않느니라. 무슨 까닭이냐? 보살마하살이 교묘하게 관찰하여 일체중생의 분별을 알며 일체중생의 경계를 알고, 방편으로 교화하여 열반을 얻게 하며, 중생을 교화하려는 소원을 만족하기 위하여 치성하게 보살의 행을 닦는 연고니, 이것이 여덟째 보배와 같이 머무름이니라.

[疏] 七, 知性相無礙요 八, 無得之得이요
■ 사) 체성과 양상이 무애함을 아는 것이요, 아) 얻은 것 없이 얻음이요,

자) 공을 관찰하고 서원을 만족하다[觀空滿願] (九觀 14下1)
차) 받아 행함에 싫어함이 없다[受行無厭] (十受)

菩薩摩訶薩이 知善巧說法하며 示現涅槃하여 爲度衆生한 所有方便이 一切皆是心想建立이라 非是顚倒며 亦非虛誑하나니 何以故오 菩薩이 了知一切諸法이 三世平等하여 如如不動하며 實際無住하여 不見有一衆生도 已受化와 今受化와 當受化하며 亦自了知無所修行하여 無有少法도 若生若滅을 而可得者나 而依於一切法하여 令所願不空이 是爲第九如實住니라 菩薩摩訶薩이 於不思議無量諸佛의 一一佛所에 聞不可說不可說授記法의 名號各異와 劫數不同하되 從於一劫으로 乃至不可說不可說劫토록 常如是聞이라도 聞已修行하여 不驚不怖하며 不

迷不惑하나니 知如來智의 不思議故며 如來授記가 言無二故며 自身行願의 殊勝力故며 隨應受化하여 令成阿耨多羅三藐三菩提하여 滿等法界一切願故가 是爲第十如寶住니라

(9) 보살마하살이 교묘하게 법을 말하며 열반을 나타냄은 중생을 제도하려는 방편이니, 모든 것이 다 마음으로 건립되는 것이라 뒤바뀜도 아니고 허탄함도 아님을 아나니, 왜냐하면 보살은 모든 법이 세 세상에 평등하고 진여와 같아서 동요하지 않고 진실한 경계라 머무름이 없으며, 한 중생도 이미 교화를 받았거나 지금 교화를 받거나 장차 교화를 받을 것을 보지 못하며, 또 닦을 행도 없고 조그만 법도 나거나 없어지거나 하여 얻을 것이 없는 줄을 알지마는, 모든 법을 의지하여 소원하는 것이 공하지 않게 하나니, 이것이 아홉째 보배와 같이 머무름이니라. (10) 보살마하살이 헤아릴 수 없고 한량없는 부처님의 계신 곳마다 말할 수 없이 말할 수 없는 수기하는 법을 들으니, 이름이 각각 다르고 겁의 수효도 같지 않거든, 한 겁으로부터 말할 수 없이 말할 수 없는 겁에 이르도록 항상 이렇게 들으며, 듣고는 닦아 행하여 놀라지 않고 두렵지 않고 아득하지 않고 의혹하지 않나니, 여래의 지혜가 부사의함을 아는 연고며 여래의 수기라는 말이 둘이 없는 연고며 자기의 행과 원의 수승한 힘인 연고며, 마땅하게 교화를 받아 아뇩다라삼약삼보리를 이루어 법계의 평등한 모든 서원을 만족하게 하려는 연고이니라. 이것이 열째 보배와 같이 머무름이니라.

[疏] 九, 觀空滿願이요 十, 受行無厭이라 於中에 先, 正顯이요 後, 知如來 下는 釋成이니라
- 자) 공함을 관찰하고 서원을 만족함이요, 차) 받아 행함에 싫어함이 없음이다. 그중에 (가) 바로 밝힘이요, (나) 知如來 아래는 해석함이다.

라. 권유함으로 결론하다[結勸] (經/佛子 14下9)

佛子여 是爲菩薩摩訶薩의 於阿耨多羅三藐三菩提에 十種如寶住니 若諸菩薩이 安住此法하면 則得諸佛無上大智慧寶니라
불자여, 이것이 보살마하살이 아뇩다라삼먁삼보디에서 열 가지 보배와 같이 머무름이니, 만일 보살들이 이 법에 편안히 머무르면 모든 부처님의 위없는 큰 지혜의 보배를 얻느니라.

(2) 열 가지 금강 같은 대승의 구호하기를 서원하는 마음
[大願救護如金剛大乘心] 4.

가. 표방하다[標] (第二 15上3)
나. 질문하다[徵] (經/何等)
다. 해석하다[釋] 10.
가) 법을 알다[知法] (十中 15上9)
나) 중생을 제도하다[度生] (二衆)

佛子여 菩薩摩訶薩이 發十種如金剛大乘誓願心하나니
何等爲十고 佛子여 菩薩摩訶薩이 作如是念하되 一切諸
法이 無有邊際하여 不可窮盡이니 我當以盡三世智로 普
皆覺了하여 無有遺餘가 是爲第一如金剛大乘誓願心이
니라 菩薩摩訶薩이 又作是念하되 於一毛端處에 有無量
無邊衆生이어든 何況一切法界아 我當皆以無上涅槃으
로 而滅度之가 是爲第二如金剛大乘誓願心이요

불자여, 보살마하살이 열 가지 금강 같은 대승의 서원하는 마음을 내나니, 무엇이 열인가? 불자여, (1) 보살마하살이 생각하기를 '모든 법이 가이없어 다할 수 없거든, 내가 마땅히 세 세상을 끝내는 지혜로 모두 깨달아 남음이 없게 하리라' 하나니, 이것이 첫째 금강 같은 대승의 서원하는 마음이니라. (2) 보살마하살이 또 생각하기를, '한 털끝만 한 곳에도 한량없고 그지없는 중생이 있거든, 하물며 모든 법계이리오. 내가 마땅히 위없는 열반으로 제도하리라' 하나니, 이것이 둘째 금강 같은 대승의 서원하는 마음이니라.

[疏] 第二, 十種如金剛心은 卽大願救護라 雖廻向皆願이나 此在初故는 謂於當作事와 及現作行이 皆無齊限일새 要心堅固하여 窮其際故니라 十中에 一, 法門無盡을 誓願知요 二, 衆生無邊을 誓願度요

■ (2) 열 가지 금강 같은 마음은 곧 대승의 구호하기를 서원한 마음이다. 비록 회향함이 모두 서원이지만 이것이 처음에 있는 까닭은 이른 바 미래에 지을 일과 현재에 짓는 행이 모두 제한이 없으므로 마음이 견고하기를 요구하여 그 끝까지 궁구하는 까닭이다. 열 가지 중에

가) 그지없는 법문 알기를 서원함이요, 나) 그지없는 중생 제도하기를 서원함이요,

다) 국토를 장엄하다[嚴刹] (三嚴 15下8)
라) 선근을 회향하다[廻向] (四廻)

菩薩摩訶薩이 又作是念하되 十方世界가 無量無邊하며 無有齊限하여 不可窮盡이니 我當以諸佛國土最上莊嚴으로 莊嚴如是一切世界하되 所有莊嚴을 皆悉眞實이 是爲第三如金剛大乘誓願心이니라 菩薩摩訶薩이 又作是念하되 一切衆生이 無量無邊하며 無有齊限하여 不可窮盡이니 我當以一切善根으로 廻向於彼하며 無上智光으로 照耀於彼가 是爲第四如金剛大乘誓願心이니라

(3) 보살마하살이 또 생각하기를 '시방의 세계가 한량없고 그지없고 한계가 없어 다할 수 없건마는, 내가 마땅히 여러 부처님 국토의 가장 좋은 장엄으로 이와 같은 모든 세계를 장엄하되 모든 장엄이 다 진실하리라' 하나니, 이것이 셋째 금강 같은 대승의 서원하는 마음이니라. (4) 보살마하살이 또 생각하기를, '일체중생이 한량없고 그지없고 한계가 없어 다할 수 없건마는 내가 마땅히 모든 착한 뿌리로 저들에게 회향하여 위없는 지혜 빛이 저들을 비추게 하리라' 하나니, 이것이 넷째 금강 같은 대승의 서원하는 마음이니라.

[疏] 三, 嚴刹이요 四, 廻向이요

■ 다) 국토를 장엄함이요, 라) 선근을 회향함이요,

마) 부처님께 공양 올리다[供佛] (五供 16上7)
바) 집착함이 없다[無著] (次二)

菩薩摩訶薩이 又作是念하되 一切諸佛이 無量無邊하며 無有齊限하여 不可窮盡이니 我當以所種善根으로 廻向供養하되 悉令周徧하여 無所闕少然後에 我當成阿耨多羅三藐三菩提가 是爲第五如金剛大乘誓願心이니라 佛子여 菩薩摩訶薩이 見一切佛하여 聞所說法하고 生大歡喜하되 不着自身하며 不着佛身하여 解如來身이 非實非虛며 非有非無며 非性非無性이며 非色非無色이며 非相非無相이며 非生非滅이라 實無所有나 亦不壞有하나니 何以故오 不可以一切性相으로 而取着故가 是爲第六如金剛大乘誓願心이니라

(5) 보살마하살이 또 생각하기를 '모든 부처님이 한량없고 그지없고 한계가 없어 다할 수 없건마는, 내가 마땅히 심은 착한 뿌리로 회향하여 공양하되, 다 두루하여 모자람이 없이 한 뒤에 마땅히 아뇩다라삼약삼보디를 이루리라' 하나니, 이것이 다섯째 금강 같은 대승의 서원하는 마음이니라.
(6) 불자여, 보살마하살이 모든 부처님을 보고 말하는 법을 듣고 크게 즐거움을 내되, 자기 몸에도 집착하지 않고 부처의 몸에도 집착하지 않으며, 여래의 몸이 참된 것도 아니고 허한 것도 아니며 있는 것도 아니고 없는 것도 아니며, 성품

도 아니고 성품 없음도 아니며, 빛도 아니고 빛 없음도 아니
며, 모양도 아니고 모양 없음도 아니며, 나는 것도 아니고
없어지는 것도 아니어서, 실로 있는 것이 없으나 있는 것을
파괴하지도 않느니라. 왜냐하면 온갖 성품이나 모양으로 집
착할 것이 아닌 연고니, 이것이 여섯째 금강 같은 대승의 서
원하는 마음이니라.

[疏] 五, 供佛이라 上三이 願成佛果니 上五는 皆約當成이요 並橫論無畔이
니라 次二는 約其現作이니 皆豎深70)無際라 謂六은 見聞無着이요

■ 마) 부처님께 공양 올림이다. (가) 위의 셋은 부처님의 과덕을 이루기
원함이니, 여기까지 다섯은 모두 미래에 이룰 것을 잡았고 아울러 가
로로 끝없음을 논하였다. (나) 다음의 둘은 그 현재에 지음을 잡은
해석이니 모두 세로로 깊어서 끝이 없다는 뜻이다. 이른바 여섯째는
보고 들어도 집착하지 않음이요,

사) 편안히 고통을 참아서 산란하지 않은 행법[安忍] (七安 17上1)
아) 2리행을 두루 행하다[徧行] (後三)

佛子여 菩薩摩訶薩이 或被衆生71)의 訶罵毁呰와 搥打楚
撻과 或截手足과 或割耳鼻와 或挑其目과 或級其頭라도
如是一切를 皆能忍受하여 終不因此生恚害心하고 於不
可說不可說無央數劫에 修菩薩行하여 攝受衆生하여 恒
無廢捨하나니 何以故오 菩薩摩訶薩이 已善觀察一切諸

---

70) 深은 金本作說, 源原南續本作深이라 하다.
71) 或被는 麗及晉經作或有, 宋元明淸合源續金本作或被.

法이 無有二相하여 心不動亂일새 能捨自身하여 忍其苦故가 是爲第七如金剛大乘誓願心이요 佛子여 菩薩摩訶薩이 又作是念하되 未來世劫이 無量無邊하며 無有齊限하여 不可窮盡이니 我當盡彼劫토록 於一世界에 行菩薩道하여 敎化衆生하며 如一世界하여 盡法界虛空界一切世界도 悉亦如是하되 而心不驚不怖不畏하나니 何以故오 爲菩薩道가 法應如是하여 爲一切衆生하여 而修行故가 是爲第八如金剛大乘誓願心이니라

(7) 불자여, 보살마하살이 혹시 중생의 꾸짖고 훼방하고 막대기로 때리고 종아리를 치기도 하며, 손과 발을 자르고 귀와 코를 베고 눈을 뽑고 머리를 찍더라도 이런 것들을 모두 참고, 그로 말미암아 해치려는 마음을 내지 아니하며, 말할 수 없이 말할 수 없는 그지없는 겁에 보살의 행을 닦으면서 중생을 거두어 주고 잠깐도 폐하지 않느니라. 무슨 연고냐? 보살마하살이 모든 법이 두 모양이 없음을 잘 관찰하고 마음이 흔들리지 않으며, 제 몸을 버리고 고통을 참는 연고니, 이것이 일곱째 금강 같은 대승의 서원하는 마음이니라. (8) 불자여, 보살마하살이 또 생각하기를 '오는 세상의 겁 수가 한량없고 그지없고 한계가 없어 다할 수 없건마는, 내가 마땅히 저 겁이 다하도록 한 세계에서 보살도를 행하여 중생을 교화하되 한 세계에서와 같이 온 법계 허공계의 모든 세계에서도 이와 같이 하되 놀라지도 않고 무서워하지도 않고 두려워하지도 않으리니, 왜냐하면 보살의 도를 행함에는 으레 이와 같이 일체중생을 위하여 수행하는 연고라' 하

느니라. 이것이 여덟째 금강 같은 대승의 서원하는 마음이니라.

[疏] 七, 安忍不亂이라 斬首爲級이라 上二는 誓斷煩惱요 後三도 亦約當成이니 謂八은 徧於時處하여 修行二利요

■ 사) 편안히 고통을 참아서 산란하지 않은 행법이다. 머리를 자름은 머리를 찍기 위함이다. (가) 위의 두 구절은 번뇌를 끊을 것을 서원함이요, (나) 뒤의 세 구절도 또한 미래에 이룰 것을 잡은 해석이니 이른바 아) 시간과 장소에 따라 두루 2리행을 수행함이요,

자) 요긴한 마음[要心] (九以 17下6)

佛子여 菩薩摩訶薩이 又作是念하되 阿耨多羅三藐三菩提가 以心爲本이니 心若淸淨이면 則能圓滿一切善根하여 於佛菩提에 必得自在[72]하여 欲成阿耨多羅三藐三菩提인댄 隨意卽成하며 若欲除斷一切取緣하여 住一向道인댄 我亦能得이로되 而我不斷하고 爲欲究竟佛菩提故로 亦不卽證無上菩提하나니 何以故오 爲滿本願하여 盡一切世界에 行菩薩行하여 化衆生故가 是爲第九如金剛大乘誓願心이니라

(9) 불자여, 보살마하살이 또 생각하기를, '아늑다라삼약삼보디는 마음으로 근본을 삼나니, 마음이 청정하면 곧 모든 착한 뿌리를 원만하여 부처의 보리에 반드시 자유자재하느

---

72) 必得自在의 必은 纂續金本作心, 麗宋元明磧淸合綱杭鼓作必.

니라. 아뇩다라삼먁삼보리를 이루려 하면 뜻을 따라 곧 이를 것이고, 모든 집착하는 인연을 끊고 일향의 도에 머물려 하여도 또한 능히 할 수 있으나, 내가 끊지 아니함은 부처의 보리를 끝마치려 함이며, 위없는 보리를 증득하지도 아니하나니, 왜냐하면 본래의 소원을 만족하기 위하여 모든 세계에서 보살의 행을 행하여 중생을 교화하려 함이라' 하나니, 이것이 아홉째 금강 같은 대승의 서원하는 마음이니라.'

[疏] 九, 以心要로 成無際大行이요
■ 자) 마음의 요긴함으로 끝이 없는 큰 행법을 성취함이요.

차) 열 가지 고요함과 합치하여 업을 일으키다[卽寂起業] 3.
(가) 고요함을 깨닫다[悟寂] (十卽 18上3)
(나) 작용을 일으키다[起用] (二而)

佛子여 菩薩摩訶薩이 知佛不可得과 菩提不可得과 菩薩不可得과 一切法不可得과 衆生不可得과 心不可得과 行不可得과 過去不可得과 未來不可得과 現在不可得과 一切世間不可得과 有爲無爲不可得하여 菩薩이 如是寂靜住하며 甚深住하며 寂滅住하며 無諍住하며 無言住하며 無二住하며 無等住하며 自性住하며 如理住하며 解脫住하며 涅槃住하며 實際住하되 而亦不捨一切大願하며 不捨薩婆若心하며 不捨菩薩行하며 不捨教化衆生하며 不捨諸

波羅蜜하며 不捨調伏衆生하며 不捨承事諸佛하며 不捨演說諸法하며 不捨莊嚴世界하나니라

(10) 불자여, 보살마하살이 부처를 얻지 못함과 보리를 얻지 못함과, 보살을 얻지 못함과 온갖 법을 얻지 못함과, 중생을 얻지 못함과 마음을 얻지 못함과, 행을 얻지 못함과 과거를 얻지 못함과, 미래를 얻지 못함과 현재를 얻지 못함과, 모든 세간을 얻지 못함과 함이 있고 함이 없음을 얻지 못함을 아느니라. 보살이 이와 같이 고요한 데 머물며 매우 깊은 데 머물며 적멸한 데 머물며 다툼 없는 데 머물며 말 없는 데 머물며 들 없는 데 머물며 같을 이 없는 데 머물며 제 성품에 머물며 이치와 같이 머물며 해탈에 머물며 열반에 머물며 실제에 머물지마는 그래도 모든 큰 원을 버리지 않고 살바야 마음을 버리지 않고 보살의 행을 버리지 않고 중생을 교화함을 버리지 않고 모든 바라밀다를 버리지 않고 중생을 조복함을 버리지 않고 부처님 섬김을 버리지 않고 모든 법을 연설함을 버리지 않고 세계를 장엄함을 버리지 않느니라.

[疏] 十, 卽寂起用이라 於中에 三이니 一, 悟寂이요 二, 而亦下는 起用이요

■ 차) 열 가지 고요함과 합치하여 업을 일으킴이다. 그중에 셋이니 (가) 고요함을 깨달음이요, (나) 而亦 아래는 작용을 일으킴이요,

(다) 성취함으로 해석하다[釋成] 3.

ㄱ. 첫째 고요함과 합치하여 작용하는 이유[一番] (三何 18下1)

ㄴ. 둘째 지혜가 자비를 버리지 않는 이유[次番] (次番)

> 何以故오 菩薩摩訶薩이 發大願故로 雖復了達一切法相이나 大慈悲心이 轉更增長하며 無量功德을 皆具修行하여 於諸衆生에 心不捨離니라 何以故오 一切諸法이 皆無所有어늘 凡夫愚迷하여 不知不覺일새 我當令彼로 悉得開悟하여 於諸法性에 分明照了니라
>
> 무슨 까닭이냐? 보살마하살이 큰 원을 세운 연고로 비록 모든 법의 모양을 통달하였으나, 크게 자비한 마음이 다시 증장하고 한량없는 공덕을 갖추어 닦아서 여러 중생들을 버리지 않느니라. 왜냐하면 모든 법이 있는 것 아니지마는, 범부는 어리석어 알지 못하고 깨닫지 못하니, 내가 마땅히 저들을 깨우쳐서 모든 법의 성품을 분명히 비추어 알게 하리라.

[疏] 三, 何以下는 釋成이라 於中에 有三이니 重徵釋이라 初番意에 云, 所以卽寂而用者는 由本願의 智가 不捨悲故요 次番에 云, 所以智不捨悲者는 智亦爲物故요

- (다) 何以 아래는 성취함으로 해석함이다. 그중에 셋이 있으니 거듭하여 묻고 해석함이다. ㄱ. 첫째 의미로 말하되, "고요함과 합치하여 작용하는 이유"는 본래 서원의 지혜가 자비를 버리지 않음을 말미암은 까닭이요, ㄴ. 둘째에 이르되, "지혜가 자비를 버리지 않는 이유"는 지혜도 또한 중생을 위하는 까닭이요,

ㄷ. 마지막 번에 성취하다[後番] 2.
ㄱ) 모든 부처가 다 그러한 까닭[諸佛皆爾故] (後番 18下8)
ㄴ) 전생의 원을 위배하지 않는 까닭[不違先願故] (二又)

何以故오 一切諸佛이 安住寂滅하시되 而以大悲心으로 於諸世間에 說法敎化하사 曾無休息이어니 我今云何而 捨大悲리오 又我先發廣大誓願心하며 發決定利益一切 衆生心하며 發積集一切善根心하며 發安住善巧廻向心 하며 發出生甚深智慧心하며 發含受一切衆生心하며 發 於一切衆生平等心하여 作眞實語와 不虛誑語하되 願與 一切衆生無上大法하며 願不斷一切諸佛種性이라하니 今一切衆生73)이 未得解脫하며 未成正覺하며 未具佛法 하며 大願未滿이어니 云何而欲捨離大悲가 是爲第十如 金剛大乘誓願心이니라

그 까닭을 말하면, "(1) 모든 부처님이 적멸한 데 편안히 머물지마는 크게 어여삐 여기는 마음으로 여러 세간에서 법을 말하여 교화하기를 쉬지 않거든, 내가 어찌 큰 자비를 버리리오. (2) 또 내가 먼저 광대하게 서원하는 마음을 내었고, (3) 일체중생을 결정코 이익하게 하려는 마음을 내었고, (4) 모든 착한 뿌리를 쌓으려는 마음을 내었고, (5) 교묘한 회향에 편안히 머물려는 마음을 내었고, (6) 깊은 지혜를 내려는 마음을 내었고, (7) 일체중생을 받아들이려는 마음을 내었고, (8) 일체중생에게 평등한 마음을 내었으니, (9) 진

---

73) 今一切는 麗元續本作令一切, 宋明宮磧淸合綱杭鼓簒金本作今一切 杭注云 南北藏俱作今 流通本誤作令一切.

실한 말과 허황하지 않은 말을 지어 일체중생에게 위없는 큰 법 주기를 원하며, (10) 모든 부처의 종자 성품 끊지 않기를 원하였거늘, (11) 이제 일체중생이 해탈을 얻지 못하고 (12) 바른 깨달음을 이루지 못하고 (13) 부처의 법을 갖추지 못하여 (14) 큰 원이 만족하지 못하였는데, 어떻게 크게 어여삐 여김을 버리리오" 하나니, 이것이 열째 금강 같은 대승의 서원하는 마음이니라.

[疏] 後番, 徵意에 云, 何以要此雙行者아 釋有二義하니 一, 諸佛이 皆爾故요 二, 又我下는 我先願이 然故니라

- ㄷ. 마지막에 묻는 의미를 말하되, "어째서 이렇게 함께 행하기를 요구하는가?" 해석함에 두 가지 뜻이 있으니 ㄱ) 모든 부처님이 모두 그렇게 하시기 때문이요, ㄴ) 又我 아래는 내가 앞에 세운 서원이 그렇기 때문이다.

라. 권유함으로 결론하다[結勸] (經/佛子 19上8)

佛子여 是爲菩薩摩訶薩의 發十種如金剛大乘誓願心이니 若諸菩薩이 安住此法하면 則得如來金剛性無上大神通智니라

불자여, 이것이 보살마하살의 열 가지 금강 같은 대승의 서원하는 마음을 내는 것이니, 만일 보살들이 이 법에 편안히 머물면 여래의 금강 성품인 위없이 크게 신통한 지혜를 얻느니라.

(3) 열 가지 크게 발기함은 회향의 역할[廻向所爲大發起] 2.

가. 여섯 구절은 자분행[六自分] 2.
가) 세 구절은 복업이 크다[三福業大] (第三 19下2)
나) 세 구절은 교화하는 업이 크다[三化業大] (次三)

佛子여 菩薩摩訶薩이 有十種大發起하니 何等爲十고 佛子여 菩薩摩訶薩이 作如是念하되 我當供養恭敬一切 諸佛이 是爲第一大發起요 又作是念하되 我當長養一切 菩薩所有善根이 是爲第二大發起요 又作是念하되 我當 於一切如來般涅槃後에 莊嚴佛塔하고 以一切華와 一切 鬘과 一切香과 一切塗香과 一切末香과 一切衣와 一切 蓋와 一切幢과 一切幡으로 而供養之하여 受持守護彼佛 正法이 是爲第三大發起니라 又作是念하되 我當敎化調 伏一切衆生하여 令得阿耨多羅三藐三菩提가 是爲第四 大發起요 又作是念하되 我當以諸佛國土無上莊嚴으로 而以莊嚴一切世界가 是爲第五大發起요 又作是念하되 我當發大悲心하여 爲一衆生하여 於一切世界에 一一各 盡未來際劫토록 行菩薩行하며 如爲一衆生하여 爲一切 衆生도 悉亦如是하여 皆令得佛無上菩提하되 乃至不生 一念疲懈가 是爲第六大發起니라

불자여, 보살마하살이 열 가지 크게 발기함이 있으니, 무엇이 열인가? 불자여, (1) 보살마하살이 생각하기를, '내가 마땅히 모든 부처님께 공양하고 공경하리라' 하나니, 이것이

첫째 크게 발기함이니라. (2) 또 생각하기를, '내가 마땅히 모든 보살이 가진 착한 뿌리를 자라게 하리라' 하나니, 이것이 둘째 크게 발기함이니라. (3) 또 생각하기를, '내가 마땅히 모든 여래께서 반열반하신 뒤에 부처의 탑을 장엄하고 온갖 꽃·온갖 화만·온갖 향·온갖 바르는 향·온갖 가루향·온갖 옷·온갖 일산·온갖 당기·온갖 번기로 공양하며 저 부처님의 바른 법을 받들어 지니고 수호하리라' 하나니, 이것이 셋째 크게 발기함이니라. (4) 또 생각하기를, '내가 마땅히 일체중생을 교화하고 조복하여 아눗다라삼약삼보디를 얻게 하리라' 하나니, 이것이 넷째 크게 발기함이니라. (5) 또 생각하기를, '내가 마땅히 여러 부처님 국토의 위없는 장엄으로써 모든 세계를 장엄하리라' 하나니, 이것이 다섯째 크게 발기함이니라. (6) 또 생각하기를, '내가 마땅히 크게 가엾이 여기는 마음을 내어 한 중생을 위하여 모든 세계에서 낱낱이 오는 세월이 끝나도록 보살의 행을 행하며 한 중생을 위해서와 같이 일체중생을 위해서도 그렇게 하여 모든 부처의 위없는 보리를 얻게 하며, 내지 한 생각도 고달픈 마음을 내지 않으리라' 하나니, 이것이 여섯째 크게 발기함이니라.

[疏] 第三, 十種發起는 卽是 廻向所爲니 發起하여 令現前故니라 十中에 前六은 自分이니 初三은 福業大요 次三은 化業大니 嚴土도 亦爲攝生故라

■ (3) 열 가지 크게 발기함은 곧 회향의 역할이니 시작하여 앞에 나타

내게 하는 까닭이다. 열 구절 중에 가. 여섯 구절은 자분행이니 가) 세 구절은 복업이 큼이요, 나) 세 구절은 교화하는 업이 큼이요, '국토를 장엄함'도 또한 중생을 섭수하기 위한 까닭이다.

나. 네 구절은 승진행[四勝進] 2.
가) 두 구절은 승진행으로 복을 포섭하다[二勝進攝福] (後四 20下8)
나) 두 구절은 승진행으로 교화를 시작하다[二勝進起化] (後二)

又作是念하되 彼諸如來가 無量無邊하시니 我當於一如來所에 經不思議劫토록 恭敬供養하며 如於一如來하여 於一切如來에 悉亦如是가 是爲第七大發起요 菩薩摩訶薩이 又作是念하되 彼諸如來滅度之後에 我當爲一一如來의 所有舍利하여 各起寶塔하되 其量高廣이 與不可說諸世界로 等하며 造佛形像도 亦復如是하여 於不可思議劫에 以一切寶幢幡蓋香華衣服으로 而爲供養하되 不生一念厭倦之心이니 爲成就佛法故며 爲供養諸佛故며 爲敎化衆生故며 爲護持正法하여 開示演說故가 是爲第八大發起니라 菩薩摩訶薩이 又作是念하되 我當以此善根으로 成無上菩提하여 得入一切諸如來地하여 與一切如來로 體性平等이 是爲第九大發起요 菩薩摩訶薩이 復作是念하되 我當成正覺已하여는 於一切世界不可說劫에 演說正法하여 示現不可思議自在神通하되 身語及意가 不生疲倦하여 不離正法이니 以佛力所持故며 爲一切衆生하여 勤行大願故며 大慈爲首故며 大悲究竟故며 達

無相法故며 住眞實語故며 證一切法皆寂滅故며 知一切
衆生이 悉不可得이나 而亦不違諸業所作故며 與三世佛
로 同一體故며 周徧法界虛空界故며 通達諸法無相故며
成就不生不滅故며 具足一切佛法故로 以大願力으로 調
伏衆生하여 作大佛事하여 無有休息이 是爲第十大發起
니라

(7) 또 생각하기를 '저 여래가 한량없고 그지없는 이들을 내
가 마땅히 한 여래의 계신 데서 부사의한 겁을 지내면서 공
경하고 공양하며, 한 여래에게와 같이 모든 여래에게도 그
와 같이 하리라' 하나니, 이것이 일곱째 크게 발기함이니라.
(8) 보살마하살들이 또 생각하기를, '저 모든 여래의 열반하
신 뒤에 내가 마땅히 낱낱 여래의 사리를 위하여 각각 보배
탑을 만들되, 그 높고 크기가 말할 수 없는 세계와 같게 하
며, 부처님의 형상을 조성함도 그와 같이 하고, 부사의한 겁
동안에 온갖 보배 당기·번기·일산·향·꽃·의복으로
공양하되 한 생각도 게으른 마음을 내지 아니하리라' 하나
니, 불법을 성취하기 위함이며, 부처님께 공양하기 위함이
며, 중생을 교화하기 위함이며, 바른 법을 보호하여 열어 보
이고 연설하기 위한 연고이니라. 이것이 여덟째 크게 발기
함이니라. (9) 보살마하살이 또 생각하기를 '내가 마땅히 착
한 뿌리로 위없는 보리를 이루고 모든 여래의 자리에 들어
가서 모든 여래로 더불어 성품이 평등하리라' 하나니, 이것
이 아홉째 크게 발기함이니라. (10) 보살마하살이 또 생각
하기를, '내가 마땅히 바른 깨달음을 이루고 모든 세계의 말

할 수 없는 겁에서 바른 법을 연설하여 부사의하게 자재한 신통을 나타내되 몸과 말과 뜻에 고달프고 게으름을 내지 않고 바른 법을 떠나지 않나니, 부처의 힘으로 유지하는 연고며, 일체중생을 위하여 큰 소원을 부지런히 행하는 연고며, 크게 인자함으로 우두머리가 되는 연고며, 크게 가엾이 여김이 끝 가는 연고며, 형상 없는 법을 통달하는 연고며, 진실한 말에 머무는 연고며, 온갖 법이 적멸함을 증득한 연고며, 일체중생을 얻을 수 없음을 알지마는 여러 업으로 짓는 것을 어기지 않는 연고며, 세 세상 부처님으로 더불어 동일한 몸체인 연고며, 법계와 허공계에 두루한 연고며, 모든 법이 형상이 없음을 통달한 연고며, 나지도 않고 없어지지도 않음을 성취한 연고며, 모든 불법을 구족하는 연고며, 큰 서원의 힘으로 중생을 조복하며 큰 불사를 지어 쉬지 아니하리라' 하나니, 이것이 열째 크게 발기함이니라.

[疏] 後四는 勝進이니 七八은 勝進攝福이요 後二는 勝進起化라 謂九는 證體요 十은 起用이니라
- 나. 넷은 승진행이니 가) 일곱째와 여덟째 두 구절은 승진행으로 복을 포섭함이요, 나) 아홉째와 여덟째의 두 구절은 승진행으로 교화를 시작함이다. 이른바 아홉째는 체성을 증득함이요, 열째는 작용을 일으킴이다.

다. 결론하다[結] (經/佛子 21下1)
라. 권유하다[勸] (經/若諸)

佛子여 是爲菩薩摩訶薩의 十種大發起니 若諸菩薩이 安住此法하면 則不斷菩薩行하여 具足如來無上大智니라
불자여, 이것이 보살마하살의 열 가지 크게 발기함이니, 만일 보살들이 이 법에 편안히 머물면 보살의 행을 끊지 않고 여래의 위없는 큰 지혜를 구족하느니라.

(4) 열 가지 할 일을 끝까지 성만하는 큰 일[所作成滿究竟大事]

(第四 22上2)

佛子여 菩薩摩訶薩이 有十種究竟大事하니 何等爲十고 所謂恭敬供養一切如來究竟大事와 隨所念衆生하여 悉能救護究竟大事와 專求一切佛法究竟大事와 積集一切善根究竟大事와 思惟一切佛法究竟大事와 滿足一切誓願究竟大事와 成就一切菩薩行究竟大事와 奉事一切善知識究竟大事와 往詣一切世界諸如來所究竟大事와 聞持一切諸佛正法究竟大事가 是爲十이니 若諸菩薩이 安住此法하면 則得阿耨多羅三藐三菩提大智慧究竟事니라
불자여, 보살마하살이 열 가지 끝까지의 큰 일이 있으니, 무엇이 열인가? 이른바 (1) 모든 여래께 공경하고 공양하는 끝까지의 큰 일과, (2) 중생을 생각하는 대로 모두 구호하는 끝까지의 큰 일과, (3) 모든 불법을 오로지 구하는 끝까지의 큰 일과, (4) 모든 착한 뿌리를 쌓아 모으는 끝까지의 큰 일과, (5) 모든 불법을 생각하는 끝까지의 큰 일과, (6) 모든 서원을 만족하는 끝까지의 큰 일과, (7) 모든 보살의 행을

성취하는 끝까지의 큰 일과, (8) 모든 선지식을 받들어 섬기는 끝까지의 큰 일과, (9) 모든 세계의 여래가 계시는 데 나아가는 끝까지의 큰 일과, (10) 모든 부처님의 바른 법을 듣고 지니는 끝까지의 큰 일이니, 이것이 열이니라. 만일 보살들이 이 법에 편안히 머물면 아늣다라삼약삼보디의 큰 지혜인 끝까지의 일을 얻느니라.

[疏] 第四, 究竟大事는 卽所作成滿이니 十句를 可知니라
- (4) 열 가지 끝까지의 큰 일은 곧 지을 대상을 성만함이니 열 구절은 알 수 있으리라.

2) 불괴회향으로 대답하다[不壞廻向] 2.

(1) 열 가지 무너지지 않는 믿음[明不壞信] (第二 22上10)

佛子여 菩薩摩訶薩이 有十種不壞信하니 何等爲十고 所謂於一切佛에 不壞信과 於一切佛法에 不壞信과 於一切聖僧에 不壞信과 於一切菩薩에 不壞信과 於一切善知識에 不壞信과 於一切衆生에 不壞信과 於一切菩薩大願에 不壞信과 於一切菩薩行에 不壞信과 於恭敬供養一切諸佛에 不壞信과 於菩薩巧密方便敎化調伏一切衆生에 不壞信이 是爲十이니 若諸菩薩이 安住此法하면 則得諸佛無上大智慧不壞信이니라

불자여, 보살마하살이 열 가지 무너지지 않는 믿음이 있으

니, 무엇이 열인가? 이른바 (1) 모든 부처님께 무너지지 않는 믿음과, (2) 모든 부처님 법에 무너지지 않는 믿음과, (3) 모든 성스러운 스님네께 무너지지 않는 믿음과, (4) 모든 보살에게 무너지지 않는 믿음과, (5) 모든 선지식에게 무너지지 않는 믿음과, (6) 모든 중생에게 무너지지 않는 믿음과, (7) 모든 보살의 큰 서원에 무너지지 않는 믿음과, (8) 모든 보살의 행에 무너지지 않는 믿음과, (9) 모든 부처님을 공경하고 공양하는 데 무너지지 않는 믿음과, (10) 보살의 교묘한 방편으로 일체중생을 교화하고 조복하는 데 무너지지 않는 믿음이니, 이것이 열이니라. 만일 보살들이 이 법에 편안히 머물면 부처님의 위없는 큰 지혜의 무너지지 않는 믿음을 얻느니라.

[疏] 第二, 不壞信下의 二門은 明不壞廻向中行이라 此門은 正明不壞라 十句義는 如前說이니라

■ 2) 不壞信 아래의 두 문은 제2. 불괴회향으로 대답함이다. 이 문은 무너지지 않음에 대해 바로 밝힘이다. 열 구절의 뜻은 앞에 설명한 바와 같다.

(2) 열 가지 수기 받음[十種授記] (二十 22下9)

佛子여 菩薩摩訶薩이 有十種得授記하니 何等爲十고 所謂內有甚深解得授記와 能隨順起菩薩諸善根得授記와 修廣大行得授記와 現前得授記와 不現前得授記와 因自

心證菩提得授記와 成就忍得授記와 敎化調伏衆生得授記와 究竟一切劫數得授記와 一切菩薩行自在得授記가 是爲十이니 若諸菩薩이 安住此法하면 則於一切佛所에 而得授記니라

불자여, 보살마하살이 열 가지 수기를 얻음이 있으니, 무엇이 열인가? 이른바 (1) 안으로 깊은 이해가 있어 수기를 얻음과, (2) 보살의 착한 뿌리를 능히 따라 일으키어 수기를 얻음과, (3) 광대한 행을 닦아서 수기를 얻음과, (4) 눈앞에서 수기를 얻음과, (5) 눈앞이 아닌 데서 수기를 얻음과, (6) 제 마음으로 보리를 증득함을 인하여 수기를 얻음과, (7) 참음을 성취하여 수기를 얻음과, (8) 중생을 교화하고 조복하여 수기를 얻음과, (9) 온갖 겁을 끝내어 수기를 얻음과, (10) 모든 보살의 행에 자재하여 수기를 얻음이니, 이것이 열이니라. 만일 보살들이 이 법에 편안히 머물면 모든 부처님의 처소에서 수기를 얻느니라.

[疏] 二, 十種受記는 卽廻向行成이라 十中에 一, 解會佛心이요 二, 具解脫分善이요 三, 大行已修니 此三은 多約三賢이니라 四五는 約對面不對面이니 法華에 云, 其不在此會하야 汝當爲宣說等이니라 六, 初地에 證如요 七, 八地에 成忍이요 八, 九地에 具調化方이요 九, 十地에 三大劫滿이요 十, 等覺에 已入重玄이니 故云自在니 如記慈氏等이니라 若約行布인대 此位에 但有前五어니와 因便餘來요 若約圓融인대 並通斯十이니라

- (2) 열 가지 수기를 얻음은 회향하는 행법을 성취함이다. 열 가지 중

에 가. 부처님 마음을 모은 것을 앎이요, 나. 해탈하는 부분적인 선을 구족함이요, 다. 큰 행법을 이미 수행하였으니 이런 셋은 대부분 삼현위(三賢位)를 잡은 해석이다. 넷째와 다섯째[(4) 現前得授記 (5) 不現前得授記]는 얼굴을 대하고 얼굴을 대하지 않음을 잡은 해석이니 『법화경』(5백제자수기품)에 이르되, "이곳에 참석하지 못한 이들은 앞에서 내가 말한 모든 일들을 네가 그들에게 선설하여라"고 말하는 등이다. 여섯째[(6) 因自心證菩提得授記]는 초지에 진여를 증득함이요, 일곱째[(7) 成就忍得授記]는 제8지에 무생인을 성취함이요, 여덟째[(8) 敎化調伏衆生得授記]는 제9지에 조복하고 교화하는 방법을 갖춤이요, 아홉째[(9) 究竟一切劫數得授記]는 제10지 수행에서 3아승지겁을 만족함이요, 열째[(10) 一切菩薩行自在得授記]는 등각 지위에서 거듭 현묘함에 이미 들어갔으니 그래서 '자재하다'고 말하나니 마치 자씨(慈氏)에게 수기하는 등이다. 만일 항포문을 잡는다면 이런 지위에 단지 앞에는 다섯 가지만 있지만 편의를 인하여 나머지가 오는 것이요, 만일 원융문을 잡는다면 아울러 이런 열 가지와 통한다.

3) 등일체불회향으로 대답하다[等一切佛廻向] 2.

(1) 열 가지 부처님과 같은 선근[等佛善根] (第三 23下8)

佛子여 菩薩摩訶薩이 有十種善根廻向하니 菩薩이 由此하여 能以一切善根으로 悉皆廻向하나니 何等爲十고 所謂以我善根으로 同善知識願하여 如是成就하고 莫別成就하며 以我善根으로 同善知識心하여 如是成就하고 莫

別成就하며 以我善根으로 同善知識行하여 如是成就하고 莫別成就하며 以我善根으로 同善知識善根하여 如是成就하고 莫別成就하며 以我善根으로 同善知識平等하여 如是成就하고 莫別成就하며 以我善根으로 同善知識念하여 如是成就하고 莫別成就하며 以我善根으로 同善知識淸淨하여 如是成就하고 莫別成就하며 以我善根으로 同善知識所住하여 如是成就하고 莫別成就하며 以我善根으로 同善知識成滿하여 如是成就하고 莫別成就하며 以我善根으로 同善知識不壞하여 如是成就하고 莫別成就가 是爲十이니 若諸菩薩이 安住此法하면 則得無上善根廻向이니라

불자여, 보살마하살이 열 가지 착한 뿌리로 회향함이 있으니, 보살이 이것을 말미암아 모든 착한 뿌리로 다 회향하느니라. 무엇이 열인가? 이른바 (1) 나의 착한 뿌리로 선지식의 원과 같이하여 이렇게 성취하고 다르게 성취하지 않으며, (2) 나의 착한 뿌리로 선지식의 마음과 같이하여 이렇게 성취하고 다르게 성취하지 않으며, (3) 나의 착한 뿌리로 선지식의 행과 같이하여 이렇게 성취하고 다르게 성취하지 않으며, (4) 나의 착한 뿌리로 선지식의 착한 뿌리와 같이하여 이렇게 성취하고 다르게 성취하지 않으며, (5) 나의 착한 뿌리로 선지식의 평등과 같이하여 이렇게 성취하고 다르게 성취하지 않으며, (6) 나의 착한 뿌리로 선지식의 생각과 같이하여 이렇게 성취하고 다르게 성취하지 않으며, (7) 나의 착한 뿌리로 선지식의 청정과 같이하여 이렇게 성취하고 다

르게 성취하지 않으며, (8) 나의 착한 뿌리로 선지식의 머무름과 같이하여 이렇게 성취하고 다르게 성취하지 않으며, (9) 나의 착한 뿌리로 선지식의 가득히 이룸과 같이하여 이렇게 성취하고 다르게 성취하지 않으며, (10) 나의 착한 뿌리로 선지식의 무너지지 않음과 같이하여 이렇게 성취하고 다르게 성취하지 않나니, 이것이 열이니라. 만일 보살들이 이 법에 편안히 머물면 위없는 착한 뿌리로 회향함을 얻느니라.

[疏] 第三, 十種善根廻向下의 二門은 明等一切佛廻向中行이라 此門은 正明等佛이니 佛爲眞善知識이라 同은 卽等義니라 十中에 心卽悲智爲心이요 平等은 契理요 餘各一義니라 皆云同者는 同一體故로 不見二相이라 故로 標云, 由此하여 能以一切善根으로 皆實廻向이라하니라

■ 3) 十種善根廻向 아래의 두 문은 제3. 모든 부처님과 평등한 회향으로 대답함이다. 이 문은 부처님과 평등함을 바로 밝힘이니 부처님은 진정한 선지식이 되며, 같음은 곧 평등하다는 뜻이다. 열 가지 중에 마음이 곧 자비와 지혜로 마음을 삼았고, 평등함은 이치와 계합함이요, 나머지는 각기 한 가지 뜻이다. 모두에 '같다'고 말한 것은 체성과 동일한 연고로 두 가지 상을 보지 않는다. 그러므로 표방하여 말하되, "이런 것을 말미암아 능히 온갖 선근으로 모두 실답게 회향한다"고 말하였다.

(2) 열 가지 지혜 얻음[十種得智慧] (二得 24下3)

佛子여 菩薩摩訶薩이 有十種得智慧하니 何等爲十고 所謂於施에 自在하여 得智慧하며 深解一切佛法하여 得智慧하며 入如來無邊智하여 得智慧하며 於一切問答中에 能斷疑하여 得智慧하며 入於智者義하여 得智慧하며 深解一切如來의 於一切佛法中言音善巧하여 得智慧하며 深解於諸佛所에 種少善根이라도 必能滿足一切白淨法하여 獲如來無量智하여 得智慧하며 成就菩薩不思議住하여 得智慧하며 於一念中에 悉能往詣不可說佛刹하여 得智慧하며 覺一切佛菩提하여 入一切法界하여 聞持一切佛所說法하고 深入一切如來種種莊嚴言音하여 得智慧가 是爲十이니 若諸菩薩이 安住此法하면 則得一切諸佛無上現證智니라

불자여, 보살마하살이 열 가지 지혜를 얻음이 있으니, 무엇이 열인가? 이른바 (1) 보시에 자재하여 지혜를 얻으며, (2) 모든 불법을 깊이 알고 지혜를 얻으며, (3) 여래의 그지없는 지혜에 들어가 지혜를 얻으며, (4) 모든 문답하는 가운데서 의심을 끊고 지혜를 얻으며, (5) 지혜 있는 이의 이치에 들어가 지혜를 얻으며, (6) 모든 여래가 모든 불법 가운데 말씀이 교묘함을 깊이 이해하고 지혜를 얻으며, (7) 부처님들의 처소에 조그만 착한 뿌리를 심어도 반드시 모든 희고 깨끗한 법을 만족하여 여래의 한량없는 지혜를 얻는 줄을 깊이 이해하고 지혜를 얻으며, (8) 보살의 부사의하에 머무름을 성취하고 지혜를 얻으며, (9) 잠깐 동안에 말할 수 없는 부처의 세계에 나아가서 지혜를 얻으며, (10) 모든 부처의

보리를 깨닫고 모든 법계에 들어가 모든 부처님의 말하는
법을 들으며 모든 여래의 가지가지로 장엄한 말씀에 깊이
들어가 지혜를 얻나니, 이것이 열이니라. 만일 보살들이 이
법에 편안히 머물면 모든 부처의 위없는 현재에 증득하는
지혜를 얻느니라.

[疏] 二, 得智慧도 亦廻向行成이니 故로 彼文에 云, 住此三昧하여 入深淸
淨한 智慧境界等故라하니라

■ (2) 열 가지 지혜 얻음도 또한 회향하는 행법을 성취함이다. 그러므
로 저 경문에 이르되, "이런 삼매에 머물러서 깊고 청정함에 들어간 지
혜 경계와 평등한 까닭이다"라고 하였다.

4) 지일체처회향으로 대답하다[至一切處廻向] (第四 25上6)

佛子여 菩薩摩訶薩이 有十種發無量無邊廣大心하니 何
等爲十고 所謂於一切諸佛所에 發無量無邊廣大心하며
觀一切衆生界하고 發無量無邊廣大心하며 觀一切刹一
切世一切法界하고 發無量無邊廣大心하며 觀察一切法
이 皆如虛空하고 發無量無邊廣大心하며 觀察一切菩薩
廣大行하고 發無量無邊廣大心하며 正念三世一切諸佛
하여 發無量無邊廣大心하며 觀不思議諸業果報하고 發
無量無邊廣大心하며 嚴淨一切佛刹하여 發無量無邊廣
大心하며 徧入一切諸佛大會하여 發無量無邊廣大心하
며 觀察一切如來妙音하고 發無量無邊廣大心이 是爲十

이니 若諸菩薩이 安住此心하면 則得一切佛法無量無邊廣大智慧海니라

불자여, 보살마하살이 열 가지 한량없고 그지없는 광대한 마음을 냄이 있으니, 무엇이 열인가? 이른바 (1) 모든 부처님 계신 데서 한량없고 그지없는 광대한 마음을 내며, (2) 모든 중생계를 관찰하고 한량없고 그지없는 광대한 마음을 내며, (3) 모든 세계 · 모든 세상 · 모든 법계를 관찰하고 한량없고 그지없는 광대한 마음을 내며, (4) 모든 법이 다 허공과 같음을 관찰하고 한량없고 그지없는 광대한 마음을 내며, (5) 모든 보살의 광대한 행을 관찰하고 한량없고 그지없는 광대한 마음을 내느니라. (6) 세 세상의 모든 부처님을 바르게 생각하고 한량없고 그지없는 광대한 마음을 내며, (7) 부사의한 모든 업과 과보를 보고 한량없고 그지없는 광대한 마음을 내며, (8) 모든 부처님의 세계를 깨끗이 장엄하고 한량없고 그지없는 광대한 마음을 내며, (9) 모든 부처님의 큰 회상에 두루 들어가 한량없고 그지없는 광대한 마음을 내며, (10) 모든 여래의 미묘한 음성을 관찰하고 한량없고 그지없는 광대한 마음을 내나니, 이것이 열이니라. 만일 보살들이 이 마음에 편안히 머물면 모든 불법의 한량없고 그지없는 광대한 지혜 바다를 얻느니라.

[疏] 第四, 十種廣大心은 明至一切處廻向中에 行이 無量無邊일새 故無不至요 境은 旣無量無邊일새 心은 如境而廣大니라

■ 4) 열 가지 (한량없고 그지없는) 광대한 마음은 제4. 온갖 곳에 이르는

회향으로 밝힘 중에 행법이 한량없고 그지없는 연고로 이르지 않음이 없으며, 경계는 이미 한량없고 그지없으므로 마음은 경계와 같이 광대하다는 뜻이다.

5) 무진공덕장회향으로 대답하다[無盡功德藏廻向] (第五 25下7)

佛子여 菩薩摩訶薩이 有十種伏藏하니 何等爲十고 所謂 知一切法이 是起功德行藏이며 知一切法이 是正思惟藏이며 知一切法이 是陀羅尼照明藏이며 知一切法이 是辯才開演藏이며 知一切法이 是不可說善覺眞實藏이며 知一切佛自在神通이 是觀察示現藏이며 知一切法이 是善巧出生平等藏이며 知一切法이 是常見一切諸佛藏이며 知一切不思議劫이 是善了皆如幻住藏이며 知一切諸佛菩薩이 是發生歡喜淨信藏이 是爲十이니 若諸菩薩이 安住此法하면 則得一切諸佛의 無上智慧法藏하여 悉能調伏一切衆生이니라

불자여, 보살마하살이 열 가지 묻힌 갈무리가 있으니, 무엇이 열인가? 이른바 (1) 모든 법이 공덕의 행을 일으키는 갈무리임을 알며, (2) 모든 법이 바르게 생각하는 갈무리임을 알며, (3) 모든 법이 다라니로 밝게 비치는 갈무리임을 알며, (4) 모든 법이 변재로 연설하는 갈무리임을 알며, (5) 모든 법이 말할 수 없는 잘 깨닫는 진실한 갈무리임을 알며, (6) 모든 부처님의 자유자재한 신통이 관찰하여 나타내는 갈무리임을 알며, (7) 모든 법이 교묘하게 평등함을 내는 갈

무리임을 알며, (8) 모든 법이 온갖 부처님을 항상 뵈옵는 갈무리임을 알며, (9) 모든 부사의한 겁이 모두 환술과 같이 머무름임을 잘 이해하는 갈무리임을 알며, (10) 모든 부처와 보살들이 환희한 신심을 내는 갈무리임을 아나니, 이것이 열이니라. 만일 보살들이 이 법에 편안히 머물면 모든 부처님의 위없는 지혜의 법 갈무리를 얻어 일체중생을 잘 조복하느니라.

[疏] 第五, 十種伏藏은 卽無盡功德藏廻向中行이라 於一切法에 蘊斯十義일새 故名爲藏이요 卽法而觀이어늘 惑者는 不見일새 故名爲伏이요 一切各十이 是無盡功德矣니라

■ 5) '열 가지 묻힌 갈무리'는 곧 제5. 그지없는 공덕장회향으로 대답함이다. 온갖 법에서 이런 열 가지 뜻을 쌓으므로 '갈무리'라 이름한 것이요, 법과 합치하여 관찰하거늘 미혹한 이는 보지 못하는 연고로 '묻힘'이라 이름하였고, 온갖 것이 각기 열 가지인 것이 바로 그지없는 공덕인 것이다.

6) 수순견고일체선근회향으로 대답하다[隨順堅固一切善根廻向]

(第六 26上8)

佛子여 菩薩摩訶薩이 有十種律儀하니 何等爲十고 所謂 於一切佛法에 不生誹謗律儀와 於一切佛所에 信樂心不可壞律儀와 於一切菩薩所에 起尊重恭敬律儀와 於一切善知識所에 終不捨愛樂心律儀와 於一切聲聞獨覺에 不

生憶念心律儀와 遠離一切退菩薩道律儀와 不起一切損害衆生心律儀와 修一切善根하여 皆令究竟律儀와 於一切魔에 悉能降伏律儀와 於一切波羅蜜에 皆令滿足律儀가 是爲十이니 若諸菩薩이 安住此法하면 則得無上大智律儀니라

불자여, 보살마하살이 열 가지 계율이 있으니, 무엇이 열인가? 이른바 (1) 모든 불법에 비방을 내지 않는 계율과, (2) 모든 부처님 계신 데 믿는 마음을 깨뜨릴 수 없는 계율과, (3) 모든 보살에게 존중하고 공경함을 일으키는 계율과, (4) 모든 선지식에게 사랑하는 마음을 버리지 않는 계율과, (5) 모든 성문·독각에게 생각하는 마음을 내지 않는 계율과, (6) 모든 보살의 도에서 물러남을 멀리 여의는 계율과, (7) 중생을 해롭게 하는 모든 마음을 일으키지 않는 계율과, (8) 모든 착한 뿌리를 닦아 모두 끝닿은 데 이르게 하는 계율과, (9) 모든 마를 다 항복받는 계율과, (10) 모든 바라밀다를 다 만족하게 하는 계율이니, 이것이 열이니라. 만일 보살들이 이 법에 편안히 머물면 위없는 큰 지혜의 계율을 얻느니라.

[疏] 第六, 十種律儀는 卽隨順堅固一切善根廻向中行이라 彼는 約行首일새 故廣就施하여 以明善根하시고 今은 約行本하여 略辨律儀라 善根이 皆順平等之理니 實通一切라 故로 第八에 云, 一切善根皆令究竟이라 究竟은 卽順堅固義요 通明十句인대 攝善과 饒益이 無所不具니 通一切善을 居然可知니라

- 6) 열 가지 계율은 곧 제6. 견고한 온갖 선근을 따라 회향하는 행으로 대답함이다. 저것은 행법의 우두머리를 잡은 연고로 널리 보시에 입각하여 선근을 밝히고, 지금은 행법의 근본을 잡아서 계율을 간략히 밝혔다. 선근이 모두 평등한 이치에 수순하나니 실로 모두에 통한다. 그러므로 제8. 진여상회향에 이르되, "온갖 선근을 모두 완성하게 하나니, 구경은 곧 견고한 뜻을 수순함이요, 열 구절을 통틀어 밝힌다면 섭선법계와 요익중생계가 갖추지 못할 것이 없나니 온갖 선근과 통하는 것"은 편안히 알 수 있으리라.

7) 등수순일체중생회향으로 대답하다[平等隨順一切衆生廻向]

(第七 27上3)

佛子여 菩薩摩訶薩이 有十種自在하니 何等爲十고 所謂命自在니 於不可說劫에 住壽命故며 心自在니 智慧能入阿僧祗諸三昧故며 資具自在니 能以無量莊嚴으로 莊嚴一切世界故며 業自在니 隨時受報故며 受生自在니 於一切世界에 示現受生故며 解自在니 於一切世界에 見佛充滿故며 願自在니 隨欲隨時하여 於諸刹中에 成正覺故며 神力自在니 示現一切大神變故며 法自在니 示現無邊諸法門故며 智自在니 於念念中에 示現如來十力無畏成正覺故라 是爲十이니 若諸菩薩이 安住此法하면 則得圓滿一切諸佛의 諸波羅蜜과 智慧神力과 菩提自在니라

불자여, 보살마하살이 열 가지 자유자재함이 있으니, 무엇

이 열인가? 이른바 (1) 생명에 자재하니 말할 수 없는 겁 동안 목숨이 머무는 연고며, (2) 마음에 자재하니 지혜가 능히 아승지 여러 삼매에 드는 연고며, (3) 사용하는 도구에 자재하니 한량없는 장엄거리로 모든 세계에 장엄하는 연고며, (4) 업에 자재하니 때를 따라 과보를 받는 연고며, (5) 태어나는 데 자재하니 모든 세계에서 태어남을 보이는 연고며, (6) 아는 데 자재하니 모든 세계에서 부처님이 가득함을 보는 연고며, (7) 소원에 자재하니 욕망을 따르고 때를 따라 여러 세계에서 바른 깨달음을 이루는 연고며, (8) 신통한 힘에 자재하니 모든 큰 신통변화를 보이는 연고며, (9) 법에 자재하니 그지없는 모든 법문을 보이는 연고며, (10) 지혜에 자재하니 잠깐잠깐마다 여래의 열 가지 힘과 두려움 없음을 나타내어 바른 깨달음을 이루는 연고니, 이것이 열이니라. 만일 보살들이 이 법에 편안히 머물면 모든 부처님의 여러 가지 바라밀다와 지혜와 신통한 힘과 보리를 원만하게 하는 자재를 얻느니라."

[疏] 第七, 十自在는 卽平等隨順一切衆生廻向中行이니 具十自在하여 能隨順故라 十自在는 如八地辨이니라

- 7) 열 가지 자유자재함은 곧 제7. 평등하게 온갖 중생에 수순하는 회향으로 대답함이니 열 가지 자유자재함을 갖추어 능히 수순하는 까닭이다. 열 가지 자유자재함은 (십지품의) 제8. 부동지에 밝힌 내용과 같다.

大方廣佛華嚴經 제56권
大方廣佛華嚴經疏鈔 제56권 河字卷下
제38 離世間品 ④

제38. 세간을 여의는 품[離世間品] ④

여기서는 50문으로 십지의 질문에 대답한 내용이니 보살은 말에 입각하여 몸을 밝히되,

"불자여, 보살마하살이 열 가지 말이 있으니, 무엇이 열인가? 이른바 (1) 부드러운 말이니, 일체중생으로 하여금 편안하게 하는 연고라. (2) 단 이슬 같은 말이니, 일체중생을 서늘하게 하는 연고라. (3) 속이지 않는 말이니, 말하는 것이 모두 실제와 같은 연고라. (4) 진실한 말이니, 꿈에서까지 거짓말이 없는 연고라. (5) 넓고 큰 말이니, 모든 제석과 범천과 사천왕들이 존경하는 연고라. (6) 매우 깊은 말이니, 법의 성품을 보이는 연고라. (7) 견고한 말이니, 법의 말함이 다함 없는 연고라. (8) 정직한 말이니, 말하는 것이 알기 쉬운 연고라…."

大方廣佛華嚴經 제56권
大方廣佛華嚴經疏鈔 제56권 河字卷下

제38. 세간을 여의는 품[離世間品] ④

8) 열 가지 걸림 없는 작용은 진여상회향으로 대답하다
   [眞如相廻向無礙用] 4.

(1) 열 가지 가름으로 총합하여 표방하다[總標十章] 3.
가. 표방하다[標] (第八 1上9)
나. 질문하다[徵] (經/何等)
다. 나열하다[列] (經/所謂)

佛子여 菩薩摩訶薩이 有十種無礙用하니 何等爲十고 所謂衆生無礙用과 國土無礙用과 法無礙用과 身無礙用과 願無礙用과 境界無礙用과 智無礙用과 神通無礙用과 神力無礙用과 力無礙用이니라

"불자여, 보살마하살이 열 가지 걸림 없는 작용이 있으니, 무엇이 열인가? 이른바 중생에 걸림 없는 작용, 국토에 걸림 없는 작용, 법에 걸림 없는 작용, 몸에 걸림 없는 작용, 원에 걸림 없는 작용, 경계에 걸림 없는 작용, 지혜에 걸림 없는 작용, 신통에 걸림 없는 작용, 신통한 힘에 걸림이 없는 작용, 힘에 걸림 없는 작용이니라.

[疏] 第八, 十無礙用은 卽眞如相廻向中行이니 如於眞如하여 無障礙故라 故로 彼位果에 云, 住於此位하여 得一切刹平等等이라하니 平等이 卽 是無礙之因이며 亦無礙之義라 又云, 得佛無量圓滿之身하여 一身이 充滿一切世界等이라함이 卽正顯無礙之義니라 文中에 四니 先, 總標 十章이요 二, 佛子云何下는 總徵十章이요 三, 佛子菩薩下는 依章別 釋이요 四, 佛子如是下는 總結成益이라 今初에 亦三이니 謂標와 徵과 列名이라 無礙者는 前明自在는 卽作用이 任運이요 今明無礙는 顯作 用無拘라 又無礙가 有二하니 一, 智요 二, 事라 十中에 有通有局이니 라 然은 法智無礙는 多唯約智요 如身刹等은 多唯約事요 如衆生等 은 通於事智라 然事無礙는 必通於智요 智無礙境은 未必通事나 二 皆卽體之用일새 故로 並云, 無礙用也니라 然이나 十皆通二利나 且約 化說인대 初一은 所化요 二는 是化處요 餘는 皆能化니 謂化法과 化 身等이라 可以意得이니라

■ 8) 열 가지 걸림 없는 작용은 곧 제8. 진여상회향의 행법으로 대답함이니 마치 진여에는 장애가 없는 까닭이다. 그러므로 저 지위의 과덕에 이르되, "이런 지위에 머물러서 일체 국토의 평등을 얻는다"라고 말한 등이다. 평등함은 곧 걸림 없는 원인이며 또한 걸림 없다는 뜻이다. 또한 이르되, "부처님의 한량없이 원만한 몸을 얻어 한 몸이 일체 세계에 가득하다"라 말한 등이 곧 걸림 없는 뜻을 바로 밝힘이다. 경문 중에 넷이니 (1) 열 가지 가름으로 총합하여 표방함이요, (2) 佛子云何 아래는 열 가지 가름으로 질문함이요, (3) 佛子菩薩 아래는 가름에 의지하여 개별로 해석함이요, (4) 佛子如是 아래는 성불로 총합 결론함이다. 지금은 (1)에 또한 셋이니 이른바 가. 표방함과 나. 질문함과 다. 명칭을 나열함이다. '걸림 없음'이란 앞에서 자재함

을 밝힌 것은 곧 '작용하는 데 마음대로[作俑任運]'란 뜻이고, 지금은 걸림 없음을 밝힌 것은 '작용하는 데 구속함이 없다[作用無拘]'는 뜻을 밝혔다. 또한 걸림 없음에 둘이 있으니 ① 지혜요 ② 현상이다. 열 가지 중에 통함도 있고 국한함도 있다. 그러면 법과 지혜가 걸림 없음은 대부분 오로지 지혜만 잡았고, '몸과 국토와 같다'는 등은 대부분 오직 현상만 잡았고, '저 중생과 같다'는 등은 현상적인 지혜에 통한다. 그러나 '현상에 걸림 없음[事無礙]'은 반드시 지혜에 통하는데, '지혜에 걸림 없는 경계[智無礙境]'는 아직 반드시 현상에 통하지는 않지만 둘이 모두 체성과 합치한 작용이므로 함께 말하되, "걸림없는 작용이다"라고 하였다. 그러나 열 가지가 모두 2리행에 통하지만 우선 교화를 잡아 말한다면 (1) 한 구절은 교화할 대상이요, (2) 교화할 장소요, (3) 나머지 구절은 모두 교화하는 주체이니, 이른바 교화하는 법과 교화하는 몸이 동등하나니 생각하면 얻을 수 있다.

(2) 열 가지 가름으로 총합하여 질문하다[總徵十章] (經/佛子 2上2)

佛子여 云何爲菩薩摩訶薩의 衆生等無礙用고
불자여, 어떤 것이 보살마하살의 중생 등에 걸림 없는 작용인가?

(3) 가름에 의지하여 개별로 해석하다[依章別釋] 10.
가. 열 가지 중생에 걸림 없는 작용[衆生無礙用] (第三 2下3)

佛子여 菩薩摩訶薩이 有十種衆生無礙用하니 何等爲十

고 所謂知一切衆生이 無衆生無礙用과 知一切衆生이 但
想所持無礙用과 爲一切衆生說法에 未曾失時無礙用과
普化現一切衆生界無礙用과 置一切衆生於一毛孔中하
되 而不迫隘無礙用과 爲一切衆生하여 示現他方一切世
界하여 令其悉見無礙用과 爲一切衆生하여 示現釋梵護
世諸天身無礙用과 爲一切衆生하여 示現聲聞辟支佛寂
靜威儀無礙用과 爲一切衆生하여 示現菩薩行無礙用과
爲一切衆生하여 示現諸佛色身相好一切智力成等正覺
無礙用이 是爲十이니라

불자여, 보살마하살이 열 가지 중생에 걸림 없는 작용이 있
으니, 무엇이 열인가? 이른바 (1) 일체중생이 중생 없음을
아는 걸림 없는 작용과, (2) 일체중생이 다만 생각으로 유지
됨을 아는 걸림 없는 작용과, (3) 일체중생을 위하여 법을
말하매 때를 놓치지 않는 걸림 없는 작용과, (4) 일체중생계
를 널리 변화하여 나타내는 걸림 없는 작용과, (5) 일체중생
을 한 털구멍에 두되 비좁지 않은 걸림 없는 작용과, (6) 일
체중생에게 다른 지방의 모든 세계를 나타내어 다 보게 하
는 걸림 없는 작용과, (7) 일체중생에게 제석·범천·사천
왕 따위의 하늘 몸을 나타내는 걸림 없는 작용과, (8) 일체
중생에게 성문과 벽지불의 고요한 위의를 나타내는 걸림 없
는 작용과, (9) 일체중생에게 보살의 행을 나타내는 걸림 없
는 작용과, (10) 일체중생에게 부처님들의 육신의 몸매에
온갖 지혜의 힘과 정등각을 이룸을 나타내는 걸림 없는 작
용이니, 이것이 열이니라.

[疏] 第三, 依章別釋이라 中에 卽爲十段이라 文皆有四하니 謂標와 徵과 釋과 結이라 今初에 所化衆生無礙用十句中에 前三은 約智하여 辨無 礙니 一, 了性空故요 二, 唯心現故니 此二는 實智요 三, 知時說法이 니 卽是權智라 餘七은 約事無礙니 四, 能現衆生故요 五, 近收一毛 요 六, 遠示他刹이라 餘四는 示上首之身이니라

■ (3) 가름에 의지하여 개별로 해석함이다. 그중에 곧 열 문단으로 나눈다. 경문이 모두 넷이 있으니 이른바 가. 표방함과, 나. 질문함과, 다. 해석함과, 라. 결론함이다. 지금은 가.에 교화할 대상인 중생이 걸림 없는 작용이란 열 구절 중에서 가) 앞의 세 구절은 지혜를 잡아서 걸림 없음을 밝힘이니 (가) 한 구절은 성품이 공함을 요달한 연고요, (나) 한 구절은 오직 마음만으로 나타나는 까닭이다. 이렇게 두 구절은 실법 지혜요, (다) 때를 알고 법을 설함이니 곧 방편 지혜이다. 나) 나머지 일곱 구절은 현상이 걸림 없음을 잡았으니 (가) 넷째는 중생을 능히 나타내는 연고요, (나) 다섯째는 가까이 한 터럭을 거둠이요, (다) 여섯째는 멀리서 다른 국토를 보여 줌이요, (라) 나머지 네 구절은 우두머리의 몸을 보여 줌이다.

나. 열 가지 국토에 걸림 없는 작용[國土無礙用] (第二 3上7)

佛子여 菩薩摩訶薩이 有十種國土無礙用하니 何等爲十고 所謂一切刹로 作一刹無礙用과 一切刹로 入一毛孔無礙用과 知一切刹無有盡無礙用과 一身이 結跏坐하여 充滿一切刹無礙用과 一身中에 現一切刹無礙用과 震動一切刹하되 不令衆生恐怖無礙用과 以一切刹莊嚴具로 莊

嚴一刹無礙用과 以一刹莊嚴具로 莊嚴一切刹無礙用과 以一如來一衆會로 徧一切佛刹하여 示現衆生無礙用과 一切小刹中刹大刹廣刹深刹仰刹覆刹側刹正刹의 徧諸方網無量差別을 以此普示一切衆生無礙用이 是爲十이니라

불자여, 보살마하살이 열 가지 국토에 걸림 없는 작용이 있으니, 무엇이 열인가? 이른바 (1) 모든 세계로 한 세계를 만드는 걸림 없는 작용과, (2) 모든 세계를 한 털구멍에 넣는 걸림 없는 작용과, (3) 모든 세계가 다함이 없음을 아는 걸림 없는 작용과, (4) 한 몸이 가부하고 앉은 것이 모든 세계에 충만하는 걸림 없는 작용과, (5) 한 몸에 모든 세계를 나타내는 걸림 없는 작용과, (6) 모든 세계를 진동하면서도 중생들을 공포하게 하지 않는 걸림 없는 작용과, (7) 모든 세계의 장엄거리로 한 세계를 장엄하는 걸림 없는 작용과, (8) 한 세계의 장엄거리로 모든 세계를 장엄하는 걸림 없는 작용과, (9) 한 여래의 한 대중으로서 모든 부처의 세계에 두루하게 중생을 나타내는 걸림 없는 작용과, (10) 모든 작은 세계·중간 세계·큰 세계·넓은 세계·깊은 세계·잦힌 세계·엎어진 세계·기운 세계·반듯한 세계가 여러 방위 그물에 두루하여 한량없이 차별하며, 이것으로 일체중생에게 널리 보이는 걸림 없는 작용이니, 이것이 열이니라.

[疏] 第二, 刹無礙라 十中에 知刹無盡은 通智通事라 故로 晉經에 云, 於一切刹에 深入無盡方便이라하고 度世에 云, 一切佛界에 所入無盡이

라하니 皆通事也니라 餘九는 唯事無礙라 深은 卽微細刹이라 餘並可知니라

- 나. 열 가지 국토에 걸림 없는 작용이다. 열 구절 중에 가) '국토가 그지없음을 아는 것'은 지혜에도 통하고 현상에도 통한다. 그러므로 진경에 이르되, "온갖 국토에서 그지없는 방편에 깊이 들어간다"고 하였고,『도세경』에 이르되, "온갖 부처 세계에 들어갈 곳이 그지없다"라 하였으니 모두 현상에 통한다. 나) 나머지 아홉 구절은 오직 현상만이 걸림 없음일 뿐이요, 깊음은 곧 미세한 국토란 뜻이다. 나머지는 (경문과) 함께하면 알 수 있으리라.

다. 열 가지 법에 걸림 없는 작용[法無礙用] (第三 4上3)

佛子여 菩薩摩訶薩이 有十種法無礙用하니 何等爲十고 所謂知一切法이 入一法하고 一法이 入一切法하되 而亦不違衆生心解無礙用과 從般若波羅蜜로 出生一切法하여 爲他解說하여 悉令開悟無礙用과 知一切法離文字하되 而令衆生으로 皆得悟入無礙用과 知一切法入一相하되 而能演說無量法相無礙用과 知一切法離言說하되 能爲他說無邊法門無礙用과 於一切法에 善轉普門字輪無礙用과 以一切法으로 入一法門하되 而不相違하여 於不可說劫에 說不窮盡無礙用과 以一切法으로 悉入佛法하여 令諸衆生으로 皆得悟解無礙用과 知一切法無有邊際無礙用과 知一切法無障礙際가 猶如幻網의 無量差別하여 於無量劫에 爲衆生說하되 不可窮盡無礙用이 是爲十

이니라

불자여, 보살마하살이 열 가지 법에 걸림 없는 작용이 있으니, 무엇이 열인가? 이른바 (1) 모든 법이 한 법에 들어가고 한 법이 모든 법에 들어가되, 중생의 마음과 지혜에 어기지 않는 걸림 없는 작용과, (2) 반야바라밀다로부터 모든 법을 내어 다른 이에게 설명하여 모두 깨닫게 하는 걸림 없는 작용과, (3) 모든 법이 글자를 여읜 줄을 알면서도 중생으로 하여금 다 깨달아 들어가게 하는 걸림 없는 작용과, (4) 모든 법이 한 모양에 들어감을 알면서도 한량없는 법의 모양을 연설하는 걸림 없는 작용과, (5) 모든 법이 말을 여읜 줄을 알면서도 다른 이에게 그지없는 법문을 연설하는 걸림 없는 작용이며, (6) 모든 법에 넓은 문의 글자 바퀴를 잘 굴리는 걸림 없는 작용과, (7) 모든 법을 한 법문에 넣어도 서로 어기지 않아서 말할 수 없는 겁 동안 말하여도 다하지 않는 걸림 없는 작용과, (8) 모든 법이 다 불법에 들어가서 중생들로 하여금 알게 하는 걸림 없는 작용과, (9) 모든 법이 가이없음을 아는 걸림 없는 작용과, (10) 모든 법이 장애가 없음이 환술의 그물처럼 한량없이 차별함을 알고 한량없는 겁 동안에 중생에게 말하여도 다할 수 없는 걸림 없는 작용이니, 이것이 열이니라.

[疏] 第三, 法無礙는 謂皆約智니 於性相無礙之法에 能知說自在故라 一, 一多가 卽入而不壞本이요 二, 實智가 出權이요 三, 無文示文이요 四, 一說多相이요 五, 無說之說이요 六, 一言圓備니 輪字之義는

彌伽處에 釋이니라 七, 門門互收요 八, 以眞收俗이요 九, 橫知無邊이요 十, 竪窮其際니라

- 다. 열 가지 법에 걸림 없는 작용은 이른바 모두 지혜를 잡았으니 체성과 양상이 걸림 없는 법에 능히 설법이 자재함을 아는 까닭이다. (1) 하나와 여럿이 들어감과 합치해도 근본을 무너뜨리지 않음이요, (2) 실법 지혜가 방편에서 나옴이요, (3) 무늬 없이 경문을 보임이요, (4) 하나에 여러 모양을 말함이요, (5) 설함이 없이 설함이요, (6) 한마디 말씀에 원만히 구비함이니 '바퀴 륜' 자의 뜻은 미가(彌伽) 선지식의 처소에 해석한 내용이다. (7) 문과 문으로 번갈아 거둠이요, (8) 진제로 속제를 거둠이요, (9) 가로로 그지없음을 아는 것이요, (10) 세로로 그 끝을 궁구함이다.

라. 열 가지 몸에 걸림 없는 작용[身無礙用] (第四 4下7)

佛子여 菩薩摩訶薩이 有十種身無礙用하니 何等爲十고 所謂以一切衆生身으로 入己身無礙用과 以己身으로 入一切衆生身無礙用과 一切佛身으로 入一佛身無礙用과 一佛身으로 入一切佛身無礙用과 一切刹로 入己身無礙用과 以一身으로 充徧一切三世法하야 示現衆生無礙用과 於一身에 示現無邊身하야 入三昧無礙用과 於一身에 示現衆生數等身하야 成正覺無礙用과 於一切衆生身에 現一衆生身하고 於一衆生身에 現一切衆生身無礙用과 於一切衆生身에 示現法身하고 於法身에 示現一切衆生身無礙用이 是爲十이니라

불자여, 보살마하살이 열 가지 몸에 걸림이 없는 작용이 있으니, 무엇이 열인가? 이른바 (1) 모든 중생의 몸을 자기의 몸에 넣는 걸림 없는 작용과, (2) 자기의 몸을 모든 중생의 몸에 넣는 걸림 없는 작용과, (3) 모든 부처의 몸을 한 부처의 몸에 넣는 걸림 없는 작용과, (4) 한 부처의 몸을 모든 부처의 몸에 넣는 걸림 없는 작용과, (5) 모든 세계를 자기의 몸에 넣는 걸림 없는 작용과, (6) 한 몸이 모든 세 세상 법에 가득하게 하여 중생을 나타내는 걸림 없는 작용과, (7) 한 몸에 그지없는 몸을 나타내어 삼매에 들어가는 걸림 없는 작용과, (8) 한 몸에 중생의 수효와 같은 몸을 나타내어 바른 깨달음을 이루게 하는 걸림 없는 작용과, (9) 모든 중생의 몸에 한 중생의 몸을 나타내고, 한 중생의 몸에 모든 중생의 몸을 나타내는 걸림 없는 작용과, (10) 모든 중생의 몸에 법의 몸을 나타내고, 법의 몸에 모든 중생의 몸을 나타내는 걸림 없는 작용이니, 이것이 열이니라.

[疏] 第四, 身無礙用[74]이니라

- 라. 열 가지 몸에 걸림 없는 작용이다.

마. 열 가지 원하는 데 걸림 없는 작용[願無礙用] (第五 5上10)

佛子여 菩薩摩訶薩이 有十種願無礙用하니 何等爲十고 所謂以一切菩薩願으로 作自願無礙用과 以一切佛成菩

---

74) 此下에 纂續金本有文可知, 源原南本無라 하다.

提願力으로 示現自成正覺無礙用과 隨所化眾生하여 自成阿耨多羅三藐三菩提無礙用과 於一切無邊際劫에 大願不斷無礙用과 遠離識身하고 不着智身하여 以自在願으로 現一切身無礙用과 捨棄自身하고 成滿他願無礙用과 普敎化一切眾生하여 而不捨大願無礙用과 於一切劫에 行菩薩行하여 而大願不斷無礙用과 於一毛孔에 現成正覺하여 以願力故로 充徧一切諸佛國土하여 於不可說不可說世界에 爲一一眾生하여 如是示現無礙用과 說一句法하되 徧一切法界하여 興大正法雲하며 耀解脫電光하며 震實法雷音하며 雨甘露味雨75)하여 以大願力으로 充洽一切諸眾生界無礙用이 是爲十이니라

불자여, 보살마하살이 열 가지 원하는 데 걸림 없는 작용이 있으니, 무엇이 열인가? 이른바 (1) 모든 보살의 원으로 자기의 원을 삼는 걸림 없는 작용과, (2) 모든 부처님의 보리를 이루는 원으로 자기가 바른 깨달음 이룸을 나타내는 걸림 없는 작용과, (3) 교화할 바 중생을 따라서 스스로 아뇩다라삼먁삼보리를 이루는 걸림 없는 작용과, (4) 온갖 그지없는 겁에 큰 서원이 끊어지지 않는 걸림 없는 작용과, (5) 알음알이의 몸을 여의고 지혜의 몸에 집착하지 않으면서 자유자재한 원으로 모든 몸을 나타내는 걸림 없는 작용과, (6) 제 몸을 버리고 남의 소원을 만족하게 하는 걸림 없는 작용과, (7) 일체중생을 두루 교화하되 큰 서원을 버리지 않는 걸림 없는 작용과, (8) 모든 겁에서 보살의 행을 행하되 큰

---

75) 甘露味雨의 味는 宋藏南論作法, 杭注云 藏本作味雨 流通本作法雨.

서원이 끊이지 않는 걸림 없는 작용과, (9) 한 털구멍에서 바른 깨달음을 이루면서 원하는 힘으로 모든 부처님 국토에 두루하며, 말할 수 없이 말할 수 없는 세계에서 낱낱 중생을 위하여서도 그렇게 나타내는 걸림 없는 작용과, (10) 한 구절 법을 말하여 모든 법계에 가득하게 해서 크게 바른 법 구름을 일으키고 해탈의 번개 빛을 비추며 실다운 법의 우레를 진동하고 감로의 비를 내리어 큰 서원의 힘으로 모든 중생 세계에 흡족하게 하는 걸림 없는 작용이니, 이것이 열이니라.

[疏] 第五, 願無礙用이니 文並이면 可知니라
- 마. 열 가지 원하는 데 걸림 없는 작용이니 경문과 함께하면 알 수 있으리라.

바. 열 가지 경계에 걸림 없는 작용[境界無礙用] (第六 6上3)

佛子여 菩薩摩訶薩이 有十種境界無礙用하니 何等爲十고 所謂在法界境界하되 而不捨衆生境界無礙用과 在佛境界하되 而不捨魔境界無礙用과 在涅槃境界하되 而不捨生死境界無礙用과 入一切智境界하되 而不斷菩薩種性境界無礙用과 住寂靜境界하되 而不捨散亂境界無礙用과 住無去無來無戲論無相狀無體性無言說如虛空境界하되 而不捨一切衆生戲論境界無礙用과 住諸力解脫境界하되 而不捨一切諸方所境界無礙用과 入無衆生際

境界하되 而不捨教化一切衆生無礙用과 住禪定解脫神通明智寂靜境界하되 而於一切世界에 示現受生無礙用과 住如來一切行莊嚴成正覺境界하되 而現一切聲聞辟支佛의 寂靜威儀無礙用이 是爲十이니라

불자여, 보살마하살이 열 가지 경계에 걸림 없는 작용이 있으니, 무엇이 열인가? 이른바 (1) 법계의 경계에 있으면서 중생의 경계를 버리지 않는 걸림 없는 작용과, (2) 부처의 경계에 있으면서 마의 경계를 버리지 않는 걸림 없는 작용과, (3) 열반의 경계에 있으면서 생사의 경계를 버리지 않는 걸림 없는 작용과, (4) 온갖 지혜의 경계에 들어가서 보살의 종자 성품의 경계를 끊지 않는 걸림 없는 작용과, (5) 고요한 경계에 머물러서도 산란한 경계를 버리지 않는 걸림 없는 작용과, (6) 가는 것도 없고 오는 것도 없고 희롱거리도 없고 형상도 없고 자체도 없고 말도 없어서 허공과 같은 경계에 머물면서도 일체중생의 희롱거리 경계를 버리지 않는 걸림 없는 작용과, (7) 모든 힘의 해탈하는 경계에 있으면서도 모든 방소의 경계를 버리지 않는 걸림 없는 작용과, (8) 중생의 경계 없는 경계에 들어가도 일체중생 교화하기를 버리지 않는 걸림 없는 작용과, (9) 선정·해탈·신통·지혜·고요한 경계에 머물면서도 일부러 모든 세계에 태어남을 버리지 않는 걸림 없는 작용과, (10) 여래의 모든 행으로 장엄한 바른 깨달음을 이루는 경계에 머물러서 모든 성문과 벽지불의 고요한 위의를 나타내는 걸림 없는 작용이니, 이것이 열이니라.

[疏] 第六, 境界無礙라 謂於此十種勝劣相違境中에 於勝에 現劣하여 廻轉無礙가 是爲菩薩分齊之境이라 文亦可知니라
- 바. 열 가지 경계에 걸림 없는 작용이니 이른바 이런 열 가지 수승하고 하열함이 서로 위배되는 경계 중에서 수승함에 하열함을 나타내어 돌리고 바꿈에 걸림 없음이 바로 보살 영역의 경계가 된다. 경문도 또한 (함께하면) 알 수 있으리라.

사. 열 가지 지혜에 걸림 없는 작용[智無礙用] (第七 6下4)

佛子여 菩薩摩訶薩이 有十種智無礙用하니 何等爲十고 所謂無盡辯才無礙用과 一切總持無有忘失無礙用과 能決定知決定說一切衆生諸根無礙用과 於一念中에 以無礙智로 知一切衆生心之所行無礙用과 知一切衆生欲樂隨眠習氣煩惱病하여 隨應授藥無礙用과 一念에 能入如來十力無礙用과 以無礙智로 知三世一切劫과 及其中衆生無礙用과 於念念中에 現成正覺하여 示現衆生하되 無有斷絶無礙用과 於一衆生想에 知一切衆生業無礙用과 於一衆生音에 解一切衆生語無礙用이 是爲十이니라

불자여, 보살마하살이 열 가지 지혜에 걸림 없는 작용이 있으니, 무엇이 열인가? 이른바 (1) 다함이 없는 변재의 걸림 없는 작용과, (2) 온갖 것을 모두 지니고 잊지 않는 걸림 없는 작용과, (3) 일체중생의 근성을 결정하게 알고 결정하게 말하는 걸림 없는 작용과, (4) 잠깐 동안에 걸림 없는 지혜로 일체중생의 마음에 행하는 것을 아는 걸림 없는 작용과,

(5) 일체중생의 욕망과 따라다니면서 잠자듯이 하는 버릇과 번뇌의 병을 알고 알맞게 약을 주는 걸림 없는 작용과, (6) 잠깐 동안에 여래의 열 가지 힘에 능히 들어가는 걸림 없는 작용과, (7) 걸림 없는 지혜로 세 세상의 모든 겁과 그 속에 있는 중생을 아는 걸림 없는 작용과, (8) 잠깐잠깐마다 바른 깨달음을 이루어 중생에게 보이되 끊어지지 않는 걸림 없는 작용과, (9) 한 중생의 생각에서 일체중생의 업을 아는 걸림 없는 작용과, (10) 한 중생의 음성에서 일체중생의 말을 이해하는 걸림 없는 작용이니, 이것이 열이니라.

[疏] 第七, 智無礙라 前來에 雖亦有智나 各從本類하여 攝之요 今은 則一向辨其智用이라 然智無若干이나 因法顯別하여 以法從智요 前法無礙는 以智從法이라 十中에 初二는 能化智요 次三은 知所化智요 六, 上入佛智니 前六은 皆權智요 七八은 權實無礙智요 後二는 事事無礙智니라

■ 사. 열 가지 지혜에 걸림 없는 작용이다. 앞에서도 비록 또한 지혜가 있었지만 각기 본래 부류를 따라 섭수한 것이요, 지금은 한결같이 그 지혜의 작용을 밝혔다. 그러나 지혜는 약간도 없지만 인행의 법이 별상임을 밝혀서 법으로 지혜를 따름이요, 앞의 법에 걸림 없음은 지혜로 법을 따름이다. 열 구절 중에 가) 처음 두 구절[(1) 無盡辯才無礙用 (2) 一切總持無有忘失無礙用]은 교화하는 주체의 지혜요, 나) 세 구절[(3) 能決定知決定說一切衆生諸根無礙用 (4) 於一念中 以無礙智 知一切衆生心之所行無礙用 (5) 知一切衆生欲樂隨眠習氣煩惱病 隨應授藥無礙用]은 교화받을 대상의 지혜를 앎이요, 다) 여섯째 구절[(6) 一念能入如來十力無礙用]은 위로

부처 지혜에 들어감이니, 앞의 여섯 구절은 모두 방편 지혜요, 라) 일곱째와 여덟째 구절[(7) 以無礙智 知三世一切劫 及其中衆生無礙用 (8) 於念念中 現成正覺 示現衆生 無有斷絶無礙用]은 방편과 실법에 걸림 없는 지혜요, 마) 뒤의 두 구절[(9) 於一衆生想 知一切衆生業無礙用 (10) 於一衆生音 解一切衆生語無礙用]은 현상과 현상에 걸림 없는 지혜이다.

아. 열 가지 신통에 걸림 없는 작용[神通無礙用] (第八 7下2)

佛子여 菩薩摩訶薩이 有十種神通無礙用⁷⁶⁾하니 何等爲十고 所謂於一身에 示現一切世界身無礙用과 於一佛衆會에 聽受一切佛衆會中所說法無礙用과 於一衆生心念中에 成就不可說無上菩提하여 開悟一切衆生心無礙用과 以一音으로 現一切世界差別言音하여 令諸衆生으로 各得解了無礙用과 一念中에 現盡前際一切劫의 所有業果種種差別하여 令諸衆生으로 悉得知見無礙用과 一微塵에 出現廣大佛刹無量莊嚴無礙用과 令一切世界로 具足莊嚴無礙用과 普入一切三世無礙用과 放大法光明하여 現一切諸佛菩提衆生行願無礙用과 善守護一切天龍夜叉乾闥婆阿修羅迦樓羅緊那羅摩睺羅伽釋梵護世聲聞獨覺菩薩의 所有如來十力菩薩善根無礙用이 是爲十이니 若諸菩薩이 得此無礙用하면 則能普入一切佛法이니라

불자여, 보살마하살이 열 가지 신통에 걸림 없는 작용이 있

---

76) 無礙用下에 明清合綱杭鼓纂金本有一微塵出現廣大佛刹無量莊嚴無礙用十六字, 麗宋元續本無; 與疏釋及刊定記釋合.

으니, 무엇이 열인가? 이른바 (1) 한 몸에 모든 세계의 몸을 나타내는 걸림 없는 작용과, (2) 한 부처님의 대중이 모인 데서 모든 부처님의 대중이 모인 데서 말씀하는 법을 듣는 걸림 없는 작용과, (3) 한 중생의 생각 속에서 말할 수 없이 위없는 보리를 이루고 일체중생의 마음을 열리게 하는 걸림 없는 작용과, (4) 한 음성으로 모든 세계의 차별한 음성을 나타내어 여러 중생이 각각 알게 하는 걸림 없는 작용과, (5) 한 생각 가운데 지난 세상 모든 겁에 있던 법과 과보가 갖가지로 차별함을 나타내어 여러 중생이 모두 알고 보게 하는 걸림 없는 작용과, (6) 한 티끌 속에서 광대한 세계의 한량없는 장엄을 내게 하는 걸림 없는 작용과, (7) 모든 세계로 하여금 장엄을 구족하게 하는 걸림 없는 작용과, (8) 모든 세 세상에 두루 들어가는 걸림 없는 작용과, (9) 큰 법의 광명을 놓아 모든 부처의 보리와 중생의 행과 원을 나타내는 걸림 없는 작용과, (10) 모든 하늘·용·야차·건달바·아수라·가루라·긴나라·마후라가·제석·범천·세상 보호하는 이·성문·독각·보살과 여래의 열 가지 힘과 보살의 착한 뿌리를 잘 수호하는 걸림 없는 작용이니, 이것이 열이니라. 만일 보살들이 이 걸림 없는 작용을 얻으면 능히 모든 불법에 두루 들어가느니라.

[疏] 第八, 神通無礙라 一, 無數色身通이요 二, 天耳요 三, 他心이요 四, 分別言辭요 五, 宿住通이라 故로 度世經에는 名見前世하니라 六, 往一切佛刹通이라 莊嚴은 乃是其中別義니라 七, 未來劫通이라 前에 已

明過去일새 故通擧三世니라 八, 卽一切法智通이라 故로 度世에 云, 一切諸佛菩薩의 所建立行으로 演法光明하여 而照耀之라하니 卽是 法光이 照佛法也니라 九, 卽天眼이니 度世에 云, 知見一切等故라하 니 謂見有所作하고 而守護之라 十, 準晉本에 云, 佛子여 略說菩薩의 平等觀一切諸法通自在라하니 此卽一切法滅盡三昧通이니 平等寂 滅故라 故로 度世에 云, 菩薩이 平等으로 寂諸音響이라하니 則以平夷 로 等御衆生이라 今文에는 脫此코 文中에 略擧일새 故不曲盡이나 大 旨는 不異라 如十通品에 辨이니라

■ 아. 열 가지 신통에 걸림 없는 작용이다. (1)은 헤아릴 수 없는 육신의 신통이요, (2)는 하늘 귀의 신통이요, (3)은 다른 이의 마음을 아는 신통이요, (4)는 언사를 분별 잘하는 신통이요, (5)는 숙세에 머무는 신통이다. 그러므로 『도세경(度世經)』에는 '전세를 보는 신통[見前世通]'이라 이름하였다. (6)은 온갖 부처님 국토에 가는 신통이다. 장엄(莊嚴)은 비로소 그 가운데 별상의 뜻이다. (7)은 미래겁까지 통하는 신통이다. 앞에서 이미 과거를 밝혔으므로 통틀어 삼세를 거론함이다. (8)은 온갖 법의 지혜와 합치하는 신통이다. 그러므로 『도세경』에 이르되, "온갖 모든 부처와 보살이 건립한 행법으로 법을 연설하는 광명으로 밝게 비춘다"고 하였으니, 곧 법의 광명이 부처의 법을 비춘다는 뜻이다. (9)는 곧 하늘눈의 신통이니 『도세경』에 이르되, "온갖 것 등을 알고 보기 때문이다"라고 하였으니 이른바 그 지을 대상을 보고 수호한다는 뜻이다. (10) 진경에 준하여 말하되, "불자여, 간략히 보살의 평등하게 온갖 모든 법을 관찰하는 신통함과 자재함을 말한다"라 하였으니, 이것은 곧 온갖 법이 소멸한 삼매의 신통이니 평등하고 적멸한 까닭이다. 그러므로 『도세경』에 이르되,

"보살이 평등함으로 모든 음성과 메아리를 고요하게 한다"라 하였으니, 평탄함으로 똑같이 중생을 길들인다는 뜻이다. 본경에는 이것이 빠졌고, 경문 중에 간략히 거론한 연고로 자세하게 다하진 않았지만 큰 종지는 다르지 않나니, 제28. 십통품에서 밝힌 내용과 같다.

자. 열 가지 신력에 걸림 없는 작용[神力無礙用] (第九 8下7)

佛子여 菩薩摩訶薩이 有十種神力無礙用하니 何等爲十고 所謂以不可說世界로 置一塵中無礙用과 於一塵中에 現等法界一切佛刹無礙用과 以一切大海水로 置一毛孔하여 周旋往返十方世界하되 而於衆生에 無所觸嬈無礙用과 以不可說世界로 內自身中하여 示現一切神通所作無礙用과 以一毛로 繫不可數金剛圍山하여 持以遊行一切世界하되 不令衆生으로 生恐怖心無礙用과 以不可說劫으로 作一劫하고 一劫으로 作不可說劫하여 於中에 示現成壞差別하되 不令衆生으로 心有恐怖無礙用과 於一切世界에 現水火風災種種變壞하되 而不惱衆生無礙用과 一切世界三災壞時에 悉能護持一切衆生資生之具하여 不令損缺無礙用과 以一手로 持不思議世界하여 擲不可說世界之外하되 不令衆生으로 有驚怖想無礙用과 說一切刹이 同於虛空하여 令諸衆生으로 悉得悟解無礙用이 是爲十이니라

불자여, 보살마하살이 열 가지 신통한 힘에 걸림 없는 작용이 있으니, 무엇이 열인가? 이른바 (1) 말할 수 없는 세계를

한 티끌 속에 두는 걸림 없는 작용과, (2) 한 티끌 속에 법계와 같은 모든 세계를 나타내는 걸림 없는 작용과, (3) 온갖 큰 바닷물을 한 털구멍에 넣어 가지고 시방세계로 돌아다니면서도 중생을 시끄럽게 하지 않는 걸림 없는 작용과, (4) 말할 수 없는 세계를 제 몸속에 넣어서 모든 신통한 일을 보이는 걸림 없는 작용과, (5) 한 털로써 셀 수 없는 철위산을 얹어 가지고 모든 세계로 돌아다니면서도 중생들로 하여금 공포한 마음을 내지 않게 하는 걸림 없는 작용과, (6) 말할 수 없는 겁으로 한 겁을 만들고 한 겁으로 말할 수 없는 겁을 만들며 그 가운데서 이루고 무너지는 차별을 나타내면서도 중생들의 마음을 공포하지 않게 하는 걸림 없는 작용과, (7) 모든 세계에서 수재·화재·풍재의 갖가지 파괴를 나타내면서도 중생을 시끄럽게 하지 않는 걸림 없는 작용과, (8) 모든 세계가 수재·화재·풍재로 무너질 적에 모든 중생들의 살림살이를 보호하여 파괴하지 않게 하는 걸림 없는 작용과, (9) 한 손으로 부사의한 세계를 들어 말할 수 없는 세계 밖에 던져도 중생들을 놀라지 않게 하는 걸림 없는 작용과, (10) 모든 세계가 허공과 같다고 말하여 여러 중생을 깨닫게 하는 걸림 없는 작용이니, 이것이 열이니라.

[疏] 第九, 神力無礙라 神通은 多約外用無壅이요 神力은 多約內有幹能이라 故로 其十中에 多約一毛含攝等이니 此卽身力이요 後是智力이라 若以通으로 攝力하면 十種神力이 但是一神足通耳라 旣分通力兩殊일새 故로 十通中에 少說神境하니라

■ 자. 열 가지 신통한 힘에 걸림 없는 작용이다. '신령하게 통함'은 대부분 바깥 작용에 막힘 없음을 잡은 해석이요, '신통한 힘'은 대부분 안으로 가능함을 잡은 해석이다. 그 열 구절 중에 대부분 한 터럭에 포함하고 섭수됨을 잡은 등이니 이것은 곧 몸의 힘이요, 뒤는 지혜의 힘이다. 만일 신통으로 신력을 포섭하면 열 가지 신력이 단지 하나의 신족통(神足通)일 뿐이다. 이미 신통과 신력이 둘이 다르다고 구분한 연고로 제28. 십통품 중에는 신통한 경계에 대해 조금만 말하였다.

차. 열 가지 힘에 걸림 없는 작용[力無礙用] (第十 9上9)

佛子여 菩薩摩訶薩이 有十種力無礙用하니 何等爲十고 所謂衆生力無礙用이니 敎化調伏하여 不捨離故며 刹力無礙用이니 示現不可說莊嚴하여 而莊嚴故며 法力無礙用이니 令一切身으로 入無身故며 劫力無礙用이니 修行不斷故며 佛力無礙用이니 覺悟睡眠故며 行力無礙用이니 攝取一切菩薩行故며 如來力無礙用이니 度脫一切衆生故며 無師力無礙用이니 自覺一切諸法故며 一切智力無礙用이니 以一切智로 成正覺故며 大悲力無礙用이니 不捨一切衆生故라 是爲十이니라

불자여, 보살마하살이 열 가지 힘 걸림 없는 작용이 있으니, 무엇이 열인가? 이른바 (1) 중생의 힘 걸림 없는 작용이니 교화하고 조복하여 버리지 않는 연고며, (2) 세계의 힘 걸림 없는 작용이니 말할 수 없는 장엄을 나타내어 장엄하는 연고며, (3) 법의 힘 걸림 없는 작용이니 모든 몸으로 몸이 없

는 데 들게 하는 연고며, (4) 겁의 힘 걸림 없는 작용이니 수행이 끊이지 않는 연고며, (5) 부처의 힘 걸림 없는 작용이니 잠을 깨닫는 연고며, (6) 행하는 힘 걸림 없는 작용이니 모든 보살의 행을 거두어 가지는 연고며, (7) 여래의 힘 걸림 없는 작용이니 일체중생을 제도하여 해탈하게 하는 연고며, (8) 스승 없는 힘 걸림 없는 작용이니 스스로 모든 법을 깨닫는 연고며, (9) 온갖 지혜의 힘 걸림 없는 작용이니 온갖 지혜로 바른 깨달음을 이루는 연고며, (10) 큰 자비의 힘 걸림 없는 작용이니 일체중생을 버리지 않는 연고라, 이것이 열이니라.

[疏] 第十, 力無礙用은 悲智之力이 皆無礙故라 亦有事用無礙나 從多說之니라

■ 차. 열 가지 힘에 걸림 없는 작용은 자비와 지혜의 힘이 모두 걸림 없기 때문이다. 또한 현상법[事]의 작용에 걸림 없지만 많은 것에서부터 말하였다.

(4) 성취한 이익을 총합 결론하다[總結成益] (第四 9下5)

佛子여 如是가 名爲菩薩摩訶薩의 十種無礙用이니 若有得此十無礙用者면 於阿耨多羅三藐三菩提에 欲成不成을 隨意無違하여 雖成正覺이나 而亦不斷行菩薩行하나니 何以故오 菩薩摩訶薩이 發大誓願하여 入無邊無礙用門하여 善巧示現故니라

불자여, 이것을 보살마하살의 열 가지 걸림 없는 작용이라 이름하나니, 만일 이 열 가지 걸림 없는 작용을 얻으면 아눗다라삼먁삼보리를 이루거나 이루지 않거나 마음대로 되고 어기지 않을 것이며, 바른 깨달음을 이룬다 하여도 보살의 행을 끊지 않을 것이니, 왜냐하면 보살마하살이 큰 서원을 내고 그지없이 걸림 없는 작용의 문에 들어가 교묘하게 나타내어 보이는 연고이니라.

[疏] 第四, 總結成益이라 中에 欲成不成이 已得無礙커늘 得果에 不捨因하니 尤顯無礙니라

- (4) 성취한 이익을 총합 결론함이다. 그중에 이루고 이루지 않음이 이미 걸림 없음을 얻었거늘 과덕을 얻으면 인행을 버리지 않나니 (그 중에) 더욱이 걸림 없음에 대해 밝힌 것이다.

9) 속박 없고 집착 없는 해탈회향으로 대답하다 無縛無著解脫廻向 3.

(1) 열 가지 의지대로 맡겨서 유희하다 [任志遊戲] (第九 10下4)

佛子여 菩薩摩訶薩이 有十種遊戲하니 何等爲十고 所謂以衆生身으로 作刹身하되 而亦不壞衆生身이 是菩薩遊戲요 以刹身으로 作衆生身하되 而亦不壞於刹身이 是菩薩遊戲요 於佛身에 示現聲聞獨覺身하되 而不損減如來身이 是菩薩遊戲요 於聲聞獨覺身에 示現如來身하되 而不增長聲聞獨覺身이 是菩薩遊戲요 於菩薩行身에 示現

成正覺身하되 而亦不斷菩薩行身이 是菩薩遊戱요 於成正覺身에 示現修菩薩行身하되 而亦不滅成菩提身이 是菩薩遊戱요 於涅槃界에 示現生死身하되 而不着生死가 是菩薩遊戱요 於生死界에 示現涅槃하되 亦不究竟入於涅槃이 是菩薩遊戱요 入於三昧하여 而示現行住坐臥一切業하되 亦不捨三昧正受가 是菩薩遊戱요 在一佛所하여 聞法受持에 其身不動하고 而以三昧力으로 於不可說諸佛會中에 各各現身하되 亦不分身하며 亦不起定하고 而聞法受持하여 相續不斷하며 如是念念於一一三昧身에 各出生不可說不可說三昧身하여 如是次第한 一切諸劫은 猶可窮盡이어니와 而菩薩三昧身은 不可窮盡이 是菩薩遊戱라 是爲十이니 若諸菩薩이 安住此法하면 則得如來無上大智遊戱니라

불자여, 보살마하살이 열 가지 유희가 있으니, 무엇이 열인가? 이른바 (1) 중생의 몸으로써 세계의 몸을 만들면서도 중생의 몸을 깨뜨리지 않나니, 이것이 보살의 유희니라. (2) 세계의 몸으로써 중생의 몸을 만들면서도 세계의 몸을 깨뜨리지 않나니, 이것이 보살의 유희니라. (3) 부처의 몸에 성문과 독각의 몸을 나타내어도 여래의 몸을 감하지 않나니, 이것이 보살의 유희니라. (4) 성문과 독각의 몸에 여래의 몸을 나타내어도 성문과 독각의 몸을 증장하지 않나니, 이것이 보살의 유희니라. (5) 보살의 행을 하는 몸에 바른 깨달음을 이루는 몸을 나타내어도 보살의 행을 하는 몸을 끊지 않나니, 이것이 보살의 유희니라. (6) 바른 깨달음을

이룬 몸에 보살의 행을 닦는 몸을 나타내어도 보리를 이루는 몸을 감하지 않나니, 이것이 보살의 유희니라. (7) 열반의 세계에 생사의 몸을 나타내어도 생사에 집착하지 않나니, 이것이 보살의 유희니라. (8) 생사하는 세계에 열반을 나타내어도 끝까지 열반에 들지 않나니, 이것이 보살의 유희니라. (9) 삼매에 들어서 가고 머물고 앉고 눕는 모든 업을 나타내어도 삼매의 바로 느낌을 버리지 않나니, 이것이 보살의 유희니라. (10) 한 부처님 계신 데서 법을 듣고 받아 지녀도 그 몸은 동요하지 않고 삼매의 힘으로 말할 수 없는 부처님 회중에서 각각 몸을 나타내면서도 몸을 나누지 않으며 선정에서 일어나지도 않으며 법을 듣고 받아 지님이 계속하여 끊어지지 않으며, 이와 같이 잠깐잠깐마다 낱낱 삼매의 몸에서 말할 수 없이 말할 수 없는 삼매 몸을 내며, 이렇게 차례차례로 모든 겁이 다할지언정 보살의 삼매의 몸은 다할 수 없나니, 이것이 보살의 유희니라. 이것이 열이니 만일 보살들이 이 법에 편안히 머물면 여래의 위없는 큰 지혜의 유희를 얻느니라.

[疏] 第九, 遊戲下의 三門은 明無縛無着解脫廻向中行이라 彼에 有百門 廣顯하사 以無縛着解脫로 成就普賢自在智用이어니와 今略에 其三이니 此門은 任志行成하여 遊賞自在[77]요 次門은 明境界難量이요 後門은 明智用幹能이니 皆由無縛無着故니라 今初니 十中에 攝爲五對니 一, 依正染淨을 相作호대 而皆不壞本相이 正顯遊戲之義니 如世縱

---

77) 此科는 源本作任志遊戲, 案任志等八字 源移於後釋文中이라 하다.

情遊戲에 無損動故라 他皆倣此니라 二, 大小乘互現이요 三, 因果互現이요 四, 生死涅槃을 互現이요 五, 定散自在니 謂初는 即定中에 起用而常定이요 後는 即用中에 入定而常用이니라

■ 9) 遊戲 아래의 세 문은 제9. 속박 없고 집착 없는 해탈 회향의 행법으로 밝힘이다. 저기에 100문으로 널리 밝힘이 있어서 속박 없고 집착 없는 해탈 회향으로 보현의 자재한 지혜의 작용을 성취하였지만 지금은 생략하여 셋이 되었으니 (1) 이 문은 열 가지 의지대로 맡겨서 행법을 성취하여 유희하고 상(賞) 주는 데 자재함이요, (2) 다음 문은 열 가지 헤아릴 수 없는 경계를 밝힘이요, (3) 뒤의 문은 열 가지 깊은 마음의 지혜 작용이니 제9. 모두 속박 없고 집착 없는 회향을 말미암은 까닭이다. 지금은 (1)이니 열 구절 중에 포섭하여 다섯 대구가 되었으니 ① 의보와 정보가 염오하고 청정함을 서로 짓되 모두 본래 모양을 무너뜨리지 않음이 유희함의 뜻을 바로 밝힘이니, 마치 세상과 같이 생각을 좇아서 유희함과 같을 적에 감소하고 동요함이 없는 까닭이다. 다른 것은 모두 이것과 비슷하다. ② 대승과 소승에 번갈아 나타남이요, ③ 인행과 과덕에 번갈아 나타남이요, ④ 생사와 열반을 번갈아 나타냄이요, ⑤ 삼매와 산란함에 자재함이다. 이른바 처음은 선정과 합치한 중에 작용을 일으키되 항상 삼매인 것이요, 뒤는 작용과 합치한 중에 삼매에 들어도 항상 작용한다는 뜻이다.

(2) 열 가지 헤아릴 수 없는 경계[境界難量] (第二 11下5)

佛子여 菩薩摩訶薩이 有十種境界하니 何等爲十고 所謂

示現無邊法界門하여 令衆生得入이 是菩薩境界요 示現一切世界無量妙莊嚴하여 令衆生得入이 是菩薩境界요 化往一切衆生界하여 悉方便開悟가 是菩薩境界요 於如來身에 出菩薩身하고 於菩薩身에 出如來身이 是菩薩境界요 於虛空界에 現世界하고 於世界에 現虛空界가 是菩薩境界요 於生死界에 現涅槃界하고 於涅槃界에 現生死界가 是菩薩境界요 於一衆生語言中에 出生一切佛法語言이 是菩薩境界요 以無邊身으로 現作一身하고 一身으로 作一切差別身이 是菩薩境界요 以一身으로 充滿一切法界가 是菩薩境界요 於一念中에 令一切衆生으로 發菩提心하여 各現無量身하여 成等正覺이 是菩薩境界라 是爲十이니 若諸菩薩이 安住此法하면 則得如來無上大智慧境界니라

불자여, 보살마하살이 열 가지 경계가 있으니, 무엇이 열인가? 이른바 (1) 그지없는 법계의 문을 나타내어 중생들이 들어가게 하나니, 이것이 보살의 경계니라. (2) 모든 세계의 한량없는 묘한 장엄을 나타내어 중생들이 들어가게 하나니, 이것이 보살의 경계니라. (3) 모든 중생의 세계에 변화하여 가서 방편으로 깨우치나니, 이것이 보살의 경계니라. (4) 여래의 몸에서 보살의 몸을 내고 보살의 몸에서 여래의 몸을 내나니, 이것이 보살의 경계니라. (5) 허공계에서 세계를 나투고 세계에서 허공계를 나투나니, 이것이 보살의 경계니라. (6) 생사계에서 열반계를 나타내고 열반계에서 생사계를 나타내나니, 이것이 보살의 경계니라. (7) 한 중생의 말

가운데 모든 불법의 말을 내나니, 이것이 보살의 경계니라. (8) 그지없는 몸으로 한 몸을 만들고 한 몸으로 모든 차별한 몸을 만드나니, 이것이 보살의 경계니라. (9) 한 몸으로 모든 법계에 가득하나니, 이것이 보살의 경계니라. (10) 잠깐 동안에 일체중생으로 보리심을 내게 하며 각각 한량없는 몸을 나타내어 정등각을 이루게 하나니, 이것이 보살의 경계니라. 이것이 열이니, 만일 보살들이 이 법에 편안히 머물면 여래의 위없는 큰 지혜의 경계를 얻느니라.

[疏] 第二, 境界難量은 通二種境이니 一은 卽遊戱所行之境이라 故로 晉經에 名爲勝行하니라 二는 卽分齊之境이니 謂出沒無礙는 唯菩薩能故라 十中에 前三은 通所行境이요 後七은 皆分齊境이니라

■ (2) 열 가지 헤아릴 수 없는 경계는 두 가지 경계와 통한다. ① 유희함으로 행할 바와 합치하는 경계이니, 그러므로 진경에 '뛰어난 행법'이라 이름한다. ② 영역과 합치하는 경계이니 이른바 나오고 없어짐에 걸림 없음은 오직 보살만이 가능한 까닭이다. 열 구절 중에 가. 앞의 세 구절은 행할 대상 경계와 통함이요, 나. 뒤의 일곱 구절은 모두 영역의 경계이다.

(3) 열 가지 깊은 마음의 지혜로운 능력[智用幹能] (第三 12上7)

佛子여 菩薩摩訶薩이 有十種力하니 何等爲十고 所謂深心力이니 不雜一切世情故며 增上深心力이니 不捨一切佛法故며 方便力이니 諸有所作究竟故며 智力이니 了知

一切心行故며 願力이니 一切所求令滿故며 行力이니 盡未來際不斷故며 乘力이니 能出生一切乘하되 而不捨大乘故며 神變力이니 於一一毛孔中에 各各示現一切淸淨世界하여 一切如來가 出興世故며 菩提力이니 令一切衆生으로 發心成佛하여 無斷絶故며 轉法輪力이니 說一句法하여 悉稱一切衆生諸根性欲故라 是爲十이니 若諸菩薩이 安住此法하면 則得諸佛無上一切智十力이니라

불자여, 보살마하살이 열 가지 힘이 있으니, 무엇이 열인가? 이른바 (1) 깊은 마음의 힘이니, 모든 세상의 사정이 섞이지 않은 연고이니라. (2) 더 올라가는 깊은 마음의 힘이니 모든 불법을 버리지 않는 연고이니라. (3) 방편의 힘이니, 모든 짓는 일이 끝나는 연고이니라. (4) 지혜의 힘이니, 온갖 마음과 행을 아는 연고이니라. (5) 원하는 힘이니, 모든 구하는 바를 만족하게 하는 연고이니라. (6) 행하는 힘이니, 오는 세월이 끝나도록 끊어지지 않는 연고이니라. (7) 승력이니, 모든 탈 것을 내지마는 대승을 버리지 않는 연고이니라. (8) 신통변화의 힘이니, 낱낱 털구멍 속에서 모든 청정한 세계와 모든 여래께서 세상에 나심을 각각 나타내는 연고이니라. (9) 보리의 힘이니 일체중생들을 마음 내고 부처 이루게 하여 끊어짐이 없는 연고이니라. (10) 법륜을 굴리는 힘이니 한 구절의 법을 말하여도 일체중생의 근성과 욕망에 맞는 연고이니라. 이것이 열이니, 만일 보살들이 이 법에 편안히 머물면 여래의 위없는 온갖 지혜의 열 가지 힘을 얻느니라.

[疏] 第三, 十力智能이라 十中에 前七은 自分力이요 後三은 勝進力이라 前中에 初三은 自利니 一, 一向深求故니 釋以不雜이요 二, 深求佛法이니 佛法은 卽是增上이니라 三, 所作究竟者는 由有善巧니라 次二는 利他요 後二는 通二利니 餘는 可知니라

■ (3) 열 가지 깊은 마음의 지혜로운 능력이다. 열 구절 중에 가. 앞의 일곱 구절[(1) 深心力 ~ (7) 乘力]은 자분행의 능력이요, 나. 뒤의 세 구절[(8) 神變力 (9) 菩提力 (10) 轉法輪力]은 승진행의 능력이다. 가. 중에 가) 처음 세 구절[(1) 深心力 (2) 增上深心力 (3) 方便力]은 자리행이니, 첫째는 한결같이 깊이 구하는 연고니 섞이지 않음[不雜]으로 해석함이요, 둘째는 깊이 불법을 구함이니 (여기서) 불법은 곧 더 올라가는 능력[增上力]이다. 셋째는 '모든 짓는 일이 끝난다'는 것은 선교한 방편이 있기 때문이다. 나) 두 구절[(4) 智力 (5) 願力]은 이타행이요, 다) 두 구절[(6) 行力 (7) 乘力]은 2리행에 통한다. 나. 나머지 구절은 알 수 있으리라.

10) 입법계무량회향으로 대답하다[入法界無量廻向] 3.

(1) 열 가지 두려움 없는 선근에 회향하다[廻向善根無畏] 4.
가. 표방하다[標] (第十 12下2)
나. 질문하다[徵] (經/何等)

佛子여 菩薩摩訶薩이 有十種無畏하니 何等爲十고
불자여, 보살마하살이 열 가지 두려움 없음이 있으니, 무엇이 열인가?

- [疏] 第十, 十無畏下의 四門은 明法界無量廻向中行이라 分之爲三이니 初門은 明所廻善根이요 次門은 明法界行體요 後二門은 明所成之德이라 今初는 卽是法施善根이니 無畏는 卽說法之德故니라
- 10) 十無畏 아래의 네 문은 제10. 법계에 들어가는 무량한 회향의 행법으로 밝힘이다. 셋으로 나누리니 (1) 첫 문은 열 가지 회향할 대상인 두려움 없는 선근을 밝힘이요, (2) 다음 문의 열 가지 함께하지 않는 법은 법계행의 체성을 밝힘이요, (3) 뒤의 두 문은 열 가지 성취할 바 덕을 밝힘이다. 지금의 (1)은 바로 법 보시로 쌓은 선근이니, 두려움 없음[無畏施]은 곧 법을 설한 공덕인 까닭이다.

다. 해석하다[釋] 10.
가) 듣고 지님에 두려움 없다[聞持無畏] (十中 13上1)

佛子여 菩薩摩訶薩이 悉能聞持一切言說하여 作如是念하되 設有衆生이 無量無邊하여 從十方來하여 以百千大法으로 而問於我라도 我於彼問에 不見微少難可答相이니 以不見故로 心得無畏하여 究竟到彼大無畏岸하며 隨其所問하여 悉能酬對하되 斷其疑惑하여 無有怯弱이 是爲菩薩第一無畏니라

불자여, 보살마하살이 모든 말을 다 들어 지니고, 생각하기를 '설사 한량없고 그지없는 중생들이 시방으로부터 와서 백천 가지 큰 법으로 내게 묻더라도, 저의 물음에 대하여 나는 조금도 답하기 어려움을 보지 않나니, 보지 않으므로 두려운 마음이 없고 필경에 저 크게 두려움이 없는 언덕에 이

르며, 그들의 묻는 대로 모두 대답하여 의심을 끊고 겁약함이 없게 하리라' 하나니, 이것이 보살의 첫째 두려움 없음이니라.

[疏] 十中에 一, 聞持無畏요
■ 열 구절 중에 가) 듣고 지님에 두려움 없음이요,

나) 변재에 두려움 없다[辯才無畏] (二辯 13上8)

佛子여 菩薩摩訶薩이 得如來灌頂無礙辯才하여 到於一切文字言音으로 開示秘密究竟彼岸하여 作如是念하되 設有衆生이 無量無邊하여 從十方來하여 以無量法으로 而問於我라도 我於彼問에 不見微少難可答相이니 以不見故로 心得無畏하여 究竟到彼大無畏岸하여 隨其所問하여 悉能酬對하되 斷其疑惑하여 無有恐懼가 是爲菩薩 第二無畏니라

불자여, 보살마하살은 정수리에 물 붓는 여래의 걸림 없는 변재를 얻고 온갖 글과 말로 비밀을 열어 보이는 필경의 저 언덕에 이르고, 생각하기를 '설사 한량없고 그지없는 중생이 시방으로부터 와서 한량없는 법으로 내게 묻더라도 나는 저의 물음에 대하여 조금도 답하기 어려움을 보지 않나니, 보지 않으므로 두려운 마음이 없고 필경에 저 크게 두려움이 없는 언덕에 이르러 그들의 묻는 대로 모두 대답하여 의심을 끊고 공포함이 없게 하리라' 하나니 이것이 보살의

둘째 두려움 없음이니라.

[疏] 二, 辯才無畏니 上二는 不畏不能答難이니라
- 나) 변재에 두려움 없음이니 위의 두 구절[가) 聞持無畏 나) 辯才無畏]은 두려워하지 않음과 능하지 않음으로 힐난에 대답한 내용이다.

다) 두 가지 공에 두려움 없다[二空無畏] (三二 13下5)

佛子여 菩薩摩訶薩이 知一切法空하여 離我離我所하며 無作無作者하며 無知者하며 無命者하며 無養育者하며 無補伽羅하며 離蘊界處하여 永出諸見하여 心如虛空하여 作如是念하되 不見衆生이 有微少相도 能損惱我身語意業이니 何以故오 菩薩이 遠離我我所故로 不見諸法에 有少性相이니 以不見故로 心得無畏하여 究竟到彼大無畏岸하며 堅固勇猛하여 不可沮壞가 是爲菩薩第三無畏니라

불자여, 보살마하살이 (1) 모든 법이 공한 줄을 알고, 나를 떠나고 내 것을 떠났으며, (2) 지을 것도 없고 지을 이도 없으며, (3) 아는 이도 없고 (4) 사는 이도 없으며, (5) 양육한 이도 없고 (6) 보특가라도 없으며, (7) 5온·18계·12처도 없고 (8) 모든 소견을 아주 여의어 (9) 마음이 허공과 같아서 생각하되 (10) 중생이 조금도 나의 몸과 말과 뜻으로 짓는 업을 손상할 것을 보지 않나니, 왜냐하면 보살은 나와 내 것을 멀리 여읜 연고며, 모든 법이 조그만 성품이나 모양이

있음을 보지 않나니, 보지 않으므로 두려운 마음이 없고 필경에 저 크게 두려움이 없는 언덕에 이르며, 견고하고 용맹하여 깨뜨리지 못하나니, 이것이 보살의 셋째 두려움 없음이니라.

[疏] 三, 二空無畏니 了達二空하여 不畏妄念이니라
■ 다) 두 가지 공에 두려움 없음이니 두 가지 공을 요달하여 망념을 두려워하지 않는다는 뜻이다.

라) 위의에 두려움 없다[威儀無畏] (四威 13下10)

佛子여 菩薩摩訶薩이 佛力所護와 佛力所持로 住佛威儀하여 所行眞實하여 無有變易하여 作如是念하되 我不見有少分威儀도 令諸衆生으로 生訶責相이니 以不見故로 心得無畏하여 於大衆中에 安隱說法이 是爲菩薩第四無畏니라

불자여, 보살마하살이 부처님 힘으로 보호되고 부처님 힘으로 유지되며, 부처님의 위의에 머물러 행함이 진실하고 변하지 아니하여, 생각하기를 '나는 조고만 행동도 중생들이 책망할 것을 보지 않으며, 보지 않으므로 두려운 마음이 없고 대중 가운데서 편안하게 법을 말하리라' 하나니, 이것이 보살의 넷째 두려움 없음이니라.

[疏] 四, 威儀가 無缺無畏요

■ 라) 위의가 빠짐이 없고 두려움이 없음이요,

마) 삼업에 두려움 없다[三業無畏] (五三 14上5)

佛子여 菩薩摩訶薩이 身語意業이 皆悉淸淨하여 鮮白柔和하여 遠離衆惡하고 作如是念하되 我不自見身語意業이 而有少分도 可訶責相이니 以不見故로 心得無畏하여 能令衆生으로 住於佛法이 是爲菩薩第五無畏니라
불자여, 보살마하살이 몸과 말과 뜻의 업이 모두 청정하고 깨끗하고 부드러워 모든 나쁜 것을 멀리 여의고, 생각하기를 '나는 몸과 말과 뜻으로 하는 일을 조금도 책망 받을 만한 것을 보지 않으며, 보지 않으므로 두려운 마음이 없고 능히 중생들을 부처님 법에 머물게 하리라' 하나니, 이것이 보살의 다섯째 두려움 없음이니라.

[疏] 五, 三業이 無過無畏니 上二는 不畏外譏니라
■ 마) 삼업이 과오 없고 두려움 없음이니, 위의 두 구절[라) 威儀無畏 마) 三業無畏]은 외부의 나무람을 두려워하지 않는다.

바) 외호함에 두려움 없다[外護無畏] (六外 14下2)

佛子여 菩薩摩訶薩이 金剛力士와 天龍夜叉와 乾闥婆와 阿修羅와 帝釋梵王과 四天王等이 常隨侍衛하며 一切如來가 護念不捨라 菩薩摩訶薩이 作如是念하되 我不見有

衆魔外道와 有見衆生이 能來障我行菩薩道를 少分之相
이니 以不見故로 心得無畏하여 究竟到彼大無畏岸하며
發歡喜心하여 行菩薩行이 是爲菩薩第六無畏니라

불자여, 보살마하살을 금강역사와 하늘·용·야차·건달
바·아수라·제석·범왕·사천왕들이 항상 시위하고, 모
든 여래께서 보호하여 버리지 않거든, 보살마하살이 생각하
기를 '나는 여러 마와 외도와 딴 소견 가진 중생이 나의 보살
의 도를 행함을 장애할 수 있는 조그만 모양도 보지 않으며,
보지 않으므로 마음에 두려움이 없고 필경에 저 크게 두려
움 없는 언덕에 이르러 환희한 마음으로 보살의 행을 행하
리라' 하나니, 이것이 보살의 여섯째 두려움 없음이니라.

[疏] 六, 外護無畏니 不畏衆魔外道니라

■ 바) 외호함에 두려움 없음이니 여러 마군과 외도에 두려움이 없다.

사) 바르게 생각함에 두려움 없다[正念無畏] (七正 14下7)

佛子여 菩薩摩訶薩이 已得成就第一念根하여 心無忘失
하여 佛所悅可라 作如是念하되 如來所說成菩提道文字
句法을 我不於中에 見有少分忘失之相이니 以不見故로
心得無畏하여 受持一切如來正法하여 行菩薩行이 是爲
菩薩第七無畏니라

불자여, 보살마하살이 제일가는 생각하는 근본을 성취하여
마음에 잊어버리는 일이 없고 부처님이 좋아하시거든, 생

각하기를 '여래께서 말씀하신 보리도를 이루는 문자와 구절에서, 나는 조금도 잊어버리는 모양을 보지 않으며, 보지 않으므로 마음에 두려움이 없고 모든 여래의 바른 법을 받들어 지니어 보살의 행을 행하리라' 하나니, 이것이 보살의 일곱째 두려움 없음이니라.

[疏] 七, 正念無畏니 不畏遺忘이니라

- 사) 바르게 생각함에 두려움 없음이니, 남기고 잊어버림을 두려워하지 않는다는 뜻이다.

아) 방편에 두려움 없다[方便無畏] (八方 15上8)

佛子여 菩薩摩訶薩이 智慧方便을 悉已通達하며 菩薩諸力이 皆得究竟하여 常勤敎化一切衆生하여 恒以願心으로 繫佛菩提하여 而爲悲愍衆生故며 成就衆生故로 於煩惱濁世에 示現受生하되 種族尊貴하며 眷屬圓滿하며 所欲從心하며 歡娛快樂하여 而作是念하되 我雖與此眷屬聚會나 不見少相도 而可貪着하여 廢我修行禪定解脫과 及諸三昧와 總持辯才의 菩薩道法이니 何以故오 菩薩摩訶薩이 於一切法에 已得自在하여 到於彼岸하고 修菩薩行하되 誓不斷絶하여 不見世間에 有一境界도 而能惑亂菩薩道者니 以不見故로 心得無畏하여 究竟到彼大無畏岸하며 以大願力으로 於一切世界에 示現受生이 是爲菩薩第八無畏니라

불자여, 보살마하살이 (1) 지혜와 방편을 이미 통달하여 보살의 여러 힘을 끝마치었고, (2) 항상 일체중생을 부지런히 교화하며, (3) 항상 서원으로 부처의 보리에 마음을 두었지마는 (4) 중생을 가엾이 여기며 중생을 성취시키려 하므로, (5) 번뇌의 흐린 세상에 태어나되 가문이 존귀하고 권속이 원만하며 하고자 하는 일이 뜻대로 되어 기뻐하고 좋아하면서, 생각하기를 '내가 이 권속들과 모여 있지마는 조금도 탐착이 없으며 내가 수행하는 선정·해탈·여러 삼매·모두 지님·변재와 보살의 도를 폐기할 만한 것을 보지 않노라. 왜냐하면 보살마하살은 모든 법에 이미 자유자재하여 저 언덕에 이르렀으며, 보살의 행을 닦기를 끊지 않으려 하며, 세간법은 이 한 가지 경계도 보살의 도를 의혹케 하거나 어지럽게 함을 보지 않으며, 보지 않으므로 마음에 두려움이 없고 필경에 저 크게 두려움이 없는 언덕에 이르고 큰 서원의 힘으로 모든 세계에 태어나리라' 하나니, 이것이 보살의 여덟째 두려움 없음이니라.

[疏] 八, 方便無畏니 不畏生死를 如善治船에 不懼海難이니라
- 아) 방편에 두려움 없음이니 생사를 두려워하지 않기를 마치 배를 잘 다스리면 바다에 빠질까 하는 어려움을 두려워하지 않음과 같다.

[鈔] 如善治船者는 卽大品經意니 七地에 已引하니라
- '마치 배를 잘 다스리면'이란 곧 『대품반야경』의 주장이니 (십지품의) 제 7. 원행지에 이미 밝힌 적이 있다.

자) 온갖 지혜에 두려움 없다[一切智無畏] (九一 15下6)

佛子여 菩薩摩訶薩이 恒不忘失薩婆若心하고 乘於大乘하여 行菩薩行하여 以一切智大心勢力으로 示現一切聲聞獨覺의 寂靜威儀하고 作如是念하되 我不自見當於二乘하고 而取出離少分之相이니 以不見故로 心得無畏하여 到彼無上大無畏岸하며 普能示現一切乘道하여 究竟滿足平等大乘이 是爲菩薩第九無畏니라

불자여, 보살마하살이 살바야 마음을 잃지 않으며, 대승법에 의지하여 보살의 행을 행하며, 온갖 지혜와 큰 마음의 세력으로 모든 성문과 독각의 고요한 위의를 나타내고, 생각하기를 '나는 이승법으로 뛰어날 만한 조그만 모양도 보지 않으며, 보지 않으므로 마음에 두려움이 없고 저 위없고 크게 두려움이 없는 언덕에 이르고, 모든 승의 길을 두루 나타내되 필경에 평등한 대승을 만족하리라' 하나니, 이것이 보살의 아홉째 두려움 없음이니라.

[疏] 九, 一切智心無畏니 不畏二乘이니라

- 자) 온갖 지혜의 마음에 두려움 없음이니 이승을 두려워하지 않는다는 뜻이다.

차) 행법을 갖춤에 두려움 없다[具行無畏] (十具 16上4)

佛子여 菩薩摩訶薩이 成就一切諸白淨法하여 具足善根

하며 圓滿神通하여 究竟住於諸佛菩提하며 滿足一切諸
菩薩行하여 於諸佛所에 受一切智灌頂之記하고 而常化
衆生하여 行菩薩道하여 作如是念하되 我不自見有一衆
生도 應可成熟에 而不能現諸佛自在하여 而成熟相이니
以不見故로 心得無畏하여 究竟到彼大無畏岸하며 不斷
菩薩行하고 不捨菩薩願하여 隨所應化一切衆生하여 現
佛境界하여 而化度之가 是爲菩薩第十無畏니라

불자여, 보살마하살이 모든 희고 깨끗한 법을 성취하여 착한 뿌리를 구족하고 신통을 원만하였으며, 필경에 부처님들의 보리에 머물러 모든 보살의 행을 만족하였고, 여러 부처님 계신 데서 온갖 지혜와 정수리에 물 붓는 수기를 받고도 항상 중생을 교화하고 보살의 도를 행하면서, 생각하기를 '나는 한 중생이라도 마땅히 성숙시킬 만한 데 부처님들의 자재하심을 나타내지 못함으로 해서 성숙시키지 못하는 것을 스스로 보지 않으며, 보지 않으므로 마음에 두려움이 없고 필경에 저 크게 두려움이 없는 언덕에 이르러서 보살의 행을 끊지 않고 보살의 원을 버리지 않으며, 교화할 만한 모든 중생을 따라서 부처의 경계를 나타내어 교화하여 제도하리라' 하나니, 이것이 보살의 열째 두려움 없음이니라.

[疏] 十, 具行無畏니 不畏不能化生이니라
- 차) 행법을 갖춤에 두려움이 없음이니, 중생을 잘 교화할 수가 없을까 두려워하지 않는다.

라. 권유함으로 결론하다[結勸] (經/佛子 16上5)

佛子여 是爲菩薩摩訶薩의 十種無畏니 若諸菩薩이 安住此法하면 則得諸佛無上大無畏하며 而亦不捨菩薩無畏니라
불자여, 이것이 보살마하살의 열 가지 두려움 없음이니, 만일 보살들이 이 법에 편안히 머물면 부처님들의 위없이 크게 두려움 없음을 버리지 않느니라.

(2) 열 가지 함께하지 않는 법[十種不共法] 4.

가. 표방하다[標] (第二 16上8)
나. 질문하다[徵] (經/何等)

佛子여 菩薩摩訶薩이 有十種不共法하니 何等爲十고
불자여, 보살마하살이 열 가지 함께하지 않는 법이 있으니, 무엇이 열인가?

[疏] 第二, 不共法은 正明法界行體니 以稱法界起行일새 故로 不共凡小요 又悟不由他일새 亦非他共이니라
■ (2) 열 가지 함께하지 않는 법은 법계행의 체성을 바로 밝힘이니, 법계와 칭합하게 행법을 일으키는 연고로 범부와 소승이 함께하지 못하며, 또한 깨달을 적에 다른 이를 말미암지 않으므로 또한 다른 이와 함께함이 아니다.

다. 해석하다[釋] 10.
가) 자리의 행법[自利行] (十中 17上3)
나) 다른 이를 교화하는 행법[他化行] (二他)
다) 위로 구하는 행법[上求行] (三上)

佛子여 菩薩摩訶薩이 不由他敎하고 自然修行六波羅蜜하나니 常樂大施하여 不生慳悋하며 恒持淨戒하여 無所毁犯하며 具足忍辱하여 心不動搖하며 有大精進하여 未曾退轉하며 善入諸禪하여 永無散亂하며 巧修智慧하여 悉除惡見이 是爲第一不由他敎하고 隨順波羅蜜道하여 修六度不共法이요 佛子여 菩薩摩訶薩이 普能攝受一切衆生하나니 所謂以財及法으로 而行惠施하되 正念現前하며 和顏愛語로 其心歡喜하며 示如實義하여 令得悟解諸佛菩提하며 無有憎嫌하여 平等利益이 是爲第二不由他敎하고 順四攝道하여 勤攝衆生不共法이요 佛子여 菩薩摩訶薩이 善巧廻向하나니 所謂不求果報廻向과 順佛菩提廻向과 不着一切世間禪定三昧廻向과 爲利益一切衆生廻向과 爲不斷如來智慧廻向이 是爲第三不由他敎하고 爲諸衆生하여 發起善根하여 求佛智慧不共法이요

불자여, (1) 보살마하살이 다른 이의 가르침을 말미암지 않고 자연히 여섯 가지 바라밀다를 닦아 행하되, 항상 크게 보시하고 아끼는 생각을 내지 않으며, 항상 계율을 지니고 범하지 않으며, 참는 일을 구족하여 마음이 흔들리지 않으며, 크게 정진하여 물러나지 않으며, 선정에 잘 들어가서 영원

히 산란하지 않으며, 지혜를 교묘하게 닦고 나쁜 소견을 제하나니, 이것이 첫째 다른 이의 가르침을 말미암지 않고 여섯 가지 바라밀다의 도를 닦아 행하는 함께하지 않는 법이니라. 불자여, (2) 보살마하살이 일체중생을 두루 거두어 주나니, 이른바 재물과 법으로 보시를 행하며, 바른 생각이 앞에 나타나 화평한 얼굴로 사랑하는 말을 하며, 마음이 환희한 진실 이치를 보이어 그들로 하여금 부처의 보리를 깨닫게 하되 미워함이 없이 평등히 이익하게 하나니, 이것이 둘째 다른 이의 가르침을 말미암지 않고 네 가지 거둬 주는 길을 따라 부지런히 중생을 거둬 주는 함께하지 않는 법이니라. 불자여, (3) 보살마하살이 교묘하게 회향하나니, 이른바 과보를 바라지 않는 회향이며, 부처의 보리를 순종하는 회향이며, 모든 세간의 선정·삼매에 집착하지 않는 회향이며, 일체중생을 이익하게 하려는 회향이며, 여래의 지혜를 끊지 않으려는 회향이니, 이것이 셋째 다른 이의 가르침을 말미암지 않고 중생들을 위하여 착한 뿌리를 발기하여 부처의 지혜를 구하는 함께하지 않는 법이니라.

[疏] 十中에 一, 自利行이요 二, 化他行[78]이요 三, 上求行이요
- 열 구절 중에 가) 자리의 행법이요, 나) 다른 이를 교화하는 행법이요, 다) 위로 (보리를) 구하는 행법이요,

라) 아주 교묘한 행법[善巧行] 5.

---

78) 化他는 甲續金本作他化라 하다.

(가) 교묘하게 이승을 여의다[巧離二乘] (四善 17下7)
(나) 교묘하게 삼매를 닦다[巧修三昧] (二善)
(다) 교묘하게 세간에 수순하다[巧順世間] (三往)
(라) 교묘하게 여러 교법에 머무르다[巧住諸乘] (四雖)
(마) 교묘하게 인과를 궁구하다[巧窮因果] (五雖)

佛子여 菩薩摩訶薩이 到善巧方便究竟彼岸하여 心恒顧復一切衆生하여 不厭世俗凡愚境界하며 不樂二乘出離之道하며 不着己樂하고 唯勤化度하되 善能入出禪定解脫하여 於諸三昧에 悉得自在하며 往來生死를 如遊園觀하여 未曾暫起疲厭之心하며 或住魔宮하고 或爲釋天梵王世主하여 一切生處에 靡不於中에 而現其身하며 或於外道衆中出家하되 而恒遠離一切邪見하며 一切世間文詞呪術字印算數와 乃至遊戲歌舞之法을 悉皆示現하여 無不精巧하며 或時示作端正婦人하여 智慧才能이 世中第一이며 於諸世間出世間法에 能問能說하여 問答斷疑하여 皆得究竟하며 一切世間出世間事를 亦悉通達하고 到於彼岸하여 一切衆生이 恒來瞻仰하며 雖現聲聞辟支佛威儀나 而不失大乘心하며 雖念念中에 示成正覺이나 而不斷菩薩行이 是爲第四不由他敎하고 方便善巧로 究竟彼岸不共法이니라

불자여, (4) 보살마하살이 교묘한 방편과 필경의 저 언덕에 이르고도 마음으로는 일체중생을 항상 보살피고 다시 보살피며, 세속 범부의 경계를 싫어하지 않으며 이승의 뛰어나

는 길을 좋아하지 않고 자기의 즐거움에 집착하지도 않고 오직 교화하고 제도하는 일에 부지런하며, 선정과 해탈에 잘 들어가고 나오면서 여러 가지 삼매에 모두 자유자재하여지고, 생사에 오고 가기를 마치 공원에 노니는 듯하여 잠깐도 고달픈 마음을 내지 않으며, 마군의 궁전에 있기도 하고 제석이나 범왕이나 세간 차지도 되어 태어나는 곳마다 그 몸을 나타내며, 어떤 때는 외도에게서 출가하면서도 모든 삿된 소견을 멀리 여의며, 온갖 세간의 글이나 주문이나 글자나 산수나 내지 유희하고 노래하고 춤추는 것까지를 보이되 정미롭지 아니함이 없느니라. 어떤 때는 단정한 부인으로서 지혜와 재주가 세상에 제일이며, 여러 가지 세간법과 출세간법을 능히 묻고 잘 대답하여 의심을 끊어 끝까지 이르며, 모든 세간 일과 출세간 일을 모두 통달하여 저 언덕에 이르므로 일체중생이 와서 우러르며, 비록 성문이나 벽지불의 위의를 나투어도 대승의 마음을 잃지 아니하고, 비록 생각마다 바른 깨달음을 이루어도 보살의 행을 끊지 않나니, 이것이 넷째 다른 이의 가르침을 말미암지 않고 방편으로 교묘하게 끝까지 저 언덕에 이르는 함께하지 않는 법이니라.

[疏] 四, 善巧行이라 於中에 五니 一, 巧離二乘이요 二, 善能下는 巧修三昧요 三, 往來下는 巧順世間이요 四, 雖現下는 巧住諸乘이요 五, 雖念念下는 巧窮因果니라

- 라) 아주 교묘한 행법이다. 그중에 다섯이니 (가) 이승을 잘 여읨이

요, (나) 善能 아래는 삼매를 잘 닦음이요, (다) 往來 아래는 세간을 잘 수순함이요, (라) 雖現 아래는 여러 교법에 잘 머무름이요, (마) 雖念念 아래는 인과를 잘 궁구함이다.

마) 함께 행하는 행법[雙行行] (五雙 18上10)

佛子여 菩薩摩訶薩이 善知權實雙行道하여 智慧自在하여 到於究竟하나니 所謂住於涅槃하되 而示現生死하며 知無衆生하되 而勤行敎化하며 究竟寂滅하되 而現起煩惱하며 住一堅密智慧法身하되 而普現無量諸衆生身하며 常入深禪定하되 而示受欲樂하며 常遠離三界하되 而不捨衆生하며 常樂法樂하되 而現有婇女의 歌詠嬉戲하며 雖以衆相好로 莊嚴其身이나 而示受醜陋貧賤之形하며 常積集衆善하여 無諸過惡하되 而現生地獄畜生餓鬼하며 雖已到於佛智彼岸이나 而亦不捨菩薩智身이니 菩薩摩訶薩이 成就如是無量智慧에 聲聞獨覺도 尙不能知어든 何況一切童蒙衆生가 是爲第五不由他敎하고 權實雙行不共法이니라

불자여, (5) 보살마하살이 방편과 실제를 함께 행하는 길을 알고 지혜가 자유자재하여 끝까지 이르나니, 이른바 ① 열반에 있으면서 생사를 나타내고 ② 중생이 없음을 알면서 교화를 부지런히 행하며, ③ 끝까지 고요하면서 번뇌를 일으키고, ④ 한결같이 굳고 비밀한 지혜의 법의 몸에 머물러 있으면서 한량없는 중생들의 몸을 나타내며, ⑤ 항상 깊은

선정에 들어 있으면서 욕망의 쾌락을 받고, (6) 세 세계를
멀리 여의고도 중생을 버리지 않으며, (7) 법의 즐거움을 즐
기면서 채녀들의 노래하고 유희함을 가지며, (8) 여러 가지
몸매로 몸을 장엄하고서도 누추하고 빈천한 형상을 받고,
(9) 여러 착한 일을 쌓아 허물이 없으면서도 지옥·축생·
아귀에 태어나며, (10) 부처 지혜의 저 언덕에 이르고도 보
살의 지혜 몸을 버리지 않느니라. 보살마하살이 이렇게 한
량없는 지혜를 성취하는 것을 성문이나 독각도 알지 못하
거든, 하물며 어린 중생들일까 보냐? 이것이 다섯째 다른
이의 가르침을 말미암지 아니하고 방편과 실체를 모두 행
하는 함께하지 않는 법이니라.

[疏] 五, 雙行不共行이라 有標와 釋과 結은 可知니라
- 마) 함께 행함과 함께하지 않는 행법이다. (여기에) (가) 표방함과 (나) 해석함과 (다) 결론함이 있으니 알 수 있으리라.

바) 지혜를 따르는 행법[隨智行] (六三 18下4)

佛子여 菩薩摩訶薩이 身口意業이 隨智慧行하여 皆悉淸
淨하나니 所謂具足大慈하여 永離殺心하며 乃至具足正
解하여 無有邪見이 是爲第六不由他敎하고 身口意業이
隨智慧行不共法이요

불자여, (6) 보살마하살이 몸과 입과 뜻의 업으로 지혜를 따
르는 행이 다 청정하니, 이른바 크게 인자함을 갖추어 죽이

려는 마음을 영원히 여의었으며, 내지 바른 지혜를 갖추어 삿된 소견이 없는 것이니, 이것이 여섯째 다른 이의 가르침을 말미암지 않고 몸과 입과 뜻의 업으로 지혜의 행을 따르는 함께하지 않는 법이니라.

[疏] 六, 三業으로 隨智慧行行이요
- 바) 삼업으로 지혜를 따르는 행법을 실천함이요,

사) 대비심으로 괴로움을 대신 받는 행법[代苦行] (七悲 18下10)

佛子여 菩薩摩訶薩이 具足大悲하여 不捨衆生하고 代一切衆生하여 而受諸苦하나니 所謂地獄苦와 畜生苦와 餓鬼苦니 爲利益故로 不生勞倦하고 唯專度脫一切衆生하되 未曾耽染五欲境界하고 常爲精勤하여 滅除衆苦가 是爲第七不由他教하고 常起大悲不共法이니라

불자여, (7) 보살마하살이 크게 가엾이 여김을 갖추어 중생을 버리지 아니하고 일체중생을 대신하여 모든 괴로움을 받나니, 이른바 지옥의 괴로움·축생의 괴로움·아귀의 괴로움도 이익하게 하기 위하여 게으른 생각을 내지 않으며, 다만 일체중생을 제도하고 다섯 가지 욕심 경계에 물들지 않으며, 항상 부지런히 모든 괴로움을 없애나니, 이것이 일곱째 다른 이의 가르침을 말미암지 않고 항상 크게 가엾이 여김을 일으키는 함께하지 않는 법이니라.

[疏] 七, 悲代他苦行이요
- 사) 대비심으로 다른 이의 괴로움을 대신하려는 행법이요,

아) 대비심으로 중생을 섭수하는 행법[攝物行] (八大 19上5)

佛子여 菩薩摩訶薩이 常爲衆生之所樂見인 梵王帝釋四天王等하여 一切衆生이 見無厭足하나니 何以故오 菩薩摩訶薩이 久遠世來로 行業淸淨하여 無有過失일새 是故衆生이 見者無厭이니 是爲第八不由他敎하고 一切衆生이 皆悉樂見不共法이니라

불자여, (8) 보살마하살이 중생들이 보기 좋아하는 법천왕·제석천왕·사천왕 들이 되어도 일체중생이 보기에 싫어하지 않느니라. 왜냐하면 보살마하살이 오랜 세상부터 행하는 업이 청정하여 허물이 없으므로 중생들이 보기에 싫어하지 않나니, 이것이 여덟째 다른 이의 가르침을 말미암지 않고 일체중생이 보기를 좋아하는 함께하지 않는 법이니라.

[疏] 八, 大慈攝物行이요
- 아) 자비심으로 중생을 섭수하는 행법이요,

자) 견고하게 나와 남을 맑게 하는 행법[堅淨行] (九堅 19下4)

佛子여 菩薩摩訶薩이 於薩婆若大誓莊嚴에 志樂堅固하

여 雖處凡夫聲聞獨覺險難之處나 終不退失一切智心明淨妙寶하나니 佛子여 如有寶珠하니 名淨莊嚴이라 置泥潦中하되 光色不改하고 能令濁水로 悉皆澄淸인달하여 菩薩摩訶薩도 亦復如是하여 雖在凡愚雜濁等處나 終不失壞求一切智淸淨寶心하여 而能令彼諸惡衆生으로 遠離妄見煩惱穢濁하고 得求一切智淸淨心寶가 是爲第九不由他敎하고 在衆難處하여 不失一切智心寶不共法이니라

불자여, (9) 보살마하살이 살바야에 대하여 큰 서원으로 장엄하고 좋아하는 마음이 견고하였으므로 비록 범부나 성문이나 독각이나 험난한 곳에 있어도, 온갖 지혜의 마음이 밝고 깨끗한 보배를 잃지 않느니라. 불자여, 여기 보배 구슬이 있으니 이름이 정장엄이라, 진흙 속에 두어도 빛이 변하지 않고 흐린 물을 능히 맑히나니, 보살마하살도 그와 같아서 비록 어리석은 범부의 더러운 곳에 섞여 있어도, 온갖 지혜를 구하는 청정한 보배 마음을 잃지 않고, 여러 나쁜 중생들로 하여금 허망한 소견과 번뇌의 흐림을 여의고 온갖 지혜의 청정한 마음의 보배를 구하게 하나니, 이것이 아홉째 다른 이의 가르침을 말미암지 않고 여러 가지 어려운 곳에 있어도 온갖 지혜의 마음 보배를 잃지 아니하는 함께하지 않는 법이니라.

[疏] 九, 堅淨自他行이니 涅槃春池를 可於中說이니라

- 자) 견고하게 나와 남을 맑게 하는 행법이니 『열반경』의 봄 못의 비유 [春池喩]를 그중에 말할 수 있다.

[鈔] 涅槃春池者는 然이나 此經喩는 乃有二意하니 一, 約敎說이요 二, 約理說이라 今引涅槃은 乃是約敎니 卽第二名春池喩라 經에 云, 譬如春時에 有諸人等이 在大池浴할새 乘船遊戲라가 失琉璃寶하여 沒深水中이라 是時에 諸人이 悉共入水하여 求覓是寶할새 競捉瓦石과 草木砂礫[79)]하여 各各自謂호대 得琉璃寶라하고 歡喜持出하야사 乃知非眞하니라 是時에 寶珠는 猶在水中하니 以珠力故로 水皆澄淸이라 於是에 大衆이 乃見寶珠가 故在水下하니 猶如仰觀虛空月形이라 是時 衆中에 有一智人이 以方便力으로 安徐入水하여 卽便得珠라하니라 遠公이 釋云호대 此卽對前比丘하여 歎昔所解한 無常과 苦와 空과 無我의 眞法하여 敎其甄揀이라 於中에 先은 喩요 後는 約喩敎勸이라 喩中에 有三하니 一, 求眞取僞喩요 二, 歡喜持出下는 知僞非眞喩요 三, 是時寶珠猶在水下는 捨僞取眞喩라 上은 方喩意요 下는 約喩하여 敎勸比丘라

文別有四하니 一, 約初喩하여 訶其取僞[80)]니 經에 云, 汝等比丘가 不應如是修習無常과 苦와 無我想과 不淨想等하여 以爲實義니 如彼諸人이 各以瓦石과 草木과 沙礫으로 而爲寶珠라하니라 二, 約第三喩하여 敎其取眞이니 經에 云, 汝等이 應當善學方便하여 在在處處에 常修我想과 常樂淨[81)]想이라하니라 三, 約第二喩하여 勸知昔僞니 經에 云, 復應當知先所修習[82)]한 四法相貌는 悉是顚倒라하니라 四, 重約第三喩하여 勸修今眞이니 經에 云, 欲得眞實修諸想者는 如彼智人이 巧出寶珠니 所謂我想과 常樂淨想이라하니라

---

79) 上四字는 甲續金本무, 經原有라 하다.
80) 僞는 甲南續金本作喩라 하다.
81) 淨은 甲南續金本作我淨이라 하나 誤植이고, 經原作淨이라 하다.
82) 習은 原南本作集 經續金本作習이라 하다.

● '열반경의 봄 못의 비유'란 그러나 이 경의 비유는 비로소 두 가지 의미가 있으니 (1) 교법을 잡아 설함이요, (2) 이치를 잡아 설함이다. 지금은 『열반경』을 인용함은 비로소 교법을 잡았으니 곧 둘째 봄 못의 비유라 이름한다. (제2권 수명품) 경문에 이르되, "(여래도 역시 그러하여 정법을 마하가섭에게 부촉하였다. 너희들이 먼저 닦고 익히던 무상과 괴로움의 생각은 진실하지 아니하니) 마치 봄철에 여러 사람이 큰 연못에서 목욕도 하고 배를 타고 놀기도 하다가 유리 보배를 깊은 물속에 빠뜨려 잃어버리는 것과 같다. 그때 여러 사람들이 물에 들어가서 그 보배를 찾는데 경쟁하듯이 돌, 기왓장, 풀, 나무, 모래, 자갈을 집어 들고 저마다 유리 보배를 찾았다고 말하면서 환희하며 가지고 나왔는데 결국 참된 보배가 아닌 줄을 알게 된 것과 같다. 그때 보배 구슬은 아직도 물속에 있어서 구슬의 힘으로 물이 모두 맑아지므로 여러 대중들이 물속에 있는 보배 구슬을 보되 마치 공중에 있는 밝은 달을 우러러보는 듯하였다. 그때 대중 가운데서 어떤 지혜 있는 사람이 방편의 힘으로써 천천히 물에 들어가 구슬을 찾아내는 것과 같다"라고 하였다. 혜원법사가 해석하여 말하되, "이것은 곧 앞의 비구들을 상대하여 예전에 알던 무상함과 괴로움 공함과 내가 없는 진실한 법을 찬탄하여 그 질그릇을 가르쳐 구분한다. 그중에 앞은 비유요 뒤는 가르쳐 권함을 잡아 비유한 것이다. 비유함 중에 셋이 있으니 (1) 진여를 구하려고 거짓을 취하는 비유요, (2) 歡喜持出 아래는 거짓은 진여가 아닌 줄 아는 비유요, (3) 是時寶珠猶在水 아래는 거짓은 버리고 진여를 취하는 비유이다. 위는 비로소 비유한 의미요, 아래는 비유를 잡아 비구들을 가르치고 권함이다."

경문을 구분하면 넷이 있으니 ① 첫째 비유[진여를 구하려고 거짓을 취하는 비유]를 잡아서 그 취한 거짓을 꾸짖음이다. 경문에 이르되, "너희들 비구가 응당히 이와 같이 무상함과 괴로움, 공함과 내가 없다는 생각과 깨끗하지 않은 생각 등을 닦고 익혀서 실법 이치를 삼았으니 마치 저 모든 사람이 각기 기와, 돌과 초목과 모래, 자갈로 보배 구슬이라 함과 같다"라 하였다. ② 셋째 비유[거짓은 버리고 진여를 취하는 비유]를 잡아서 그 진여를 취함을 가르쳤다. 경문에 이르되, "너희들이 응당히 방편을 잘 배워서 있는 곳마다 항상 나란 생각과 항상하고 즐겁고 깨끗하다는 생각을 닦는다"라고 하였다. ③ 둘째 비유[거짓은 진여가 아닌 줄 아는 비유]를 잡아서 예전의 거짓 알기를 권하였다. 경문에 이르되, "다시 응당히 먼저 닦고 익히던 네 가지 법의 모양을 아는 것은 모두 전도함이다"라고 하였다. ④ 거듭하여 셋째 비유를 잡아서 지금은 진여를 수행하기를 권하였다. 경문에 이르되, "진실하게 모든 생각을 닦으려 한다는 것은 마치 저 지혜로운 사람이 보배 구슬을 잘 찾아내는 것과 같나니 이른바 나란 생각과 항상하고 즐겁고 깨끗하다는 생각을 말한다"라고 하였다.

關中이 釋云하사대 譬如春時에 有諸人等이 在大池浴者는 全爲設譬하여 使知昔非하고 而學今得이니 是爲用也라 春旣可樂이요 又開浴之端이며 而大池淸曠하니 濯之甚宜요 除垢合時라 寔唯昔說無常想者는 沐浴來集은 如林集聽이요 本爲滌累를 以譬在大池浴이나 今喩不稱일새 故로 云有諸人等이니라 經에 言乘船遊戲者는 旣聽致惑일새 遂有失言이니 言迹이 似漫일새 義曰浮虛라 而在言先하면 則應前過[83]니라 聽者가 乘以爲實이 是泛舟之像이요 離內之外에는 無有實功이 爲遊戲

---

83) 過는 甲南續金本作遇라 하다.

也니라

● 관중(關中)이 해석하여 말하되, "마치 봄철에 여러 사람이 큰 연못에서 목욕함과 같다"는 등은 완전히 설정한 비유가 되어 예전 잘못을 알게 하고 지금 얻을 것을 배우게 하나니 이것이 작용이 되었다. 봄은 이미 즐길 거리요, 또한 열고 (연못에서) 목욕하던 끝이며 큰 연못이 맑고 넓으니 씻는 것이 더욱 마땅하고 때를 제함이 시기와 합한다. 참으로 오직 예전에 말한 무상하다는 생각뿐인 것은 목욕하려고 와서 모인 것은 마치 숲속에 모여 드는 것과 같고, 본래는 더러운 것을 씻는 것을 큰 연못의 목욕탕에서 하는 것에 비유하였지만, 지금은 칭합하지 않음을 비유한 연고로 '여러 사람들이 있다'라고 하였다. 경문에서 '배를 타고 유희한다'라 말한 것은 이미 미혹하여 이름을 들은 것이므로 마침내 잃는다는 말이 있나니 자취를 말함이 부질없음과 같으므로 뜻으로 '들뜨고 헛되다'고 말한다. 그러나 있으면서 먼저라 말하면 응당히 앞이 잘못이다. 듣는 이가 타고서 실법을 삼은 것이 바로 배를 띄우는 형상이요, 안을 여의고 밖으로 갈 적에는 실법의 공이 없음이 유희한다는 뜻이다.

經에 失琉璃寶하여 沒深水中者는 常與無常이 理本不偏이요 言兼可珍이 而必是應獲이요 由乘漫乘之가 爲失寶也요 乖則永隱이 爲深沒矣니라 經에 是時에 諸人이 悉共入水하여 求覓是寶者는 聽本應取言旨어늘 以從失成求하니 豈曰 知之리요 理數然耳라 求必就說이 爲人入水矣니라 經에 競捉瓦石으로 至乃知非眞은 言旨가 雖俱나 以乖로 爲隱이라 然이나 一本顯은 譬浮요 一本密은 譬沈이요 而取者는 其實은 非寶[84]요 爲草木과 瓦石之沈浮也어늘 皆謂得眞이라하여 莫不歡

喜持出하니 於伊字之譬가 及佛判非에 明外乃知非也니라

經에 是時에 寶珠로 至水皆澄淸은 於取不得이 爲故在水中이요 於知에 非爲義는 眞旨가 始現乎語요 旨現에 不復渾迹은 則是珠力이 使澄淸矣니라 經에 於是에 大衆으로 至虛空月形者는 旣自知謬하야사 方見語旨가 猶在言下하여 明顯如月하여 無復有暗이요 而理를 可仰일새 故如仰觀虛空中의 月也니라

經에 是時에 衆中으로 至卽便得珠는 如說修行이 爲安徐入水요 要在修習我常四法하여 而不廢替가 方便之義요 先修於常한 然後에 知無常하여 如是得成이 在我니 豈非智哉아

● 경문에 '유리 보배를 잃고서 깊은 물속에 빠진다'는 것은 항상함이 무상함과 이치로 본래 치우치지 않음이요, 말은 겸하여 진귀한 것이 반드시 응하여 얻을 것이요, 탈 것으로 인해 어지러이 타고 감이 보배를 잃은 것이 됨이요, 어기면 영원히 숨어 버리는 것이 깊이 빠진 것이 된다. 경문에 '이런 때에 모든 사람이 모두 함께 물에 들어가서 보배를 구하고 찾는다'는 것은 들음이 본래 응하여 말의 뜻을 취한 것이거늘 잃음으로부터 구함을 이룰 것이니 어찌 안다고 말하리오. 이치의 숫자가 그러할 뿐이다. 구하면 반드시 나아가 설함은 사람이 물에 들어감이 된다. 경문에 '기와와 돌을 다투어 잡고서 나아가 비로소 참 보배가 아님을 아는 것'은 말과 뜻이 비록 모두이지만 어그러짐으로 숨음을 삼는다. 그러나 한 본이 드러남은 들뜸에 비유하고 한 본이 비밀함은 빠짐에 비유하였다. 그러나 취하는 이는 그 실은 보배가 아니요, 초목과 기와 돌이 빠지고 들뜸이다. 모두에 '참된 것을 얻는다'고 말하여 기뻐서 가져서 나오지 않음이 없다. 이자(伊字)

---

84) 寶는 金本作實이라 하다.

에 비유함은 부처님이 아니라고 판단할 적에 바깥으로는 비로소 아닌 줄 아는 것을 밝힌 것이다. 경문에는 '이런 때에 보배 구슬로 물이 모두 맑고 깨끗해짐에 이른 것'은 취하여 얻지 못함이 일부러 물속에 있음이 되고, 앎에 대하여 아닌 것으로 삼은 뜻은 참된 뜻이 비로소 말로 나타나고 뜻이 나타나면 더욱 혼돈한 자취는 그 구슬의 힘이 맑고 깨끗하게 한 것을 뜻한다. 경문에 '여기서 대중으로 하여금 허공의 달 형상에 이르게 하는 것'은 이미 스스로 잘못인 줄 알아야 비로소 말의 뜻은 아직도 말 아래에 있음을 보아서 달과 같음을 분명히 밝혔으므로, 더욱 어두워짐이 있지 않는 것이다. 그러나 이치를 아우를 수 있으므로 우러러 허공중의 달을 관찰함과 같다.

경문은 이런 때에 대중 속에서 나아가 곧 문득 구슬을 얻음은 말과 같이 수행함이 천천히 물에 들어감이 되는데 중요한 것은 내가 항상 네 가지 법을 닦고 익혀서 폐하고 대체하지 않음이 방편이란 뜻이요, 먼저 항상함을 수행한 연후에 무상함을 알고서 이렇게 성취함은 나에게 있으니 어찌 지혜가 아니리오!

經에 不應修習無常等想으로 乃至而爲寶珠者는 合也니 譬中에 已悉일새 故로 略合耳라 昔修都非어늘 而以爲是가 似[85]彼癡人也니라 經에 汝等이 應當善學方便하여 在在處處에 常修我想과 常樂과 淨想者는 處處에 常修此四法者는 必以得之로 爲方便也니라 經에 復應當知先所修習하는 四法相貌가 悉是顚倒者는 知是則知非하고 知非則知是니 對觀然後에 無惑矣니라 經에 欲得眞實修諸想者는 如彼智人이 巧出寶珠니 所謂我想과 常樂과 淨想者는 要常修得我常樂

---

85) 似는 甲南續金本作如라 하다.

淨이라야 然後에 都得眞實이 如彼智人也니라 上의 生公釋이 遠師로 大同이나 而不委此니라 此上은 約權實敎旨일새 故引涅槃이어니와 若眞就經하면 宜用心觀이니 約理以說이니라 經中에 初는 法이요 次는 喩요 後는 合이라 以一切智淸淨妙法으로 而爲寶者는 具三德故니 明은 爲般若요 淨은 卽解脫이요 妙는 爲法身이라 卽體之智를 曰明이요 卽照之寂이 爲淨이요 斯二不二가 爲法身體니 妙之至也니라 凡夫如泥요 二乘이 有淺智는 如潦요 光色不改는 不壞自心이요 令濁水淸은 卽是利他요 遠見煩惱는 異於凡夫요 求一切智는 異於二乘이라 故非凡夫行이며 非賢聖行이 是菩薩行也니라

● 경문에 "응당히 무상함 등의 생각을 닦고 익히지 않음으로 나아가 보배 구슬이 된 것"은 법과 비유를 합함이니 비유함 중에 이미 아는 연고로 간략히 합한 것일 뿐이다. 예전에는 모두 아님을 수행하였는데 옳음이 된 것은 저 어리석은 사람과 같다. 경문에 "너희들이 응당히 방편을 잘 배워서 곳곳마다에 항상 나란 생각과 항상하고 즐겁고 깨끗한 생각을 닦는 것"은 곳곳에서 항상 이런 네 가지 법을 수행한다는 것이니, 반드시 얼음으로 방편을 삼은 것이다. 경문에 "다시 응당히 먼저 닦고 익힌 네 가지 법의 모양을 아는 것이 모두 전도함이란 것"은 옳은 줄 알면 아님을 알게 되고, 아닌 줄 알면 옳음을 알게 되는 것이니 상대하여 관찰한 연후에 의혹이 없게 된다. 경문에 "진실하게 모든 생각을 수행함을 얻으려 한다"는 것은 마치 저 지혜로운 사람이 보배 구슬을 잘 찾음과 같나니 이른바 나란 생각과 항상하고 즐겁고 깨끗하다는 생각이란 중요한 것은 항상 수행하여 나이고 항상하고 즐겁고 깨끗함을 얻어야만 그런 연후에 모두 진실을 얻음이 마치 저 지혜로운 사람과 같다. 위의 도생(道生)법사의 해석이 혜원(慧

遠)법사와 크게는 같지만 이것보다 자세하지는 않다. 이 위는 방편과 실법이 교법의 종지를 잡은 연고로 『열반경』을 인용하였지만 만일 진실로 경문에 입각하면 마땅히 마음을 써서 관찰하나니 이치를 잡아 설한 부분이다. 경문 중에 처음은 (가) 법이요, 다음은 (나) 비유요, 뒤는 (다) 합함이다. '온갖 지혜가 청정하고 묘한 법으로 보배를 삼는다'는 것은 세 가지 덕을 구비한 까닭이니 '밝음'은 반야덕이 되고, '청정함'은 곧 해탈덕이요, '묘함'은 법신덕이 된다. 체성과 합치한 지혜를 밝음이라 말하고, 비춤과 합치한 고요함은 청정함이라 하고 이런 둘이 둘이 아님이 법신의 체성이 되나니 묘함이 지극함이다. 범부는 진흙과 같고 이승이 얕은 지혜가 있음은 큰 비와 같고, 광명의 색깔이 고치지 않음은 자기 마음을 무너뜨리지 않음이요, 혼탁한 물을 맑게 함은 곧 이타행이요, 멀리서 번뇌를 봄은 범부와 다르고, 온갖 지혜를 구함은 이승과 다르다. 그러므로 범부의 행도 아니며 성현의 행도 아닌 것이 바로 보살의 행이다.

차) 항상 수행하는 행법[常修行] (十位 22下8)

佛子여 菩薩摩訶薩이 成就自覺境界智에 無師自悟하여 究竟自在하여 到於彼岸하고 離垢法繒으로 以冠其首하여 而於善友에 不捨親近하며 於諸如來에 常樂尊重이 是爲第十不由他教하고 得最上法하여 不離善知識하며 不捨尊重佛不共法이니라

불자여, (10) 보살마하살이 스스로 깨닫는 경계의 지혜를 성취하여, 스승이 없이 스스로 깨닫고 끝까지 자유자재하

여 저 언덕에 이르며, 때를 여읜 법 비단을 머리에 쓰고 선지식을 친근히 하며 여러 여래를 항상 존중하나니, 이것이 열째 다른 이의 가르침을 말미암지 않고 가장 높은 법을 얻어서 선지식을 떠나지 않고 부처님을 버리지 않고 존중하는 함께하지 않는 법이니라.

[疏] 十, 位滿常修行이라
- 차) 지위가 만족하여 항상 수행하는 행법이다.

라. 권유함으로 결론하다(經/佛子 22下9)

佛子여 是爲菩薩摩訶薩의 十種不共法이니 若諸菩薩이 安住其中하면 則得如來無上廣大不共法이니라
불자여, 이것이 보살마하살의 열 가지 함께하지 않는 법이니, 만일 보살들이 이 가운데 편안히 머물면 여래의 위가 없이 광대한 함께하지 않는 법을 얻느니라.

(3) 열 가지 업은 성취할 공덕[所成之德十種業] 2.

가. 업과 작용을 밝히다[明業用] (第三 23下2)

佛子여 菩薩摩訶薩이 有十種業하니 何等爲十고 所謂一切世界業이니 悉能嚴淨故며 一切諸佛業이니 悉能供養故며 一切菩薩業이니 同種善根故며 一切衆生業이니 悉

能敎化故며 一切未來業이니 盡未來際攝取故며 一切神力業이니 不離一世界하고 徧至一切世界故며 一切光明業이니 放無邊色光明하여 一一光中에 有蓮華座어든 各有菩薩이 結跏趺坐하여 而顯現故며 一切三寶種不斷業이니 諸佛滅後에 守護住持諸佛法故며 一切變化業이니 於一切世界에 說法敎化諸衆生故며 一切加持業이니 於一念中에 隨諸衆生心之所欲하여 皆爲示現하여 令一切願으로 悉成滿故라 是爲十이니 若諸菩薩이 安住此法하면 則得如來無上廣大業이니라

불자여, 보살마하살이 열 가지 업이 있으니, 무엇이 열인가? 이른바 (1) 모든 세계의 업이니 모두 깨끗하게 하는 연고라. (2) 모든 부처님의 업이니 모두 공양하는 연고라. (3) 모든 보살의 업이니 착한 뿌리를 함께 심는 연고라. (4) 모든 중생의 업이니 모두 교화하는 연고라. (5) 모든 미래의 업이니 오는 세월이 끝나도록 거두어 주는 연고라. (6) 모든 신통한 힘의 업이니 한 세계를 떠나지 않고 모든 세계에 두루 이르는 연고라. (7) 모든 광명의 업이니 그지없는 빛깔의 광명을 놓으면 낱낱 광명에 연꽃 자리가 있거든 각각 보살이 가부하고 앉아서 나타나는 연고라. (8) 모든 삼보의 종자가 끊이지 않는 업이니 부처님이 열반한 후에 부처의 법을 수호하고 머물러 지니는 연고라. (9) 모든 변화하는 업이니 온갖 세계에서 법을 말하여 중생들을 교화하는 연고라. (10) 모든 가지하는 업이니 한 생각에 중생들의 마음으로 욕망함을 따라 나타내어 온갖 소원을 이루게 하는 연고라. 이것

이 열이니, 만일 보살들이 이 법에 편안히 머물면 여래의 위없이 광대한 업을 얻느니라.

[疏] 第三, 十種業下의 二門은 明所成之德이라 中에 先, 明業用이라 十句는 可知니라
- (3) 十種業 아래의 두 문은 (열 가지 업은) 성취할 공덕을 밝힘이다. 그 중에 가. 업과 작용을 밝힘이요, 열 구절은 알 수 있으리라.

나. 그 체성을 밝히다[明其體] (後門 24上2)

佛子여 菩薩摩訶薩이 有十種身하니 何等爲十고 所謂不來身이니 於一切世間에 不受生故며 不去身이니 於一切世間에 求不得故며 不實身이니 一切世間에 如實得故며 不虛身이니 以如實理로 示世間故며 不盡身이니 盡未來際토록 無斷絶故며 堅固身이니 一切衆魔가 不能壞故며 不動身이니 衆魔外道가 不能動故며 具相身이니 示現淸淨百福相故며 無相身이니 法相究竟하여 悉無相故며 普至身이니 與三世佛로 同一身故라 是爲十이니 若諸菩薩이 安住此法하면 則得如來無上無盡之身이니라

불자여, 보살마하살이 열 가지 몸이 있으니 무엇이 열인가? 이른바 (1) 오지 않는 몸이니 모든 세계에 태어나지 않는 연고라. (2) 가지 않는 몸이니 모든 세간에서 구해도 얻지 못하는 연고라. (3) 실답지 않은 몸이니 모든 세간에서 사실대로 얻는 연고라. (4) 헛되지 않은 몸이니 사실과 같은 이치

로 세간에 보이는 연고라. (5) 다하지 않는 몸이니 오는 세월이 끝나도록 끊어지지 않는 연고라. (6) 견고한 몸이니 모든 마군들이 깨뜨리지 못하는 연고라. (7) 동요하지 않는 몸이니 마군과 외도들이 동요할 수 없는 연고라. (8) 모습을 구족한 몸이니 청정한 백 가지 복된 모습을 나타내는 연고라. (9) 형상 없는 몸이니 법의 모양이 필경에 형상이 없는 연고라. (10) 두루 이르는 몸이니 세 세상 부처들과 더불어 같은 몸인 연고라. 이것이 열이니, 만일 보살들이 이 법에 편안히 머물면 여래의 위없는 다함이 없는 몸을 얻느니라.

[疏] 後門十身은 顯得其體라 然이나 若身若業이 皆同法界하여 無量이나 略擧十耳니라 此中에 十身은 與第九行의 十身으로 大同小異니 謂此 不來不去가 卽彼不生不滅이요 不實不虛는 卽彼不實不妄이요 不盡 堅固는 卽彼不遷不壞니 不遷則橫無遷變이요 不盡則豎說無窮이니라 此中不動은 卽彼一相이라 故로 文殊般若에 云, 不動法界라하니 法界가 卽一相이라 由得一相하여 魔不能動이니라 此具相身은 卽彼入 一切世界諸趣身이요 無相은 名同이라 普至身은 卽彼入一切世界非趣身이라 餘는 如十行中辨이니라 上來에 廻向位는 竟하다

■ 나. 뒤의 문의 열 가지 몸은 그 체성을 얻음에 대해 밝힘이다. 그러나 저 몸과 저 업이 모두 법계와 같아서 한량없으나 간략히 열 가지를 거론했을 뿐이다. 이 가운데 열 가지 몸은 제9. 무박무착해탈회향행의 열 가지 몸과 크게는 같고 작게는 다르다. 이른바 이런 오지 않고 가지 않음이 곧 저 나지 않고 멸하지 않음이요, 진실도 아니요 허망함도 아님은 곧 저 진실도 아니고 허망함도 아님이요, 그지없이 견고함

은 곧 저 옮기지 않고 무너지지 않음이니, 옮기지 않으면 가로로 천 변함이 없고, 그지없으면 세로로 다하지 않음을 말한다. 이 가운데 동요하지 않음은 곧 저 한 가지 모양인 것이다. 그러므로『문수반야경』에 이르되, "동요하지 않는 법계이다"라고 하였으니 법계가 곧 한 모양이다. 한 가지 모양을 얻음으로 인하여 마군이 능히 동요하지 않는다. 이런 '상호를 갖춘 몸'은 곧 저 온갖 세계의 모든 갈래의 몸에 들어감이요, 모양 없음은 이름이 같다. '널리 이르는 몸'은 곧 저 온갖 세계의 갈래가 아닌 몸이다. 나머지는 제21. 십행품 중에 밝힌 내용과 같다. 여기까지 4. 십회향 지위로 대답함은 마친다.

5. 50문은 앞의 십지에 대한 질문에 대답하다[有五十門答前十地問] 2.

1) 의미를 밝히고 과목 나누다[顯意分科] (大文 24下10)

佛子여 菩薩摩訶薩이 有十種身業하니 何等爲十고 所謂 一身이 充滿一切世界身業과 於一切衆生前에 悉能示現身業과 於一切趣에 悉能受生身業과 遊行一切世界身業과 往詣一切諸佛衆會身業과 能以一手로 普覆一切世界身業과 能以一手로 摩一切世界金剛圍山하여 碎如微塵身業과 於自身中에 現一切佛刹成壞하여 示於衆生身業과 以一身으로 容受一切衆生界身業과 於自身中에 普現一切淸淨佛刹하여 一切衆生이 於中成道身業이 是爲十이니 若諸菩薩이 安住此法하면 則得如來無上佛業하여 悉能覺悟一切衆生이니라

불자여, 보살마하살이 열 가지 몸의 업이 있으니. 무엇이 열인가? 이른바 (1) 한 몸이 모든 세계에 가득하는 몸의 업과, (2) 일체중생의 앞에 모두 나타내는 몸의 업과, (3) 모든 길에 모두 태어나는 몸의 업과, (4) 모든 세계에 노니는 몸의 업과, (5) 모든 부처님의 대중 모임에 나아가는 몸의 업과, (6) 한 손으로 모든 세계를 두루 덮는 몸의 업과, (7) 한 손으로 모든 세계의 금강둘레산을 비벼서 티끌처럼 부수는 몸의 업과, (8) 제 몸속에 모든 세계가 이루어지고 무너짐을 나투어 중생에게 보이는 몸의 업과, (9) 한 몸에 일체중생의 세계를 받아들이는 몸의 업과, (10) 제 몸속에 모든 청정한 세계의 온갖 중생을 나타내어 그 가운데서 도를 이루는 몸의 업이니, 이것이 열이니라. 만일 보살들이 이 법에 편안히 머물면 여래의 위없는 부처의 업을 얻어 일체중생을 능히 깨우치느니라.

[疏] 大文第五, 十種身業下에 有五十門은 答五十問하여 明十地位中의 行相이라 古德이 分四하니 初, 十二門은 明十地中의 三業殊勝行이니 寄在初地요 二, 從十種勤修下의 九門은 明造修離障行이니 寄二三地요 三, 從十種離生道下의 九門은 明造修純熟行이니 寄在四地已上位요 四, 從十種足下의 二十門은 報相圓滿行이니 寄八地已上位하니 此釋이 猶稍近文이나 亦未盡理일새 今亦依次하여 分配十地하노라 初地는 十門이요 次八은 漸略하니 文勢爾故라 謂二地는 六門이요 三四는 各五門이요 五는 二요 六은 一이요 七八은 各三이요 九地는 二門이요 十地는 十三門이니 至文當知니라

今初의 十門은 明歡喜地中行이라 若鸞相分인대 總爲三段이니 初二는 約身이요 次四는 辨語요 後四는 明意라 總顯彼地의 三業殊勝이니라 若順彼文인대

- 큰 문단으로 5. 十種身業 아래의 50문은 앞의 십지에 대한 질문에 대답함이니 십지 지위 중의 행법의 모양이다. 고덕이 넷으로 나누었으니 1) 12문은 십지 지위 중 삼업이 수승한 행을 밝힘이니 초지에 의탁함이요, 2) 十種勤修부터 아래의 9문은 수행으로 나아가 장애를 여의는 행법이니 2지와 3지에 의탁함이요, 3) 十種離生道 아래의 9문은 수행으로 나아가 순숙해지는 행법이니 4지 이상 지위에 의탁함이요, 4) 十種足부터 아래의 20문은 보신의 상호가 원만한 행법이니 8지 이상 지위에 의탁하였다. 이런 해석은 오히려 경문에 가깝지만 또한 이치를 다하지 못하는 연고로 지금은 또한 차례에 의지하여 십지로 나누어 배대하였다. 1) 초지는 10문이요, 2) 여덟 문은 점차 간략하니 경문의 세력이 그러한 까닭이다. 이른바 (1) 2지는 여섯 문, (2) 3지와 4지는 각기 다섯 문, (3) 5지는 두 문, (4) 6지는 한 문, (5) 7지와 8지는 각기 세 문, (6) 9지는 두 문, (7) 제10지는 13문이니 경문에 가서 알게 되리라.

지금은 1)의 10문은 환희지의 행법이다. 만일 거친 양상으로 나눈다면 총합하여 세 문단이 되나니 (1) 두 문은 신업을 잡은 해석이요, (2) 네 문은 어업을 밝힘이요, (3) 네 문은 의업을 밝힘이다. 총합하여 저 초지의 삼업이 수승함을 밝혔다. 만일 저 경문에 따른다면,

2) 과목에 따라 개별로 해석하다[隨科別釋] 10.
(1) 환희지의 행법으로 대답하다[歡喜地行] 2.

가. 십지에 안주하는 행법[初住地中行] 4.

가) 어떤 몸에 머무르는가를 밝히다[明依何身] 2.

(가) 열 가지 몸을 잡아 몸을 밝히다[約身辨身] 2.

ㄱ. 육신의 업과 작용을 잡아 몸에 대해 설명하다[約色身業用明身]

(且分 25下1)

[疏] 且分爲二니 初九는 明初住地中行이요 後一은 明安住地中行이니라 前中에 分四니 初六門은 明依何身이요 次心一門은 辨以何因이요 三發心門은 明爲何義오 四周徧門은 顯有何相이라 今初를 分二니 前二는 約身辨身이요 後四는 就語辨身이니 語屬身故니 皆是深種善根之所攝故라 今初를 分二니 此門은 約色身業用하여 明身이라 十句를 可知니라

■ 우선 둘로 나누리니 가. 아홉 구절은 초지에 안주하는 행법을 밝힘이요, 나. 한 구절은 십지에 안주하는 행으로 대답함이다. 가. 중에 넷으로 나누리니 가) 여섯 문은 어떤 몸에 머무는가를 밝힘이요, 나) 마음의 한 문은 어떤 원인인가를 밝힘이요, 다) 발심하는 문은 어떤 뜻이 되는가를 밝힘이요, 라) 주변하는 문은 어떤 모양이 되는가를 밝힘이다. 지금은 가)를 둘로 나누리니 (가) 두 구절은 열 가지 몸을 잡아 몸을 밝힘이요, (나) 뒤의 네 구절은 말에 입각하여 몸을 밝힘이니 말은 몸에 속한 까닭이니 모두 선근을 깊이 심어서 섭수할 대상인 까닭이다. 지금은 (가)를 둘로 나누리니 ㄱ. 이 문은 육신의 업과 작용을 잡아 몸에 대해 설명함이다. 열 구절은 알 수 있으리라.

ㄴ. 법문의 자체를 잡아 몸에 대해 설명하다[約法自體明身] (後十 26上5)

佛子여 菩薩摩訶薩이 復有十種身하니 何等爲十고 所謂 諸波羅蜜身이니 悉正修行故며 四攝身이니 不捨一切衆生故며 大悲身이니 代一切衆生하여 受無量苦하되 無疲厭故며 大慈身이니 救護一切衆生故며 福德身이니 饒益一切衆生故며 智慧身이니 與一切佛身으로 同一性故며 法身이니 永離諸趣受生故며 方便身이니 於一切處에 現前故며 神力身이니 示現一切神變故며 菩提身이니 隨樂隨時하여 成正覺故라 是爲十이니 若諸菩薩이 安住此法하면 則得如來無上大智慧身이니라

불자여, 보살마하살에게 다시 열 가지 몸이 있으니, 무엇이 열인가? 이른바 (1) 모든 바라밀다의 몸이니 다 바르게 수행하는 연고라. (2) 네 가지로 거두어 주는 몸이니 일체중생을 버리지 않는 연고라. (3) 크게 가엾이 여기는 몸이니 일체중생을 대신하여 한량없는 괴로움을 받으면서도 고달픔이 없는 연고라. (4) 크게 인자한 몸이니 일체중생을 구호하는 연고라. (5) 복덕의 몸이니 일체중생을 이익하게 하는 연고라. (6) 지혜의 몸이니 모든 부처의 몸과 성품이 같은 연고라. (7) 법의 몸이니 여러 길에 태어남을 아주 여읜 연고라. (8) 방편의 몸이니 모든 곳에서 앞에 나타나는 연고라. (9) 신통의 힘인 몸이니 모든 신통변화를 나타내는 연고라. (10) 보리의 몸이니 좋아함을 따르고 때를 따라 바른 깨달음을 이루는 연고라. 이것이 열이니, 만일 보살들이 이 법에

편안히 머물면 여래의 위없는 큰 지혜의 몸을 얻느니라.

[疏] 後, 十種身은 約法門自體하여 明身이니 故로 但云身이라 十中에 度攝福智等은 卽前深種善根하여 集助道等이니 互有影略이니라

■ ㄴ. 열 가지 몸은 법문의 자체를 잡아 몸에 대해 밝힘이니 그러므로 단지 몸이라고만 하였다. 열 가지 중에 바라밀로 복과 지혜를 포섭하는 등은 곧 앞의 깊이 선근을 심어서 조도법 등을 모았으니 번갈아 비추어 생략함이 있다.

(나) 말에 입각하여 몸을 밝히다[就語辨身] 4.
ㄱ. 말의 체성과 작용을 밝히다[明語體用] (二就 26下5)

佛子여 菩薩摩訶薩이 有十種語하니 何等爲十고 所謂柔軟語니 使一切衆生으로 皆安隱故며 甘露語니 令一切衆生으로 悉淸凉故며 不誑語니 所有言說이 皆如實故며 眞實語니 乃至夢中에도 無妄語故며 廣大語니 一切釋梵四天王等이 皆尊敬故며 甚深語니 顯示法性故며 堅固語니 說法無盡故며 正直語니 發言易了故며 種種語니 隨時示現故며 開悟一切衆生語니 隨其欲樂하여 令解了故라 是爲十이니 若諸菩薩이 安住此法하면 則得如來無上微妙語니라

불자여, 보살마하살이 열 가지 말이 있으니, 무엇이 열인가? 이른바 (1) 부드러운 말이니, 일체중생으로 하여금 편안하게 하는 연고라. (2) 단 이슬 같은 말이니, 일체중생을

서늘하게 하는 연고라. (3) 속이지 않는 말이니, 말하는 것이 모두 실체와 같은 연고라. (4) 진실한 말이니, 꿈에서까지 거짓말이 없는 연고라. (5) 넓고 큰 말이니, 모든 제석과 범천과 사천왕들이 존경하는 연고라. (6) 매우 깊은 말이니, 법의 성품을 보이는 연고라. (7) 견고한 말이니, 법의 말함이 다함없는 연고라. (8) 정직한 말이니, 말하는 것이 알기 쉬운 연고라. (9) 가지가지 말이니, 때를 맞추어 나타내는 연고라. (10) 일체중생을 깨우치는 말이니, 그들의 욕망을 따라 알기 쉽게 하는 연고이니라. 이것이 열이니, 만일 보살들이 이 법에 편안히 머물면 여래의 위없이 미묘한 말을 얻느니라.

[疏] 二, 就語하여 辨身中의 四門이 皆是所種善根이니 是知彼文에는 雖無나 義已含有라 若全異彼면 豈爲彼行이며 若全同彼면 何須重說이리요 故彼文의 節節에 皆云若廣說者인대 不可窮盡이라하나니 小異를 何疑아 四門을 卽分爲四니 初, 十種語는 明語體用이라 若約遮釋인대 十中에 初一은 離惡口요 二는 離兩舌이요 次二는 離妄語라 一麤요 二細요 餘六은 離綺語라 若約表釋인대 十種이 各顯一德이니라

■ (나) 말에 입각하여 몸을 밝힘 중에 네 문은 모두 심을 바 선근이니 이로써 알라, 저 경문에는 비록 없지만 뜻에는 이미 포함하고 있다. 만일 완전히 저것과 다르면 어찌 저런 행이 될 것이며, 만일 완전히 저 경문과 같다면 어찌 모름지기 거듭 설하겠는가? 그러므로 저 경문의 구절구절마다 모두에 말하되, "만일 자세하게 설한다면 다 궁구할 수 없다"고 하였으니 조금 다른 것을 어찌 의심하겠는가? 네 문을 곧

넷으로 나누리니 ㄱ. 열 가지 말은 어업의 체성과 작용을 밝힘이다. 만일 차단함을 잡아 해석한다면 열 구절 중에 ㄱ) 한 구절은 악구(惡口)를 여읨이요, ㄴ) 두 구절은 양설(兩舌)을 여읨이요, ㄷ) 두 구절은 망어(妄語)를 여읨인데 (그중에) ㄱ) 하나는 거침이요, ㄴ)과 ㄷ)의 둘은 미세함이다. ㄴ. 나머지 여섯 구절은 기어(綺語)를 여읨이다. 만일 표면을 잡아 해석한다면 열 가지가 각기 한 가지 덕을 밝혔다.

ㄴ. 깨끗이 닦는 말의 원인을 밝히다[顯語淨因] (二十 27上9)

佛子여 菩薩摩訶薩이 有十種淨修語業하니 何等爲十고 所謂樂聽聞如來音聲하여 淨修語業하며 樂聞說菩薩功德하여 淨修語業하며 不說一切衆生의 不樂聞語하여 淨修語業하며 眞實遠離語四過失하여 淨修語業하며 歡喜踊躍하고 讚歎如來하여 淨修語業하며 如來塔所에 高聲讚佛如實功德하여 淨修語業하며 以深淨心으로 施衆生法하여 淨修語業하며 音樂歌頌으로 讚歎如來하여 淨修語業하며 於諸佛所에 聽聞正法하고 不惜身命하여 淨修語業하며 捨身承事一切菩薩과 及諸法師하고 而受妙法하여 淨修語業이 是爲十이니라

불자여, 보살마하살이 열 가지 깨끗이 닦는 말의 업이 있으니, 무엇이 열인가? 이른바 (1) 여래의 음성을 듣기 좋아하여 깨끗이 닦는 말의 업과, (2) 보살의 공덕 말함을 듣기 좋아하여 깨끗이 닦는 말의 업과, (3) 일체중생이 듣기 싫어하는 말을 말하지 않아 깨끗이 닦는 말의 업과, (4) 말에 네 가

지 허물을 진실하게 여의어 깨끗이 닦는 말의 업과, (5) 여래를 환희하게 찬탄하여 깨끗이 닦는 말의 업과, (6) 여래의 탑 있는 데서 부처님의 참된 공덕을 크게 찬탄하여 깨끗이 닦는 말의 업과, (7) 매우 청정한 마음으로 중생에게 법을 보시하여 깨끗이 닦는 말의 업과, (8) 풍류와 노래로 여래를 찬탄하여 깨끗이 닦는 말의 업과, (9) 부처님 계신 데서 바른 법을 듣고 몸과 목숨을 아끼지 않아서 깨끗이 닦는 말의 업과, (10) 모든 보살과 법사들을 몸을 버리고 섬기면서 묘한 법을 받아서 깨끗이 닦는 말의 업이니, 이것이 열이니라.

[疏] 二, 十種淨修語는 顯語淨因이니 初二는 攝法이요 次二는 離過요 次二는 攝善이요 次二는 法施요 後二는 求法行이니 由此十事하여 能令語淨이니라

■ ㄴ. 열 가지 깨끗하게 닦는 말의 청정한 원인을 밝힘이니 ㄱ) 두 구절은 법을 섭수함이요, ㄴ) 두 구절은 허물을 여읨이요, ㄷ) 두 구절은 선근을 포섭함이요, ㄹ) 법을 구하는 행법이니 이런 열 가지 일로 말미암아 능히 말의 원인을 청정케 한다는 뜻이다.

ㄷ. 깨끗한 말의 업의 결과를 밝히다[辨淨語果] (三十 27下8)

佛子여 若菩薩摩訶薩이 以此十事로 淨修語業하면 則得十種守護하나니 何等爲十고 所謂天王爲首하여 一切天衆이 而爲守護하며 龍王爲首하여 一切龍衆이 而爲守護하며 夜叉王爲首하고 乾闥婆王爲首하고 阿修羅王爲首

하고 迦樓羅王爲首하고 緊那羅王爲首하고 摩睺羅伽王
爲首하고 梵王爲首하여 一一皆與自己徒衆으로 而爲守
護하며 如來法王爲首하여 一切法師가 皆悉守護가 是爲
十이니라

불자여, 만일 보살마하살이 이 열 가지로 말의 업을 깨끗하
게 닦으면 열 가지 수호함을 얻나니, 무엇이 열인가? 이른
바 (1) 천왕이 머리가 되어 모든 하늘 무리가 수호하고, (2)
용왕이 머리가 되어 모든 용의 무리가 수호하고, (3) 야차왕
이 머리가 되고 (4) 건달바왕이 머리가 되고 (5) 아수라왕
이 머리가 되고 (6) 가루라왕이 머리가 되고 (7) 긴나라왕
이 머리가 되고 (8) 마후라가왕이 머리가 되고 (9) 범왕이
머리가 되어, 낱낱이 자기네 무리들로 더불어 수호하며,
(10) 여래 법왕이 머리가 되어 모든 법사들이 모두 수호하
나니, 이것이 열이니라.

[疏] 三, 十王守護는 卽淨語之果니 發其言善에 幽冥應之온 況其人乎아
然이나 地經中에 善知識善護라하니 意通由諸善이요 不獨由語라 故로
度世經에도 亦不躡前하니라

■ ㄷ. 열 분 왕이 수호함은 곧 깨끗한 말의 업의 결과를 밝힘이니, 그
말을 착하게 낼 적에도 그윽하게 응할 텐데 하물며 그 사람이겠는
가? 그러나 『십지경』 중에 '선지식이 잘 보호한다'고 하였으니 의미로
통함은 모든 착함으로 말미암은 것이요, 유독 말로만 말미암지 않은
것이다. 그러므로 『도세경』에도 또한 앞을 토대로 하지 않았다.

ㄹ. 이루는 주체가 짓는 일[能成所作] (四十 28上7)

佛子여 菩薩摩訶薩이 得此守護已에 則能成辨十種大事하나니 何等爲十고 所謂一切衆生을 皆令歡喜하며 一切世界에 悉能往詣하며 一切諸根을 皆能了知하며 一切勝解를 悉令淸淨하며 一切煩惱를 皆令除斷하며 一切習氣를 皆令捨離하며 一切欲樂을 皆令明潔하며 一切深心을 悉使增長하며 一切法界에 悉令周徧하며 一切涅槃에 普令明見이 是爲十이니라

불자여, 보살마하살이 이렇게 수호함을 얻고는 열 가지 큰 일을 성취하나니, 무엇이 열인가? 이른바 (1) 일체중생을 다 기쁘게 하고 (2) 모든 세계에 다 나아가고 (3) 모든 근성들을 잘 알고 (4) 모든 훌륭한 지혜를 다 청정케 하고 (5) 모든 번뇌를 다 끊게 하고 (6) 모든 습기를 다 여의게 하고 (7) 모든 욕망을 다 깨끗하게 하고 (8) 모든 깊은 마음을 다 증장케 하고 (9) 모든 법계에 다 두루하게 하고 (10) 모든 열반을 다 분명히 보게 하나니, 이것이 열이니라.

[疏] 四, 十種大事는 按經에 卽內善外護니 故能成所作이라 然이나 卽地經에 善集白法하며 善淨深心等이라하니라 餘句中義도 亦不獨躡於語라 然皆躡者는 以語로 例餘니 於理無爽이라 十句가 並通二利니 文相亦顯이니라

■ ㄹ. 열 가지 큰 일을 성취함은 경문을 참고하면 곧 안으로 잘하고 밖에서 보호하나니 그래서 이루는 주체가 짓는 일이다. 그러나 곧『십

지경』에는 "희고 깨끗한 법을 잘 모으며, 깊은 마음을 잘 깨끗하게 한다"는 등이라 하였다. 나머지 구절 중의 뜻도 또한 유독 말만 토대로 삼은 것은 아니다. 그런데 '모두 토대로 한다'는 것은 말로 나머지와 유례함이니 이치에 시원함이 없다. 열 구절이 아울러 2리행에 통하나니 경문의 양상도 또한 뚜렷하다.

나) 어떤 원인인가를 밝히다[明以何因] (第二 28下10)

佛子여 菩薩摩訶薩이 有十種心하니 何等爲十고 所謂如大地心이니 能持能長一切衆生의 諸善根故며 如大海心이니 一切諸佛의 無量無邊한 大智法水가 悉流入故며 如須彌山王心이니 置一切衆生於出世間最上善根處故며 如摩尼寶王心이니 樂欲淸淨하여 無雜染故며 如金剛心이니 決定深入一切法故며 如金剛圍山心이니 諸魔外道가 不能動故며 如蓮華心이니 一切世法이 不能染故며 如優曇鉢華心이니 一切劫中에 難値遇故며 如淨日心이니 破暗障故며 如虛空心이니 不可量故라 是爲十이니 若諸菩薩이 安住其中하면 則得如來無上大淸淨心이니라

불자여, 보살마하살이 열 가지 마음이 있으니, 무엇이 열인가? 이른바 (1) 땅과 같은 마음이니, 일체중생의 모든 착한 뿌리를 유지하여 증장케 하는 연고라. (2) 큰 바다 같은 마음이니, 모든 부처님의 한량없고 그지없는 큰 지혜의 법의 물이 다 흘러 들어오는 연고라. (3) 수미산과 같은 마음이니, 일체중생을 출세간에서 가장 높은 착한 뿌리에 두는 연

고라. (4) 마니보배와 같은 마음이니, 욕망이 청정하여 물들지 않는 연고라. (5) 금강과 같은 마음이니, 결정코 모든 법에 깊이 들어가는 연고라. (6) 금강둘레산과 같은 마음이니, 마와 외도들이 흔들지 못하는 연고라. (7) 연꽃과 같은 마음이니, 모든 세간법이 물들이지 못하는 연고라. (8) 우담바라 꽃과 같은 마음이니, 모든 겁에서 만나기 어려운 연고라. (9) 밝은 해와 같은 마음이니, 어둠을 깨뜨리는 연고라. (10) 허공과 같은 마음이니, 측량할 수 없는 연고라. 이것이 열이니, 만일 보살들이 이 가운데 편안히 머물면 여래의 위없이 매우 깨끗한 마음을 얻느니라.

[疏] 第二, 十種心者는 明以何因고 以大悲로 爲首하여 荷負一切等故라 十中에 一, 荷負心이니 心如大地하여 荷四重任故요 二, 深廣心이니 包含無外故요 三, 勝心이요 四, 淨心이요 五, 利요 六, 堅이요 七, 無染이요 八, 希有요 九, 智慧요 十, 無邊이니 並語心體也니라

■ 나) 열 가지 마음은 어떤 원인인가를 밝힘이다. 큰 자비로 우두머리를 삼아서 온갖 것 등을 책임지는 까닭이다. 열 구절 중에 (1) 마음을 짊어지나니 마음은 대지와 같아서 네 가지 무거운 임무를 짊어지는 연고요, (2) 깊고 광대한 마음이니 바깥 없음을 포함하는 연고요, (3) 뛰어난 마음이요, (4) 깨끗한 마음 (5) 이로운 마음 (6) 굳건한 마음 (7) 물들지 않은 마음 (8) 희유한 마음 (9) 지혜로운 마음 (10) 그지없는 마음이니 아울러 마음의 체성을 말한 것이다.

다) 무슨 뜻인가를 밝히다[明爲何義] (第三 29下3)

佛子여 菩薩摩訶薩이 有十種發心하니 何等爲十고 所謂 發我當度脫一切衆生心과 發我當令一切衆生으로 除斷 煩惱心과 發我當令一切衆生으로 消滅習氣心과 發我當 斷除一切疑惑心과 發我當除滅一切衆生苦惱心과 發我 當除滅一切惡道諸難心과 發我當敬順一切如來心과 發 我當善學一切菩薩所學心과 發我當於一切世間一一毛 端處에 現一切佛成正覺心과 發我當於一切世界에 擊無 上法鼓하여 令諸衆生으로 隨其根欲하여 悉得悟解心이 是爲十이니 若諸菩薩이 安住其中하면 則得如來無上大 發起能事心이니라

불자여, 보살마하살이 열 가지 마음을 냄이 있으니, 무엇이 열인가? 이른바 (1) 내가 마땅히 일체중생을 제도하리라는 마음을 내며, (2) 내가 일체중생들로 하여금 번뇌를 끊게 하리라는 마음을 내며, (3) 내가 일체중생들로 하여금 습기를 없애게 하려는 마음을 내며, (4) 내가 마땅히 모든 의혹을 끊으리라는 마음을 내며, (5) 내가 마땅히 일체중생의 괴로움을 없애려는 마음을 내며, (6) 내가 마땅히 모든 나쁜 길과 어려움을 없애려는 마음을 내며, (7) 내가 마땅히 여래를 공경하고 따르려는 마음을 내며, (8) 내가 마땅히 모든 보살이 배우는 것을 잘 배우리라는 마음을 내며, (9) 내가 마땅히 모든 세간의 털끝만 한 곳마다 모든 부처님이 바른 깨달음을 이루는 일을 나타내리라는 마음을 내며, (10) 내가 마땅히 모든 세계에서 위가 없는 법 북을 쳐서 중생들로 하여금 제각기 근성을 따라서 다 깨닫게 하려는 마

음을 내느니라. 이것이 열이니, 만일 보살들이 이 가운데 편안히 머물면 여래의 위가 없는 능한 일을 하려는 마음을 내게 되느니라.

[疏] 第三, 十種發心者는 明爲何義니 爲上求下化일새 故發起[86]勝用이라 十句는 可知니라

■ 다) 열 가지 마음을 냄은 무슨 뜻인가를 밝힘이니, 위로 (보리를) 구하고 아래로 (중생을) 교화함이 되는 연고로 뛰어난 작용을 발기함이다. 열 구절은 알 수 있으리라.

라) 어떤 모양이 있나를 밝히다[明有何相] (第四 30上5)

佛子여 菩薩摩訶薩이 有十種周徧心하니 何等爲十고 所謂周徧一切虛空心이니 發意廣大故며 周徧一切法界心이니 深入無邊故며 周徧一切三世心이니 一念悉知故며 周徧一切佛出現心이니 於入胎誕生과 出家成道와 轉法輪般涅槃에 悉明了故며 周徧一切衆生心이니 悉知根欲習氣故며 周徧一切智慧心이니 隨順了知法界故며 周徧一切無邊心이니 知諸幻網差別故며 周徧一切無生心이니 不得諸法自性故며 周徧一切無礙心이니 不住自心他心故며 周徧一切自在心이니 一念普現成佛故라 是爲十이니 若諸菩薩이 安住其中하면 則得無量無上佛法의 周徧莊嚴이니라

---

86) 起는 甲南續金本作超, 源原本作起라 하다.

불자여, 보살마하살이 열 가지 두루하는 마음이 있으니, 무엇이 열인가? 이른바 (1) 온 허공에 두루하는 마음이니 뜻을 냄이 광대한 연고라. (2) 모든 법계에 두루하는 마음이니 끝없는 데까지 깊이 들어가는 연고라. (3) 모든 세 세상에 두루하는 마음이니 잠깐 동안에 다 아는 연고라. (4) 모든 부처님이 나시는 데 두루하는 마음이니 태에 들고 탄생하고 출가하고 도를 이루고 법륜을 굴리고 열반에 드심을 분명히 아는 연고라. (5) 일체중생에게 두루하는 마음이니 그 근성과 욕망과 버릇을 다 아는 연고라. (6) 모든 지혜에 두루하는 마음이니 법계를 순응하여 아는 연고라. (7) 모든 그지없는 데 두루하는 마음이니 모든 느어리 그물의 차별함을 아는 연고라. (8) 모든 남이 없는 데 두루하는 마음이니 모든 법의 제 성품을 얻지 못한 연고라. (9) 모든 걸림 없는 데 두루하는 마음이니 제 마음과 남의 마음에 머물지 않는 연고라. (10) 모든 자유자재한 데 두루하는 마음이니 한 생각이 두루 나타나서 부처를 이루는 연고라. 이것이 열이니, 만일 보살들이 이 가운데 편안히 머물면 한량없고 위없는 불법으로 두루 장엄함을 얻느니라.

[疏] 第四, 十種周徧心은 明有何相이니 以過凡夫地하여 入眞如法中故라 十中에 一, 總明悲廣智大하여 曠若虛空이요 二, 智契深極이라 餘皆可知니라

■ 라) 열 가지 두루하는 마음은 어떤 모양이 있나를 밝힘이니 범부의 지위를 지나서 진여법 중에 들어가는 연고다. 열 구절 중에서 (1) 대

비가 광대하고 지혜가 커서 넓기가 허공과 같음을 총합하여 밝힘이요, (2) 지혜가 계합하여 깊고 지극함이다. 나머지는 모두 알 수 있으리라.

나. 십지에 안주하는 행법으로 대답하다[安住地行] (第二 30下6)

佛子여 菩薩摩訶薩이 有十種根하니 何等爲十고 所謂歡喜根이니 見一切佛에 信不壞故며 希望根이니 所聞佛法을 皆悟解故며 不退根이니 一切作事가 皆究竟故며 安住根이니 不斷一切菩薩行故며 微細根이니 入般若波羅蜜微妙理故며 不休息根이니 究竟一切衆生事故며 如金剛根이니 證知一切諸法性故며 金剛光焰根이니 普照一切佛境界故며 無差別根이니 一切如來가 同一身故며 無礙際根이니 深入如來十種力故라 是爲十이니 若諸菩薩이 安住其中하면 則得如來無上大智圓滿根이니라

불자여, 보살마하살이 열 가지 뿌리가 있으니, 무엇이 열인가? 이른바 (1) 환희한 뿌리니, 모든 부처님을 보고 믿음이 무너지지 않는 연고라. (2) 희망하는 뿌리니, 들은 불법을 다 깨닫는 연고라. (3) 물러나지 않는 뿌리니, 모든 짓는 일이 끝까지 이루는 연고라. (4) 편안히 머무는 뿌리니, 모든 보살의 행을 끊지 않는 연고라. (5) 미세한 뿌리니, 반야바라밀다의 미묘한 이치에 들어가는 연고라. (6) 쉬지 않는 뿌리니, 일체중생의 일을 끝까지 하는 연고라. (7) 금강과 같은 뿌리니, 모든 법의 성품을 증득하여 아는 연고라. (8) 금

강 빛 불꽃 뿌리니, 모든 부처의 경계를 두루 비추는 연고라. (9) 차별 없는 뿌리니, 모든 여래와 몸이 같은 연고라. (10) 걸림 없는 경계 뿌리니, 여래의 열 가지 힘에 깊이 들어가는 연고라. 이것이 열이니, 만일 보살들이 이 가운데 편안히 머물면 여래의 위없는 큰 지혜가 원만한 뿌리를 얻느니라.

[疏] 第二, 十種根은 卽安住地中行이니 由前初住之行하여 令此勝用으로 增上하여 皆光顯故로 名之爲根이라 十中에 分三이니 初一, 信成就요 次六, 修行成就라 於中에 初句는 樂欲根이니 卽近友[87]樂法하여 多聞能正觀故요 二, 不退者는 卽不着名利니 於三昧中에도 亦無愛着과 及貪求故라 三, 安住者는 萬行이 念念現前故요 四五, 悲智不斷이니 上皆敎道요 六, 卽證道之修니라 後三은 卽廻向成就니 一, 總求一切地智故니 卽金剛智로 照徹法性故요 二, 別求法身이요 三, 求功德身이니 謂十力等이니라

■ 나. 열 가지 뿌리는 곧 십지에 안주하는 행법이니, 가. 처음 십지에 안주하는 행으로 말미암아 이런 수승한 작용으로 하여금 더 올라가서 모두 광명이 밝게 하는 연고로 '뿌리'라고 이름하였다. 열 구절을 셋으로 나누면 가) 한 구절[(1) 歡喜根]은 믿음을 성취함이요, 나) 여섯 구절[(2) 希望根 (3) 不退根 (4) 安住根 (5) 微細根 (6) 不休息根 (7) 如金剛根]은 수행을 성취함이다. 그중에 (가) 첫 구절은 즐거워하는 욕구[樂欲]의 근본이니 곧 벗을 가까이하고 법을 좋아하여 다문(多聞)으로 능히 바르게 관찰하는 연고요, (나) 물러나지 않음이란 곧 명리(名利)에 집착

---

87) 友는 原南纂續金本作安, 源作友; 案初地安住分 經云 親近善知識故 常愛樂法故 疏經云近善友等이라 하다.

하지 않나니 삼매 중에도 또한 애착함과 탐하여 구함이 없는 연고요, (다) 안주함이란 만 가지 행법이 생각 생각에 앞에 나타나는 연고요, (라) 미세근(微細根)과 (마) 불휴식근(不休息根)은 자비와 지혜가 끊어지지 않음이니 위는 모두 교도법이요, (바) 여금강근(如金剛根)은 곧 증도법으로 수행함이다. 다) 세 구절[(8) 金剛光焰根 (9) 無差別根 (10) 無礙際根]은 곧 회향으로 성취함이니 (가) 금강광염근(金剛光焰根)은 모든 십지의 지혜를 총합하여 구하는 연고니 곧 금강 같은 지혜로 법의 성품을 철저하게 비추는 연고요, (나) 무차별근(無差別根)은 차별로 법의 몸을 구하는 연고요, (다) 무애제근(無礙際根)은 공덕의 몸을 구함이니 십력(十力) 등을 말한다.

(2) 이구지의 행법으로 대답하다[離垢地行] 2.

가. 시작이 청정하다[發起淨] 2.
가) 자분행의 깊은 마음[自分深心] (第二 31下1)

佛子여 菩薩摩訶薩이 有十種深心하니 何等爲十고 所謂 不染一切世間法深心과 不雜一切二乘道深心과 了達一切佛菩提深心과 隨順一切智智道深心과 不爲一切衆魔外道所動深心과 淨修一切如來圓滿智深心과 受持一切所聞法深心과 不着一切受生處深心과 具足一切微細智深心과 修一切諸佛法深心이 是爲十이니 若諸菩薩이 安住其中하면 則得一切智無上淸淨深心이니라

불자여, 보살마하살이 열 가지 깊은 마음이 있으니, 무엇이

열인가? 이른바 (1) 모든 세간법에 물들지 않는 깊은 마음과 (2) 모든 이승의 도에 섞이지 않은 깊은 마음과, (3) 모든 부처의 보리를 통달하는 깊은 마음과, (4) 온갖 지혜의 지혜를 따르는 깊은 마음과, (5) 모든 마와 외도가 동요하지 못하는 깊은 마음과, (6) 모든 여래의 원만한 지혜를 깨끗이 닦는 깊은 마음과, (7) 모든 들은 법을 잘 지니는 깊은 마음과, (8) 모든 태어나는 곳에 집착하지 않는 깊은 마음과, (9) 모든 미세한 지혜를 구족한 깊은 마음과, (10) 모든 부처의 법을 닦는 깊은 마음이니라. 이것이 열이니, 만일 보살들이 이 가운데 편안히 머물면 온갖 지혜의 위없이 청정한 깊은 마음을 얻느니라.

[疏] 第二, 十種深心下의 六門은 明第二地中行이라 於中에 二니 初二門은 明發起淨이니 十種深心이요 後四門은 自體淨이라 今初라 前門은 自分이니 直明深心이요 後門은 勝進이니 加以增上이니라 今初는 晉經과 及論에 皆名直心者는 然이나 深心이 有二義하니 一, 於法에 殷重을 名深이니 卽樂修善行이요 二, 契理名深이니 深入理故라 若語直心인대 但有後義니 正念眞如法故라 今文은 具二니 初, 由契理요 二, 由修行이라 次七은 廣上契理요 後一은 顯前修行이니라

■ (2) 十種深心 아래의 여섯 문은 제2. 이구지의 행법을 밝힘이다. 그 중에 둘이니 가. 두 문은 시작이 청정함을 밝힘이니 열 가지 깊은 마음이요, 나. 네 문은 자체가 청정함이다. 지금은 가.이다. 가) 앞의 문은 자분행이니 바로 깊은 마음을 밝힘이요, 나) 뒤의 문은 승진행이니 더 올라가는 마음을 더하였다. 지금의 가)는 진경(晉經)과 『십지

경론(十地經論)』에서 모두 '정직한 마음'이라 이름한 것은 그런데 깊은 마음에 두 가지 뜻이 있으니 (1) 법이 은근하고 소중함을 깊다고 이름하나니, 곧 선행(善行)을 즐겨 닦음이요, (2) 이치에 계합함을 깊다고 이름하나니, 이치에 깊이 들어간 까닭이다. 만일 정직한 마음이라 말한다면 단지 뒤의 뜻이 있을 뿐이니, 진여법을 바로 생각하는 까닭이다. 본 경문은 둘을 갖추었으니 첫째는 이치에 계합함 때문이고, 둘째는 수행함 때문이다. 다음의 일곱 구절은 위의 이치와 계합함을 자세히 밝힘이요, 뒤의 한 구절은 앞의 수행에 대해 밝힘이다.

나) 승진행의 더 올라가는 마음[勝進增上心] (二增 32上8)

佛子여 菩薩摩訶薩이 有十種增上深心하니 何等爲十고 所謂不退轉增上深心이니 積集一切善根故며 離疑惑增上深心이니 解一切如來密語故며 正持增上深心이니 大願大行所流故며 最勝增上深心이니 深入一切佛法故며 爲主增上深心이니 一切佛法自在故며 廣大增上深心이니 普入種種法門故며 上首增上深心이니 一切所作成辦故며 自在增上深心이니 一切三昧神通變化莊嚴故며 安住增上深心이니 攝受本願故며 無休息增上深心이니 成熟一切衆生故라 是爲十이니 若諸菩薩이 安住此法하면 則得一切諸佛의 無上淸淨增上深心이니라

불자여, 보살마하살이 열 가지 더 올라가는 깊은 마음이 있으니, 무엇이 열인가? 이른바 (1) 물러나지 않는 더 올라가는 깊은 마음이니 모든 착한 뿌리를 모으는 연고라. (2) 의

혹을 여의는 더 올라가는 깊은 마음이니 모든 여래의 비밀한 말씀을 아는 연고라. (3) 바로 유지하는 더 올라가는 깊은 마음이니 큰 원과 큰 행에서 흘러나온 연고라. (4) 가장 훌륭한 더 올라가는 깊은 마음이니 모든 부처의 법에 깊이 들어가는 연고라. (5) 주인이 되는 더 올라가는 깊은 마음이니 모든 불법에 자유자재한 연고라. (6) 넓고 큰 더 올라가는 깊은 마음이니 가지가지 법문에 두루 들어가는 연고라. (7) 으뜸가는 더 올라가는 깊은 마음이니 모든 할 일을 다 마치는 연고라. (8) 자유자재한 더 올라가는 깊은 마음이니 모든 삼매의 신통변화로 장엄하는 연고라. (9) 편안히 머무는 더 올라가는 깊은 마음이니 본래의 원을 거두어들이는 연고라. (10) 쉬지 않는 더 올라가는 깊은 마음이니 일체중생을 성숙시키는 연고라. 이것이 열이니, 만일 보살들이 이 법에 편안히 머물면 모든 부처님의 위없이 청정한 더 올라가는 깊은 마음을 얻느니라.

[疏] 二, 增上深心은 卽勝進上求하여 增殷重故라 十句가 亦四니 初門은 樂修善行이요 二는 標契理요 次三은 成上離疑니 一, 出所因이요 二, 彰所入이요 三, 成德自在라 後五는 成上積集善根이니라

■ 나) 더 올라가는 깊은 마음은 곧 승진행의 위로 구함이 더욱 은근하고 소중한 까닭이다. 열 구절이 (나누면) 또한 넷이니 (가) 첫 문[(1) 不退轉增上深心]은 선행을 즐겨 닦음이요, (나) 둘째 문[(2) 離疑惑增上深心]은 이치와 계합함을 표방함이요, (다) 세 문[(3) 正持增上深心 (4) 最勝增上深心 (5) 爲主增上深心]은 위의 의심 여읨을 성취함이니 ㄱ. 첫째

문은 원인을 내보임이요, ㄴ. 둘째 문은 들어갈 대상을 밝힘이요, ㄷ. 셋째 문은 성취한 덕이 자재함이다. (라) 다섯 문[(6) 廣大增上深心 ~ (10) 無休息增上深心]은 위의 선근을 적집함을 성취함이다.

나. 자체가 청정하다[自體淨] 2.
가) 섭선법계와 섭율의계[攝善律儀] (第二 33上2)

佛子여 菩薩摩訶薩이 有十種勤修하니 何等爲十고 所謂 布施勤修니 悉捨一切하되 不求報故며 持戒勤修니 頭陀 苦行으로 少欲知足하여 無所欺故며 忍辱勤修니 離自他 想하고 忍一切惡하여 畢竟不生恚害心故며 精進勤修니 身語意業이 未曾散亂하고 一切所作이 皆不退轉하여 至 究竟故며 禪定勤修니 解脫三昧와 出現神通이 離一切 欲煩惱鬪諍諸眷屬故며 智慧勤修니 修習積聚一切功德 하되 無厭倦故며 大慈勤修니 知諸衆生의 無自性故며 大 悲勤修니 知諸法空하여 普代一切衆生受苦하되 無疲厭 故며 覺悟如來十力勤修니 了達無礙하여 示衆生故며 不 退法輪勤修니 轉至一切衆生心故라 是爲十이니 若諸菩 薩이 安住此法하면 則得如來無上大智慧勤修니라

불자여, 보살마하살이 열 가지 부지런히 닦음이 있으니, 무엇이 열인가? 이른바 (1) 보시를 부지런히 닦음이니, 온갖 것을 버리고 갚음을 구하지 않는 연고라. (2) 계율을 부지런히 닦음이니, 두타의 고행으로 욕심이 없고 만족함을 알아 속임이 없는 연고라. (3) 참는 일을 부지런히 닦음이니, 나

라 남이라는 생각을 떠나서 모든 나쁜 욕을 참으며 끝까지 성내지 않는 연고라. (4) 꾸준한 노력을 부지런히 닦음이니, 몸과 말과 뜻의 업이 조금도 산란하지 않고 모든 하는 일이 물러나지 않아 필경에 이르는 연고라. (5) 선정을 부지런히 닦음이니, 해탈과 삼매와 나타나는 신통으로 모든 욕망과 번뇌와 투쟁의 여러 권속을 여의는 연고라. (6) 지혜를 부지런히 닦음이니, 모든 공덕을 닦고 모아 게으름이 없는 연고라. (7) 크게 인자함을 부지런히 닦음이니, 모든 중생들의 제 성품이 없음을 아는 연고라. (8) 크게 가엾이 여김을 부지런히 닦음이니, 모든 법이 공함을 알고 일체중생을 대신하여 괴로움을 받되 고달픔이 없는 연고라. (9) 여래의 열 가지 힘을 깨달아 부지런히 닦음이니, 걸림이 없음을 알고 중생에게 보이는 연고라. (10) 물러나지 않는 법륜을 부지런히 닦음이니, 굴려서 일체중생의 마음에 이르는 연고이니라. 이것이 열이니, 만일 보살들이 이 법에 편안히 머물면 여래의 위없는 큰 지혜를 부지런히 닦음을 얻느니라.

[疏] 第二, 十種勤修下의 四門은 明自體淨中行이라 彼約別地之行일새 但明於戒하여 而有三聚라 今文은 二니 初一門은 通修十度니 即攝善法戒요 律儀도 亦在其中이라 以地로 相望에 是修位之首일새 故로 特名勤修라 晉經에 名方便하니 方便修起故니라

■ 나. 十種勤修 아래의 네 문은 자체가 청정함 중의 행법을 밝힘이다. 저것은 십지를 구분하는 행법을 잡은 연고로 단지 계율만을 밝혀서 삼취계(三聚戒)로 삼았다. 본경의 문장은 둘이니 가) 한 문은 십바라

밀을 통틀어 수행함이니 곧 섭선법계와 섭율의계도 또한 그중에 있다. 십지로 서로 바라볼 적에 닦는 지위의 우두머리인 연고로 특별히 '부지런히 수행함[勤修]'이라 이름한다. 진경(晉經)에는 방편이라 이름하나니 방편으로 수행하기 시작한 까닭이다.

나) 중생을 요익하는 계[饒益有情] 3.
(가) 모든 선근을 알다[解諸善] (二決 33下5)

佛子여 菩薩摩訶薩이 有十種決定解하니 何等爲十고 所謂最上決定解니 種植尊重善根故며 莊嚴決定解니 出生種種莊嚴故며 廣大決定解니 其心이 未曾狹劣故며 寂滅決定解니 能入甚深法性故며 普徧決定解니 發心無所不及故며 堪任決定解니 能受佛力加持故며 堅固決定解니 摧破一切魔業故며 明斷決定解니 了知一切業報故며 現前決定解니 隨意能現神通故며 紹隆決定解니 一切佛所에 得記故며 自在決定解니 隨意隨時成佛故라 是爲十이니 若諸菩薩이 安住此法하면 則得如來無上決定解니라

불자여, 보살마하살이 열 가지 결정한 지혜가 있으니, 무엇이 열인가? 이른바 (1) 가장 높은 결정한 지혜니 존중한 착한 뿌리를 심는 연고라. (2) 장엄하는 결정한 지혜니 가지가지 장엄을 내는 연고라. (3) 넓고 큰 결정한 지혜니 마음이 잠깐도 용렬하지 않은 연고라. (4) 고요한 결정한 지혜니 매우 깊은 법의 성품에 들어가는 연고라. (5) 두루 퍼지는 결정한 지혜니 내는 마음이 미치지 않는 데가 없는 연고라. (6)

능히 머무는 결정한 지혜니 부처의 힘으로 가지함을 받는 연고라. (7) 견고한 결정한 지혜니 모든 마의 업을 꺾어 버리는 연고라. (8) 밝게 판단하는 결정한 지혜니 모든 업과 과보를 아는 연고라. (9) 앞에 나타난 결정한 지혜니 마음대로 신통을 나타내는 연고라. (10) 이어 높이는[紹隆] 결정한 지혜니 모든 부처님에게서 수기를 얻는 연고라. (11) 자재한 결정한 지혜니 마음대로 때를 따라 성불하는 연고라. 이것이 열이니, 만일 보살들이 이 법에 편안히 머물면 여래의 위없는 결정한 지혜를 얻느니라.

[疏] 二, 決定解下의 三門은 明饒益有情戒中行이라 此門은 總顯智니 於諸善에 決起勝解라 地經에는 約戒일새 但解十善이요 晉經에는 名樂修니 由有決解일새 故樂修習이니라

■ 나) 결정해 아래의 세 문은 중생을 요익하는 계 중의 행을 밝힘이다. 이 문은 지혜를 총합하여 밝힘이니, 모든 선근에 결정코 수승하게 이해를 시작한다는 뜻이다. 『십지경』에는 계율을 잡은 연고로 단지 십선법만 안 것일 뿐이요, 진경(晉經)에는 '즐겨 닦음[樂修]'이라 이름하나니 결정코 이해함이 있음을 말미암은 연고로 닦고 익힘을 즐겨한다는 뜻이다.

(나) 세간을 알다[解世間] (二解 34上7)

佛子여 菩薩摩訶薩이 有十種決定解하여 知諸世界하나니 何等爲十고 所謂知一切世界가 入一世界하며 知一世

界가 入一切世界하며 知一切世界에 一如來身과 一蓮華座가 皆悉周徧하며 知一切世界가 皆如虛空하며 知一切世界가 具佛莊嚴하며 知一切世界에 菩薩充滿하며 知一切世界가 入一毛孔하며 知一切世界가 入一衆生身하며 知一切世界에 一佛菩提樹와 一佛道場이 皆悉周徧하며 知一切世界에 一音普徧하여 令諸衆生으로 各別了知하여 心生歡喜가 是爲十이니 若諸菩薩이 安住此法하면 則得如來無上佛刹廣大決定解니라

불자여, 보살마하살이 열 가지 결정한 지혜로 세계를 아는 일이 있으니, 무엇이 열인가? 이른바 (1) 모든 세계가 한 세계에 들어감을 알고, (2) 한 세계가 모든 세계에 들어감을 알고, (3) 모든 세계가 한 여래의 몸과 한 연꽃 자리에 다 두루함을 알고, (4) 모든 세계가 다 허공과 같음을 알고, (5) 모든 세계가 부처의 장엄을 갖춤을 알고, (6) 모든 세계에 보살이 가득함을 알고 (7) 모든 세계가 한 털구멍에 들어감을 알고, (8) 모든 세계가 한 중생의 몸에 들어감을 알고, (9) 모든 세계에 한 부처의 보리수와 한 부처의 도량이 다 두루함을 알고, (10) 모든 세계에 한 음성이 두루하여 여러 중생들이 제각기 알고 마음에 환희하느니라. 이것이 열이니, 만일 보살들이 이 법에 편안히 머물면 여래의 위없는 부처 세계의 넓고 큰 결정한 지혜를 얻느니라.

[疏] 二, 解世界라
- (나) 세간을 아는 것이다.

(다) 중생을 알다[解衆生] (三解 34下8)

佛子여 菩薩摩訶薩이 有十種決定解하여 知衆生界하나 니 何等이 爲十고 所謂知一切衆生界가 本性無實하며 知 一切衆生界가 悉入一衆生身하며 知一切衆生界가 悉入 菩薩身하며 知一切衆生界가 悉入如來藏하며 知一切衆 生身이 普入一切衆生界하며 知一切衆生界가 悉堪爲諸 佛法器하며 知一切衆生界에 隨其所欲하여 爲現釋梵護 世身하며 知一切衆生界에 隨其所欲하여 爲現聲聞獨覺 의 寂靜威儀하며 知一切衆生界에 爲現菩薩功德莊嚴身 하며 知一切衆生界에 爲現如來相好寂靜威儀하여 開悟 衆生이 是爲十이니 若諸菩薩이 安住此法하면 則得如來 無上大威力決定解니라

불자여, 보살마하살이 열 가지 결정한 지혜로 중생계를 아는 일이 있으니, 무엇이 열인가? 이른바 (1) 모든 중생계의 본성품이 실답지 못함을 알며, (2) 모든 중생계가 한 중생의 몸에 들어감을 알며, (3) 모든 중생계가 다 보살의 몸에 들어감을 알며, (4) 모든 중생계가 다 여래장에 들어감을 알며, (5) 한 중생의 몸이 모든 중생계에 두루 들어감을 알며, (6) 모든 중생계가 다 불법의 그릇이 될 것임을 알며, (7) 모든 중생계가 그 욕망을 따라 제석·범천·사천왕의 몸을 나툼을 알며, (8) 모든 중생계가 그 욕망을 따라 성문·독각의 고요한 위의를 나툼을 알며, (9) 모든 중생계가 보살의 공덕으로 장엄한 몸을 나타냄을 알며, (10) 모든 중생계에

여래의 훌륭한 몸매와 고요한 위의를 나타내어 중생들을 깨우침을 아느니라. 이것이 열이니, 만일 보살들이 이 법에 편안히 머물면 여래의 위없는 큰 위력의 결정한 지혜를 얻느니라."

[疏] 三, 解衆生이라 文相이 並顯하니라
■ (다) 중생을 아는 것이니 경문의 양상을 아울러 함께 밝혔다.

제38. 이세간품(離世間品) ④ 終

화엄경청량소 제27권

| 초판 1쇄 발행_ 2020년 4월 5일

| 저_ 청량징관
| 역주_ 석반산

| 펴낸이_ 오세룡
| 편집_ 손미숙 박성화 김정은 김영미
| 기획_ 최은영 곽은영
| 디자인_ 김효선 고혜정 장혜정
| 홍보 마케팅_ 이주하
| 펴낸곳_ 담앤북스
　　　　　서울특별시 종로구 새문안로3길 23 경희궁의 아침 4단지 805호
　　　　　대표전화 02)765-1251 전송 02)764-1251 전자우편 damnbooks@hanmail.net
　　　　　출판등록 제300-2011-115호
| ISBN 979-11-6201-216-1 04220

정가 30,000원